SISSI

GLANZ UND LAST DER KRONE

Luca Boscontri

Sissi

Glanz und Last der Krone

Titelgestaltung: Roberto Patelli
Bilder: Archiv für Kunst und Geschichte, Berlin
Printed in Germany

ISBN: 3-933468-82-5

Inhalt

»Sie kommt mir vor wie ein Kind aus der Feenwelt. Da kamen viele gute Feen und legten ihr eine schöne Gabe in die Wiege, Schönheit, Lieblichkeit, Anmut, Vornehmheit, Einfachheit, Güte, Edelmut, Geist, Witz, Schalkhaftigkeit, Scharfsinn und Klugheit. Da aber kam die böse Fee und sagte: ›Alles hat man Dir gegeben, wie ich sehe, alles. Ich aber will diese Eigenschaften gegen Dich selbst kehren und keine Freude soll Dir daraus erblühen. [...] Ich nehme Dir, was der Mensch unbewußt in sich trägt, das Maßhalten in Deinem Tun, Treiben, Denken und Empfinden. Nichts soll Dir zur Freude werden, alles sich gegen Dich kehren, selbst Deine Schönheit Dir nur Leid schaffen. Dein hoher Geist soll so tief in die Dinge eindringen, bis er Dich auf Irrwege bringt und Du die Menschheit verachtest. So wirst Du den Glauben an Güte und Liebe und das Vertrauen in die Besten verlieren und gerade dort geben, wo es dann wieder mißbraucht wird. So wirst Du Deine Seele mit Widerwillen und Bitterkeit erfüllen, bis Du Deinen Frieden nicht mehr finden kannst‹.«

Die Hofdame und enge Vertraute Elisabeths, Marie Festitics, über die Kaiserin (Tagebuchaufzeichnung vom 14. September 1879)

Eine bayerische Kindheit

Sissi wurde am 24. Dezember 1837 als Kind des bayerischen Herzogs Max und seiner Frau Ludovika in München geboren. Die Freude der Eltern und Anverwandten war groß, hatte doch nach dem erstgeborenen Stammhalter Ludwig und der nachfolgenden Tochter Helene nun ein drittes Kind wohlbehalten und gesund das Licht der Welt erblickt. Und es schien, als sollte das Leben des Neugeborenen unter einem guten Stern stehen. Denn nicht nur der weihnachtliche Geburtstag galt im katholischen Bayern als Besonderheit. Sissi war auch ein Sonntagskind und darüber hinaus mit einem Zahn zur Welt gekommen – ein Glückskind, wie es in der Familie hieß.

Gespannte Erwartungen und Gesprächstoff über die Zukunft der Kleinen gab es daher genug, als den damaligen Gepflogenheiten gemäß die hochadlige Verwandtschaft sich kurz nach der Geburt aufmachte, Mutter und Kind ihre Aufwartung zu machen. Wohl keiner der zahlreichen Gratulanten wird jedoch auf die Idee gekommen sein, daß die kleine Elisabeth Amalie Eugenie, wie sie am 26. Dezember getauft wurde, einmal den mächtigen Herrscher des Habsburger Reiches heiraten und an der Seite Franz Josephs I. die österreichische Kaiserkrone tragen sollte. Sissi selbst war eine echte Wittelsbacherin und zwar sowohl mütterlicher- wie auch väterlicherseits. Seit 700 Jahren herrschte das Geschlecht der Wittelsbacher über Bayern und in diesem Zeitraum hatte es sich in zahlreiche Linien verzweigt. Sissis Mutter Ludovika gehörte der Birkenfeld-Zweibrückener Linie des Hauses an, die das Land seit Ende des 18. Jahrhunderts regierte. Dieser Familienzweig war 1805 vom Herzogsstand in den Königsstand erhoben worden. Ludovika war also eine echte Königstochter, und nach ihrem Vater Maximilan I. saß zur Zeit der Geburt Sissis ihr Bruder Ludwig I. auf dem bayerischen Königsthron. Ludovika hatte zahlreiche Schwestern, die alle glänzende Partien gemacht hatten. Zwei von ihnen, die Älteste, Karoline, sowie die für Sissis Zukunft später so bedeutsame Sophie hatten an den Habsburger Kaiserhof geheiratet; zwei weitere, Marie und Amalie, waren an den sächsischen Königshof vermählt worden, und die fünfte Schwester

Elise sollte später an der Seite ihres Mannes Friedrich Wilhelm IV. die Königin von Preußen werden.

Nur die jüngste Königstochter Ludovika mußte sich mit einem weniger prunkvollen Leben zufrieden geben. Denn ihr Ehemann Max gehörte keinem der deutschen Herrscherhäuser an, sondern stammte aus der nicht souveränen wittelsbachischen Nebenlinie der Pfalzgrafen von Birkenfeld-Gelnhausen. Erst Ende des 17. Jahrhunderts war dieser Zweig des Hauses Wittelsbach von dem Pfalzgrafen Johann begründet worden und hatte gut hundert Jahre lang neben der Herrscherfamilie ein wenig beachtetes Schattendasein geführt. Erst der Vater Ludovikas, Maximilian, hatte sich seinem Gelnhausener Vetter Wilhelm, dem Großvater von Max, zugewandt und ihm für seine zahlreichen Dienste 1799 den Herzogstitel verliehen. Allerdings nur den eines Herzoges in Bayern, denn es konnte nur einen Herrscher geben und nur der durfte den Titel Herzog von Bayern tragen. Zum Zeichen seiner Gunst gab er schließlich dem Gelnhausener Stammhalter Max seine jüngste Tochter Ludovika zur Frau und schenkte beiden zur Hochzeit das prachtvoll ausgestattete Herzog-Max-Palais in München, das er eigens für Tochter und Schwiegersohn hatte bauen lassen.

Durch die Verleihung des Herzogstitels wie auch die eheliche Verbindung mit dem Königshaus wurde das Ansehen der Gelnhausener Linie entscheidend aufgewertet. Dennoch blieben die Herzöge in Bayern letztlich die armen Verwandten des Wittelsbacher Herrscherhauses, die – ohne Fürstensitz und ohne Herrschafts- und Repräsentationsaufgaben – nur von den Familieneinkünften lebten und von dem Wohlwollen des bayerischen Königs abhängig waren. Denn trotz seiner Wertschätzung für die Gelnhausener achtete Maximilian I. streng darauf, daß die Rangunterschiede zwischen beiden Familienzweigen stets gewahrt blieben.

Die beiden Wachoffiziere aus den bayerischen Regimentern, die er vor dem Herzog-Max-Palais postieren ließ, sollten nicht die Stellung des Herzog Max in Bayern erhöhen, sondern galten dem königlichen Rang seiner Frau. Denn Ludovika behielt auch nach ihrer Hochzeit den Titel

›Königliche Hoheit‹, während es für Herzog Max wie auch für die gemeinsamen Nachkommen ausdrücklich beim Titel ›Hoheit‹ bleiben sollte. Erst Maximilians Sohn Ludwig I., der seinem Schwager herzlich zugetan war, brach mit dieser Praxis und gestand 1845 allen Mitgliedern des Herzogshauses den Titel ›Königliche Hoheit‹ bzw. ›Prinz‹ und ›Prinzessin‹ zu. Mit dieser Erhöhung des fürstlichen Ranges waren jedoch weder die Zuteilung einer eigenen Landesherrschaft, noch ein sonstiger Gewinn an Besitz oder Vermögen verbunden. Der neue Titel war eine Ehre, doch änderte er nichts an der Kluft, die zwischen beiden Familienzweigen in bezug auf Rang, Macht und Ansehen bestand.

Ludovikas Haltung zu dieser Heirat ›unter Stand‹ war stets zwiespältig. Einerseits bedeutete es für die Königstochter eine tiefe Schmach, nur einen kleinen Herzog ohne Land zum Ehemann zu haben. Zeit ihres Lebens bewunderte sie daher ihre älteren Schwestern, die an hochherrschaftlichen Königs- oder Kaiserhöfen brillierten. Andererseits aber war die bayerische Herzogin mit dem relativ bescheidenen Leben, das ihr Max bieten konnte, durchaus zufrieden. Denn Ludovika war im Grunde ihres Herzens eine einfache und schlichte Frau, ein bißchen »angebauerlt«, wie sie später selbst einräumen sollte. Höfisches Zeremoniell und demonstrative fürstliche Machtentfaltung flößten ihr nicht nur Widerwillen, sondern geradezu Angst ein, und so war sie überaus erleichtert, daß sie als Herzogin in Bayern keinerlei repräsentative Verpflichtungen übernehmen mußte.

Weniger zufrieden war sie indes mit Person und Charakter ihres Ehemannes. Zeitgenossen beschrieben Ludovika in ihrer Jugend als geradezu »junonische Schönheit«, und es hatte weiß Gott nicht an Bewerbern um ihre Hand gefehlt. Hätte sie selbst wählen dürfen, so hätte sie sich für den Prinzen Miguel von Braganza, den späteren König von Portugal entschieden, in den sie sich als Siebzehnjährige stürmisch verliebt hatte.

Allerdings wurde Ludovika nicht gefragt. Die Ehe zwischen ihr und Herzog Max war schon im Kindesalter beschlossen worden, und so mußte die Achtzehnjährige 1824 schweren Herzens den Weg zum

Traualtar antreten. Dabei hätte sich die pflichtbewußte Königstochter mit einer Vernunftehe, die zwar nicht auf Neigung, wohl aber auf einem stillen Einverständnis beider Partner beruhte, durchaus abgefunden. Die Ehe mit Herzog Max stand aber selbst in dieser Hinsicht unter einem unglücklichen Stern. Beide Ehegatten kannten sich schon vor der Hochzeit und waren sich alles andere als sympathisch. Die Ehestifter, Herzog Wilhelm und König Maximilian, kümmerte dieser Sachverhalt allerdings wenig. Als man Wilhelm noch vor der Heirat davon unterrichtete, daß die beiden jungen Leute wenig Gefallen aneinander fanden, antwortete er nur: »Das ist ziemlich egal. Sie werden sich schon lieben lernen.« Im Falle von Ludovika und Max sollte dieser Lernprozeß gut ein halbes Jahrhundert dauern. Erst nach der goldenen Hochzeit, so berichtete Ludovika später einmal ihren Enkeln, sei Max das erste Mal gut zu ihr gewesen.

In bezug auf die Lieblosigkeit gegenüber seiner Ehefrau ist Max ein deutlicher Vorwurf zu machen. Ansonsten aber ist es schwer, hier von Schuld oder Unschuld zu reden. Denn beide Ehepartner waren einfach zu gegensätzlich. Sie lebten in verschiedenen Welten: Ludovika fühlte sich in ihrer zurückgezogenen Häuslichkeit am wohlsten. Sie ging voll in ihrer Mutterrolle auf und widmete sich ganz der stetig wachsenden Kinderschar, die sie liebevoll umhegte und pflegte. Die wenige verbleibende freie Zeit widmete sie ihrer Uhrensammlung, strickte Strümpfe oder las in Missionskalendern über fremde Länder. Musische, literarische oder politische Interessen waren ihr völlig fremd.

Max dagegen war ein weltläufiger und gebildeter Mann. Er hatte in seiner Jugend einige Semester an der Münchner Universität studiert – eine Seltenheit unter den Adeligen seiner Zeit – und seine stattliche Bibliothek umfaßte an die 27.000 Bände, vorwiegend historischen Inhalts. Trotz dieser Gelehrsamkeit war der bayerische Herzog jedoch alles andere als eine trockene, papierne Schreibtischexistenz. Geradezu bedauernd blickte er auf die »ruheliebenden Geschöpfe«, zu denen er zweifelsfrei auch seine Frau Ludovika zählte, »die Leibeigenen ihrer Gewohnheiten, die in der Regel das Leben und die Menschen und

deren Sitten nur aus todten Büchern oder durch die dritte Hand kennen zu lernen glauben«. Nein, Max war alles andere als ein Stubenhocker, und seit seiner Jugend stand für ihn fest, daß er das Leben bis zur Neige auskosten würde. Das Münchner Nachtleben, Zirkus und Theater, Wandern und Reisen – alles, was nach Freiheit und Abenteuer roch – übte eine unwiderstehliche Faszination auf ihn aus. Und da er keinerlei höfische Verpflichtungen und Ämter hatte, hatte er auch Muße und Zeit genug, sich seinen Vergnügungen zu widmen.
Schon den Zwanzigjährigen trieb es nach Frankreich, England und Belgien. Und auch nach seiner Heirat gab er das Reisen nicht auf. Anfangs begleitete ihn Ludovika noch auf den monatelangen Visiten in die Schweiz, nach Florenz, Rom und Sizilien. Aber für ein derart unstetes Wanderleben war die Herzogin nicht geschaffen. Nach der Geburt der beiden Kinder Ludwig und Helene richtete sie sich in einer ruhigen Familienexistenz ein, was Max allerdings nicht hinderte, nun auf eigene Faust durch die Welt zu vagabundieren.
Am 20. Januar 1838, kaum einen Monat nach Sissis Geburt, erfüllte er sich dann seinen lang gehegten Jugendtraum: eine Reise in den Orient. »Es trieb mich ein unwiderstehliches Gefühl, ein nicht zu besiegendes Drängen aus der ewigen Einförmigkeit des bis zur Unbequemlichkeit bequemen Alltagslebens, bei welchem man nicht mehr lebt, sondern nur vegetiert; denn ein Daseyn ohne Schatten und Licht gleicht einem schaalen Gemälde, das spurlos an der Wand eines Zimmers verbleicht«, so faßte er später die Motivation für diese Reise zusammen, womit er gleichzeitig eines der treffendsten Portraits lieferte, das je von ihm gezeichnet wurde.
Die Orientreise war ganz nach dem Geschmack des abenteuerlustigen Herzogs. Von Triest aus ging es mit dem Schiff nach Korfu, Patras und Athen und von da nach Alexandrien. In Kairo wurde die kleine Reisegesellschaft fürstlich vom Vizekönig Mehmet Ali empfangen und beherbergt. Dann reiste man auf dem Nil weiter nach Oberägypten, wo man am Fuße der Cheopspyramide eine musikalische Zitherdarbietung bot, durchstreifte anschließend mit einer Kamelkarawane die Libysche

Sissis Vater, Herzog Max in Bayern, im Jahre 1850

Fotografie von Herzog Max, 1850

Wüste und machte sich von dort auf den Weg nach Jerusalem, wo Max zum Ritter vom Heiligen Grabe geschlagen wurde. Hitze und Kälte, schweren Stürmen, unzähligen Gefahren und nicht zuletzt der Pest galt es zu trotzen. Als der bayerische Herzog nach achtmonatiger Abwesenheit am 17. September 1838 wieder wohlbehalten in München eintraf, hatte er nicht nur unzählige Geschichten und Geschenke im Gepäck, sondern auch vier junge Schwarze, die er auf dem Sklavenmarkt in Kairo gekauft hatte und die zum Entsetzen Ludovikas nun als Kammerdiener, Gärtner und Spielgefährten ihrer Kinder Teil des herzoglichen Haushalts wurden.
Zurück in München gab sich Max seßhafter, ohne jedoch Frau und Kindern sonderlich viel Zeit zu widmen. Stattdessen lebte er nun seine musikalischen und literarischen Neigungen aus. Ernsthaft begann er, sich dem Zitherspiel zu widmen, und brachte es dabei zu beachtlicher Virtuosität, die sich nicht nur das Spielen, sondern auch auf das Komponieren zahlreicher Tänze und ›Original-Zither-Ländler‹ erstreckte. Daneben verfaßte er einen Reisebericht, die »Wanderung nach dem Orient«, der 1839 erschien und machte auch vor schriftstellerischen Versuchen nicht halt. Unter dem Pseudonym ›Phantasus‹ veröffentlichte er zahlreiche – wenngleich nicht unbedingt hochkarätige – Novellen, Gedichte, Theaterstücke und Boulevardkomödien.
Mit seiner Liebe zur Kunst und Musik war er nicht alleine. Sieht man von Ludovika ab, so hatten fast alle Wittelsbacher mehr oder weniger ausgeprägte musische und künstlerische Neigungen und Talente. Am bekanntesten ist der Kunstsinn des späteren Bayernkönigs Ludwig II., der phantastische Schlösser bauen ließ und den großen Komponisten Richard Wagner förderte. Aber auch Max' Schwager Ludwig I. war von einer wahren Bauwut besessen, der München bis heute zahlreiche Prachtbauten verdankt. Daneben hatte er eine riesige Gemäldesammlung und griff in jeder freien Minute zur Feder. Seine Gedichte waren allerdings noch schlechter als die des bayerischen Herzogs. Aber um künstlerische Brillanz ging es Ludwig I. auch gar nicht. Er wollte einfach seinen Sinn fürs Schöne ausleben, und davon zeugt noch heute

seine ›Schönheitsgalerie‹ – zwanzig, von ihm in Auftrag gegebene Portrais der attraktivsten Frauen seiner Zeit, in der die aristokratische Fürstentochter gleichberechtigt neben dem anmutigen Bauernmädchen steht.
Diesem Hang zur Schönheit widmete Ludwig nicht nur Unsummen an Geld, so daß in der Münchner Residenz das Gerücht umlief, die königliche Familie sei nunmehr dazu übergegangen, nur noch Schwarzbrot zu essen, sie sollte ihn schließlich auch den Thron kosten. Denn nicht zuletzt aufgrund seiner Affäre mit der rassigen irischen Tänzerin Lola Montez mußte er im Revolutionsjahr 1848 abdanken und den Thron für seinen Sohn und Nachfolger Maximilian II. räumen.
Trotz dieses exzentrischen Schwagers war Herzog Max der bei weitem populärste Wittelsbacher seiner Zeit. Seine Bodenständigkeit und Volkstümlichkeit waren weithin bekannt. Er war ein begeisterter Wanderer und Naturliebhaber, der sich auf seinen langen Spaziergängen nur zu gerne unters Volk mischte und mit ihm in breitester bayerischer Mundheit parlierte. Zu seinen größten Vergnügungen zählte es aber, incognito über die Dörfer zu reisen und in Dorfwirtshäusern den Gästen auf seiner Zither vorzuspielen. Und als er 1846 auch noch eine Sammlung oberbayerischer Volkslieder herausgab, der bald darauf noch eine Auswahl bayerischer ›Posthornklänge‹ folgte, wurde sein Ruhm nahezu unermeßlich.
Dieselbe Offenheit, die Max beim Umgang mit der einfachen bayerischen Landbevölkerung zeigte, bewies er aber auch bei der Wahl seines engeren Freundeskreis. Denn ganz entgegen den adligen Gepflogenheiten seiner Zeit, achtete der bayerische Herzog wenig auf Rang und Vermögen seiner Freunde. Bar jeden Standesdünkels, waren ihm Originalität und Esprit wichtiger als eine blaublütige Visitenkarte. Und so zählten neben einigen unkonventionellen Vertretern des Adels, geistreiche und trinkfeste Bürgerliche, Dichter, Musiker und Gelehrte zu seinen Freunden.
Zwei engere Kreise hatten sich mit der Zeit herausgebildet: die Gesellschaft Alt-England und die Tafelrunde des Herzogs. Erstere war nach

einem gleichnamigen Gasthaus benannt, in dem sich die ›Lords‹ regelmäßig zu feuchtfröhlichen Treffen zusammenfanden. Letztere versammelte sich in wöchentlichem Rhythmus im Herzog-Max-Palais, wobei der Hausherr als König Artus präsidierte. Die Treffen der Tafelrunde waren in München legendär. »Man erscheint in Straßentoilette«, so unterzeichnete Max eigenhändig die Einladung an seine ›Ritter‹. Und dergestalt zwangslos liefen auch die Abende ab. Bis tief in die Nacht wurde fürstlich gespeist und gezecht, launige Gedichte verfaßt, auf der Zither musiziert, Zoten gerissen, aber auch auf hohem Niveau diskutiert.

Ob dieser Freizügigkeit rümpfte der steife Münchner Hochadel die Nase. Aber selbst er konnte sich dem Charme und Unterhaltungstalent des Herzogs schwer entziehen. Denn Max brillierte nicht nur im kleinen Kreise. Seine großen Feste und Bälle, die er in regelmäßigen Abständen gab, ließ sich sogar die bayerische Königsfamilie nicht entgehen. Und was deren Unterhaltungswert anbelangte, so waren dem Einfallsreichtum des Herzogs keine Grenzen gesetzt: Maskenbälle, Balletteinlagen, Theateraufführungen, Korsofahrten, Pantomimendarbietungen, Feuerwerke und Humoresken fanden begeisterten Anklang und waren in München Stadtgespräch. Ja, er ließ im zweiten, eingeschlossenen Hof des Herzog-Max-Palais sogar einen kleinen Zirkus mit Logenplätzen und Sperrsitzen bauen, in dem er Hirschkühe über Barrieren springen ließ, Tanzparodien und Reiterquadrillen vorführte und selber stehend auf zwei Pferden als Kunstreiter glänzte.

Seine Kinder verfolgten diese Vorstellungen mit leuchtenden Augen. Zu den Soupers und Gesellschaften, die er nebenher noch in seinen Räumen gab, waren sie jedoch nicht geladen – ebensowenig übrigens wie Ludovika. Hier machte die Gattin seines Hofmarschalls, Frau von Heusler, die Honneurs. Ob die Verbindung zwischen ihr und Max noch tiefer ging, ist nicht bekannt. Sicher ist jedoch, daß der schneidige bayerische Herzog kein Kostverächter war. Zu zweien seiner unehelichen Kinder hat er sich offen bekannt – über die Dunkelziffer zu rätseln, gehörte zu den beliebtesten Themen des Münchner Klatsch und Tratsch.

Ludovika war die Treulosigkeit ihres Gatten ein stetes Ärgernis. Dennoch hielt sie ihr Schlafzimmer weiterhin für Max geöffnet. »Wenn er dann zu mir gekommen ist, hab' ich wohl gemeint, so, jetzt halt ich ihn. Aber – am anderen Morgen – huit, da war er wieder weg«, bekannte die Herzogin später einmal im Familienkreis. Halten konnte sie Max ihr Leben lang nicht, dafür aber blieben ihr die Kinder, und dank der regelmäßigen Besuche ihres Ehemanns, stieg deren Zahl stetig. Auf Ludwig, Helene und Sissi folgte 1839 ein zweiter Sohn, Karl Theodor, und nochmals drei Töchter, Marie, Mathilde und Sophie und schließlich 1849 der Jüngste, Max Emmanuel. Acht kleine Prinzen und Prinzessinnen bevölkerten das herzogliche Haus, und auch wenn sich Max nicht gerade aufopferungsvoll um sie kümmerte, so sorgte er doch für ein standesgemäßes Leben.
Möglich war das, weil Max 1837 nach dem Tod seines Vaters und Großvaters als neues Oberhaupt des Hauses Birkenfeld-Gelnhausen, nicht nur sämtliche Besitzungen und Vermögenstitel der Familie geerbt, sondern auch das volle Anrecht auf die seiner Linie zustehende Jahresapanage von 250.000 Gulden erworben hatte. Angesichts der Tatsache, daß seiner Tochter Sissi als Kaiserin von Österreich allein ein ›Taschengeld‹ von 100.000 Gulden jährlich zur Verfügung stehen sollte, war diese Summe eher bescheiden. Allerdings reichte sie immer noch voll und ganz aus, die Extravaganzen des Herzogs, die Versorgung seiner Familie und die zwei herzoglichen Haushalte zu finanzieren. Denn schon 1834 hatte Max von dem Erbteil seiner Mutter das Schloß Possenhofen am Starnberger See erworben. Hier verbrachte die Familie die langen Sommermonate, während man im Winter in der Münchener Residenz, im Herzog-Max-Palais, wohnte.
Possenhofen war Sissis eigentliche Heimat. Von einem Schloß zu reden, war allerdings leicht übertrieben. Das Haus glich äußerlich eher einer großen Villa, und auch bei der Innenausstattung hatte man auf jedweden Prunk verzichtet und dafür umso mehr Wert auf zweckmäßige, familiäre Gemütlichkeit gelegt. Denn an einem steifen, repräsentativen Ambiente war weder Max noch Ludovika gelegen. Und noch in einer

anderen Sache war sich das sonst so ungleiche Ehepaar einig: seiner Liebe zur Natur, die sich auch auf alle Kinder übertragen hat.
Diese Naturverbundenheit hatte den Ausschlag für den Kauf Possenhofens gegeben. Denn das mit Weinreben und Efeu umrankte Landschlößchen lag inmitten einer herrlichen Landschaft. Vom Schloß aus hatte man einen wunderbaren Blick auf die Berge, und es gab einen riesigen Park, der bis an den Starnberger See reichte. Selbst Herzog Max entwickelte hier eine gewisse Seßhaftigkeit, und für die Kinder war Possenhofen das reinste Paradies. Unbeschwert tollten sie durch die Parkanlagen, kletterten auf Bäume und spielten Fangen, machten lange Ausritte, schwammen, ruderten, segelten und schleppten die zahlreichen Stallhasen, Katzen und Hunde, die jedes von ihnen besaß, durch die Gegend.
Auch die schwierige Ehe der Eltern konnte dieses unbeschwerte Kinderglück nicht trüben. Wenn Heim und Familie dem Herzog zuviel wurden, setzte er sich einfach für eine Zeitlang ab, und Ludovika lernte, mit den Eskapaden ihres Ehemannes zu leben. Zwar blieben die Gegensätze zwischen beiden unüberbrückbar, aber der Kinder wegen hatten sie einen Waffenstillstand geschlossen. Denn nicht nur Ludovika, sondern auch Max war seinem Nachwuchs herzlich zugetan. Im herzoglichen Haus herrschte ein warmer und vertraulicher Ton. Man sprach breitesten bayerischen Dialekt und hatte für alles und jedes, was einem teuer war, einen liebevollen Spitznamen bereit. Elisabeth nannten alle nur ›Sissi‹, bisweilen auch ›Sissy‹, zumeist aber ›Sisi‹ geschrieben. Helene war ›Nené‹, Karl Theodor wurde ›Gackl‹ gerufen, Mathilde hieß ›Spatz‹ und Max Emmanuel ›Mapperl‹. Ludovika wurde von allen nur ›Mimi‹ genannt, und das geliebte Possenhofen war ›Possi‹.
Ein herzliches Einvernehmen herrschte jedoch nicht nur unter den Geschwistern, sondern auch gegenüber anderen Kindern. In München waren die Söhne und Töchter der bürgerlichen Freunde von Max willkommene Spielgefährten, und in Possenhofen tobte der herzogliche Nachwuchs mit den Bauernkindern durch die Gegend. Ludovika wird diesen Umgang nicht unbedingt begrüßt haben, aber auch hier setzte

sich schließlich die Offenheit und liberale Gesinnung des Herzogs durch.
Selbst in den stürmischen Zeiten des Revolutionsjahres 1848, als Macht und Einfluß des Adels in Frage gestellt wurden, behielt die herzogliche Familie diese Liberalität bei. Die königliche Familie hatte sich damals vor den Straßenunruhen und Tumulten des Märzaufstandes in das Herzog-Max-Palais geflüchtet, woraufhin die Revolutionäre sich dort versammelten. Das Ganze verlief zunächt friedlich ab, nicht zuletzt dank der großen Popularität des Hausherrn. Dennoch war nicht sicher, wie lange dieser Zustand anhalten würde. In dieser Situation trat die älteste Tochter des Herzogs, Helene, eigentlich das standesbewußteste unter den Kindern, auf den Balkon und rief den Aufständischen zu: »Brüder gegen Brüder!« Dieses Verbrüderungsangebot von einer Fürstentochter kam für die Bürgerlichen überraschend, blieb jedoch ohne Folgen. In diesem Moment aber dürfte Helene sich des ganzen Stolzes ihres Vaters sicher gewesen sein.
Der liberale Stil von Max prägte nicht nur den Umgang, sondern auch die Erziehung seiner Kinder. In anderen Familien des Hochadels wurde strikt auf Etikette geachtet, mußten die Kinder ihre Eltern siezen und setzte schon früh ein umfassender Erziehungsdrill ein, der die Kleinen durch strenge Disziplin und einen umfassenden Lernstoff auf ihre späteren Pflichten vorbereiten sollte. Im herzoglichen Haus jedoch gingen die Uhren anders. Weder Max noch Ludovika legten Wert auf Etikette, es herrschte das vertrauliche ›Du‹, und auch mit der höfischen Bildung wurde es nicht so genau genommen.
Zwar startete Ludovika immer wieder ein umfangreiches Erziehungsprogramm. Ganze Heerscharen von Gouvernanten und Lehrern bevölkerten dann das Herzog-Max-Palais und wurden im Sommer in Wagenladungen nach Possenhofen gekarrt. Aber der stürmischen Rasselbande war schwer beizukommen, und weder Ludovika noch Max stand der Sinn nach autoritären Disziplinierungsmaßnahmen. Sissi war dabei das unruhigste unter allen Herzogskindern. Man habe sie zum Lernen förmlich am Stuhl festbinden müssen, berichtete ihre Gouvernante Frau von

Wulffen später. Und am schlimmsten war es in Possenhofen, denn dort zog es Sissi fast magisch nach draußen, in den Garten, an den See und in die Wälder.
Wenn der Herzog einmal bei seinen Kindern vorbeischaute, war es aber ohnehin mit dem Lernen vorbei. Dann wurde der Unterricht kurzerhand ausgesetzt, und Max erzählte von seinen Reisen oder nahm seinen Nachwuchs auf lange Wanderungen mit. Dabei lag auch dem Herzog die Ausbildung seiner Kinder am Herzen, nur hatte er – seinem Naturell entsprechend – recht unkonventionelle Lernziele. Richtig gehen und wandern sollten insbesondere seine Töchter lernen, und so wurde eigens ein eigener Lehrer engagiert, der den kleinen Mädchen nach dem Vorbild der Schmetterlinge einen schwebenden Schritt beibringen sollte.
Höchste Priorität besaß aber auch die Reitausbildung. Anmutig und festgewachsen, wie kleine Zirkusprinzen und -prinzessinnen, sollten die Kinder im Sattel sitzen. Und Sissi zeigte von allen das größte Talent. Mit einem ausgezeichneten Gespür für Pferde versehen und einem noch größeren Wagemut, konnte sie schon bald akrobatische Kunststücke auf dem Rücken der Pferde vollführen, was Max mit großem Stolz erfüllte. »Wanns wir nit Prinzen wär'n, wär'n mer Kunstreiter wor'n«, sagte er einmal zu ihr. Eine Bemerkung, die Sissi nie vergessen sollte und sich stets zu Herzen nahm. Noch als Kaiserin eilte ihr der Ruf voraus, eine der kühnsten Reiterinnen ihrer Zeit zu sein.
Nicht zuletzt aufgrund dieser Verwegenheit und ihres ungestümen Freiheitsdrangs, in denen sich Max nur zu gut wiedererkannte, war Sissi die Lieblingstochter des Herzogs. Sie war es auch, die er hin und wieder auf seine Inkognito-Besuche in den Dorfwirtshäusern der Umgebung mitnahm. Max spielte dann als ›fahrender Musikant‹ auf seiner Zither, und Sissi sammelte anschließend das Geld ein. Die Ausbeute konnte sich stets sehen lassen, denn dem Charme der Kleinen war schwer zu widerstehen. Die Münzen, die Vater und Tochter einheimsten, durfte Sissi behalten, und noch als Kaiserin stellte sie mit Stolz fest, daß dies das einzige Geld gewesen sei, das sie in ihrem ganzen Leben selbst verdient habe.

Holzbüste der zwölfjährigen Sissi

Aber nicht nur die Gasthausbesucher, auch Ludovika konnte dem Charme ihrer Tochter nur schwer widerstehen. Wenn die Kinderbande im herzoglichen Hause etwas ausgefressen hatte, so wurde stets Sissi vorgeschickt, um den Zorn der Mutter zu besänftigen. Und in der Regel gelang ihr das auch, wie die Geschwister später berichteten.
Aber Sissi war nicht nur die Tochter ihres Vaters, der charmante, ungestüme Wildfang. Auch von ihrer Mutter hatte sie einen entscheidenden Charakterzug geerbt: die Menschenscheu. Sobald es darum ging, nicht nur im Gasthaus den Hut herumzureichen, sondern mit Fremden in ein Gespräch zu kommen, die Freunde und Gäste von Herzog Max zu begrüßen oder den etwas steifen adeligen Verwandten in München einen Besuch abzustatten, befiel sie eine extreme Schüchternheit. »Bei meinen Eltern und im Freien bin ich am glücklichsten«, bekannte schon die Zehnjährige.
Anders aber als bei der nüchternen Ludovika, war bei Sissi die Schüchternheit mit einer großen Verträumtheit gepaart. Wenn es sie einmal nicht ins Freie trieb, konnte sie stundenlang auf ihrem Zimmer vor sich hinträumen und sich kleine Geschichten ausdenken. Als Backfisch griff sie dann selbst zur Feder und brachte – hier wieder ganz die Tochter ihres Vaters – in kleinen Gedichten ihre romantischen Gefühle und Stimmungen zum Ausdruck. Und man ließ sie gewähren. Ja, ihre Gouvernante Baronin von Wessel ging sogar soweit, Sissi dem Zugriff ihrer energischen und dominanten älteren Schwester Helene zu entziehen, damit sich das weichere Naturell ihres Zöglings besser entfalten könne. Sissi schloß sich daraufhin eng an ihren jüngeren Bruder Karl Theodor an, der zu ihrem auserkorenen Liebling und Spielgefährten wurde. Beide Kinder fühlten sich wesensverwandt. Stundenlang konnten sie sich Geschichten erzählen und mit ihrem Puppentheater selbstverfaßte Stücke aufführen. Gackl spielte Sissi auf der Geige vor, die ihm wiederum ihre Verse vortrug, und begeistert besuchten beide mit Max das Theater und schenkten sich wechselseitig Gedichtbände.
Sissis Kindheitsjahre waren ein Fest. Unbeschwert lebte sie mit den Geschwistern in der Geborgenheit ihrer Familie und dem ländlichen

Idyll von Possenhofen. Frei konnte sie ihre Neigungen ausleben und fand für ihre Sorgen und Sehnsüchte stets ein offenes Ohr, sei es bei den Eltern oder den Geschwistern. Die bayerische Kindheit Sissis war eine Art Glücksvorrat, von dem sie ihr Leben lang zehren konnte. Aber sie war auch ein Glücksversprechen, daß die Zukunft nicht erfüllen sollte. Die Sehnsucht nach der unbeschwerten Possenhofener Idylle war es, die es einmal verhindern würde, daß Sissi in der mondänen Welt des Wiener Kaiserhofes heimisch wurde. Ihr Leben als Kaiserin glich fast einer langen Suche nach dem verlorenen Glück ihrer bayerischen Kindheit.

Die Eltern Elisabeths: Herzog Max in Bayern mit seiner Frau Ludovika, im Jahre 1875

Heiratspolitik mit Hindernissen

Sissis unbeschwerte Kindheit und Jugend konnte nicht ewig dauern. Zwar war ihr der Erziehungsdrill der meisten adligen Töchter erspart geblieben, das dahinter stehende Ziel, einmal zur repräsentativen Ehefrau eines ebenbürtigen Gatten zu werden, galt jedoch auch für sie. Denn Sissi und ihre Schwestern waren in eine Zeit hineingeboren, in der von weiblicher Emanzipation, Berufstätigkeit oder Karriere noch keine Rede war. Bis ins 20. Jahrhundert hinein galt eine standesgemäße Heirat als der vorgezeichnete und einzig erstrebenswerte Weg aller ›höheren Töchter‹. Und dies galt umso mehr für den Adel, dessen Heiratspraxis stets auch noch ein politisches Kalkül hatte.

Im 19. Jahrhundert bildete der Adel nach wie vor die gesellschaftliche und politische Führungsschicht Europas und er achtete streng auf Exklusivität. Wer in die höchsten Adelskreise einheiraten wollte, mußte erst eine Ahnenprobe über sich ergehen lassen. Mindestens acht, in der Regel jedoch sechzehn direkte Vorfahren hochadligen Geblüts, galt es in der Regel nachzuweisen. Zusätzlich war ein stattliches Vermögen beziehungsweise eine entsprechende Mitgift gefordert und nicht zuletzt die Zugehörigkeit zu einem einflußreichen und mächtigen Familiengeschlecht. Denn adlige Ehen dienten nicht nur der Sicherung und Fortpflanzung der eigenen Dynastie und ihres Besitzstandes, sie waren stets auch der Nährboden, auf dem diplomatische Beziehungen und Allianzen geknüpft und politische Herrschaft gesichert und erweitert wurden. Fürstensöhne und -töchter galten als Faustpfand in diesem dynastischen Beziehungsklüngel, und oft schon im Kindesalter wurden ihre zukünftigen Eheverbindungen angedacht, je nach politischer Großwetterlage Heiratspläne geschmiedet und wieder verworfen, neu taxiert und schließlich vollzogen.

Sissis Eltern hatten diese Heiratspolitik am eigenen Leibe erfahren. Und obgleich ihre Ehe nicht glücklich verlief und Herzog Max, was die Wahl seiner Freunde, Gesprächs- und Trinkpartner anbelangte, keinerlei Standesdünkel zeigte, waren doch beide Elternteile zu stark dem Denken ihrer Zeit verhaftet, als daß sie für ihre Kinder ein Ausbrechen aus dem dynastischen Heiratskarussell auch nur in Erwägung gezogen hätten. Allerdings war Herzog Max viel zu sehr mit seinen eigenen Interessen und Vorlieben beschäftigt, um großes Augenmerk auf die Zukunft seiner Kinder zu richten.

Um so mehr jedoch Ludovika. Ständisches Denken war ihr als Königstochter sozusagen in die Wiege gelegt, und ihre eigene Ehe unter Stand dürfte sie noch darin bestärkt haben, die zukünftigen Eheverbindungen ihrer Kinder sorgfältig zu planen. Um den erstgeborenen Sohn Ludwig war ihr dabei nicht bange. Fürstensöhne heirateten in der Regel erst mit Mitte zwanzig, und als Erbe von Familienbesitz und Titel würde er schon eine gute Partie machen. Weniger gesichert erschien dagegen die Zukunft ihrer Töchter. Kein adliges Haus hatte bislang für sie Interesse bekundet, und die Brautschau ließ sich nicht ewig in die Länge ziehen. Hochadlige Töchter wurden oft schon mit fünfzehn oder sechzehn Jahren verlobt und mit Siebzehn oder Achtzehn verheiratet. So war es nur natürlich, daß, je mehr sich Sissi und vor allem die Älteste Nené dem Verlobungsalter näherten, Ludovika um so unruhiger nach potentiellen Ehemännern Ausschau hielt.

Ihr Blick dürfte dabei nicht frei von Sorgen gewesen sein. Denn es gelang längst nicht allen adligen Familien, ihre Töchter standesgemäß unter die Haube zu bringen. Und Ludovikas Ziele waren weit gesteckt. Obgleich sie sich selbst in ihrer zurückgezogenen, fast schon bürgerlichen Existenz als Herzogin in Bayern gut eingerichtet hatte, sollte es für ihre Töchter kein kleiner Graf oder Herzog sein, sondern möglichst ein Prinzgemahl aus einem souveränen fürstlichen Hause. Diesem Standard entsprachen ihre Töchter aber nur bedingt. Denn Sissi und Nené waren zwar hochadligen Geblüts, zur ersten Klasse des europäischen Adels zählten sie jedoch nicht. Trotz des klangvollen Namens der Wittelsbacher blieben sie die Töchter eines kleinen Herzogs ohne Land, der auch nicht mit einer stattlichen Mitgift winken konnte. Verglichen mit echten Prinzessinnen oder Königstöchtern, waren sie also allenfalls zweite Wahl. So war die bayerische Herzogin hin- und hergerissen zwischen ihren hochfahrenden Träumen und der rauhen Wirklichkeit.

Allerdings hatte Ludovika einige Trümpfe in der Hand. Die enge Verwandtschaft und Verbindung zum bayerischen Königshof ließ auch die herzogliche Linie in vorteilhafterem Licht erscheinen. Und was noch wichtiger war: Der bayerische Königshof hatte keine Töchter vorzuweisen. Aus der Ehe des bayerischen Königs Maximilian II. mit Marie von Preußen waren nur zwei Söhne hervorgegangen, Otto und der spätere ›Märchenkönig‹ Ludwig II. Zwar gab es einige Nichten, aber wer an eine dynastische Verbindung mit Bayern dachte, mußte sein Augenmerk zwangsläufig auch auf Ludovikas Töchter richten. Und schließlich konnte die bayerische Herzogin noch auf ihre glanzvoll verheirateten Schwestern setzen und zwar insbesondere auf ihre an den habsburgischen Hof vermählte Schwester Sophie, mit der sie seit Jahren einen engen brieflichen Kontakt pflegte. Denn Sophie hatte gleich vier Söhne in passendem Alter vorzuweisen: den Kronprinzen und zukünftigen Kaiser Franz Joseph, sowie seine drei jüngeren Brüder Ferdinand Max, Karl Ludwig und Ludwig Viktor. Zumindestens einer dieser habsburgischen Prinzen – so hoffte Ludovika – könnte doch auch für Sissi oder Nené in Frage kommen.
Und diese stille Hoffnung war nicht gänzlich unbegründet. Seit Jahrhunderten gab es traditionell gute Beziehungen zwischen Bayern und Österreich, die sich auch in der Heiratspolitik beider Staaten niedergeschlagen hatten. 21 habsburgisch-wittelsbachische Ehen hatte es bislang gegeben, die letzte zwischen Sophie und dem österreichischen Erzherzog Franz Carl. Und auch für die Zukunft waren die Weichen auf gute Zusammenarbeit gestellt. Noch wichtiger aber war, daß auch Sophie derartigen Heiratsplänen nicht abgeneigt war. Zwar war die einstige bayerische Königstochter am österreichischen Kaiserhof zu einer echten Habsburgerin geworden, ihrer Herkunftsfamilie blieb sie jedoch stets verbunden, und die Aussicht, einmal eine ihrer bayerischen Nichten an der Wiener Hofburg zu wissen, war ihr durchaus angenehm.
Im Jahr 1848 war es freilich noch zu früh für eine derartige Entscheidung, aber Sophie war sehr viel tatkräftiger als ihre Schwester Ludovika. Als die kaiserliche Familie im Juni dieses Jahres in Innsbruck weilte, lud die Erzherzogin kurzentschlossen Ludovika, Nené und Sissi

Die bayerische Herzogin Ludovika 1838 mit ihren Kindern Ludwig, Helene und Elisabeth (Sissi) in der Wiege

sowie den jüngeren Bruder Gackel ein, diesen Aufenthalt mit ihnen zu verbringen. Sie wollte die beiden bayerischen Nichten einmal genauer in Augenschein nehmen. Sissi war zu diesem Zeitpunkt zehn Jahre alt, Helene vierzehn, Franz Joseph knapp achtzehn und seine beiden jüngeren Brüder sechzehn und vierzehn. Die Zeiten waren allerdings stürmisch. Vor den Wirren der Revolution in Wien hatte sich die Kaiserfamilie ins ruhige Innsbruck zurückgezogen, und politische Nachrichten über den Fortgang des Geschehens bestimmten den Alltag dieses Sommers. Aber die Erzherzogin sah, was sie sehen wollte und sie war mehr als angetan. Dabei galt ihre Wertschätzung weniger Sissi, die noch, ganz Kind, mit ihrem jüngeren Bruder Gackl und Karl Ludwig durch die Landschaft tollte, als vielmehr der älteren Schwester Helene.

Die älteste Tochter Ludovikas hatte sich zu einem sehr hübschen Teenager gemausert. Frühreif und von ihrem ganzen Wesen her eher ernst und etwas gravitätisch veranlagt, hatte sie für die unbekümmerten Spiele ihrer jüngeren Geschwister nur ein müdes Lächeln übrig und übte sich dafür um so eifriger in der gepflegten Konversation mit Mutter und Tante. Und hier behauptete sie sich sehr gut. Denn Helene war intelligent, charmant, gab sich vornehm und achtete die Etikette, womit sie ganz auf der Linie der Erzherzogin lag. Selber Dame von Welt, äußerst vernünftig, standes- und pflichtbewußt, fand Sophie nicht nur einige ihrer Züge in Helene wieder, sie sah in ihr auch eine geborene Repräsentantin des Hauses Habsburg, die sich ideal in das steife Zeremoniell des Wiener Hofes und die repräsentativen Pflichten einer Erzherzogin einfügen könnte. Ihre spontane Zuneigung zu dem Mädchen ging soweit, daß sie sich Nené nicht nur als zukünftige Ehefrau ihrer jüngeren erzherzoglichen Söhne vorstellen konnte, sondern ausdrücklich als Gemahlin von Franz Joseph, dem zukünftigen Kaiser. Helene und der ebenfalls ernste und pflichtbewußte Franz Joseph ergaben in ihren Augen ein ideales Kaiserpaar, das die Habsburger Monarchie würdig vertreten und lenken konnte.

Franz Joseph erfuhr von diesen Plänen nichts. Zu sehr war er mit den aktuellen politischen Ereignissen beschäftigt und hatte weder für Nené

noch für Sissi einen Blick übrig, geschweige denn für zukünftige Hochzeitspläne. Um so mehr jedoch Ludovika. In die Gedanken Sophies eingeweiht, ging sie im vertraulichen Gespräch mit ihrer Schwester nun begeistert daran, das Heiratsprojekt von allen Seiten zu beleuchten. Daß beide Ehekandidaten Cousin und Cousine waren, stellte dabei für beide Mütter keinerlei Hindernis dar. In dem exklusiven und abgeschlossenen hochadligen Heiratsmarkt zählten Verwandtenehen und darunter auch solche zweiten Grades seit Jahrhunderten zum Alltagsgeschäft. Zwar waren sie nach kirchlichen Recht untersagt, aber dieses Verbot ließ sich durch einen päpstlichen Dispens aufheben und der wurde in steter Regelmäßigkeit erteilt.
Dabei waren die engen Verwandtenehen nicht ungefährlich. In fast allen europäischen Herrscherhäusern hatten sie ihren Tribut in Form von Erbkrankheiten und genetischen Defekten gefordert. Und sowohl der Habsburger als auch der Wittelsbacher Königshof waren aufgrund enger Verwandtschaftsehen mit der Hypothek der Inzucht belastet. Der österreichische Kaiser wie auch Sophies Ehemann Franz Carl waren geistesschwach und von den beiden Söhnen des bayerischen Königs Maximilian II. galt der Jüngere – Otto – schon im Kindesalter aufgrund seiner Debilität als regierungsunfähig, während sich bei dem älteren Ludwig, dem späteren Ludwig II., mit zunehmendem Alter immer stärker Züge von Wahnsinn zeigten. Allerdings wußte beim damaligen Stand der Medizin keiner diese Zeichen richtig zu deuten. Körperliche wie auch geistige Gesundheit galten als Gaben der Natur, die – so glaubte man – ihre Geschenke mal mehr und mal weniger großzügig verteilte.
So konnten Sophie und Ludovika unbekümmert über die Zukunft ihrer Kinder plaudern. Nur eine Sache hatte die Erzherzogin nicht zu Unrecht an Helene auszusetzen: ihre mangelhafte Bildung, besonders das unzureichende Französisch. Aber dem war leicht abzuhelfen. Ludovika gelobte eilends Besserung und schon tönte ihr – angesichts der übrigen, von Sophie beschworenen Talente Nenés – der Innsbrucker Himmel wieder voller Hochzeitsgeigen. Zwar war momentan ange-

sichts der revolutionären Wirren in ganz Europa, wie auch des Alters beider Kinder an eine Heirat noch nicht zu denken, aber spätestens in zwei, drei Jahren schien Helene eine goldene Zukunft zu winken. Sophie war da allerdings vorsichtiger. Zwar sah sie in Helene die ideale Braut Franz Josephs, die Erzherzogin war jedoch viel zu erfahren, das Heiratsprojekt jetzt schon unter Dach und Fach zu bringen und Ludovika eine definitive Zusage zu geben. Denn trotz ihrer Begeisterung für ihre älteste Nichte war sie in erster Linie der Habsburger Dynastie und deren Interessenpolitik verpflichtet. Wer wußte schon, was die Zukunft bringen würden, welche politischen Rücksichtnahmen und Allianzen in den nächsten Jahren die Brautwahl ihres Sohnes diktieren mochten. Sicher, Helene hatte ihr ausnehmend gut gefallen und daran ließ sie auch Ludovika gegenüber keinen Zweifel, aber in allen Fragen hinsichtlich einer Konkretisierung dieser Verbindung, hielt sich Sophie bezeichnenderweise völlig bedeckt.
Ludovika indes, mit der großen Politik und diplomatischen Finessen wenig vertraut, sah das Heiratsprojekt als ausgemacht an. Selig reiste sie mit ihren Töchtern nach Possenhofen zurück, und fortan galt im herzoglichen Hause Helene als zukünftige Kaiserbraut. Eilends wurden nun neue Lehrer hinzugezogen, die die Bildung und die Sprachkenntnisse des Mädchens verbessern sollten, und schon bald wurde Helene zu ihren ersten Bällen an den bayerischen Hof geschickt, damit sie auf dem gesellschaftlichen Parkett den letzten Schliff erhielt.
Ludovika hatte jedoch nicht nur wegen Helene, sondern auch wegen Sissi Grund zur Freude. Denn die jüngere Tochter, die in vielem das ganze Gegenteil ihrer so beherrschten und vernünftigen Schwester war, hatte zwar nicht die Beachtung Sophies, geschweige denn Franz Josephs gefunden. Ludovikas aufmerksamen Augen war jedoch nicht entgangen, daß dafür der dritte Habsburger Sohn, der vierzehnjährige Karl Ludwig, ein beachtliches Interesse an dem Wildfang gezeigt hatte. In Innsbruck war er nicht von ihrer Seite gewichen und tatsächlich war Karl Ludwig von seiner zehnjährigen Cousine mehr als eingenommen. In den nächsten Monaten schrieb er Sissi einen Brief nach dem ande-

ren, in denen er ihr unbekümmert seine Zuneigung bekundete. Ja, er schickte ihr sogar einen Freundschaftsring und ein Armband. Ludovika war hingerissen. Wie von selbst schienen ihre kühnsten Träume in Erfüllung zu gehen: Helene als zukünftige Kaiserin und Sissi als Erzherzogin an den Wiener Kaiserhof verheiratet – das war weit mehr, als sie je zu hoffen gewagt hatte. Und schon malte sie sich in ihren Gedanken eine prachtvolle habsburgisch-wittelsbachische Doppelhochzeit aus.

Sissi indes verspürte nur wenig Neigung für ihren Cousin. Karl Ludwig konnte es weder von seinem Wesen noch von seinem Äußeren her mit ihrem Lieblingsbruder Gackl aufnehmen, der für sie der auserkorene Vertraute und Spielgefährte war. Vor allem aber war ihr, noch ganz Kind, die offen bekundete Zuneigung des habsburgischen Vetters mehr als lästig: »Karl Ludwig hat mir gesagt, wir wollen den Mond ansehen. Ich finde es aber so langweilig«, so hatte sie sich in Innsbruck bei ihrer Mutter beschwert, und auch zu Hause in Possenhofen nahmen die Klagen über den aufdringlichen Cousin kein Ende. Ludovika verstand in diesem Fall jedoch keinen Spaß. Die einmal geknüpfte Verbindung mit Karl Ludwig und dessen Anhänglichkeit mußten aufrecht erhalten werden, und so trieb sie Sissi unnachgiebig zum Zurückschreiben an, die dieser auferlegten Pflicht aber nur unter Maulen und lustlos mit einigen mehr oder weniger nichtssagenden Zeilen nachkam.

Lust oder Unlust zählten hier wenig. Auch Helene, obgleich dem Heiratsprojekt nicht abgeneigt, wurde schließlich nicht nach ihren Gefühlen für Franz Joseph gefragt. Seit Jahrhunderten wurden Fürstentöchter allein nach politischen und dynastischen Gesichtspunkten verheiratet – ohne auf ihre persönliche Meinung Rücksicht zu nehmen. Sie hatten sich, eingedenk ihrer Verpflichtungen gegenüber Haus und Familie, in ihr Schicksal zu fügen. Aufbegehren schien undenkbar, und es war kein Wunder, daß an den meisten europäischen Höfen das Lesen von Liebesromanen und -gedichten, ja sämtliche »sentimentale« Literatur streng verboten war. Die zukünftigen Ehefrauen sollten erst gar nicht auf abwegige Gedanken kommen.

Dabei war Ludovika durchaus am Glück ihrer Töchter gelegen, hatte sie doch selbst eine unglückliche Ehe durchlitten. Aber Liebe und Erfüllung ließen sich nicht zwingen. Was letztlich zählte, waren die Familie, die Fortpflanzung der Dynastie, Vermögen, Titel und Traditionen – sie waren die feststehenden Größen im unruhigen Verlauf der Zeit, denen gegenüber die Unwägbarkeiten eines privaten Lebensglücks zurückzustehen hatten. Jede Ehe konnte schließlich unglücklich verlaufen. Reichtum, Prestige und Rang aber, die die Habsburger Krone verlieh und die Ludovika verwehrt geblieben waren, sollte ihren Töchtern keiner nehmen können.
Ähnlich dachte auch die Erzherzogin, deren Ehe auch alles andere als eine Erfüllung war. Denn gerade Sophie hatte man, kaum achtzehnjährig, mit der erbkranken Linie der Habsburger verbunden. Viermal war der österreichische Kaiser Franz I. verheiratet gewesen, aber nur aus einer Ehe waren Kinder entsprungen und zwar ausgerechnet aus der Verbindung mit Marie Therese von Neapel, die seine doppelte Cousine war. Dreizehn Kinder hatte ihm seine Frau geboren, nur sieben von ihnen hatten das frühe Kindesalter überlebt und die anderen waren schwer gezeichnet. Diesen Sachverhalt hatte man allerdings wohlweislich der jungen Braut verschwiegen. Nur ein kleines, überaus geschöntes Emailleportrait ihres zukünftigen Gatten Franz Carl hatte man ihr in die Hand gedrückt. Selbst auf diesem Bild nahm sich der Erzherzog unvorteilhaft aus, dennoch aber reiste Sophie voller Hoffnungen nach Wien, wo im Mai 1824 ein erstes Zusammentreffen der beiden Brautleute stattfand.
Was sie dort erwartete, dürfte der härteste Schlag in ihrem Leben gewesen sein. Fast alle Wittelsbacher und so auch die Braut waren sehr schöne Menschen. Sie waren ein kultiviertes, musisch und intellektuell begabtes Geschlecht. Franz Carl aber schien in allem das genaue Gegenteil zu sein. Klein und von verwachsener Gestalt, mit einem unproportioniert großen Kopf, dünnem Haar und der berühmten wulstigen ›Habsburgs‹ Unterlippe versehen, war er geradezu erschreckend häßlich. Er besaß ein gutmütiges Wesen, war jedoch einfältig bis hin zu

einer stupenden Dümmlichkeit. Und er redete ohne Unterlaß. Ganz gefangen vom Charme seiner Braut, häufte er Platitüden auf Platitüden, die in ihrer Sinnlosigkeit kaum zu überbieten waren. Selbst Sophies Mutter Karoline, die gleichwohl auf die Begegnung vorbereitet war und zu den stärksten Befürworterinnen des Heiratsprojekts zählte, gelang es nur mühsam, die Fassung zu bewahren. Franz Carls »ununterbrochenes Geschwätz im Verein mit seinem so wenig einnehmenden Äußeren« regte sie so dermaßen auf, daß sie nach Hause schrieb: »Ab und zu möcht ich ihn schlagen.«

Sophie indes war weniger nach Schlagen zumute. Vielmehr traten ihr die Tränen in die Augen. Ganze Nächte, so berichtete ihre Gouvernante später, habe die bayerische Königstochter durchgeweint. Aber es war nicht mehr zu ändern. Die Heirat stand fest, und ihre Eltern blieben unnachgiebig. Fast schon zynisch liest sich daher der Kommentar ihrer Mutter gegenüber den bayerischen Verwandten: »Ich hoffe, daß ihr, wenn sie die ganze Familie sieht und so viele ihm gleichende Individuen, seine Erscheinung weniger auffallen wird.«

Mit dieser Einschätzung dürfte sie allerdings nicht Unrecht gehabt haben. Denn verglichen mit seinen Geschwistern, wirkte Franz Carl noch am vorteilhaftesten. Am schlimmsten hatte die Inzucht seine jüngste Schwester Marianne getroffen, die im Gesicht schwer entstellt und hochgradig schwachsinnig war. Selbst mit den Launen der Natur ließ sich dieser Sachverhalt kaum erklären und so wurde am Habsburger Hof ganz ernsthaft die Geschichte kolportiert, daß Marie Therese während ihrer Schwangerschaft im Schloßpark einem entlaufenen Orang-Utan begegnet sei – ein Anblick, der die Entwicklung und das Äußere des Kindes maßgeblich beeinflußt habe.

Sophie glaubte diese Mär, wenngleich sie kaum dazu angetan war, das Erscheinungsbild der übrigen Geschwister, insbesondere das des ältesten Kaisersohnes und Kronprinzen Ferdinand, zu erklären. Ferdinand war »klein, trug den großen Kopf etwas schief, die kleinen Augen blickten unsicher und die Lippe hing tief herab; er nickte stets freundlich und wohlwollend und frug 20 Mal dasselbe; ein trauriger Anblick«, wie die Gräfin von Fürstenberg konstatierte. Äußerlich wie auch vom Wesen her glich Ferdinand damit seinem jüngeren Bruder, nur daß seine geistigen Fähigkeiten noch schwächer ausgebildet waren, er unter schweren epileptischen Anfällen litt und als zeugungsunfähig galt, was den Kaiserhof jedoch nicht daran gehindert hatte, ihn mit der unglücklichen Maria Anna von Savoyen zu vermählen. Als Kronprinz war er eine mehr als unglückliche Gestalt, und kaum jemand glaubte, daß dieser Kaisersohn je die Regierung in die Hand nehmen, geschweige denn die Nachfolge der Habsburger Dynastie sichern konnte.

Gerade dieser traurige Sachverhalt aber war es, der im bayerischen Königshaus den letzten Anstoß zur Vermählung Sophies mit Franz Carl gegeben hatte. Denn der alte österreichische Kaiser hatte nur zwei Söhne. Sollte der erste, Ferdinand, berechtigterweise aus der Thronfolge ausscheiden, so blieben nur noch der jüngere Franz Carl oder dessen Söhne als Thronfolger. Es mag zynisch klingen, aber Sophie hatte eine der glänzendsten Partien ihrer Zeit gemacht. Denn entweder würde sie irgendwann selbst Kaiserin, zumindest aber Kaisermutter werden. Und die habsburgische Kaiserkrone – darüber war man sich am bayerischen Königshof einig – war einige Tränen wert.

Im europäischen Mächtekonzert rangierte sie nicht nur vom Prestige her an erster Stelle. Mit ihr war auch die Herrschaft über ein Riesenreich verbunden, das nicht nur die österreichischen Erblande umfaßte, sondern von der Adria bis zur Bukowina, von Nordböhmen bis zur Toskana reichte. Die Habsburger waren nicht nur Kaiser von Österreich, sondern unter anderem auch Könige von Ungarn und Böhmen, der Lombardei, Venetiens, Dalmatiens, Kroatiens, Slawoniens und Galiziens, Großherzöge der Toskana und von Krakau, Herzöge von Lothringen, der Bukowina, von Ober- und Niederschlesien, Modena, Parma und Piacenza, Großfürsten von Siebenbürgen, Markgrafen von Mähren, Istrien und der Ober- und Niederlausitz sowie Fürsten von Trient und Brixen. Und sie herrschten absolut. Weder durch Verfassung noch Parlament gebunden, konnte der Kaiser von Österreich in seinen Ländern uneingeschränkt schalten und walten. Nur ein Ministerkabi-

nett, ein Heer von Beamten und natürlich das Militär standen ihm zur Regierung dieses Vielvölkerreiches zur Seite, die letzte und höchste Entscheidungskompetenz aber lag allein bei ihm.
Diese Macht und Herrlichkeit der Habsburger Kaiserkrone sollten schließlich auch Sophie mit ihrer Heirat versöhnen. Schon als sie jungvermählt am Wiener Hof ankam, hatte ihr der alte Kaiser Franz I. unmißverständlich klargemacht, »sie müsse bei dem Zustand seines Sohnes alles selbst in die Hand nehmen«. Und Sophie nahm die Herausforderung an. Aus der naiven, noch verträumten jungen bayerischen Königstochter wurde eine energische und tatkräftige Erzherzogin, die ihr persönliches Glück dem Kaisertum unterordnete. Kaiserin zu werden, das wurde nun ihr persönliches Lebensziel, und Sophie hatte dabei nicht nur den Titel, sondern auch die Macht vor Augen. Denn der willens- und geistesschwache Franz Carl war Wachs in den Händen seiner schönen, jungen Braut. Sollte ihr Gemahl jemals Kaiser werden, so war Sophie klar, daß sie im Hintergrund die Fäden ziehen konnte.
Ersteinmal galt es jedoch, die Nachfolge der Habsburger Dynastie zu sichern und auf diesem Wege auch ihre eigene Stellung am Wiener Hof zu festigen. So nahm Sophie ihre traurige Ehepflicht auf sich und nach sechs quälend langen Jahren, zwei Fehlgeburten, unzähligen medizinischen Kuren und einer sehr schweren Schwangerschaft, die Sophie – nicht zuletzt eingedenk der Orang-Utan-Geschichte – fast nur in ihren Gemächern verlebte, war es schließlich soweit: Am 18. August 1830 wurde ihr Sohn Franz Joseph geboren, und er war ein gesundes, kräftiges Kind.
Ein Aufatmen ging durch die gesamte Wiener Hofgesellschaft, denn allen – auch Sophie – war bewußt, daß ein Kaisertum der geistesschwachen Söhne Franz I., gleich ob nun Ferdinand oder Franz Carl die Nachfolge antreten sollte, nur ein glanzloses Intermezzo in der jahrhundertealten, ruhmreichen Geschichte der Habsburger darstellen würde. Jetzt aber war ein gesunder Hoffnungsträger des Reiches geboren, der wegen der Zeugungsunfähigkeit Ferdinands irgendwann Kaisertum und Krone erben würde. Die Zukunft der Dynastie war gesi-

chert. Sophies Stolz schien unermeßlich, und als bald darauf ihre ebenfalls gesunden Söhne Ferdinand Max und Karl Ludwig zur Welt kamen, war zumindest ihre Position als zukünftige Kaisermutter unangefochten.
Dafür aber mußten ihre Ambitionen auf die Stellung einer Kaiserin schon bald einen herben Rückschlag hinnehmen. Im März 1835 verstarb der alte Kaiser Franz I. mit siebenundsechzig Jahren. Entgegen den Erwartungen Sophies und der Wiener Hofgesellschaft hatte er in seinem Herrschaftstestament die Thronfolge jedoch nicht auf seinen jüngeren Sohn Franz Carl übertragen, sondern trotz der offenkundigen Regierungsunfähigkeit Ferdinands am dynastischen Prinzip des Erstgeburtsrechts festgehalten. Ferdinand wurde feierlich zum Kaiser gekrönt. Ob ihm Ausmaß und Bedeutung dieses Amtes jemals bewußt geworden sind, darf jedoch bezweifelt werden. »Ich bin der Kaiser, und ich will Knödel!«, soll er einmal am Mittagstisch ausgerufen haben und dies dürfte wohl der einzige direkte Befehl in seiner Regentschaft gewesen sein. Denn außer bei repräsentativen Anlässen, wie der Abnahme von Militärparaden oder der Akkreditierung von ausländischen Gesandten, bei denen man nicht auf den Kaiser verzichten konnte – auch wenn der dabei regelmäßig eine mehr als unglückliche Figur abgab – hielt man Ferdinand tunlichst von allen Regierungsgeschäften fern. Die kaiserliche Herrschaftsausübung lag bei der Staatskonferenz, in der der alte Staatskanzler Metternich, der die Geschicke der Habsburgermonarchie schon seit dem Wiener Kongress von 1815 maßgeblich bestimmte, den Vorsitz innehatte. Ferdinand war nur ein Schattenkaiser, und Sophie, die nach dem Tode Franz I. als »einziger Mann am Hofe« galt, hoffte weiter auf ihre Stunde. All ihr Ehrgeiz richtete sich nun auf ihren Erstgeborenen Franz Joseph. Wenn schon nicht ihr Mann Franz Carl die Kaiserkrone erringen konnte, ihrem Sohn Franz Joseph war sie eines Tages sicher, und auch dann würde sie als Kaisermutter einigen Einfluß haben. Fürs erste aber galt es, Franz Joseph zu einem respektablen Herrscher zu erziehen, und alle Energien der Erzherzogin waren von nun an auf dieses Ziel gerichtet.

Franz Joseph im Alter von sieben Jahren mit seinen Brüdern Ferdinand Max, auch Maximilian genannt, und Karl Ludwig

Schon als Kleinkind wurde Franz Joseph auf seine zukünftige Rolle vorbereitet. Das ›Sie‹ als Anrede prägte den Ton zwischen ihm, seiner Familie und der Hofgesellschaft. Er trug zumeist eine kindliche Uniform und besaß ein ganzes Heer von Blechsoldaten, das die gesamten österreichischen Infanterieregimenter nachbildete. Mit sechs Jahren begann die eigentliche Ausbildung zum Thronfolger. Deutsch, die Hofsprache Französisch, Schreiben, Geographie und Religion waren die ersten Fächer, die dem kleinen Kronprinzen in einem achtzehnstündigen Wochenprogramm von ausgewählten Lehrern vermittelt wurden. Und das Pensum steigerte sich rasant. Für den Siebenjährigen waren bereits 32 Wochenstunden veranschlagt. Tschechisch und Ungarisch waren nun hinzugekommen, dazu Tanzunterricht, Turnen, Fechten und Schwimmen. Aber es galt, noch mehr zu lernen. Ein zukünftiger Kaiser mußte auch die übrigen Sprachen des Vielvölkerreiches Italienisch und Polnisch beherrschen. Auch auf das klassische Latein und Griechisch wurde Wert gelegt. Und natürlich auf Mathematik, Musik, Naturgeschichte, Buchhaltung, Technologie, Astronomie und Philosophie – nicht zu vergessen die moralische und militärische Ausbildung. So brachte bereits der Achtjährige 37 Wochenstunden mit Lernen zu, der Elfjährige 47 Stunden und mit 15 Jahren wurde das Diktat des Stundenplans nochmal auf 55 Wochenstunden hochgeschraubt. Von morgens 6 Uhr bis zur Zeit des Schlafengehens um 21 Uhr war Franz Joseph – nur durch kurze Eßpausen unterbrochen – mit seinem harten Ausbildungsprogramm beschäftigt.

Vergleicht man diese Erziehung mit der Sissis, so ist ein größerer Gegensatz kaum denkbar. Eine unbeschwerte bayerische Kindheit steht hier gegen die habsburgische Kaiserdressur, das herzliche Possenhofener Familienleben gegen die steife Wiener Hofetikette, der unbefangene Wildfang, der in kleinen Gedichten seinen Gefühlen freien Lauf ließ, gegen den wohlerzogenen Thronfolger, dem die Pflicht auferlegt wurde, in täglichen Tagebucheintragungen Rechenschaft über seine Lernfortschritte abzulegen. Sissi mit ihrem ungestümen Freiheitsdrang wäre an einem derartigen Drill zerbrochen. Nicht aber

Franz Joseph. Körperlich und seelisch robust, verkraftete er nicht nur den autoritären Erziehungsstil, er wurde auch ganz zu dem nüchternen, angepaßten und pflichtbesessenen Menschen, den sich Sophie erträumt hatte und in dem sie den idealen Thronprätendenten sah. »Fünfzehn Jahre alt werde ich – nur noch wenig Zeit zur Erziehung! Also muß ich mich sehr anstrengen, mich zu bessern!«, so lautete eine bezeichnende Tagebuchnotiz Franz Josephs kurz vor seinem fünfzehnten Geburtstag.

Allerdings wäre ein ›Weniger‹ an Erziehung und dafür ein ›Mehr‹ an kreativem Freiraum durchaus angebracht gewesen. Denn der Lehrplan des zukünftigen Kaisers war durch stures Einpauken und detailliertes Auswendiglernen gekennzeichnet, während die Fähigkeit zu eigenständigem und übergreifendem Denken völlig unterdrückt wurde. Dabei war Franz Joseph ein intelligenter, aufgeweckter und phantasiebegabter Schüler. Der stupide Lehrplan aber machte aus ihm fast zwangsläufig einen nüchternen, einfallslosen und pedantischen Technokraten. Eiserne Disziplin, Fleiß und Detailversessenheit werden schließlich auch seine Regentschaft prägen. Von morgens vier Uhr bis zum späten Abend wird der zukünftige Kaiser Franz Joseph I. die Akten seines Vielvölkerreiches studieren, ohne je dieses Reich und seine Probleme in ihrer Gesamtheit überblicken, geschweige denn Impulse zu dessen Reform und Gestaltung geben zu können.

Aber noch etwas anderes war gänzlich aus dem Lehrplan des Thronfolgers verbannt: eine Einführung in die aktuelle Situation und Problematik seiner Zeit. Sicher, man hatte dem zukünftigen Kaiser die Länder und Völker der Habsburger Monarchie und ihre Geschichte nahegebracht. Daß mit der Französischen Revolution jedoch eine neue Zeitrechnung angebrochen war, daß die Völker und jeder einzelne Bürger nach Mündigkeit, Verfassung, dem allgemei-nen Wahlrecht, einer parlamentarischen Vertretung, nach Menschen- und Bürgerrechten, Presse- und Meinungsfreiheit schrien, daß in den unteren Schichten Ausbeutung und soziales Elend, Kinderarbeit und Hunger herrschten – all das hatte man ihm wohlweislich verschwiegen.

Doch selbst wenn man es ihm gesagt hätte, wäre sein Denken wohl kaum von diesen Tatsachen beeinflußt worden. Denn nicht zuletzt auf Betreiben Sophies, für die das Kaisertum über alles ging, hatte man dem jungen Kronprinzen seit frühester Kindheit den Gedanken an das Gottesgnadentum der habsburgischen Herrschaft eingeimpft. Franz Joseph wuchs mit einem politisch-fürstlichen Selbstverständnis auf, das sich in nichts von dem seines Großvaters Franz I. und dessen Vorfahren unterschied. Der allmächtige Kaiser, das war der gütige, gerechte, aber auch strenge Vater seiner Völker, seine Herrschaft war gottgegeben, ebenso wie die Rechtlosigkeit seiner Untertanen. Kein Wunder, daß dem jungen Kronprinzen jeder Gedanke an eine liberale oder soziale Reform völlig fern lag.

Um so überraschender mußten ihn die Ereignisse des Revolutionsjahres 1848 treffen. Schon lange hatte es in den intellektuellen Zirkeln der europäischen Hauptstädte, aber auch im Wirtschaftsbürgertum und in der Arbeiter- und Bauernschaft gegärt. Pressezensur, Militär und der Polizeistaat der Restaurationszeit aber hatten alle liberalen und wirtschaftlichen Forderungen der fortschrittlichen Kräfte schon im Keime erstickt. Nun jedoch brach ein Sturm los, der bald alle europäischen Herrscherhäuser in die Defensive drängte und auch vor den Habsburgern nicht halt machte. In der Donaumonarchie setzten die Ungarn das erste Signal. Am 3. März hielt der ungarische Oppositionsführer Lajos Kossuth im alten Budapester Reichstag eine flammende Rede, die als die ›Taufrede der österreichischen Revolution‹ in die Geschichte eingegangen ist. Dabei stellte Kossuth die Habsburger Herrschaft nicht grundsätzlich in Frage, forderte aber die kaiserliche Regierung unmißverständlich auf, »allen Ländern Österreichs eine Verfassung [zu] verleihen«. Die Wirkung dieser Rede war ungeheuerlich. Kaum hatte ihre Botschaft Wien erreicht, als sich der lang aufgestaute Volkszorn Bahn brach. Studenten, Bürger, aber auch die Arbeiter aus den Vorstädten stürmten das Wiener Ständehaus und forderten nun ihrerseits eine Verfassung und das allgemeine Wahlrecht.

Das Kaiserhaus war völlig überrascht. Die Truppen waren in Italien konzentriert, kein entschlossener Führer der Konterrevolution in Sicht, und so blieb der Staatskonferenz nur ein Rückzugsgefecht. Der erzkonservative Staatskanzler Metternich, der zum Feindbild der Aufständischen geworden war, wurde entlassen, und am 15. März versprach Kaiser Ferdinand, der alles unterschrieb, was man ihm vorlegte, in einer Kabinettsorder den aufgebrachten Wienern die »Aufhebung der Censur« und eine baldige »Constitution des Vaterlandes«.
Tatsächlich wurde nun eine solche – allerdings ohne Mitwirkung einer Volksvertretung – vom Staatskabinett ausgearbeitet und Ende April der Bevölkerung vorgelegt. Weit davon entfernt, dem Volkeswillen Rechnung zu tragen, entpuppte sie sich als bloße Spiegelfechterei. In allen Fragen hatte sich der Kaiser beziehungsweise die Staatsregierung ein Vetorecht vorbehalten und vom allgemeinen Wahlrecht war schon gar keine Rede. Wieder brachen daraufhin in Wien die Aufstände los und diesmal schwappte die Welle weiter, auch in Mailand und Venedig, in Budapest, ja selbst im kaisertreuen Prag wurde nun die Revolution geprobt. Angesichts dieser Vehemenz floh die kaiserliche Familie nach Innsbruck, wo dann auch das Treffen zwischen den Habsburgern und ihren wittelsbachischen Verwandten stattfand.
Allerdings war allen klar, daß es mit Flucht nicht getan war. Wollten die Habsburger an der Macht bleiben, so kamen sie um echte Zugeständnisse nicht herum. In einem feierlichen Staatsakt versprach Ferdinand daher die Einberufung eines gemeinsamen deutsch-slawischen Reichstags, der aus allgemeinen Wahlen hervorgehen und eine Reichsverfassung ausarbeiten sollte. Tatsächlich wurden nun freie und allgemeine Wahlen abgehalten und am 22. Juli trat der Reichstag zu seiner ersten konstituierenden Sitzung zusammen. Die Habsburger spielten jedoch nur auf Zeit. Jeder Fußbreit Boden, den man gezwungenermaßen preisgegeben hatte, sollte so bald wie möglich wieder zurückgewonnen werden. Und dies war nicht nur die Meinung der Staatskonferenz, sondern auch Franz Josephs und vor allem Sophies, die in dem ganzen Wirrwarr mehr und mehr die Zügel in die Hand genommen hatte. Denn die

resolute Erzherzogin hatte keinerlei Verständnis für die legitimen Forderungen der Aufständischen. Jeder, der die Kaiserwürde und -macht auch nur antastete, war ihr persönlicher Feind. Lieber wolle sie eines ihrer Kinder verlieren, als unter einer »Studentenwirtschaft« zu leben, hatte sie schon zu Beginn der Aufstände ausgerufen, und dieser erzreaktionären Haltung sollte Sophie treu bleiben.

Die Erzherzogin redete nicht nur, sie handelte auch. Auf ihr maßgebliches Drängen begannen sich nun am Wiener Hof die Kräfte der Gegenrevolution zu formieren. Deren maßgebliche Stütze war die Armee, die sich nach dem ersten Überraschungsmoment wieder gefangen hatte und nun von den kaisertreuen Generälen in Stellung gebracht wurde. Dem Kaiserhaus hatten die Revolutionäre Paroli bieten können, gegen die geballte Macht von Kanonen und zehntausenden Bajonetten aber waren sie chancenlos.

Bereits Mitte Juni hatten die kaiserlichen Truppen unter Fürst Windischgraetz die bedingungslose Kapitulation des aufständischen Prags erzwungen. Ende Juli besiegten die Österreicher unter der Führung des Feldmarschalls Radetzky die Piemontesen in Norditalien. Und Mitte September marschierte der österreichische General Jellačić mit 25.000 Mann gegen Budapest. Bevor es dort zu Kampfhandlungen kam, wurden die Truppen jedoch zurück beordert. Denn Anfang Oktober kam es auch in Wien zu bewaffneten Auseinandersetzungen zwischen den Revolutionären und den mittlerweile dort postierten kaiserlichen Regimentern. Wieder floh die kaiserliche Familie, diesmal nach Olmütz. Ermutigt durch die Siege Radetzkys und Windischgraetz, waren aber nun alle auf Kampf eingestellt. Ebenso wie Jellačić wurde auch Windischgraetz nach Wien zurückberufen. Am 26. Oktober hatten ihre Truppen die Stadt umzingelt, und die Generäle forderten die bedingungslose Kapitulation. Fünf Tage lang konnten sich die nur spärlich bewaffneten und unausgebildeten revolutionären Nationalgardisten gegenüber einem waffenstarrenden Heer von 70 000 Mann behaupten, das durch Kanonensalven ganze Stadtviertel in Schutt und Asche legte. Dann ergaben sich die Wiener. Es war der

Anfang vom Ende der österreichischen Revolution. Was nun folgte, war ein blutiges Strafgericht.
Ganz sicher fühlte sich die kaiserliche Familie jedoch nach wie vor nicht. Auf Betreiben Sophies wurde ein neues Regierungskabinett gebildet, dem neben Windischgraetz auch der erzkonservative Fürst Schwarzenberg angehörten. Und diese beiden erkannten schnell, daß die Revolution noch nicht besiegt war. Immer noch probte Ungarn den Aufstand, in Venedig opponierte man weiterhin gegen die Herrschaft der Habsburger und auch die österreichischen Kernlande waren noch nicht gänzlich ruhig gestellt. So verlegte man sich aufs Taktieren. Der vom Volk gewählte Reichstag wurde nicht aufgelöst, wohl aber nach Kremsier, in der Nähe von Olmütz verlegt, wo sich die kaiserliche Familie nach wie vor aufhielt. Faktisch war er damit kaltgestellt, auch wenn man ihn als Institution unangetastet ließ. Schwarzenberg versprach weiter die konstitutionelle Monarchie, aber allen war klar, daß es nun einer direkten Geste bedurfte, um einem erneuten Aufflammen der Revolution zuvorzukommen.
In dieser Situation verfielen Windischgraetz und Schwarzenberg auf die Idee, den österreichischen Völkern anstelle des unglücklichen Ferdinands einen neuen Kaiser zu präsentieren. Auch dieser Schachzug war natürlich reine Spiegelfechterei, denn die Allmacht der Habsburger sollte unangetastet bleiben. Aber um die Gemüter zu beruhigen, galt es Entgegenkommen, Aufbruchsstimmung und Neubeginn zu demonstrieren, und ein Kaiserwechsel besaß dabei die größte symbolische Ausstrahlungskraft.
Zwei Alternativen waren denkbar: Entweder sollte Franz Carl, der Gemahl Sophies, oder ihr gerade erst volljährig gewordener Sohn Franz Joseph das Herrscheramt übernehmen. Diese beiden Vorschläge unterbreitete man nun Sophie. Paradoxerweise hatte damit gerade die verhaßte Revolution dem Lebensziel der Erzherzogin den Weg bereitet. Seit ihrer Hochzeit vor 24 Jahren hatte sie davon geträumt, Kaiserin zu werden, nun bedurfte es lediglich eines Fingerzeigs von ihr, um diesen Traum Realität werden zu lassen. Aber Sophie beugte sich zum zweiten

Mal nach ihrer Heirat der Staatsraison. Denn nicht nur Windischgraetz und Schwarzenberg, auch ihr selber war klar, daß Franz Carl als Kaiser kaum eine bessere Figur als Ferdinand abgeben würde. Mit ihm war kein Staat zu machen, geschweige denn die kaiserliche Autorität der Habsburger zurückzugewinnen. Dynastie und Herrschaft aber gingen über alles, und so plädierte die Erzherzogin für Franz Joseph. Es war das größte persönliche Opfer ihres Lebens, und Franz Joseph, der sich dessen nur zu gut bewußt war, fühlte sich seiner Mutter dafür zeit seines Lebens in Dankbarkeit und Achtung verpflichtet. Ferdinand, wie auch Franz Carl zum Verzicht auf die Kaiserkrone zu bewegen, stellte kein Problem dar, und so wurde Franz Joseph am 2. Dezember 1848 als Franz Joseph I. zum österreichischen Kaiser gekrönt.

Die Rechnung Sophies ging auf: In der Donaumonarchie wurde der junge Kaiser als Hoffnungsträger gesehen. Nur die Ungarn verweigerten ihm die Anerkennung. Daß die Hoffnung auf eine liberale Reform trügerisch war, sollte sich jedoch schon bald erweisen. Am 4. März 1849 legte die neue Regierung eine Verfassung vor, doch sie war – unter Umgehung des noch in Kremsier tagenden Reichstages, den man nun kurzerhand aufgelöst hatte – aufgezwungen. In ihr wurde zum Schrecken der Ungarn ein zentralistisch verwalteter, monarchischer Einheitsstaat festgeschrieben. Zwar fehlte es nicht an einigen liberalen Zugeständnissen, um den Nachhall der Revolutionsstimmung zu dämpfen, so etwa die Gewährung von Rechtsstaatlichkeit wie auch die Konstitution eines bürgerlichen Unterhauses. Bezeichnenderweise sollte dieser Passus der Märzverfassung jedoch nie in Kraft treten.

Denn wie überall in Europa setzte sich nun auch in der Donaumonarchie die Reaktion gegen die letzten revolutionären Kräfte durch. Bereits Ende März besiegte Radetzky abermals die rebellischen Piemontesen und im August endete mit der Kapitulation Venedigs der Aufstand der Norditaliener gegen die habsburgische Herrschaft. Den Schlußakt bildete die blutige Niederwerfung der Ungarn im Oktober 1849, die von den österreichischen Heeren mit Hilfe der russischen Armee vernichtend geschlagen wurden. Kossuth floh ins Exil, während neunzehn

führende Köpfe der ungarischen Revolution, darunter Mitglieder des Hochadels wie Graf Batthyany, gehängt wurden. Die Ungarn sollten dieses Massaker dem Habsburger Herrscherhaus nie verzeihen.
Franz Joseph indes sah sich nicht als Despoten, sondern als Wahrer seiner legitimen Herrschaftsrechte, und als solcher legte er ein immer größeres Selbstbewußtsein an den Tag. Waren die ersten sechs Monate der Herrschaft des Achtzehnjährigen noch tastend und auf die Unterstützung der beiden starken Männer Windischgraetz und Schwarzenberg angewiesen, so wandte er sich schon bald gegen alles, was seiner Autorität als kaiserlicher Alleinherrscher entgegenstand. Schon im Frühjahr 1849 wurde Windischgraetz als oberster Befehlshaber der Armee entlassen. Zwei Jahre später hielt sich Franz Joseph dann für so stark, auch die Macht Schwarzenbergs und des gesamten Ministerkabinetts zu beschneiden. Nicht zuletzt auf Betreiben Sophies, hob er nun jede eigenständige Ministerverantwortlichkeit auf und unterstellte das Kabinett allein dem kaiserlichen Willen. Knapp vier Monate später zog Franz Joseph dann den definitiven Schlußstrich unter die Revolution. Im sogenannten ›Silvester-Patent‹ vom 31. 12. 1851 hob er die ohnehin nie in Kraft getretene Märzverfassung von 1849 auf; Österreich war zum Absolutismus zurückgekehrt.
In nur drei Jahren hatte der junge Kaiser eine der größten Krisen der Habsburger Herrschaft gemeistert. Mit gerade 21 Jahren war er zum uneingeschränkten und unangefochtenen Herrscher der Donaumonarchie aufgestiegen. »Wir haben das Konstitutionelle über Bord geworfen und Österreich hat nur mehr einen Herrn«, schrieb er triumphierend an seine Mutter. »Gott sei gelobt«, notierte Sophie am Rand. Nicht jeder dürfte jedoch diesen Stoßseufzer geteilt haben. In allen Reichsteilen bevölkerten zahlreiche politische Gefangene die Zuchthäuser, in Ungarn und Italien herrschte faktisch Militärdiktatur, zahlreiche Städte und Landstriche standen nach wie vor unter Kriegsrecht, das Militär war allgegenwärtig und überall sorgten Spitzelwesen und Polizei für die Unterdrückung der liberalen Kräfte. Für Franz Joseph und Sophie – nunmehr die einflußreichste Ratgeberin ihres Sohnes – aber war es die

Rückkehr zur ›Normalität‹. Die Habsburger konnten sich wieder in der Öffentlichkeit zeigen, prachtvolle Feste und Hofbälle wurden gegeben. Die Gegenwart schien gesichert, und langsam begann die Erzherzogin, auch die Zukunft wieder näher ins Auge zu fassen.
Ihr Sohn war nun im heiratsfähigen Alter und für die Konsolidierung der habsburgischen Herrschaft schien die baldige Geburt eines Thronfolgers unerläßlich. Aber Sophie ging es nicht nur um die Sicherung von Krone und Dynastie. Sie sah auch, daß die Habsburger mit ihrer reaktionären Politik in den Reichsländern auf wenig Gegenliebe stießen. Eine junge, charmante Frau an Franz Josephs Seite, Söhne und Töchter, das Bild einer glücklichen Familie sollten hier Abhilfe schaffen und den ungeliebten Monarchen seinen Völkern näher bringen.
Auch Franz Joseph wollte heiraten. Die stürmischen Revolutionsjahre hatten ihn früh reifen lassen, Fortpflanzung und Ansehen der Dynastie lagen auch ihm am Herzen – und er war weiblichen Reizen nicht abgeneigt. Unter der führenden Hand seines Adjutanten Grünne sowie nicht zuletzt auf Betreiben Sophies hatte er bereits einige amouröse Abenteuer hinter sich. Dabei mußte er sich nicht sonderlich anstrengen, um die Herzen der Damen zu gewinnen. Denn Franz Joseph war zu einem stattlichen jungen Mann herangereift. In der Uniform, die er nun immer trug, um seine Verbundenheit mit dem Militär zu demonstrieren, machte er mit seiner schlanken, zierlichen Gestalt eine sehr gute Figur. Blondes, leicht gewelltes Haar, blaue Augen und ein hübsches, feingeschnittenes Gesicht trugen das ihrige dazu bei, ihm eine äußerst attraktive Erscheinung zu verleihen. Und auch sein Wesen war anziehend. Positiv überrascht schrieb der spätere Reichskanzler Bismarck, der den jungen Kaiser 1852 kennenlernte, über ihn: »Der junge Herrscher dieses Landes hat mir einen sehr angenehmen Eindruck gemacht: zwanzigjähriges Feuer gepaart mit der Würde und Bestimmtheit reifen Alters, ein schönes Auge, besonders wenn er lebhaft wird, und ein gewinnender Ausdruck von Offenheit, namentlich beim Lächeln. Wenn er nicht Kaiser wäre, würde ich ihn für seine Jahre etwas zu ernst finden.«

Franz Joseph konnte aber nicht nur ernst und würdevoll sein. Ab und zu schlug auch bei ihm die Jugend durch, und dann wurde er zum charmanten Plauderer, galanten Kavalier und leidenschaftlichen Tänzer. Die Wiener Komtessen rissen sich um seine Gunst und am Wiener Hof sollte er auch seine erste Liebe finden: die schöne Erzherzogin Elisabeth von Modena, auch sie eine Habsburgerin. Ein halbes Jahr jünger als er, war sie bereits verwitwet und hatte eine zweijährige Tochter. Aber nicht dieser Sachverhalt rief das Entsetzen Sophies hervor, sondern die Tatsache, daß Elisabeth die Halbschwester des ungarischen Palatins Erzherzog Stephan war. Seit der Revolution war der Erzherzogin alles Ungarische zutiefst verhaßt, jedwede auch nur symbolische Verbindung mit Ungarn war undenkbar. Sophie war daher ganz von Genugtuung erfüllt, als die Romanze ihres Sohnes – nicht zuletzt auf ihr Betreiben hin – nach einem kurzen Sommer vorbei war.

Ebenso chancenlos wie Elisabeth von Modena waren aber auch die österreichischen Komtessen. Denn die Heirat des Kaisers war eine Angelegenheit von dynastisch-politischer Bedeutung. Durch eine gezielte Heiratspolitik galt es strategische Allianzen und Bündnisse zu schließen, die den Herrschaftsanspruch und die Herrschaftsausübung der Habsburger ausbauen und untermauern sollten. Eine innerösterreichische Verbindung kam daher nicht in Frage; vielmehr plädierte Sophie für eine deutsche Prinzessin. Rein theoretisch wäre nun die große Chance Helenes gekommen, die sich Sophie beim Innsbrucker Zusammentreffen so gut als Braut ihres Sohnes hatte vorstellen können. Aber die Erzherzogin dachte nicht an Bayern, sondern an Preußen. Denn seit dem Familientreffen von 1848 hatte sich die politische Situation drastisch verändert.

Franz Joseph war nun nicht mehr Kronprinz, sondern Kaiser eines Riesenreiches, das mit der Revolution gerade seine größte Krise durchlaufen hatte. Der Konsolidierung und dem Ausbau seiner Herrschaft galt nun Sophies größtes Augenmerk und dazu erschien ihr eine Verbindung mit dem preußischen Königshof am geeignetsten. Denn Preußen war der größte und mächtigste Staat im Deutschen Bund, und es ver-

folgte innenpolitisch eine ähnlich reaktionäre Politik wie die Habsburger. Die ehrgeizige Kaisermutter dachte aber noch weiter. Ihr Ziel war die Vormachtstellung Österreichs im Deutschen Bund, und zu diesem Zweck wollte sie sich über das habsburgisch-hohenzollern'sche Eheprojekt Preußen als Juniorpartner versichern.
Im Winter 1852 reiste Franz Joseph daher nach Berlin. Offiziell war es die Erwiderung des ein Jahr zuvor erfolgten Besuchs des preußischen Königs. Inoffiziell aber hielt der Kaiser Ausschau nach einer potentiellen Braut. Er mußte nicht lange suchen. Schon bald fiel sein Blick auf die Nichte Friedrich Wilhelms IV., die einundzwanzigjährige Prinzessin Anna. Und Anna gefiel dem Kaiser nicht nur, er verliebte sich auch in sie. Ganz abgesehen von der Haltung des preußischen Hofes in dieser Frage standen einer derartigen Verbindung allerdings zwei große Hindernisse im Wege: Anna war schon mit dem Prinzen von Hessen-Kassel verlobt, und sie war nicht katholisch. Mit äußerster Vorsicht fragte daher Sophie bei ihrer Schwester, der preußischen Königin Elise, an, ob nicht eine Chance zur Auflösung der Verlobung und zum Übertritt Annas zum katholischen Glauben bestünde. Und sie versäumte es nicht, ausführlich auf die Gefühle Franz Josephs hinzuweisen, das »Glück, das sich ihm wie ein flüchtiger Traum gezeigt hat und sein junges Herz – hélas – viel stärker und viel tiefer beeindruckt hat, als ich zunächst glaubte«.
Am preußischen Hof war man jedoch wenig geneigt, derartigen Gefühlsbekundungen Gehör zu schenken. Auch wenn Elise anders gedacht haben mag, den männlichen Mitgliedern des Königshofes ging es um knallharte Machtpolitik. Preußen war selber bestrebt, die Vorherrschaft im Deutschen Bund zu erobern und zwar unter Ausschaltung Österreich, das in der Verfolgung dieses Ziels zurecht als größter Konkurrent galt. So wurde dem zaghaft vorgebrachten Antrag nicht nur eine deutliche Absage erteilt, sondern der kaiserliche Besuch – wenn auch versteckt – hämisch als Kniefall gedeutet: »Wir in Preußen beglückwünschen uns, daß Österreich seine Unterwerfung in unserer Hauptstadt bezeugt hat, ohne daß wir nur einen Fußbreit politischen

Erzherzogin Sophie, die Mutter Franz Josephs, 1850

Boden preisgegeben haben«, schrieb Prinz Wilhelm, der spätere König Wilhelm I. von Preußen.
Das österreich-preußische Heiratsprojekt war damit gescheitert. Die tatkräftige Erzherzogin ließ sich jedoch nicht entmutigen, sondern richtete nun ihre Blicke nach Sachsen, dem zweitmächtigsten Staat im Deutschen Bund. Mit der Dresdner Prinzessin Sidonie war schnell eine Braut gefunden, die nicht nur ledig, sondern obendrein auch katholisch war. Diesmal machte ihr jedoch Franz Joseph einen Strich durch die Rechnung. Denn die Auserkorene seiner Mutter sagte ihm bei einem Besuch in Dresden überhaupt nicht zu. Eine Tochter hätte Sophie zur Heirat zwingen können. Gegenüber dem klaren ›Nein‹ des Kaisers aber war selbst sie machtlos. So wurde auch das sächsische Eheprojekt zu den Akten gelegt.
Ob Ludovika von diesen Heiratsplänen ihrer Schwester unterrichtet war, ist unwahrscheinlich. Denn im herzoglichen Hause galt Helene weiterhin als Braut Franz Josephs. Allerdings kamen Ludovika mehr und mehr Zweifel, ob die habsburgisch-wittelsbachische Verbindung jemals zustande kommen würde. Die Innsbrucker Begegnung lag nun schon vier Jahre zurück. Sicher, es war eine stürmische Zeit gewesen, während der an eine Heirat kaum zu denken war, und erst jetzt schien die Habsburger Herrschaft unangefochten. Aber Franz Joseph war nun zum Kaiser geworden und daß für einen Kaiser ihre Tochter nicht unbedingt die erste Wahl darstellte, wußte auch Ludovika. Umsonst wartete sie auf ein Zeichen Sophies, und so war die bayerische Herzogin hin- und hergerissen zwischen ihren Hoffnungen und Ängsten, wenn sie an die Zukunft ihrer ältesten Tochter dachte.
Neben Helene bereite ihr aber auch Sissi Sorgen. Und zwar nicht nur, weil der Briefwechsel zwischen ihr und Karl Ludwig im Verlauf der Zeit immer spärlicher geworden war, sondern weil die nun knapp Vierzehnjährige – unbekümmert von den ehrgeizigen Plänen ihrer Mutter – plötzlich eigene Wege in der Partnerwahl ging. Fast zeitgleich zu Franz Joseph erlebte nämlich auch Sissi im Herbst 1852 ihre erste Liebe: einen Grafen Richard S., den sie am Münchner Hof kennengelernt

hatte. Er war ein schöner junger Mann mit braunen Augen, und sehnsüchtig, mit noch tastenden Worten gab Sissi ihren Gefühlen in einem ersten Liebesgedicht Ausdruck.

Oh, ihr dunkelbraunen Augen,
Lang hab ich euch angesehn,
Und nun will mir euer Bildnis
Nicht mehr aus dem Herzen gehn.

Es war ein Anschwärmen aus der Ferne, kaum ein Wort hatten die beiden je gewechselt, aber Ludovikas Argusaugen war der verliebte Blick ihrer Tochter nicht entgangen. Und sie zeigte keinerlei Verständnis für Sissis erste Gefühlsregungen. Denn der kleine Graf war ein absolut undenkbarer Kandidat in den Heiratsplänen der standesbewußten Herzogin. Dabei ging es Sissi gar nicht um eine Ehe. Sie war ein kindlicher, schüchterner Backfisch, der seine erste Liebe mehr in Gedanken als in Taten auskostete. Ludovika war aber selbst das schon zuviel. Jede auch noch so zaghafte Entwicklung der Romanze mußte unterbunden werden, und so wurde der junge Graf vom Hof entfernt, indem man ihn mit einer auswärtigen Mission betraute. Sissi war untröstlich. Kaum war Richard in ihr Leben getreten, als er auch schon wieder verschwunden war. Traurig dichtete sie daher in ihr kleines Buch zwei Verse mit dem Titel »Vorbei«:

Du frische junge Liebe
So blühend wie der Mai,
Nun ist der Herbst gekommen
Und alles ist vorbei.

Und nun ist er mir so ferne,
Und ich sehe ihn gar nie.
Ach, ich wollt zu ihm wohl gerne,
Wüßt' ich nur wohin und wie!

Ewig konnte man den jungen Mann jedoch nicht mit auswärtigen Aufgaben betrauen, und so kehrte er nach einigen Monaten nach München zurück. Ob Sissi ihn noch mal gesehen hat, ist jedoch zweifelhaft. Denn auf seiner Reise war Graf Richard schwer erkrankt. Die Ärzte waren ratlos, und nach kurzer Zeit verstarb der junge Mann. Vor Sissi ließ sich diese Todesnachricht nicht geheimhalten, und mit der ganzen Vehemenz der Jugend trauerte sie nun um die früh verlorene erste Liebe. Stundenlang weinte sie auf ihrem Zimmer, zog sich vor ihren Eltern und Geschwistern zurück und wurde verschlossen. Ihr Gedichtbuch war nun ihr bester und einziger Freund. Traurig notierte sie:

Die Würfel sind gefallen,
Ach, Richard ist nicht mehr!
Die Trauerglocken schallen -
Oh, hab Erbarmen, Herr!
Es steht am kleinen Fenster
Die blondgelockte Maid.
Es rührt selbst die Gespenster
Ihr banges Herzeleid.

Ludovika war ratlos. Sicher hatte ihre Tochter immer mal Anflüge von Traurigkeit gezeigt, aber eine derartige tiefe und anhaltende Melancholie war sie von Sissi nicht gewohnt. Nach langem Überlegen erschien der Herzogin daher eine Reise als einzige Möglichkeit, ihre Zweitälteste aus der depressiven Stimmung herauszureißen: Sissi sollte einen Besuch bei ihrer Schwester Marie von Sachsen machen. Allerdings war auch dieser Plan nicht ganz ohne Hintergedanken. Denn da Karl Ludwig als Heiratskandidat Sissis in immer weitere Ferne gerückt war, sollte am sächsischen Hof ein passender Ehemann gefunden werden, wobei Ludovika an Prinz Georg, den zweitältesten Sohn König Johanns von Sachsen dachte. Etwas unbeholfen schrieb sie daher im April 1853 an die Schwester: »Sisi bei Euch zu wissen, würde ich freilich als ein grosses Glück ansehen ... aber leider ist es nicht wahrscheinlich, denn der einzige, der zu hoffen wäre [Prinz Georg] wird schwerlich an sie denken; erstens ist sehr die Frage, ob sie ihm gefiele und dann wird er wohl auf Vermögen sehen …, hübsch ist sie weil sie sehr frisch ist, sie hat aber keinen einzigen hübschen Zug.«

Man kann sich nur wundern über eine derart ungeschickte Brautanpreisung. Sie spiegelte Ludovikas wachsende Unsicherheit in der Heiratsfrage wider, aber auch ihre Einschätzung bezüglich der äußeren Reize Sissis. Denn in der Herzogsfamilie galt Helene als die bei weitem schönste Tochter. Hochgewachsen, von schlanker Gestalt, mit schmaler Taille, klassischen Gesichtszügen, dunklem, fast schwarzem Haar und einem hellen Teint sah sie aus wie ein modernes Dornröschen, neben dem Sissi mit ihrer kindlichen Figur und dem noch runden, etwas vollen Gesicht wie Aschenbrödel wirkte. Daß gerade Sissi später einmal als schönste Frau ihres Zeitalters gelten sollte, ahnte die Herzogsfamilie nicht und ebensowenig wohl auch der sächsische Königshof. Jedenfalls kehrte Sissi von ihrem Dresdner Besuch bei der Tante ohne Bräutigam zurück.

Immerhin aber hatte die Reise ihren ersten Zweck erfüllt: Sissi hatte ihren Kummer über den Tod Richards überwunden und lachte wieder. »Und die Liebe vergeht…/Schneller, wie der Schnee zergeht,/ Wenn ihn Maienlüft' verwehen«, so dichtete sie. Und bei ihrem romantisch gestimmten Gemüt konnte es nicht ausbleiben, daß schon bald ein neuer junger Mann auftauchte, dem sie ihre Zuneigung schenkte. Nur seine Initialen F.R. sind bekannt, aber auch er war ein kleiner Graf, nur diesmal mit blauen Augen. Wieder griff Sissi zur Feder und schrieb mit roter Tinte verträumt vor dem Schlafengehen:

Wenn der erste Sonnenstrahl
Mich des Morgens grüßt
Frage ich ihn jedesmal,
Ob er dich geküßt.
Und den goldenen Mondenschein
Bitt' ich jede Nacht,

Daß von mir er insgeheim
Dir viel Liebe sagt.

Diesmal aber mußte Ludovika nicht intervenieren. Denn schon nach kurzer Zeit war Sissi klar, daß der junge Mann nichts von ihr wissen wollte. Liebeskummer erfaßte sie nun, und traurig vertraute sie ihrem Gedichtbuch an:

Denn ach, ich kann ja nimmer hoffen,
Daß liebend je du dich mir neigst.
Die harte Wahrheit sah ich offen,
's ist Freundlichkeit nur, was du zeigst.

Die unerwiderte Liebe traf die Vierzehnjährige hart. Wieder verfiel sie in eine melancholische Stimmung, aß nicht mehr richtig und schloß sich in ihr Zimmer ein. Selbst der Lieblingsbruder Gackl schaffte es nicht, sie aufzuheitern, und auch Ludovika war hilflos. Was sollte nur aus ihren Töchtern werden? Sissi erging sich in tiefsten Trauergefühlen, und Helene war nun schon neunzehn und immer noch ohne Bräutigam. Dabei wäre es nicht schwer gewesen, die Älteste unter die Haube zu bringen. Denn sie war inzwischen in die Münchner Hofgesellschaft eingeführt worden und auf den glanzvollen Bällen dort umschwärmten die jungen Männer die schöne Herzogstochter. Aber Ludovika wollte eben keinen kleinen Grafen für Nené, sondern den österreichischen Kaiser, wenn auch ihr Warten immer verzweifeltere Züge zeigte.
Nach fünfjährigem Hoffen und Harren geschah jedoch nun das kleine Wunder, das die gesamte Herzogsfamilie aus ihrer Lethargie riß: Im Juni 1853 traf ein Brief von Erzherzogin Sophie ein, in dem sie Ludovika, Nené und Sissi nach Ischl einlud, wo die kaiserliche Familie traditionell den Sommerurlaub verbrachte. Äußerer Anlaß dieses Treffens sollte der Geburtstag Franz Josephs sein, der am 18. August 23 Jahre alt wurde. Aber es gab auch ein inoffiziellen Anlaß. Denn diesmal machte die Erzherzogin unmißverständlich klar, daß nun die Verlobung zwi-

schen Franz Joseph und Helene unter Dach und Fach gebracht werden sollte.

Sophies plötzliche Tatkraft in Richtung Bayern kam dabei nicht von ungefähr. Schon nachdem sich ihre preußischen und sächsischen Ehestiftungsversuche zerschlagen hatten, war ihr Helene als mögliche Braut ihres Sohnes wieder in den Sinn gekommen. Den letzten Anstoß aber bildete ein Attentat auf den jungen Kaiser. Dieser war im Februar bei einem Spaziergang auf den Festungswällen Wiens, von dem einundzwanzigjährigen ungarischen Schneidergesellen János Libényi mit einem Messer ins Genick gestochen worden. »Eljet Kossuth!« – »Lang lebe Kossuth!«, hatte der Attentäter ausgerufen, als ihn die Polizei abführte. Aber er hatte sein Ziel nicht erreicht. Abgelenkt durch den hohen Uniformkragen, hatte das Messer nicht das Genick getroffen, sondern nur den Hals verletzt. Der Stich hinterließ eine tiefe Fleischwunde und Franz Joseph verlor viel Blut, so daß er einen Monat lang das Bett hüten mußte. Bald aber war er wieder ganz der alte.

Für Sophie jedoch bedeutete das Attentat einen tiefen Einschnitt. Vier Wochen lang hatte sie außer sich vor Sorge am Bett ihres »Franzl« gewacht, um seine Genesung gebetet und die Ungarn noch stärker als zuvor hassen gelernt. Nun war Franz Joseph wie durch ein Wunder wieder gesund, aber für Sophie hatte sich die Gefährdung seiner Regentschaft deutlich gezeigt. Ihr Sohn mußte heiraten, ein Thronfolger mußte geboren werden, um die Zukunft der Dynastie zu sichern. Und sie wollte jetzt nicht mehr lange nach einer passenden Braut suchen; jeder Tag, den man jetzt noch säumte, erschien ihr wie eine Herausforderung des Schicksals.

So kam es, daß Helene zum Rettungsanker der Erzherzogin wurde. Auch sie war schließlich eine deutsche Prinzessin, sie war katholisch und Bayern war seit langem einer der treuesten Verbündeten Österreichs und ein einflußreicher Staat im Deutschen Bund. Zudem kannte und schätzte Sophie ihre älteste Nichte, die bei der Innsbrucker Begegnung einen so tiefen Eindruck auf sie gemacht hatte. Und –

Helene stand sozusagen auf Abruf bereit. Jetzt galt es nur noch, das Heiratsprojekt schnell zu einem glücklichen Abschluß zu führen.
Franz Joseph konnte sich an Helene kaum erinnern. Zu sehr war er im Sommer 1848 mit den politischen Ereignissen beschäftigt gewesen und hatte seiner Cousine daher keine Beachtung geschenkt. Aber Sophie fiel es nicht schwer, den jungen Kaiser von dieser Ehe zu überzeugen. Stundenlang schilderte sie ihm die Vorzüge des Mädchens, ja sogar Berichte des österreichischen Gesandten am bayerischen Hof wurden angefordert, in denen die Schönheit und Eleganz der Herzogstochter ausführlich gepriesen wurden. Auf der anderen Seite mahnte sie Ludovika an, sorgfältig die nötigen Vorbereitungen für die Ischler Zusammenkunft zu treffen. Und nach dem ersten Freudentaumel brach im herzoglichen Hause eine unglaubliche Hektik aus. Alles drehte sich nun um Helene, die man dem Kaiser so attraktiv wie möglich präsentieren wollte.
Frisöre, Hutmacher und Schneider gaben sich in Possenhofen die Klinke in die Hand. Stundenlang mußte Helene stillhalten, Lockenscheren, Maßbänder und unzählige Anproben über sich ergehen lassen. Daneben wurde ihr Benehmen und Auftreten kritisch unter die Lupe genommen, ihr Lehrplan überprüft und Tanz- wie auch Reitstunden intensiviert. Denn fürsorglich hatte Sophie an Ludovika geschrieben, daß ihr Sohn neben anmutigen Bewegungen, einem frohen Gemüt und herzlichem Lachen vor allem eine »elegante Reithaltung« an einer Frau schätze. Gerade letzteres hinzubekommen, war für Helene eine Qual, denn sie mochte keine Pferde und konnte es beim Reiten nie mit ihren jüngeren Schwester aufnehmen.
Sissi selbst stand diesem ganzen Brimborium um ihre Schwester mehr oder weniger als unbeteiligte Zuschauerin gegenüber. Die rastlose Tätigkeit im herzoglichen Hause ließ jedoch auch sie nicht unbeeindruckt, riß sie aus ihrem Liebeskummer und erfüllte sie mit scheuer Neugier auf die Ischler Tage. Ludovika sah diese veränderte Stimmung mit Zufriedenheit, denn Sophie hatte ihr geschrieben, daß auch Karl Ludwig in Ischl anwesend sein würde. Vielleicht sollte er ja doch noch

in Erfüllung gehen, ihr großer Traum von der habsburgisch-wittelsbachischen Doppelhochzeit.
Siegesgewiß aber war die Herzogin keineswegs. Ja, je mehr sich der Tag des Aufbruchs näherte, desto größer wurden ihre Ängste und Zweifel. Hatte sie alles richtig gemacht? Würde Helene dem Kaiser gefallen? Hatte es Sophie wirklich ernst gemeint? Ludovika stellten sich diese Fragen immer drängender, und ihre übergroße Nervosität übertrug sich auch auf Helene und Sissi. Bangen Herzens bestiegen daher die drei Wittelsbacherinnen am Abreisetag die Pferdekutsche.
Franz Joseph in Wien hingegen war voller Neugier. Nach all den Lobpreisungen Helenes wollte er nun unbedingt die von seiner Mutter ausgewählte Braut selbst in Augenschein nehmen. Die kaiserliche Familie war schon vorgefahren. Jetzt ließ er die schnellsten Pferde aus den Schönbrunner Stallungen anspannen und machte sich selbst mit seinem Adjutanten Grünne auf den Weg. Und er sollte die Reise von Wien nach Ischl – normalerweise ein Weg von 30 Stunden – in einer 19-Stunden-Jagd bewältigen.

»Dem Kaiser von Österreich gibt man keinen Korb!«

Ludovika und ihre Töchter sollten am 16. August 1853 in Ischl eintreffen. Und noch für denselben Tag hatte man eine erste Begegnung zwischen Helene und Franz Joseph im Kreise der Familie verabredet. Die Ankunft der drei Wittelsbacherinnen im Salzkammergut gestaltete sich jedoch alles andere als plangemäß. Wegen einer Migräneattacke Ludovikas – Reisestrapazen und Aufregung waren zuviel für die Herzogin gewesen – hatte man die Fahrt mit der Pferdekutsche unterbrechen und einen Zwischenstopp einlegen müssen. Die Ankunft verzögerte sich dadurch um anderthalb Stunden, so daß bis zum vereinbarten Tee nur noch 30 Minuten verblieben. Es kam aber noch schlimmer: Unterwegs war der Gepäckwagen samt Kammerzofen ›verlorengegangen‹, so daß keine Möglichkeit zum Umziehen und Herrichten bestand. Und gerade dies wäre dringend erforderlich gewesen. Denn alle drei stiegen nicht nur völlig erschöpft und verstaubt aus dem Reisewagen, sie trugen auch noch allesamt Trauer, da eine bayerische Tante vor kurzem verstorben war. Ludovikas ohnehin schon angegriffene Stimmung steigerte sich darüber zur offenen Panik. Der wichtigste Termin im Leben ihrer ältesten Tochter, den man in angemessener Kleidung und entspannter Stimmung begehen wollte, drohte schon im voraus in einem Fiasko zu enden.

Eilends benachrichtigte sie daher ihre Schwester Sophie, aber selbst die organisationsstarke Erzherzogin war mit dieser Situation überfordert. An eine Verschiebung des Nachmittagstees war angesichts der Kürze der verbleibenden Zeit und der Vielzahl der eingeladenen Verwandten nicht zu denken. So blieb ihr nur, Ludovika eine ihrer Kammerzofen ins Hotel zu schicken, um wenigstens Helenes Äußeres einigermaßen respektabel zu gestalten. Viel mehr als der auserkorenen Braut die Haare zu richten und ihr das verstaubte schwarze Trauerkleid auszuklopfen, konnte aber auch die Zofe angesichts der fehlenden hellen Garderobe nicht machen. Sissi mußte selbst Hand anlegen und flocht sich der Einfachheit halber lange Zöpfe.

Dann aber war es auch schon Zeit für den Aufbruch und beklommenen Herzens machten sich Ludovika, Nené und Sissi auf den Weg in die benachbarte Kaiservilla. Trotz der jetzt offen bezeugten Willensbekundungen Sophies hatte Ludovika nie ganz an die Chancen eines wittelsbachisch-habsburgischen Heiratsprojekts glauben können. Zumindest aber hatte sie die bestmöglichen Voraussetzungen für sein Gelingen schaffen wollen. Durch die Hetze des Aufbruchs und den Trauerflor war ihr die Möglichkeit, den ersten Auftritt Helenes zum Triumphzug zu gestalten, jedoch buchstäblich unter den Händen zerronnen. Denn Helene wirkte alles andere als vorteilhaft. Ihre schlanke, hohe Gestalt bekam durch das strenggeschnittene, hochgeschlossene Kleid, das immer noch etwas angestaubt wirkte, etwas altjüngferliches und gouvernantenhaftes. Darüber hinaus stand ihr das Schwarz sehr schlecht zu Gesicht. Zusammen mit den dunklen Haaren betonte es ihre natürliche Blässe und ließ ihre zwar schönen, aber doch etwas herben Gesichtszüge noch strenger erscheinen. Und schließlich trug auch ihre Nervosität dazu bei, Helene verkrampft wirken zu lassen. Sissi war nicht weniger nervös. Zwar machte sie mit ihrem helleren Haar und der anmutigen, kindlichen Gestalt in dem schwarzen Kleid eine weit bessere Figur. Doch ihre angeborene Schüchternheit ließ sie vor ihrem ersten großen Auftritt zittern. Bislang noch nicht in die Gesellschaft eingeführt, fürchtete sie die vielköpfige Habsburger Verwandtschaft, der sie nun zum ersten Mal offiziell vorgestellt werden sollte.

Tatsächlich tummelten sich beim Eintreffen der drei Wittelsbacherinnen eine Vielzahl von Personen im Salon der Kaiservilla. Neben der Erzherzogin und ihrem Mann Franz Karl waren unter anderem zwei jüngere Brüder Franz Josephs, der Kaiser selbst, Adjutanten und Hofdamen, der Großherzog von Hessen sowie Sissis Patentante, die preußische Königin Elise, anwesend. Die Stimmung war steif. Lange hatten sich die Verwandten nicht gesehen und keiner von ihnen besaß das glänzende Unterhaltungstalent, das Sissis Vater Max eigen war. Schwerer aber wog, daß sich alle Anwesenden über die Bedeutung des Zusammentreffens im klaren waren. Denn dies war kein harmloses sommerliches Familientreffen, sondern die Brautschau eines der mächtigsten Herrscherhäuser Europas. Fast zwangsläufig richteten sich die Blicke daher immer wieder auf Franz Joseph und Nené, die sich ihrerseits alle Mühe gaben, in ein einigermaßen ungezwungenes Gespräch zu kommen.

Daß ihnen dies nicht gelang, lag nicht nur an der Aufregung Helenes, sondern auch an der Zerstreutheit des Kaisers. Sein jüngerer Bruder Karl Ludwig, der langjährige Verehrer und Briefreund Sissis, erkannte bezeichnenderweise als erster die Ursache hierfür. Voller Eifersucht berichtete er am nächsten Morgen seiner Mutter, »daß in dem Augenblick, als der Kaiser Sisi erblickte, ein Ausdruck so großer Befriedigung in seinem Gesicht erschien, daß man nicht mehr zweifeln konnte, auf wen seine Wahl fallen werde«. Tatsächlich war es für Franz Joseph Liebe auf den ersten Blick. Von dem Moment an, als Sissi das Zimmer betrat, hatte er nur noch Augen für sie. Das lag nicht nur daran, daß Helene in dem schwarzen Kleid unvorteilhaft wirkte, während es Sissi gut zu Gesicht stand. Es war vor allem die scheue Anmut der jüngeren bayerischen Fürstentochter, gepaart mit einer noch kindlichen Unbekümmertheit, die sich so wohltuend von der steifen Gesellschaft abhoben und den Kaiser vom ersten Moment an fesselten. Selbst im hellen Kleid hätte die ernste und gravitätische Helene wohl keine Chance gegenüber der sprühenden Natürlichkeit ihrer Schwester besessen. Noch bevor sie das erste Wort an den Kaiser richtete, hatte Helene verloren.

Sissi selbst wird die ihr geltende kaiserliche Aufmerksamkeit kaum bemerkt haben. Zu sehr war sie mit sich und ihren Ängsten beschäftigt. Als man sich schließlich zum gemeinsamen Abendessen setzte, flüsterte sie ihrer inzwischen eingetroffenen Kammerzofe zu: »Die Nené hat es gut, denn sie hat schon so viele Menschen gesehen, aber ich nicht. Mir ist so bang, daß ich gar nicht essen kann.«

Der Kaiser war dabei nicht der einzige, der von Sissis Charme gefangen war. Selbst die Erzherzogin Sophie, die Helene ungemein schätzte, schrieb über dieses erste Zusammentreffen an ihre Schwester Marie von Sachsen, mit welcher »Anmut und Grazie« sich die kleine Prinzessin bewegte und zwar, »desto mehr, da sie sich so gar nicht bewußt war,

einen so angenehmen Eindruck hervorgebracht zu haben. Trotz der Trauer [...] war Sissy reizend in ihrem ganz einfachen hohen Kleide«. Daß der Kaiser ähnlich dachte, blieb ihr jedoch verborgen.
Sophie fiel daher aus allen Wolken, als ihr Franz Joseph am nächsten Morgen in aller Früh einen Besuch abstattete und ihr »mit strahlender Miene« eröffnete, daß er Sissi reizend fände. Ungläubig erwiderte die Erzherzogin: »Sisi? aber die ist doch noch ein Kind.« Der Kaiser indes ließ sich nicht beirren, sondern geriet, wie Sophie später in ihrem Tagebuch festhielt, erst recht ins Schwärmen. »Nein, wie süß Sisi ist, sie ist frisch wie eine aufspringende Mandel und welch herrliche Haarkrone umrahmt ihr Gesicht. Was hat sie für liebe sanfte Augen und Lippen wie Erdbeeren.« So schnell gab Sophie jedoch nicht auf, sondern versuchte, die Gedanken des verliebten Kaisers auf die von ihr ausgesuchte Helene zu lenken. »Findest Du nicht, daß Helene klug ist, daß sie eine schöne, schlanke Gestalt besitzt?«, fragte sie ihren Sohn. Aber Helene war für Franz Joseph schon in weite Ferne gerückt. »Nun ja, etwas ernst und schweigsam, gewiß nett und lieb«, so antwortete er zerstreut, um sich dann gleich wieder euphorisch seiner Auserkorenen zuzuwenden, »ja aber Sisi – Sisi – dieser Liebreiz, diese kleinmädchenhafte und doch so süße Ausgelassenheit!« Diesem Gefühlsausbruch ihres sonst so ernsten und nüchternen Sohnes wußte auch Sophie nichts entgegenzusetzen. Das einzige, was ihr blieb, war, zur Vorsicht zu mahnen. Die Erzherzogin an ihre Schwester Marie: »Ich bat ihn, die Sache nicht zu überstürzen, es genau zu überlegen, aber er meinte, man dürfe es auch nicht in die Länge ziehen.«
Und dieser Devise der schnellen Entscheidung sollte Franz Joseph treu bleiben. Anstatt an diesem Tag, wie verabredet, auf die Jagd zu gehen – eine Beschäftigung, die ihm sonst heilig war, – blieb er in Ischl, um so in Sissis Nähe zu sein. Für die preußische Königin Elise waren damit die Würfel gefallen. Eigens machte sie ihrer Schwester Sophie ein Zeichen mit dem Inhalt »der hat Feuer gefangen«. Den meisten anderen Anwesenden und so auch Sissi blieb die kaiserliche Wahl jedoch nach wie vor verborgen. Nicht zuletzt deshalb, weil die Zusammentreffen der

kaiserlichen und der wittelsbachischen Familie, weiterhin in der von Sophie bestimmten Form verliefen. Sei es, weil sie immer noch hoffte, Franz Joseph an Helene zu binden, oder aus Taktgefühl ihrer ältesten Nichte gegenüber – jedenfalls hatte Helene beim Diner immer noch den Ehrenplatz neben dem Kaiser inne, während Sissi am Ende der Tafel plaziert war. Das Gespräch zwischen Franz Joseph und Helene dürfte jedoch mehr und mehr quälende Züge angenommen haben, da der Kaiser, wiederum nicht ganz bei der Sache, die Blicke immer wieder zu seiner jüngeren Cousine schweifen ließ.

Die für alle offenkundige Entscheidung sollte jedoch erst der Abend bringen. Für ihn, den Vorabend von Franz Josephs 23. Geburtstag, hatte man einen prachtvollen Ball geplant. Bälle hatten in der adligen Welt eine ganz besondere Bedeutung. Sie waren nicht nur Heiratsmarkt, auf dem sich die jungen Leute unter der genauen Beobachtung von Eltern, Verwandten und der höfischen Gesellschaft ›ungezwungen‹ kennenlernen konnten. Sie galten auch als Heiratsindikator. Entscheidend war, was die Herren der Schöpfung taten: Tanzte ein junger Mann öfters mit ein und derselben jungen Dame, schenkten er ihr ein oder mehrere Blumenbuketts und führte sie am Ende gar zum Kotillon – dann war allen Umstehenden klar, der Kavalier hatte ernste Absichten. Denn der Kotillon war kein Tanz wie jeder andere. Er bestand nicht nur aus komplizierten Figuren, die ein Tanzmeister ansagen mußte, und wirkte deshalb wie eine Choreographie des höfischen Zeremoniells. Er war auch der gesellschaftliche Höhepunkt eines jeden Balls, dem alle Anwesenden entgegenfieberten.

Eingedenk dieser Bedeutung, hatten sich daher schon in Possenhofen alle Vorbereitungen auf den Ball konzentriert. Besondere Sorgfalt hatte Ludovika auf die Abendrobe Helenes verwandt. Sie erschien in einem prächtigen Kleid aus weißer Atlasseide. Die Haare waren zu einer kunstvollen Flechtenfrisur gerichtet, die durch einen Kranz aus Lorbeerblättern geschmückt wurde. Sowohl die weiße Seide als auch der Lorbeerkranz auf dem dunklen Haar gaben Helenes Gestalt etwas Majestätisches und brachten ihre herbe, klassische Schönheit voll zur

Geltung. Dagegen nahm sich ihre kleine Schwester in einem einfachen pfirsichfarbenen Mousselinkleid sehr viel bescheidener aus. Noch immer war das kastanienfarbene Haar zu Zöpfen geflochten, die durch einen großen Kamm rückwärts zurückgehalten wurden. Gegenüber der reiferen Schönheit ihrer Schwester wirkte sie kindlich, aber gerade dieser kindliche Charme nahm den Kaiser wie schon am Vortag sofort gefangen, als Sissi den Saal betrat.
Der erste Tanz wurde aufgespielt, aber entgegen aller Erwartung tanzten weder der Kaiser noch die bayerischen Prinzessinnen. Die Spannung unter den Anwesenden steigerte sich dadurch noch. Sie war aber auch bei Sissi groß, denn sie war noch nie auf einem Ball gewesen. Für den zweiten Tanz, eine Polka, bat Erzherzogin Sophie daher fürsorglich den kaiserlichen Flügeladjutanten Hugo von Weckbecker, er »möge mit Prinzessin Elisabeth tanzen, die bisher nur beim Tanzmeister gelernt hatte und für ihr erstes Debüt eines sicheren Führers bedürfe«. Weckbecker: »Sie stellte mich der in äußerster Verlegenheit befangenen, liebreizenden Prinzessin vor, die mir schüchtern sagte, sie wisse gar nicht, ob und wie es ohne Tanzmeister gehen werde.« Der Flügeladjudant beruhigte sie, war aber doch »etwas ängstlich, denn ich wußte, daß im allgemeinen – trotz Tanzmeister – bayerische Prinzessinnen nicht gut tanzten.« Die Erwartung des Publikums, daß Franz Joseph nunmehr seinerseits Helene zum Tanz bitten würde, erfüllte sich jedoch auch diesmal nicht. Bezeichnenderweise ließ der junge Kaiser – ansonsten ein begeisterter Tänzer – auch diesen Tanz aus, um dafür umso gebannter Sissis ersten Schritten auf dem Tanzparkett zu folgen. Ihr allein galten seine Blicke und er wurde nicht enttäuscht. Denn obgleich Sissi einige kleine Unsicherheiten zeigte, war sie doch musikalisch, hielt gut Takt und schwebte, wie Weckbecker später sagen sollte, »sylphengleich an meinem Arme vorüber«. Als die letzten Takte verklungen waren, flüsterte Weckbecker einem Freund zu: »Mir scheint, ich habe jetzt mit unserer künftigen Kaiserin getanzt.«
Daß er sich darin nicht irrte, sollte sich beim Kotillon erweisen. Denn bei diesem Höhepunkt des Balls traf Franz Joseph schließlich seine

Wahl und führte nicht Helene, sondern Sissi aufs Parkett. »So anmutsvoll, so bescheiden, so untadelig, so graziös ja beinahe demutsvoll«, habe Sissi mit dem Kaiser getanzt, schrieb die Erzherzogin Sophie später: »Sie war wie eine Rosenknospe, die sich unter den Strahlen der Sonne entfaltet.« Allen Umstehenden war die Bedeutung dieses Tanzes bewußt. Und wer selbst jetzt noch Zweifel hegte, konnte spätestens dann nicht mehr über die Absichten des Kaisers im unklaren sein, als dieser nach dem Tanz Sissi nicht nur sein Kotillonsträußchen, sondern sämtliche Blumenbukets überreichte, die er bislang seinen anderen Tänzerinnen verweigert hatte. Einzig Sissi selbst scheint die symbolische Bedeutung dieser Geste nicht bewußt gewesen zu sein. Als man sie nach dem Ball fragte, ob ihr dieses Blumengeschenk nicht aufgefallen sei, erwiderte sie: »Nein. Es hat mich nur geniert.«

In dieser Antwort kam nicht nur Sissis Menschenscheu und Unerfahrenheit, sondern vermutlich auch eine tiefe Verlegenheit gegenüber ihrer älteren Schwester zum Ausdruck. Denn Helene mußte diesen Abend als höchst demütigend erfahren haben. Daß der Kaiser kein Interesse an ihr zeigte, war nun für alle, selbst für Sissi offenkundig. Daß jedoch an Helenes Stelle sie die Auserwählte sein sollte, auf diesen Gedanken kam sie nach wie vor nicht. Sophie an Marie von Sachsen über die Beziehung zwischen Franz Joseph und Sissi: »Er strahlte und Du weißt, wie sein Gesicht strahlt, wenn er sich freut. Die liebe Kleine ahnte nichts von dem tiefen Eindruck, den sie auf Franzi gemacht hatte. Bis zum Augenblick, da ihre Mutter ihr davon sprach, war sie nur von Scheu und Schüchternheit erfüllt, die ihr die vielen sie umringenden Menschen einflößten.«

Als man am folgenden Tag mit einem festlichen Diner den kaiserlichen Geburtstag beging, hatte die Erzherzogin bereits die Tischordnung geändert, so daß nunmehr nicht mehr Helene, sondern Sissi neben dem Kaiser saß. Auch Sophie hatte sich damit in das Unvermeidliche gefügt. Wenn auch nicht offiziell, so hatte sie doch mit dieser formellen Geste für alle erkennbar die Auserkorene ihres Sohnes akzeptiert. Der Erzherzogin wird diese Entscheidung nicht leicht gefallen sein, war doch

Helenes Charakter dem ihren wesensverwandt. Die Neunzehnjährige hätte nicht nur vom Alter her besser zu Franz Joseph gepaßt, sondern in Sophies Augen auch die Kaiserinnenrolle weit besser ausgefüllt. Selbstdisziplin, Haltung und Würde, die Fähigkeit zu höflicher Konversation und höfischer Repräsentation – all dies war Helene von Natur aus gegeben, während bei Sissis ungestümem, noch kindlichen Charakter einige Zweifel angebracht waren. Andererseits war aber auch die Erzherzogin, wie ihre Tagebucheintragungen und die Briefe zeigen, von Sissis natürlichem Charme eingenommen. Und schließlich konnte und wollte sie sich der Entscheidung ihres Sohnes nicht entgegenstellen. Aus politischen Gründen hatte sie die Ehe mit einer bayerischen Prinzessin gewünscht. Und Franz Joseph hatte eine bayerische Prinzessin gewählt. Welche, war dabei zweitrangig. Sowohl Helene wie auch Sissi waren ihre Nichten, beide waren Wittelsbacherinnen, katholisch, Schwestern und somit ebenbürtig. Vom Standpunkt der habsburgischen Interessenpolitik aus gesehen, dem Sophie stets höchste Priorität einräumte, mußte sie diese Verbindung gutheißen.
Nach dem Geburtstagsessen machte sich die Gesellschaft zu einem Ausflug ins benachbarte St. Wolfgang auf. An einen großen Spaziergang am Wolfgangsee war jedoch nicht zu denken, da das Wetter wechselhaft und regnerisch war. So verbrachte man die Zeit hauptsächlich in der Kutsche, wobei sich bezeichnenderweise Sophie, Franz Joseph, Helene und Sissi in einem Wagen zusammenfanden. Für Helene, die nach Aussagen der Erzherzogin weiterhin einen »großen Charme« für sie besaß, war es eine prekäre Situation. Aber sie meisterte sie mit Haltung. Laut Sophie erzählte die abgewiesene Schwester »sehr viel und unterhaltend«, aber leicht wird ihr diese Konversation angesichts des verliebten jungen Kaisers ihrer Schwester gegenüber nicht gefallen sein.
Und Franz Joseph war es ernst mit seinen Gefühlen. Er wollte nun Nägel mit Köpfen machen. Nach dem Ausflug bat er seine Mutter unter vier Augen, für ihn bei Ludovika um Sissis Hand anzuhalten. Es spricht für Franz Joseph, daß er die Erzherzogin dabei ausdrücklich anmahnte, Ludovika solle ihre Tochter nicht unter Druck setzen:

»Jedoch, ich bitte dich, flehe sie an, nicht den geringsten Zwang auf Sisi auszuüben, denn meine Lage ist so schwer, daß es weiß Gott keine Freude ist, sie mit mir zu teilen.« Damit war er bei seiner Mutter jedoch an die falsche Adresse geraten. Denn daß eine Fürstentochter Franz Joseph zurückweisen könnte, weil er Kaiser war, war für Sophie, deren größtes Ziel stets die Kaiserkrone gewesen war, völlig unverständlich. »Aber liebes Kind«, so antwortete sie, »wie kannst Du glauben, daß eine Frau nicht zu glücklich ist, durch Anmut und Heiterkeit Dir Deine Lage zu erleichtern«.

Ähnlich dachte auch Ludovika. Als Sophie ihr die Heiratspläne Franz Josephs mitteilte, drückte Ludovika ihrer Schwester bewegt die Hand. Denn, so Sophie: »Sie hatte in ihrer großen Bescheidenheit immer gezweifelt, daß der Kaiser wirklich an eine ihrer beiden Töchter denken würde«. Eilends begab sich Ludovika nun zu Sissi, um sie über den kaiserlichen Heiratsantrag in Kenntnis zu setzen. Und nach der Aussage Sophies zögerte ihre Nichte nicht, diesen Antrag auch anzunehmen. Auf die Frage Ludovikas, ob Sissi den Kaiser lieben könne, habe die Prinzessin geantwortet: »Wie soll man *den* Mann nicht lieben können?« Daraufhin sei sie in Tränen ausgebrochen und habe ungläubig gesagt, »aber wie kann er nur an mich denken, ich bin ja so jung, so unbedeutend. Ich würde alles tun, um den Kaiser glücklich zu machen, aber ob es wohl gehen wird?« Und schließlich, so die Erzherzogin, habe Sissi versichert, nicht nur für des Kaisers Glück zu sorgen, sondern auch für ihre Tante Sophie »das zärtlichste Kind zu sein«.

Der Kaiser war naturgemäß entzückt, als man ihn über diese Reaktion seiner Auserkorenen unterrichtete. Ob sich das Gespräch zwischen Mutter und Tochter wirklich so zugetragen hat, bleibt jedoch fraglich. Sophie war nicht dabei gewesen, sondern hatte ihre Informationen nur über Ludovika bezogen. Und Ludovikas Haltung in der Ehefrage war eindeutig. Lange Jahre hatte sie auf das kaiserlich-wittelsbachische Heiratsprojekt gehofft und schließlich kaum noch daran geglaubt. Nun war das Unerwartete eingetreten – zwar nicht mit Nené als Braut, sondern mit Sissi – aber für Ludovika spielte dieser kleine Unterschied keine Rolle: Der kaiserliche Schwiegersohn war in greifbare Nähe gerückt, eine ihrer Töchter stand kurz davor, die glänzendste Partie dieses Jahrhunderts zu machen, und Ludovika dachte nicht daran, sich diese Chance durch eine unbedachte Äußerung Sissis oder gar deren Weigerung zunichte machen zu lassen. Entsprechend liest sich dann auch die Antwort ihrer Tochter. Das in ihr vermittelte Bild der demütig bescheidenen Braut, Sissis schüchternes Werben um Verständnis und Nachsicht angesichts ihrer Jugend sowie die bekundete Hingabe an Franz Joseph und die Erzherzogin – zu deutlich schwingt hier die Absicht mit, den Kaiser in seinen Heiratsplänen zu bestärken und eventuelle Zweifel Sophies zu zerstreuen. Viel spricht also dafür, daß es sich eher um Ludovikas, denn um Sissis eigene Worte handelt. Als man die Brautmutter in späteren Jahren fragen sollte, ob denn bei der Eheschließung tatsächlich die Gefühle Sissis berücksichtigt worden wären, war bezeichnenderweise von Hingabe oder Liebe schon gar keine Rede mehr. Ludovikas Antwort blieb stets dieselbe, und sie lautete: »Dem Kaiser von Österreich gibt man keinen Korb.«

Trotz der strikten Anweisung Franz Josephs wird Ludovika daher wohl Druck auf ihre Tochter ausgeübt haben. Die im Verlauf des Gesprächs geflossenen Tränen Sissis sprechen eine deutliche Sprache. Und auch in den folgenden Tagen sollte die junge Braut immer wieder in Tränen ausbrechen, was Sophie gegenüber ihrer Schwester Marie von Sachsen mit den Worten kommentierte: »Du kannst dir nicht vorstellen, wie reizend Sisi ist, wenn sie weint!« Sowohl die Erherzogin als auch Ludovika interpretierten dabei die Tränen Sissis geflissentlich als Tränen der Rührung. Ganz so eindeutig wird es jedoch nicht gewesen sein.

Dabei war der Kaiser Sissi durchaus sympathisch. Seine attraktive, schlanke und feingliedrige Gestalt mochte auch auf sie gewirkt haben. Noch mehr aber war sie von seinem freundlichen, natürlichen Wesen beeindruckt. Franz Joseph hatte sich ihr intensiv zugewandt, aber ohne sie zu bedrängen, kritisch zu betrachten oder als Person in Frage zu stellen. Auch wenn sie seine Zuneigung nicht richtig zu deuten wußte, so galt er ihr doch als Freund, der sie ernst nahm, ihr im Gespräch goldene Brücken baute, Scherze machte und so über ihre Unsicherheit hinweghalf. Daher kam es, daß der Kaiser, der für alle Anwesenden, ja selbst für seine Mutter als Respektperson galt, für Sissi nichts Furchterregendes hatte. Während die sonstigen Repräsentanten des Wiener Hofes sie einschüchterten und verstummen ließen, konnte sie beim Kaiser sie selbst sein. Selbst Sophie fiel diese Diskrepanz ins Auge. Rückblickend auf den Ballabend, schrieb sie ihrer Schwester Marie, wie »anziehend, so kindlich bescheiden und doch ihm [dem Kaiser] gegenüber ganz unbefangen« Sissi auf sie gewirkt habe. »Es waren nur die vielen Menschen, die sie einschüchterten.« Und ähnliches gab es auch über das Geburtstagsdiner des Kaisers zu berichten, bei dem Sissi neben Franz Joseph sitzen durfte. Hatte sie am Vortag kaum einen Bissen heruntergebracht, so aß sie nun mit »sehr guten Appetit«, was Franz Joseph, so wiederum Sophie, mit großem Stolz erfüllte.

Sissi hatte wenig gegen den Kaiser einzuwenden, ja es mag sogar auch bei ihr – wenn auch in weit geringerem Ausmaß als bei Franz Joseph – ein gewisses Gefühl der Verliebtheit dagewesen sein. Dennoch hätte sie wohl von sich aus kaum freiwillig in die Heirat eingewilligt. Denn Sissi war faktisch noch ein Kind, ganz ihren Eltern, Geschwistern und der Heimat Possenhofen verbunden. Die Ehe kam für die Fünfzehnjährige nicht nur völlig überraschend, sondern auch zu früh. In Wien, nach ihrer Hochzeit mit Franz Joseph im April des folgenden Jahres, wird sie immer wieder nach den Eltern und den Geschwistern fragen und sich vor Sehnsucht nach der bayerischen Heimat die Augen ausweinen.

Aber es war nicht nur der drohende Verlust von der Kindheit und der Possenhofener Idylle, die Sissi jetzt schon die Tränen in die Augen trieb. Es war auch ihre Furcht vor dem Wiener Hof, dem steifen Zeremoniell und ihren Pflichten als zukünftiger österreichischen Kaiserin, die ihr das Herz zusammenschnürten. »Ja, ich habe den Kaiser schon lieb. Wenn er nur kein Kaiser wäre!«, so vertraute sie sich noch in Ischl ihrer Gouvernante an. Bei ihrer Mutter hingegen wird sie kaum ein offenes Ohr für ihren Kummer gefunden haben. Denn nach Ludovika sollte Sissi den Kaiser ja gerade deshalb heiraten, weil er Kaiser war.

Angesichts dieses dynastischen Ehrgeizes war Widerstand von vorneherein zwecklos und so brauste auch über Sissis Kopf, wie schon bei ihrer Mutter, ihren Tanten und zahllosen anderen hochgeborenen Töchtern die adlige Heiratspolitik hinweg, ohne daß irgendjemand etwas auf persönliche Meinung gegeben hätte.
Zwar machte sich Ludovika wegen der künftigen Stellung ihrer Tochter Sorgen, sowohl sie als auch Sophie vertrauten jedoch darauf, daß Sissi schon in ihre neue Rolle hineinwachsen und die Pflichten einer Kaiserin schließlich mit Selbstverständlichkeit und Liebe wahrnehmen würde. Beide sollten sich darin bitter täuschen. Denn Sissi war aus einem andern Holz geschnitzt. Freiheitsliebend wie sie war, bereiteten ihr der Wiener Hof und die Kaiserinnenrolle eine ständige Qual und blieben ihr Zeit ihres Lebens verhaßt. Und auch die Wurzel dieses Übels, die adlige Heiratspolitik, sollte ihr stets ein Dorn im Auge bleiben: »Die Ehe ist eine widersinnige Einrichtung. Als fünfzehnjähriges Kind wird man verkauft und tut einen Schwur, den man nicht versteht und dann 30 Jahre oder länger bereut und nicht mehr lösen kann«, so lautete die bittere Warnung, die sie später ihrer Tochter Marie Valerie mit auf den Weg geben sollte.
Noch aber war es nicht soweit. Noch saß die Fünfzehnjährige nach dem Gespräch mit ihrer Mutter bangen Herzens im Ischler Hotel und harrte der Dinge, die da kommen mochten. Und die Heiratsmühle, einmal in Gang gesetzt, mahlte unaufhaltsam weiter. Noch am selben Abend überbrachte Ludovika ihrer Schwester Sophie schriftlich Sissis Zustimmung. Am nächsten Morgen um sieben gab diese sie an den ungeduldig wartenden Franz Joseph weiter. Und es war noch keine acht, als dieser daraufhin überglücklich ins Hotel der bayerischen Verwandten stürmte, um seine Braut selbst zu sprechen. Über das Gespräch der beiden ist nichts bekannt. Typisch ist aber auch hier wieder der Bericht Ludovikas, die im nachhinein an eine bayerische Cousine schrieb: »Ich ließ ihn mit Sisi allein, denn er wollte selbst mit ihr reden, und als er wieder zu mir hereintrat, sah er sehr zufrieden, recht heiter aus, und sie auch – wie es sich einer glücklichen Braut geziemt.«

Arm in Arm verließen Sissi und Franz Joseph daraufhin das Hotel, um bei der Erzherzogin Sophie zu frühstücken. Stürmisch küßte der Kaiser seine junge Braut, immer wieder legte er zärtlich den Arm um sie und strahlte aus allen Knopflöchern. Alle, die den bislang so ernsten, bedächtigen und reservierten Charakter Franz Josephs kannten, waren verblüfft. In noch nicht einmal 48 Stunden hatte der Kaiser seine Wahl getroffen und es war, für alle offenkundig, kein diplomatisches Kalkül, sondern leidenschaftliche Liebe.
Dabei mußte auch Franz Joseph klar gewesen sein, daß Helene die bessere Kaiserin abgegeben hätte. Denn Sissis ungestümer, freier Charakter, gepaart mit einer natürlichen Scheu und spröder Eigenwilligkeit, paßte nicht in die Welt des Wiener Kaiserhofes. Repräsentatives Auftreten, Selbstdisziplin, Statusdenken und Konvention – all das war ihrem Wesen fremd. Aber gerade dadurch hatte sie das Herz Franz Josephs erobert. Er, den man von frühester Kindheit an auf seine Pflichten gedrillt hatte und dem Disziplin und höfische Etikette zur zweiten Natur geworden waren, erlag vom ersten Augenblick an dem Charme von Sissis natürlicher Lebendigkeit. In der Wahl seiner Braut hat Franz Joseph das erste und vielleicht auch einzige Mal als Privatmann und nicht als Kaiser gehandelt. Sissi sollte seine kleine Sonne sein, die ihm jenseits der kaiserlichen Bürde Zerstreuung, Kraft und Lebensfreude geben sollte. Und Franz Joseph ist dieser Herzensentscheidung zeit seines Lebens treu geblieben. Gleich, welche Extravaganzen sich Sissi später als Kaiserin leisten wird, ob sie sich der Etikette verweigert, bewußt nicht zu offiziellen Anlässen erscheint oder monatelang auf Reisen ist – der Kaiser mag es bedauert haben, aber er hat seiner Frau nie einen Vorwurf gemacht, sondern sie bis ans Ende seines Lebens vergöttert.
Noch aber stand die Zukunft in den Sternen. Jetzt galt es erst einmal, die Verlobung zu feiern, und alle Anwesenden, angefangen von der kaiserlichen Familie bis hin zu den Hofdamen und Adjutanten, überschütteten das junge Paar mit Glückwünschen. Es herrschte eine ausgelassene, freudetrunkene Stimmung. Erzherzogin Sophie an ihre

Schwester Marie: »Es ist uns in wenigen Stunden so viel Glück geworden, daß wir gar nicht mehr wissen, welcher Tag und wieviel Uhr es ist.« Nur Helene, wie übrigens auch Karl Ludwig, dem langjährigen Verehrer Sissis, wird etwas beklommen zumute gewesen sein.

Um die Verlobung gebührend zu begehen, begab man sich um elf Uhr in die Messe der Ischler Dorfkirche. Und hier dürfte sich Sissi erstmals ihres neuen Rangs bewußt geworden sein. Denn von nun an stand sie nach der höfischen Rangordnung als Kaiserbraut noch höher als die Kaisermutter. Erzherzogin Sophie, ganz der höfischen Etikette verpflichtet, ließ ihr daher den Vortritt. So betrat die Kleine noch vor ihrer künftigen Schwiegermutter die Kirche, was sie jedoch eher verwirrt als gefreut haben wird. Der Pfarrer war bereits über die Verlobung informiert worden. Er, so Sophie, »empfing uns mit dem Weihwasser, die Augen voll Tränen! Im Moment als wir die Kirche betraten, sang man die Volkshymne.« Es herrschte allgemeine Ergriffenheit, die sich noch steigerte, als der Kaiser nach dem Meßopfer Sissi an der Hand nach vorne führte und den Geistlichen bat: »Ich bitte, Hochwürden, segnen Sie uns, das ist meine Braut.«

Nach der Kirche bestieg die gesamte Gesellschaft die Kutschen, um ein festliches Verlobungsmahl im zehn Kilometer südlich von Ischl gelegenen Hallstatt einzunehmen. Anschließend machte man eine Spazierfahrt rund um den Hallstätter See. Die Sonne hatte den Regen des Vortages vertrieben. Der Kaiser, seit früher Jugend beständiger Sommergast des Salzkammergutes, erklärte Sissi die Gegend. Als die junge Braut trotz der Sonne fröstelte, legte er ihr fürsorglich seinen Militärmantel um die Schulter und flüsterte ihr zu: »Ich kann dir gar nicht ausdrücken, wie glücklich ich bin!« Es war ein Tag wie aus dem Bilderbuch. Der See glänzte in der Sonne, in der Ferne erhoben sich majestätisch die Berge, der Kaiser strahlte und auch Sissi war entzückt. Königin Elise von Preußen konnte sich vor Euphorie gar nicht mehr fassen: »Es ist so schön, ein so junges Glück in einer so wunderbaren Landschaft.«

Und es sollte noch besser kommen. Denn seit der Morgenmesse wußte ganz Ischl um die Verlobung des Kaisers, und die Ischler säumten nicht, dem Brautpaar bei seiner Rückkehr einen würdigen Empfang zu bereiten. Alle Einwohner waren auf den Straßen und die Stadt war am Abend von zehntausend Kerzen in ein Lichtermeer verwandelt. Auf dem Siriuskogel hatte man mit bunten Lampions, die an einem Gestell befestigt waren, die Umrisse eines klassischen Tempels markiert, dessen Mitte die Initialen FJ und E zierten, umflochten von einem Brautkranz. Hochrufe und Jubel tönten durch die Straßen und alles drängte danach, die zukünftige Kaiserin zu sehen und sie zu begrüßen. Erstmals kam Sissi in Kontakt mit ihren künftigen Untertanen. Der Trubel um ihre eigene Person mag sie verwirrt, die überschwenglich bekundete Zuneigung aber auch tief gerührt haben. Glücklich ging der Verlobungstag zu Ende.

In den nächsten Tagen galt es nun, die Verlobung auch offiziell unter Dach und Fach zu bringen. Schon am Vortag hatte Ludovika ihrem in Bayern zurückgebliebenen Ehemann ein Telegramm geschickt: »Kaiser verlangt Sissis Hand und deine Einwilligung, bleibt bis Ende August in Ischl, wir sind alle glückselig.« Herzog Max wird nicht schlecht über diese Nachricht gestaunt haben. In die Heiratspläne Ludovikas bezüglich Nenés war er eingeweiht gewesen, dürfte aber ähnlich wie seine Frau skeptisch über die Aussichten einer derartigen Verbindung gewesen sein. Daß sie nun tatsächlich zustande kam, der Kaiser aber nicht Helene, sondern seine Lieblingstochter Sissi erwählt hatte, dürfte ihn umso mehr gefreut haben. Er als Schwiegervater des Kaisers! Sofort gab er seine Zustimmung und rief die Tafelrunde Alt England zusammen, um den Anlaß gebührend zu feiern. Dann machte er sich eilends nach Ischl auf, denn als Brautvater durfte er bei der Verlobung natürlich nicht fehlen.

Neben Sissis Vater mußte noch die Zustimmung des bayerischen Königs Maximilians II. eingeholt werden. Aber auch hier handelte es sich mehr oder weniger um eine Formsache. Denn die dynastischen Verbindungen zwischen den Habsburgern und Wittelsbachern waren eng. Und Maximilian II. wird es sich zur Ehre angerechnet haben, nach

Sissi und Franz Joseph I. während ihrer Verlobungszeit, 1853

Sophie und ihrer Schwester Karoline mit seiner Nichte Elisabeth ein weiteres Mitglied, noch dazu als zukünftige Kaiserin, am Wiener Hof zu wissen. Auch seine Einwilligung erfolgte daher prompt, und Franz Joseph verfaßte einen fast überschwenglichen Dankesbrief an den bayerischen König, in dem er betonte, wie glücklich er sei, »daß ich bei der Wahl meiner zukünftigen Lebensgefährtin zugleich mein eigenes innigstes Gefühl zu Rathe ziehen konnte, und gebe mich vollkommen der freudigen Hoffnung hin, in den vortrefflichen Eigenschaften meiner Braut mein Lebensglück zu finden. Ich brauche Dir wohl nicht hinzuzufügen, daß ich mich um so mehr zu Deinem Hause hingezogen fühle, als das Theuerste, was ich bis jetzt besaß – meine

Mutter – und das Theuerste, was ich fortan besitzen werde – meine zukünftige Frau – demselben angehören und ich kann nur hoffen, daß diese Verbindung, wenn dieß anders noch möglich ist, die Bande welche unsere Familien umfasst, um so dauernder und fester knüpfen werde«.

Damit war die Verlobung offiziell, und als solche wurde sie dann auch in gestelzten Worten am 24. August in der Wiener Zeitung dem österreichischen Publikum bekanntgegeben: »Seine k.k. Apostolische Majestät unser allergnädigster Herr und Kaiser, Franz Joseph I., haben während Allerhöchst Ihres Aufenthaltes zu Ischl Ihre Hand der durchlauchtigsten Prinzessin Elisabeth Amalie Eugenie, Herzogin in Bayern, Tochter Ihrer königlichen Hoheiten des Herzogs Maximilan Josef und der Herzogin Ludovica, geborenen königlichen Prinzessin von Bayern, nach eingeholter Zustimmung Seiner Majestät des Königs Maximilian II. von Bayern sowie der durchlauchtigsten Eltern der Prinzessin-Braut anverlobt. Der Segen des Allmächtigen möge auf diesem für das Allerhöchste Kaiserhaus und das Kaiserreich beglückenden, freudenvollen Ereignisse ruhen.«

Die Nachricht schlug in Wien wie eine Bombe ein. Denn zwar war in der Hocharistokratie bekannt, daß sich der Kaiser auf Freiersfüßen befand, ja einige Eingeweihte dürften sogar Helene als potentielle Braut in Erwägung gezogen haben, daß aber tatsächlich eine bayerische Prinzessin und noch dazu die jüngere Schwester Elisabeth das Rennen gemacht hatte, kam einer Sensation gleich. Anfragen nach Bildern der kleinen Herzogstochter wurden laut, zumal bald durchsickerte, daß es sich um eine echte Herzensentscheidung des Kaisers gehandelt hatte. Allerdings blieben auch kritische Stimmen nicht aus. Schon Ludovika hatte sich gegenüber dem kaiserlichen Flügeladjutanten Weckbecker besorgt wegen »des scharfen Urteils der Damen aus der Wiener Aristokratie« geäußert. Und das nicht zu Unrecht. Denn schnell waren Erkundigungen über die junge Braut eingezogen. Und das, was man da zu Ohren bekam, war nicht dazu angetan, die »Damen« zu befriedigen. Nicht nur, daß Sissis Vater Max lediglich Herzog *in* Bayern war und überdies aus Wiener Sicht ob seines unkonventionellen Lebenswandels keinen guten Leumund besaß, er hatte noch dazu »nur« eine Gräfin Arensberg zur Mutter, die nicht zum alten Erbadel gehörte. In der exklusiven Wiener Hofgesellschaft, die Wert darauf legte, mindestens sechzehn blaublütige, hochadlige Vorfahren in ihrer Linie zu haben, galt Sissi damit als nicht standesgemäß und war als Kaiserbraut indiskutabel. Der Hofadel rümpfte also die Nase. Und er sollte Sissi seine Ablehnung schon bald spüren lassen.

Noch aber wußte die kaiserliche Braut nichts von dem Dünkeln des Kaiserhofes. Bis zum 31. August weilte die habsburgisch-wittelsbachische Familie unbeschwert im idyllischen Ischl. Ein Fest folgte dem anderen, und nicht zuletzt Herzog Max dürfte dafür gesorgt haben, daß es nun weit weniger steif zuging als zu Anfang. Nur Sissi war nach wie vor unsicher und machte sich Sorgen über ihre künftige Stellung als Kaiserin. Als die langjährige Hofdame Sophies, die Gräfin Esterházy, mit den Worten, »wir sind Eurer königlichen Hoheit so dankbar, daß Sie den Kaiser so glücklich machen«, auf die junge Braut zutrat, anwortete diese: »Ich bedarf für den Anfang noch viel Nachsicht.«

Allerdings war der Kaiserhof noch fern, denn die Hochzeit sollte erst im nächsten Jahr stattfinden. Was jetzt zählte, war Ischl. Und hier begann sich Sissi langsam, wenn auch immer noch bangen Herzens, an das neue Leben und die vielen fremden Menschen zu gewöhnen. Ludovika, die ihre Tochter genau beobachtete, sah diese Entwicklung hoffnungsvoll. So schrieb sie an die bayerischen Verwandten: »Das hiesige Leben ist äußerst belebt. Sisi besonders ist das noch gar nicht gewohnt, besonders das späte Schlafengehen. Ich bin angenehm überrascht, wie sie sich darein findet, mit den vielen fremden Menschen zu reden und daß sie trotz ihrer Verlegenheit eine so ruhige Haltung hat.« Sissi wußte allerdings auch um den Rückhalt, den sie bei ihren Eltern, der Schwester Helene wie auch bei Franz Joseph hatte. Der Kaiser war nach wie vor von seiner Braut entzückt. Er überschüttete Sissi mit Geschenken, vor allem kostbarem Geschmeide, unter dem auch eine wertvolle Blütenranke aus Diamanten und Smaragden war, die als Haarschmuck diente. Noch mehr aber dürfte die junge Braut die Schaukel gefreut haben, die Franz Joseph eigens für sie im Garten der Kaiservilla anbringen ließ. Denn der Kaiser war sich der Kindlichkeit seiner Verlobten durchaus bewußt und Sissi nutzte dieses Geschenk mit Begeisterung.

Aber auch Helene blieb nicht unbeschenkt. Als Zeichen ihrer Hochachtung und Verbundenheit hatte Erzherzogin Sophie ihr ein wertvolles Kreuz aus Diamanten und Türkisen überreicht. Ob sich Helene wirklich über diese Gabe gefreut hat, bleibt fraglich. Ihr mag es wie ein Trostpreis vorgekommen sein. Als abgewiesene Braut fühlte sich Helene bei den Verlobungsfeierlichkeiten ihrer Schwester deplaziert. Sie wollte nach Hause.

Langsam neigte sich der Aufenthalt in Ischl dem Ende zu. Am 31. August war dann der Tag des Aufbruchs gekommen. Noch gemeinsam reiste man nach Salzburg, das dem hohen Besuch einen feierlichen Empfang bereitete. Dort nahmen Sissi und Franz Joseph »sehr zärtlich« Abschied voneinander, wie die Erzherzogin Sophie in ihrem Tagebuch notierte. Franz Joseph war tief betrübt, nach der »göttlichen Ischler Zeit« wieder an den fernen Kaiserhof zurückkehren zu müssen. Und auch Sissi wird verwirrt und traurig gewesen sein. Nur die beiden Mütter strahlten. Ihre Rechnung war – wenn auch mit einigen Irrungen und Wirrungen – aufgegangen.

Als Mutter eines Bräutigams reiste Sophie nach Wien zurück. Der erste Grundstein zur Sicherung der habsburgischen Dynastie war damit gelegt und auch ihre deutschlandpolitischen Ambitionen waren durch die enge Bindung Bayerns an Österreich ihrer Verwirklichung näher gerückt. Zudem erhoffte sie sich durch die anmutige Braut einen deutlichen Gewinn an Popularität, und was Sissis kindlichen, noch ungestümen Charakter anbelangte, so würde sich der noch abschleifen. Sie würde schon am Wiener Hof darauf achten, daß die Kleine die Kaiserinnenrolle mit Würde ausfüllte. Unter politisch-dynastischen Gesichtspunkten war Ischl ein voller persönlicher Erfolg für die Erzherzogin. Wieder zurück in Wien, wird sie eilends den Auftrag erteilen,

die Ischler Kaiservilla zu kaufen, die lange Jahre nur für den Sommeraufenthalt der Habsburger gemietet worden war. Um zwei Flügel erweitert, die ihrem Grundriß die Form eines E verliehen, wurde die Villa das Hochzeitsgeschenk der Erzherzogin an das junge Paar.
Noch größer aber war der Triumph Ludovikas. Sie hatte als bayerische Königstochter durch die ihr aufgezwungene Ehe mit Herzog Max deutlich unter ihrem Stand heiraten müssen. Daß nun ausgerechnet eine ihrer Töchter die glänzendste Partie ihrer Zeit machen sollte, war ihr eine persönliche Genugtuung. Aber Ludovika dachte noch weiter. Denn die Ehe Sissis mit Franz Joseph brachte ihr nicht nur einen kaiserlichen Schwiegersohn ein, die ganze herzogliche Linie Wittelsbach-Birkenfeld wurde durch den Glanz des Kaiserhofes aufgewertet, wodurch auch die Heiratschancen ihrer übrigen Töchter erheblich stiegen. Tatsächlich gaben sich von nun an die Bewerber die Klinke in die Hand. Und es waren keine kleinen Grafen, sondern hochherrschaftliche Würdenträger, die um die Hand einer ihrer Töchter anhielten. Kaum daß die bayerischen Prinzessinnen das heiratsfähige Alter erreichten, wurden sie daher ›standesgemäß‹ unter die Haube gebracht. Auf Drängen Ludovikas heiratete so die jüngere Schwester Sissis, Marie, 1859 den Kronprinzen Franz von Neapel und Sizilien, und zwar, ohne ihn überhaupt einmal gesehen zu haben. Kurz darauf folgte die Hochzeit der vierten Schwester Mathilde mit dem Prinzen Ludwig von Bourbon-Sizilien. Und auch für die Jüngste, Sophie, gab es mit dem Herzog Philipp von Württemberg, dem portugiesischen König wie auch Franz Josephs jüngerem Bruder Ludwig Viktor bereits Interessenten.
Nur um Nené blieb es still. Dabei galt sie lange Zeit als die schönste der bayerischen Prinzessinnen. Aber Helene war zum Zeitpunkt der Verlobung Sissis schon 19 Jahre alt und galt damit bereits als relativ alte Partie. Zudem mag sich herumgesprochen haben, daß der Kaiser entgegen den ursprünglichen Intentionen ihrer jüngeren Schwester den Vorzug gegeben hatte. Zwar war diese Zurückweisung nicht in der Person Helenes, sondern in dem besonderen Charme Sissis begründet – aber etwas, wie der Volksmund sagt, bleibt immer hängen. Zwei lange

Jahre vergingen daher, bis endlich ein Antrag im wittelsbachisch'schen Haus einging. Er kam von dem Neffen des regierenden französischen Kaisers Napoleon III., einem Prinzem mit gleichlautendem Namen Napoleon. Aber trotz der engen Verwandtschaft zum französischen Herrscherhaus war allen beim Gedanken an diese Verbindung unwohl. Denn Napoleon III., ein Neffe Napoleons I., galt als Emporkömmling. Er hatte sich 1851 durch einen Staatsstreich an die Macht geputscht. Sein Titel beruhte nicht auf fürstlichem Geblüt, sondern war usurpiert und in allen europäischen Fürstenhäusern galt eine derartige Verbindung als nicht standesgemäß, ja geradezu als anrüchig. Sowohl Herzog Max wie auch der bayerische König Maximilian II., der österreichische Kaiserhof und schließlich auch Helene nahmen daher eine ablehnende Haltung ein. Zudem war der Antrag nicht offiziell, sondern nur über einen dubiosen Mittelsmann eingegangen. Einen Affront Frankreichs durch eine direkte Zurückweisung wollte man jedoch nicht riskieren. So wurde die Sache verschleppt und alle waren erleichtert, als schließlich auch Napoleon III. kein weiteres Interesse an dem Heiratsprojekt zeigte.

Wieder gingen einige Jahre ins Land. Helene war nun schon 24 und ihre Familie wie auch sie selbst hatten den Gedanken an eine Heirat schon aufgegeben, als sich plötzlich doch noch ein Bewerber einfand. Es war der Erbprinz Maximilian von Thurn und Taxis, der um Helenes Hand anhielt. Bei einem ersten Treffen waren sich die jungen Leute direkt sympathisch, aber Ludovika rümpfte die Nase. Denn die Thurn und Taxis waren zwar ein altes und sehr wohlhabendes Geschlecht, das es an Reichtum fast mit den regierenden Wittelsbachern aufnehmen konnte. Aber sie waren nur Reichsfürsten, die in ihrem Regensburger Sitz der bayerischen Krone unterstanden. Der Erbprinz war daher kein standesgemäßer Bewerber.

Diesmal allerdings konnte sich Ludovika glücklicherweise nicht durchsetzen. Helene drängte zu dieser Heirat und schließlich wird auch Herzog Max ein Machtwort gesprochen haben, denn allen Beteiligten war klar, daß mit einem weiteren Bewerber nicht mehr zu rechnen war.

Immerhin wurde auf Drängen Ludovikas wie auch des bayerischen Königs Maximilian II. ausgehandelt, daß Helene auch nach der Heirat ihren Titel ›Königliche Hoheit‹ beibehalten konnte. So fand schließlich am 24. August 1858 – fast auf den Tag genau fünf Jahre nach der Verlobung Sissis mit Franz Joseph – in Possenhofen die Hochzeit zwischen Helene und Maximilian statt. Und sie stand unter einem guten Stern. Denn gerade diese Ehe ›unter Stand‹ sollte im Vergleich zu all den hochherrschaftlichen Ehen, die Helenes Schwestern eingegangen waren, die mit Abstand glücklichste und erfüllteste werden.

Die Erziehung einer Kaiserin

Die überraschende Verlobung Sissis mit Franz Joseph machte aus der Tochter eines eher unbedeutenden bayerischen Herzogs von heute auf morgen die künftige Kaiserin eines der größten und mächtigsten Staaten Europas. Sissis unbeschwerte Jugendzeit am Starnberger See war damit abrupt beendet. Die Fünfzehnjährige sah sich von nun an einer ungeheuren Aufgabe gegenüber, auf die sie in keiner Weise vorbereitet war und für die sie keinerlei Neigung mitbrachte. Ludovika, die ihre Tochter genau kannte, machte sich deswegen große Sorgen. Helene hatte sie auf das, was kommen sollte, vorbereitet, nicht aber die noch kindliche Sissi. Ludovika wußte, wie wenig die junge Braut den Anforderungen genügte, die ein Leben als Kaiserin mit sich brachte.

Anfangs setzte Ludovika auf das Wohlwollen aller Beteiligten. Am Tag der Verlobung schrieb sie an Auguste von Bayern: »Es ist ein so ungeheures Glück und doch eine so wichtige und schwere Stellung, daß ich in jeder Beziehung sehr bewegt bin. Sie ist noch so jung, so unerfahren, ich hoffe aber, man hat Nachsicht mit dieser großen Jugend!« Doch schon wenige Tage später schlug diese Hoffnung in Panik um. Die Angst löste Ludovika die Zunge. Dem kaiserlichen Flügeladjutanten Weckbecker, also einem Vertreter der von ihr gefürchteten österreichischen Aristokratie, den sie erst seit wenigen Tagen kannte, beichtete sie, »wie ängstlich sie die schwere Aufgabe mache, welche ihrer Tochter Elisabeth bevorstehe, da diese den Thron doch förmlich von der Kinderstube weg besteige. Sie hegte auch Besorgnisse wegen des scharfen Urteiles der Damen aus der Wiener Aristokratie«. Die ersten Reaktionen der Wiener Aristokratie auf die Nachricht, der Kaiser habe sich mit einer unbekannten und blutjungen bayerischen Prinzessin verlobt, zeigen, daß Ludovikas Sorgen berechtigt waren. Ablehnung und Skepsis wegen des geringen Standes der Wittelsbacher Nebenlinie und der Unerfahrenheit der kaiserlichen Braut waren allgemein verbreitet.

Ludovika versuchte Zeit zu gewinnen. An ihre Schwester Marie von Sachsen schrieb sie: »Überhaupt denke ich nicht gern an Sisis Entfer-

nung und möchte die Zeit immer hinaus schieben.« Sie schlug deshalb den Juni als Hochzeitstermin vor, der zudem den Vorteil gehabt hätte, daß ein großer Teil des so sehr gefürchteten Wiener Adels sich nicht in der Stadt, sondern in der traditionellen Sommerfrische befunden hätte. Doch alle Versuche Ludovikas, die Brutalitiät des Übergangs von der Geborgenheit Possenhofens in die fremde Welt des Wiener Hofes für Sissi zu mildern, schlugen fehl. Ihr Wunsch, die Hochzeit nicht im fernen Wien, sondern in München abzuhalten, zeigt aber auch, wie sehr die Sorgen um die Tochter von Ludovikas eigenen Ängsten bestimmt waren. Gegenüber ihrer Schwester Marie bedauerte sie, daß eine Hochzeit in der bayerischen Heimat unmöglich sei: »denn wenn wir Sisi nach Wien begleiten, ist das ein großes Unternehmen, ein so großer Hof, die zahlreiche sich versammelnde Familie, die Wiener Gesellschaft, die Feste etc. … für all das passe ich nicht … ich mag gar nicht daran denken, und bis jetzt weiß ich selbst nicht, was geschieht.« Die Scheu Sissis vor öffentlichen Auftritten und großen Gesellschaften, das zeigt dieser Brief, war auch Erbteil der Mutter.
Zurück in Possenhofen hatte Sissi kaum Zeit die überwältigenden Eindrücke von Ischl zu verarbeiten. Die Hochzeit sollte im kommenden April stattfinden, da blieben nur noch knapp acht Monate, um aus dem ebenso ungebärdigen wie unerfahrenen Wildfang eine Dame von Welt zu machen, die sich am Wiener Hof und vor den gekrönten Häuptern Europas sehen lassen konnte. Die junge Braut stand von nun an im Mittelpunkt der allgemeinen Aufmerksamkeit und vielfältiger Bemühungen, ihr den nötigen aristokratischen Schliff zu geben. Sissi geriet nun unter Druck, und ihr wurde klar, daß die schönen, ungebundenen Tage der Kinderzeit unwiderruflich vorbei waren. Sie liebte den Kaiser, doch war es eine kindliche Liebe, die den Ernst dieser Liebe und die mit ihr verbundenen Verpflichtungen noch nicht ermessen konnte. Das strenge Programm, das sie nun zu absolvieren hatte, war ihr zuwider, und schon bald brach sich bei Sissi die ihr eigene Freiheitssehnsucht Bahn in einem melancholischen Gedicht:

O Schwalbe, leih mir deine Flügel,
O nimm mich mit ins ferne Land.
Wie selig sprengt' ich alle Zügel,
Wie wonnig jedes fesselnd Band.

Oh! schwebt' ich frei mit dir dort oben
Am ewig blauen Firmament,
Wie wollte ich begeistert loben
Den Gott, den man die Freiheit nennt.

Wie wollt' ich schnell mein Leid vergessen,
Die alte und die neue Lieb'.
Und niemals sollt' ein Schmerz mich pressen
Und nimmer wär' mein Auge trüb.

Aber es war zu spät und gab kein Zurück mehr. Sissi war von nun an eingezwängt in ein Erziehungsprogramm, das zwar nicht so anspruchsvoll wie das des jungen Franz Joseph war, das sie jedoch in nur wenigen Monaten zu durchlaufen hatte. Die Erste, die den großen Nachholbedarf an aristokratischer Bildung bei Sissi erkannte, war bezeichnenderweise ihre Tante Sophie. Die energische Erzherzogin versuchte von Anfang an, Einfluß auf die Erziehung der angehenden Kaiserin zu nehmen und die junge Frau in ihrem Sinne zu formen. Sie hatte dies bereits bei ihren Söhnen erfolgreich getan und insbesondere Franz Joseph auf diese Weise zu einem Vertreter ihrer politischen Überzeugungen auf dem österreichischen Thron gemacht.
Bei Sissi waren Sophies Gestaltungswillen jedoch klare Grenzen gesetzt. Die Erzherzogin saß in Wien, und Bayern war fern. Die heimliche Herrscherin Österreichs war auf die Mitarbeit der bayerischen Verwandtschaft angewiesen. Ludovika, die die höfische Welt Wiens und die große Politik nicht kannte, war kein Hindernis für Sophie, zumal die bayerische Herzogin ihre ältere und erfahrenere Schwester bewunderte. Noch in Ischl hatte Ludovika einer bayerischen Verwandten geschrie-

ben, wie sehr es sie beruhige, daß sie Sissi in Sopies Hände geben könne: »Tante Sophie ist gar so gut und lieb für sie, und welch ein Trost für mich, sie einer so lieben Schwester als zweyte Mutter übergeben zu können.«

Ein unberechenbarer Faktor war hingegen Sissis Vater. Herzog Max besaß die Weltläufigkeit, die seiner Frau fehlte, doch galt er als liberal und legte wenig Wert auf aristokratische Umgangsformen. Seine unkonventionellen Erziehungsmethoden waren berüchtigt. Zwar zeigte er wenig Interesse an dem kaiserlichen Erziehungsprogramm, doch fühlte er sich in die Pflicht genommen. War ihm früher der grazile Gang und die anmutige Haltung seiner Töchter eine Herzensangelegenheit gewesen, so bestand er nun darauf, daß Sissi Tanzstunden nahm, um auf den Wiener Hofbällen eine gute Figur zu machen. Dieser Unterricht, der in adeligen Kreisen eigentlich selbstverständlich war, war auch bitter nötig, denn Sissi hatte bisher nur wenig Tanzerfahrung sammeln können und war keine besonders gute Tänzerin.

Vorsicht war auch gegenüber Sissi geboten. Zwar war sie noch ein Kind, doch als künftige Kaiserin von Österreich stand sie in der höfischen Hierarchie über der Mutter des Kaisers. Sophie war sich dessen sehr wohl bewußt. Die höfische Etikette galt auch für die mächtigste Frau Österreichs. Doch war allen Anwesenden klar, daß Sophies Geste nicht bedeutete, daß sie sich der zukünftigen Frau ihres Sohnes unterordnen wollte.

Den Umständen entsprechend verlegte sich Sophie auf die Rolle der fürsorglichen Schwiegermutter. Dies geschah durchaus nicht nur aus Berechnung, doch fand die strenge Erzherzogin gegenüber Sissi nie den richtigen Ton. Ihr Rat war nicht freundlich, sondern kritisch. Immer wieder hatte sie etwas an der jungen Frau auszusetzen. Bereits in Ischl waren ihr der schlechte Zustand von Sissis Zähnen aufgefallen. Fast hämisch wies Sophie ihren Sohn auf die »gelben Zähne« seiner Angebeteten hin und forderte: Die Zähne müssen täglich gepflegt werden. Als sie von Sissis Leidenschaft für das Reiten hörte, mahnte sie Zurückhaltung an, da sich dies Vergnügen für eine Kaiserin nicht gezieme. All

die Dinge, die Sissi am Herzen lagen, schienen auf die Mißbilligung der strengen Erzherzogin zu stoßen.
Franz Joseph, der bereits hier als Mittler zwischen den beiden Frauen einspringen mußte, versuchte zu beschwichtigen. Während eines Besuchs in München im Oktober 1853 lobte er Sissi gegenüber seiner Mutter: »Ihre Zähne sind auch, dank Ihrer Fürsorge, ganz weiß geworden, so daß sie wirklich allerliebst ist.« Doch schon früh begriff Franz Joseph, daß diese Form der Erziehung bei Sissi nicht viel fruchten würde. In demselben Brief an seine Mutter hieß es: »Ich habe, wie Sie es mir rieten, die Schwiegermama gebeten, daß Sisi nicht zu viel reiten möge, doch, glaube ich, wird es schwer durchzusetzen sein, da Sisi es ungerne aufgibt.« Und tatsächlich ist Sissi, so lange sie konnte, geritten, mehr als es sich für eine Kaiserin geziemte und gegen den Widerstand Sophies und die empörten Kommentare der Wiener Hofkamarilla.
Hinter Sophies stetigen Ermahnungen stand keine persönliche Abneigung gegenüber Sissi, das zeigen die durchaus freundlichen Urteile über ihre künftige Schwiegertochter während des Aufenthaltes in Ischl. Die persönliche Beziehung spielte für die Vorsteherin des Hauses Habsburg keine entscheidende Rolle. Sie sah in Sissi nicht die Nichte und auch nicht die Liebe ihres Sohnes, sondern die zukünftige Kaiserin, und diese hatte bestimmte Pflichten zu erfüllen, deren Ausführung durch das altehrwürdige Hofzeremoniell der Habsburger und die ungeschriebenen Regeln der aristokratischen und politischen Welt festgelegt waren. Auf diese Aufgabe mußte und wollte Sophie Sissi vorbereiten – und stieß dabei auf das ganze Unverständnis einer Jugendlichen, der die Regeln und Pflichten des Hofes zwar nicht fremd waren, in deren Leben aber die höfische Etikette bisher noch keine große Rolle gespielt hatte.
Die Beziehung der beiden Frauen, die durch Anlage, Erziehung und Erfahrung grundverschieden und doch über Franz Joseph aneinander gebunden waren, begann mit wechselseitigem Unverständnis und sollte sich im Laufe der Jahre zum offenen Haß steigern. Einen Monat nach ihrer Rückkehr aus Ischl schrieb Sissi einen ersten Brief aus Pos-

senhofen an ihre zukünftige Schwiegermutter in Wien. Der Anlaß war ein Geschenk Sophies, eine Reihe von Darstellungen Ischls. Der Stil ist noch ungelenk und der Ton eher förmlich, doch der Versuch, eine vertrauliche Beziehung herzustellen, unverkennbar:

»Possenhofen, den 29. September 1853
Liebste Tante, es ist mir nicht möglich Dir zu sagen, wie unaussprechlich dankbar ich Dir bin für diese schönen Zeichnungen, die mir die glücklichsten Erinnerungen meines Lebens zurückrufen und die mir schon als ein Geschenk aus Deiner lieben Hand ewig wertvoll sein werden, wie auch für die freundlichen gnädigen Zeilen, die sie begleiteten und die mich ungemein beglückten. Jetzt zähle ich schon mit Ungeduld die Tage bis zur Ankunft des Kaisers, denn wie sehr ich mich auf den Augenblick freue, ihn nach so langer Zeit wieder zu sehen, begreifst wohl Du, liebe Tante, am besten. – Erlaube mir noch, liebste Tante, Dir nachträglich für die große Güte und Freundlichkeit zu danken, mit der Du mich in Ischl immer behandelt hast, und Dich bittend, mich auch ferner lieb zu behalten, küsse ich mit Helene Deine und des Onkels liebe Hände, und verbleibe, liebe Tante
Deine dankbare, ergebene Nichte Sißi.«

Hier schreibt die kleine Sissi, das unerfahrene Mädchen, das die grundlegende Veränderung in seinem Leben noch nicht begriffen hat und noch den rechten Ton sucht. Doch für solche tastenden Versuche, sich in dem neuen Leben zurecht zu finden, war keine Zeit. Die Reaktion der »lieben Tante« auf diesen ersten Brief stieß die junge Braut unsanft in die Wirklichkeit der höfischen Welt. Das vertrauliche »Du« zwischen ihr und Sissi war nicht erlaubt. Selbst der Kaiser sprach seine Mutter nur mit »Sie« an. Das ließ Sophie der angehenden Schwiegertochter durch ihren Sohn ausrichten. Und Sissi lernte schnell. Der nächste Brief an die Erzherzogin war distanzierter, aber in Ansprache und Tonfall korrekt:

»Liebste Tante, erlauben Sie mir, Ihnen meinen innigsten Dank für die schönen frischen Rosen auszusprechen, die Mama mir in Ihrem Namen zu

meiner Weihnachtsbescherung legte und die mich sehr freudig überraschten. Empfangen Sie auch, liebe Tante, meine besten, innigsten Wünsche zum neuen Jahre, das mich in Ihre liebe Nähe führen soll, und glauben Sie, liebe Tante, daß es immer mein sehnlicher Wunsch sein wird, mich der vielen Liebe, die Sie mir stets bewiesen, würdig zu machen und daß ich micht freue, Ihnen eine liebevolle Tochter zu werden und was in meinen Kräften steht, zum Glück Ihres Lebens beitragen zu dürfen.
Erhalten Sie stets, liebe Tante, Ihre nachsichtsvolle Liebe Ihrer ganz ergebenen
München, 27. Dez. 1853. Nichte Sißi.«

Die angehende Kaiserin von Österreich hatte ihre wichtigste Lektion gelernt. Die Habsburger waren keine Familie wie jede andere. Sie waren eine Dynastie, die in den überkommenen Vorstellungen der alteuropäischen Aristokratie lebte und deren höfisches Zeremoniell auch die Beziehungen der Familienmitglieder untereinander prägte. Kein Vergleich mit der liebevollen Atmosphäre im Haus des bayerischen Herzogs Max und seiner Frau. Sophie ging es um die Sicherung der Habsburger Herrschaft und die Fortpflanzung ihres Geschlechts. Gefühle spielten dabei keine entscheidende Rolle.
Die Kaiserin von Österreich spielte in diesem Stück eine wichtige Rolle. Sie sollte nicht nur den Bestand der Habsburger Herrschaft durch die Geburt eines Thronfolgers sichern, sondern auch an der Seite des Kaisers die Monarchie nach außen hin repräsentieren. Daß Sissi die erste Pflicht einer Kaiserin erfüllen würde, schien ihre Jugend zu garantieren. Um die zweite Aufgabe zu bewältigen, absolvierte sie in den Monaten vor der Hochzeit ein anstrengendes Programm, durch das sie in kürzester Zeit Fertigkeiten erwerben sollte, für die Mädchen und Frauen der europäischen Hocharistokratie über Jahre hinweg ausgebildet wurden.
An erster Stelle standen die Sprachen. Sissi beherrschte nur das Englische, und das war ungewöhnlich in einer Zeit, in der an den Höfen des europäischen Adels das Französische immer noch den Ton angab

und auch die Sprache der Diplomatie war. In Bayern aber gingen die Uhren anders, hier sprach man in der guten Gesellschaft zunehmend weniger Französisch, während das Englische immer mehr an Bedeutung gewann. Eine weitere Sprache, die die Fünfzehnjährige in kürzester Zeit erlernen mußte, war das Italienische. Wichtige Länder des Habsburgerreiches lagen südlich der Alpen am Mittelmeer und an der Adria. Zudem galt die italienische Sprache im 19. Jahrhundert als Ausdruck musischer Bildung, auf die die adeligen Kreise Europas bei ihren Frauen besonderen Wert legten.

Ludovika sah das Ganze mit Skepsis, denn sie meinte aus Erfahrung zu wissen, daß ihre Kinder sich mit dem Lernen fremder Sprachen schwer taten. Doch Sissi war sprachbegabt. Das zeigen nicht nur ihre Dichtungen, sondern auch die große Fertigkeit mit der sie sich später fremde Sprachen aneignete. Allerdings lernte sie schlecht unter Zwang. Nur das, was ihr am Herzen lag, eroberte sie im Sturm. Das Tschechische etwa, das sie in Wien als eine der ersten Sprachen des Vielvölkerstaates Österreich erlernen mußte, sprach sie zeit ihres Lebens mehr schlecht als recht. Die ungarische Sprache hingegen lernte sie aus Liebe zu Ungarn mit Begeisterung und in erstaunlich kurzer Zeit. Zuletzt sprach sie diese schwere Sprache beinahe akzentfrei.

Neben den Sprachen war es vor allem die Geschichte Österreichs, die die angehende Kaiserin lernen mußte. Als Lehrer wurde ein Historiker aus dem Münchner Kreis von Herzog Max engagiert, der fast siebzigjährige Graf Johann Mailáth. Der in Wien aufgewachsene Ungar hatte einige Jahre zuvor seine fünfbändige »Geschichte des österreichischen Kaiserstaates« abgeschlossen und lebte in München mehr schlecht als recht von dem Ertrag seiner Bücher. Mailáths Darstellung der österreichischen Geschichte war kaisertreu und farbenfroh, genau die richtige Mischung, um eine Fünfzehnjährige für die Geschicke ihrer neuen Heimat zu interessieren und ihr zugleich die wichtigsten Grundsätze der Habsburger Politik mit auf den Weg zu geben.

Mailáth kam an drei Nachmittagen in der Woche nach Possenhofen, las Sissi aus seiner Geschichte Österreichs vor, erläuterte das eine oder andere Ereignis und beantwortete die Fragen seiner Zuhörerin. Und Sissi war begeistert von dem lebhaften und unterhaltenden Vortrag des Gelehrten. Die Geschichtsstunden dauerten oft bis in den Abend hinein und zogen auch andere Mitglieder der herzoglichen Familie an. Die ältere Schwester Helene und der jüngere Bruder Carl Theodor hörten ebenso zu wie die Mutter Ludovika. Aber auch einige der anderen Lehrer ließen sich die poetisch gefärbten Geschichtsvorträge Mailaths nicht entgehen. Und Mailáth? Der alte Mann war hingerissen vom Charme der jungen Braut und sprach, wie Ludovika schnell bemerkte, nur »für die schönen Augen Sisis«.

Auf Sissi machte der engagierte Vortrag Mailáths einen nachhaltigen Eindruck. Noch Jahrzehnte später sprach sie mit großer Hochachtung von dem greisen Historiker. Pikanterweise war Mailáth nicht nur ein loyaler Untertan seiner Majestät des Kaisers, sondern auch ein Ungar mit Leib und Seele. Und als solcher ergriff er in der Auseinandersetzung um die alte ungarische Verfassung, die Franz Joseph nach Niederschlagung der Revolution in Ungarn 1849 aufgehoben hatte, eindeutig Partei für die ungarische Seite und suchte bei der künftigen Kaiserin, Verständnis für die Sonderrechte der Ungarn innerhalb der Habsburger Monarchie zu wecken. Der bei den Liberalen als konservativ verschrieene Historiker ging sogar so weit, der jungen Prinzessin die Vorzüge einer republikanischen Staatsform zu preisen. Seine Worte fielen auf fruchtbaren Boden. Jahre später schockierte Elisabeth den Wiener Hof, als sie unter Berufung auf Mailáth bemerkte, sie habe gehört, »daß die zweckmäßigste Regierungsform die Republik sei«.

Mailáth wäre sicherlich stolz auf seine Schülerin gewesen, hätte er ihren späteren Einsatz für die Sache Ungarns noch erlebt. Doch Mailáth war schon lange tot, als Franz Joseph I. die Ungarn wieder in ihre Rechte einsetzte und Elisabeth in Budapest zur Königin gekrönt wurde. Die historische Erziehung der künftigen Kaiserin von Österreich hatten dem greisen Historiker zwar viel Vergnügen und Ehre gebracht, an seiner schwierigen finanziellen Situation aber nichts geändert. Nur ein Jahr nach seinem vorübergehenden Engagement in herzoglichen Dien-

sten konnte er die Not, in der er lebte, nicht länger ertragen und ertränkte sich und seine Tochter im Starnberger See.
Mailáth hatte über die Vergangenheit gesprochen, über die Gegenwart aber scheint die junge Braut niemand aufgeklärt zu haben. Dabei wurden in den Monaten der Verlobungszeit wichtige politische Entscheidungen getroffen, die die Geschicke Österreichs bis zum Ersten Weltkrieg bestimmen sollten. Im Sommer 1853 hatten russische Truppen die unter türkischer Hoheit stehenden Donaufürstentümer Moldau und Wallachei besetzt, woraufhin das Osmanische Reich im Oktober Rußland den Krieg erklärte. Der Konflikt eskalierte in den folgenden Monaten und Ende März, einen Monat vor der Hochzeit von Franz Joseph und Elisabeth, traten Frankreich und England an der Seite der Türken in den Krieg. Österreich verhielt sich neutral, stellte sich aber de facto gegen seinen alten Verbündeten Rußland. Die Freundschaft zwischen Franz Joseph und dem Zaren Nikolaus zerbrach über diesem Konflikt, der als Krimkrieg in die Geschichte eingegangen ist. Während der Zeit zwischen der Verlobung bis zur Hochzeit stand der Kaiser unter enormen Druck, eine Entscheidung für oder gegen Rußland zu treffen. Zugleich war er hin- und hergerissen zwischen dem Wunsch, seine große Liebe in Possenhofen zu besuchen, und der Notwendigkeit, die politischen Aktivitäten seines Landes von Wien aus zu dirigieren.
Sissi erfuhr von alledem wohl nur am Rande. Ein ausgeprägt politisches Interesse besaß sie nicht. Zudem war das politische Geschäft die Domäne der Männer. Der Kaiser regierte, und die Frau an seiner Seite sollte ihm emotionalen Rückhalt geben. Ihre politische Rolle beschränkte sich darauf, das Haus Habsburg nach außen hin zu vertreten, sei es am Wiener Hof oder in der Welt.
Wie aber lernte eine junge adelige Frau im 19. Jahrhundert das Repräsentieren? Die Antwort war einfach: So wie seit Jahrhunderten – durch wiederholte Übung. Sissi wurde nun ofiziell in die Münchner Hofgesellschaft eingeführt und mußte sich immer wieder am bayerischen Hof und in der Öffentlichkeit zeigen, um auf diese Weise die ersten Bewährungsproben in ihrer neuen Rolle zu bestehen. Die vielen Feiern

aus Anlaß der Verlobung und die Empfänge für den Kaiser, wenn er in Bayern seine Braut besuchte, boten dazu genügend Gelegenheiten. Doch obgleich sie bei diesen Auftritten nie allein war und oftmals sogar in Begleitung Franz Josephs erschien, hatte sie stets große Angst vor den vielen fremden Menschen, die sie anstarrten und mit denen sie sprechen mußte. Doch auch hier lernte sie ihre Gefühle zu beherrschen, eine der ersten Tugenden der Frau aus vornehmen Hause.
Einen ihrer ersten großen Auftritte an der Seite Franz Josephs hatte Sissi am 16. Oktober 1853 in München anläßlich der Feiern zum Geburtstag der bayerischen Königin Marie. Am Abend gab es zu Ehren des Brautpaares eine Opernvorführung im Hoftheater. Als der Kaiser mit seiner Verlobten die Loge betrat, bejubelte das Publikum das junge Paar lautstark und anhaltend. Sissi brachte der begeisterte Empfang in große Verlegenheit, wie Franz Joseph seiner Mutter zu berichten wußte. Doch schon am nächsten Tag, beim Ball im großen Saal der Münchner Residenz war ihr Auftreten schon sicherer, wie Franz Joseph mit sichtlicher Genugtuung feststellte: »Der armen Sisi wurde das ganze diplomatische Korps vorgestellt, wobei sie den Cercle scharmant machte und mit Allen sprach.« Der ›Cercle‹, das war das Herzstück des höfischen Zeremoniells, die hohe Kunst, bei der Vorstellung ausgewählter Gäste für jeden ein passendes Wort zu finden und jeden einzelnen seinem Stand gemäß zu behandeln. Sissi hatte ihre Feuertaufe bestanden und das Haus Habsburg in den Augen des Kaisers so am Hofe vertreten, wie es von einer Kaiserin erwartet wurde: mit Anmut und Charme.

Generalkarte des Österreichischen Erb-Kaiserthums

Abschied von Bayern

Waren die acht Monate bis zur Hochzeit knapp bemessen, um aus einer erst fünfzehnjährigen bayerischen Prinzessin die künftige Kaiserin von Österreich zu machen, so ließen sie Sissi doch trotz der vielen neuen Verpflichtungen genügend Zeit, sich von ihrer geliebten Heimat zu verabschieden. Und sie wußte diese Zeit zu nutzen. Im Winter hatte sich Sissi so weit an das neue Leben gewöhnt, daß sie wieder Zeit fand für die phantasievollen Spiele mit Gackel. Ein besonderes Vergnügen war ihr das Schlittschulaufen, und während sie mit Gackel und Spatz auf dem Eis Pirouetten drehte, lief Ludovika wie eine sorgenvolle Henne um den Teich herum. Manchmal ließ sie sich überreden und stieg auf den kleinen Schlitten der Kinder, die sie kreuz und quer über die Wiese zogen.

Vor allem aber nutzte sie jede Gelegenheit, um das zu tun, was ihr am liebsten war: Reiten. Die Intensität, mit der Sissi ritt, war damals so ungewöhnlich für eine junge Frau aus adeligem Hause, daß die Erzherzogin Sophie ihrem Sohn Franz Joseph auftrug, sich diese Sache einmal aus nächster Nähe anzusehen. Der Kaiser mußte nicht zweimal gebeten werden, hatte er doch eine »elegante Reithaltung« seiner zukünftigen Frau zu den wichtigsten Kriterien bei seiner Wahl erklärt. Nun sah er Sissi zum ersten Mal im Sattel und war sogleich begeistert. »Nebst vielen wichtigeren guten Eigenschaften reitet sie scharmant«, schrieb er an seine Mutter. Der Wunsch Sophies, Sissi möge, ihrem Stand gemäß, weniger reiten, ließ sich allerdings nicht durchsetzen. Und das lag nicht nur an der Eigenwilligkeit der jungen Frau, sondern auch an der Haltung Franz Josephs. Er und Sissi ritten bei seinen Besuchen in Possenhofen und München immer wieder gemeinsam aus. Ihre Liebe zu Pferden gehörte neben ihrer Naturbegeisterung zu den wenigen Leidenschaften, die die beiden jungen Leute von Anfang an verband. Nicht von ungefähr schenkte Sissi dem entzückten Franz Joseph zu Weihnachten ein Porträtbild, das sie zu Pferde zeigte.

Dreimal besuchte Franz Joseph seine Braut in Bayern. Und das in einer Zeit, in der sich die Krise im vorderen Orient täglich verschärfte und

Das Portrait zu Pferd war ein Weihnachtsgeschenk Elisabeths an Franz Joseph

die ganze Aufmerksamkeit des Kaisers in Anspruch nahm. Der junge Bräutigam war hin und her gerissen zwischen seiner Pflicht gegenüber Österreich und seiner Liebe in Bayern. Aus Schönbrunn schrieb er seiner Mutter am 6. September, nur eine Woche nach dem Abschied von Sissi: »Es war ein harter und schwerer Sprung aus dem irdischen Himmel in Ischl in die hiesige papierene Schreibtischexistenz mit ihren Sorgen und Mühen.« Nur der Gedanke an Sissi tröstete ihn. Selbst die langweiligen Sitzungen beim Malen seines Porträts machten ihm jetzt Freude, weil sie ihn an die Sitzungen Sissis in Ischl erinnerten und der Maler Richard Schwager jedesmal das noch unfertige Porträt seiner Verlobten mitbrachte. Doch die politische Wirklichkeit drängte sich immer wieder in Franz Josephs privates Glück. Im September war großes Manöver in Olmütz. Dort traf der Kaiser auch auf den Zaren und mußte sich für oder gegen die Teilnahme an dem russischen Eroberungskrieg gegen die Türken entscheiden. Voll innerer Qual schloß der Franz Joseph seinen Brief vom 6. September: »Mit unendlicher Sehnsucht nach Westen, während ich nach Olmütz gegen Norden muß, bleibe ich Ihr treuer Sohn Franz.«
Die Briefe Franz Josephs an seine Mutter aus jenen Septembertagen waren voll von dieser Sehnsucht. Jede Erinnerung an Sissi war ihm teuer. Nur zwei Wochen nach der Trennung von ihr schrieb er: »Ich kann den Augenblick gar nicht mehr erwarten, wo ich nach Possenhofen reisen kann, um Sisi wieder zu sehen, an die ich unaufhörlich denken muß.« Den Prinzen Wilhelm von Preußen, der auf dem Weg nach Olmütz Station in München machte, beneidete er »um das Glück, in Possenhofen Sisi sehen zu können«. Und obwohl das Manöver den Kaiser, dessen ganzer Stolz die österreichischen Truppen sind, begeistert, war sein Herz doch in Bayern. »Trotz allem dem, was mich sonst so außerordentlich freute«, gestand er seiner Mutter am 20. September, »sehne ich mich unendlich nach Possenhofen. Wenn ich nur bald hinkäme!« Zuvor wollte er aber noch offiziell am Münchner Hof um die Hand der Prinzessin Elisabeth, Herzogin in Bayern anhalten lassen, obwohl der bayerische König Maximilian als Oberhaupt des Hauses

Kaiser Franz Joseph mit Elisabeth kurz nach ihrer Heirat 1854

Trauung des Kaisers Franz Joseph mit Elisabeth am 24. April 1854

Die jüngste Schwester Elisabeths: Sophie, Herzogin von Alençon, um 1890

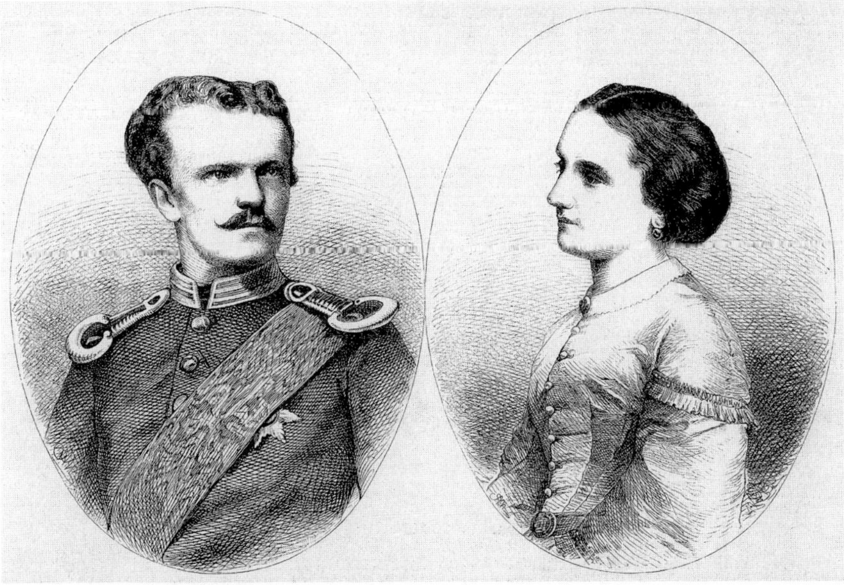

Elisabeths Lieblingsbruder Herzog Karl Theodor mit seiner Braut Sophie im Jahre 1865

Der älteste Bruder Elisabeths:
Herzog Ludwig im Jahre 1900

Elisabeths jüngere Schwester
Mathilde, Gräfin von Trani,
um 1910

Elisabeths jüngere Schwester Marie als Kronprinzessin von Neapel im Februar 1859

Kaiser Franz Joseph I. im Jahre 1866

Elisabeth mit ihrem Lieblingshund Shadow im Jahre 1869

Der Michaelertrakt der Wiener Hofburg

Das Arbeitszimmer Franz Josephs in der Hofburg mit den beiden von Winterhalter gemalten Privatporträts Sissis (auf der Staffelei hinter dem Schreibtisch und an der Wand neben der Tür)

Die beiden Kinder des österreichischen Kaiserpaares im Jahre 1866, Gisela und Rudolf

Der einzige Sohn Elisabeths, der österreichische Kronprinz Rudolf im Jahre 1862

Elisabeth im Jahre 1868

Franz Joseph im Jahre 1868

Graf Gyula Andrassy, ungarisch-österreichischer Politiker und Vertrauter Elisabeths

Krönung Elisabeths zur Königin von Ungarn am 8. Juni 1867; Ankunft vor der Krönungskirche in Budapest

Die Repräsentationspflichten einer Kaiserin: Elisabeth bei der traditionellen Fußwaschung der Armen am Gründonnerstag (oben) und beim k. u. k. Hofball in der Wiener Hofburg (unten)

Franz Joseph im Jahre 1870

Elisabeth im Jahre 1870

Elisabeth im Jahre 1864; Gemälde von Franz Xaver Winterhalter, das bis zu seinem Tode im Arbeitszimmer Franz Josephs unmittelbar hinter dem Schreibtisch stand

Wittelsbach bereits in die Heirat eingewilligt hatte. Der österreichische Gesandte in München konnte den Kaiser aber von diesem veralteten und überflüssigen Brauch abbringen.
Sissi, im fernen Bayern mit den Vorbereitungen auf die Hochzeit und ihre neue Rolle als erste Dame des Wiener Hofes beschäftigt, schrieb Franz Joseph in dieser Zeit immer wieder Briefe, die dieser entzückend fand. Auch ihre Gedanken gingen immer wieder zu dem Bräutigam nach Wien. Doch in ihren Gefühlen für Franz Joseph war die Angst vor der Stellung als Kaiserin deutlich spürbar. Zu ihrer Mutter sagte sie eines Tages voller Verzweiflung: »Ach, wenn er doch nur ein Schneider wäre!«
Von all dem merkte Franz Joseph in seiner Verliebtheit nichts. Er überhäufte seine Braut mit kostbaren Geschenken. Ende September brachte ein Kurier des Kaisers ein Armband aus Diamanten nach Possenhofen, in das ein Miniaturbild Franz Josephs eingefaßt war. Die Fotografie, die damals noch in den Kinderschuhen steckte, hatte die Porträtmalerei noch nicht verdrängt. Ein fertiges Porträt Sissis besaß der Kaiser aber immer noch nicht. Zwei von nicht autorisierten Künstlern geschaffene Lithographien ließ Franz Joseph verbieten, da sie in seinen Augen einfach scheußlich waren. Auf dem einen hatte Sissi ein »reines Mohrengesicht«, wie Franz Joseph seiner Mutter schrieb.
Am 11. Oktober war es dann so weit. Franz Joseph kam zu seinem ersten Besuch nach Possenhofen nach einem kurzen Zwischenstopp bei König Maximilian II. in München. Die Anreise war beschwerlich und umständlich, da der Eisenbahnbau damals noch in den Anfängen steckte und es keine direkte Verbindung zwischen Wien und München gab. Der Kaiser von Österreich nahm deswegen mehrmals die Postkutschen, die zwischen beiden Städten hin und her gingen, und es konnte passieren, daß er dann wegen der Kälte »ganz blau und rot im Gesichte« ankam und »so garstig als nur denkbar« aussah, wie er seiner Mutter belustigt schrieb. Die zweite Möglichkeit, die Franz Joseph auch nutzte, war die Fahrt mit der Eisenbahn, die ihn über Prag, Dresden und Leipzig nach Hof führte, so daß er erst einen großen Bogen schlagen

mußte, um nach München zu kommen. Bei solchen Reisen konnte es passieren, daß der österreichische Kaiser in den Zügen und beim Umsteigen auf den Bahnsteigen dem halben sächsischen Königshause begegnete.
Die ersten Tage in Possenhofen waren ganz familiär. Franz Joseph fand Sissi gegenüber Ischl erholter und sah, daß sie zu ihrem Vorteil zugenommen hatte. Das Reiten tat ihr gut, wie Franz Joseph meinte. Die Sorgen Ludovikas, der Kaiser würde sich in Possenhofen nur langweilen, waren grundlos. Im Gegenteil, Franz Joseph amüsierte sich königlich. Der sonst so nüchterne und steife Kaiser schien eine Kindheit, die er nie gehabt hatte, nachzuholen. Er spielte mit Sissis jüngeren Geschwistern, erkundete mit seiner Braut zu Pferde die Umgebung und verlebte glückliche Tage im Kreise der herzoglichen Familie. An die Mutter schrieb er am 17. Oktober voller Enthusiasmus: »Nie werde ich es Ihnen, liebe Mama, genug danken können, mir ein so inniges Glück gegründet zu haben. Alle Tage liebe ich Sisi mehr und immer überzeuge ich mich mehr, daß keine für mich besser passen kann als sie.«
Vom 15. Oktober an waren Sissi und Franz Joseph in München anläßlich der Feiern zum Geburtstag der Königin Marie, besuchten rauschende Hoffeste und mußten langweilige Soupers und Tanztees über sich ergehen lassen. Im Hofttheater sahen sie die Oper »Katarina Cornaro«, eine unglückliche Wahl des Intendanten, da sie mit dem Bruch einer Verlobung beginnt und mit leidvollen Tod eines Kaisers endet. Das junge Paar ließ sich jedoch von dieser Tragödie nicht schrecken. Überall, wo Franz Joseph und Sissi auftraten, wurden sie mit Begeisterung empfangen. Nach dem glänzenden Hofball zu ihren Ehren, eine Bewährungsprobe, die Sissi großartig bestand, ging es am 18. Oktober zurück nach Possenhofen. Die Orientkrise, die »entsetzlichen Wirrnisse des Augenblicks«, wie er seiner Mutter schrieb, bewegten den Kaiser am 21. zur Abreise. Der Abschied fiel Sissi schwer, und die Tränen flossen so heftig, daß ein Beobachter vermerkte, ihr Gesicht sei »ganz verschwollen« gewesen.

Schloß Possenhofen am Starnberger See – die Heimat Sissis

Während Mitte Oktober die Orientkrise in einen offenen Krieg zwischen Rußland und dem Osmanischen Reich überging und Franz Joseph von einem Teil seiner Berater gedrängt wurde, an der Seite Rußlands zu kämpfen, ging das Leben in Possenhofen seinen seit der Verlobung gewohnt betriebsamen Gang. Ludovika hatte alle Hände voll damit zu tun, die damals übliche Brautausstattung, den sogenannten Trousseau, zusammenzustellen. Denn für Sissi war nichts vorbereitet, da man sich ganz auf die Heirat der älteren Tochter Helene konzentriert hatte. Nun mußte die Ausstattung der Jüngeren in aller Eile zusammengetragen werden und fiel deswegen, aber sicherlich auch wegen der relativ geringen finanziellen Mittel eines Herzogs in Bayern, der insgesamt sechs Töchter auszustatten hatte, für die damaligen Verhältnisse bescheiden aus. Selbst

Franz Joseph, der ansonsten nur lobende Worte für die herzogliche Familie fand, schrieb im Oktober an seine Mutter: »Mit dem Trousseau geht es, scheint mir, nicht recht vorwärts und ich kann mir nicht recht denken, daß es hübsch wird.« Die Reaktion des Wiener Adels war damit vorprogammiert, denn ein zur Schau getragener Reichtum war neben einem untadeligen Stammbaum das wichtigste Kriterium, nach dem am kaiserlichen Hof ein Mensch beurteilt wurde.
Sissi war die ganze Angelegenheit eher lästig. Das ständige Aussuchen und Anprobieren, die vielen Änderungen und Ansprüche paßten ihr gar nicht. Und auch der ungewohnte Luxus interessierte die junge Braut wenig. Welche Bedeutung die Ausstattung für ihre Reputation am Wiener Hof haben würde, konnte sie sich nicht vorstellen. Sie wollte ihre freie Zeit besser nutzen und entzog sich so oft es ging dieser Pflicht, so daß sich die Schneiderinnen schon beklagten, daß sie so nicht arbeiten könnten.
Am Ende waren es siebzehn große und acht kleine Koffer, die noch vor der Braut in Wien eintrafen. Eine genaue Auflistung gab Auskunft über jedes einzelne Stück und seinen Wert. Dies war wichtig, da die Aussteuer traditionsgemäß Eigentum der Braut war und nach der Hochzeit nicht in den gemeinsamen Besitz des Ehepaares überging. Die erste Gruppe des Brautschatzes bildeten der Schmuck, goldene Geräte und Kleinodien im stattlichen Wert von 100.000 Gulden. Den Löwenanteil machten allerdings mit 90 Prozent die Geschenke Franz Josephs und Sophies aus, die offenkundig nicht nur die Verehrung und Wertschätzung Sissis zum Ausdruck brachten, sondern auch der Aufwertung der Brautausstattung der künftigen Kaiserin von Österreich dienten und auf diese Weise das Gefälle zwischen dem Hause Habsburg und der Nebenlinie der Wittelsbacher, so gut es ging, ausglichen. Die zweite Gruppe umfaßte das Silber und hatte den für damalige Verhältnisse bescheidenen Wert von etwa 700 Gulden. Die umfangreichste Gruppe war die dritte und beinhaltete die Garderobe. Ihr durchaus ansehnlicher Wert betrug 50.000 Gulden. Aber auch hier war das kostbarste Stück, ein blauer Samtmantel mit Zobelbesatz und Zobelmuff, ein Geschenk Franz Josephs.

Die Auffüllung durch die Geschenke aus Wien konnte allerdings auch bei der Garderobe nicht die Bescheidenheit der Ausstattung Sissis und die Hast ihrer Zusammenstellung verdecken. Die künftige Kaiserin von Österreich besaß nur vier Ballkleider – zwei weiße, ein rosafarbenes und eins in Himmelblau mit weißen Rosen. Unter den siebzehn Schleppenkleidern befand sich das Brautkleid, verschiedene Kleider aus Atlas- und Tüllstoff in den Lieblingsfarben Sissis, weiß und rosa, sowie ein schwarzes Trauerkleid. Hinzu kamen vierzehn Kleider aus Seide, sechs Schlafröcke und neunzehn Sommerkleider, die der zeitgenössischen Mode gemäß größtenteils mit Blütenstickereien verziert waren. Zu den drei Krinolinen, die die schlanke Taille Sissis betonten, gehörten mehrere Korsetts. Hinzu kamen noch drei Spezialkorsetts fürs Reiten.

Die Kleider wurden durch passenden Putz ergänzt. Für das Haar gab es zwölf sogenannte Coiffuren aus Federn, Rosenblättern, Apfelblüten, Spitzen, Bändern und Perlen. In der Hand getragen wurden Blumengarnituren und Blumenkränzchen. Unter den sechzehn Hüten befanden sich weiße und rosa Federhüte ebenso wie Spitzen- und Strohhüte, darunter jener mit einer Girlande aus Feldblüten geschmückte Gartenhut. Sechs Mäntel, acht Mantillen und fünf Mantelets aus Samt und schwerem Tuch rundeten das Ganze ab.

An Unterwäsche verzeichnete das Inventar knapp hundertfünfzig Hemden, zum Teil aus Batist mit Valenciennespitzen, und über dreißig Nachthemden. Von den hundertachtundsechzig Strümpfen war der Großteil aus Seide, einige aber auch aus Wolle. Es gab zehn Nachtjäckchen aus Musselin und Seide, zwölf gestickte Nachthauben, drei Negligé-Häubchen aus gesticktem Musselin, vierundzwanzig Halstücher, zweiundsiebzig Unterröcke aus Piqué, Seide und Flanell sowie sechzig Beinkleider. Vierundzwanzig Frisiermäntel und drei Badehemden vervollständigten diesen Teil der Ausstattung.

Erstaunlich war die Anzahl der Schuhe. In der Hauptsache handelte es sich um insgesamt einhundertdreizehn Paar, die aus Samt, Atlas, Seide oder Zeug waren und deshalb nicht lange getragen werden konnten. An festen Schuhen gab es nur sechs Paar Lederstiefel. Doch reichte diese Ausstattung nicht. Kaum in Wien angekommen, mußte sich Sissi für 700 Gulden, also dem Gegenwert ihrer gesamten Silberausstattung, neue Schuhe kaufen. Der Grund: Die Kaiserin von Österreich durfte nach altem Brauch ihre Schuhe nur einen Tag lang tragen, dann wurden sie verschenkt. Sissi mochte diese Sitte gar nicht und hat sie später abgeschafft.

Den Abschluß des Inventars bildete ein Sammelsurium von kleineren Gegenständen. Neben zwei Fächern finden sich hier drei Paar Galoschen aus Gummi, aber auch zwei Regenschirme sowie sechs Sonnenschirme. Verzeichnet sind selbst Kämme, Kleiderbürsten, Schuhanzieher und Zahnbürsten. In einem Karton befanden sich Steck- und Haarnadeln sowie Bänder und Knöpfe.

Obwohl die Brautausstattung für eine angehende Kaiserin eher bescheiden war und nur mit Hilfe des Hauses Habsburg die Mindestandforderungen erfüllte, war sie doch für die Familie Sissis ein bis dahin unbekannter Luxus. Die Wiener Aristokratie jedoch ließ sich nicht täuschen. Der Trousseau war in ihren Augen ein Witz. Jedes der führenden Häuser Österreichs hätte aus eigener Kraft einen glanzvolleren Brautschatz binnen weniger Wochen hervorgezaubert. Das böse Wort von der »Bettelwirtschaft« in Possenhofen machte die Runde in der Wiener Hofgesellschaft. Der hohe Adel sah sich in seiner Kritik an der geringen Abstammung der kaiserlichen Braut bestätigt. Der Brautschatz war für sie ein Spiegel dieser Misere. Herzog Max in Bayern war für den Wiener Adel ein unbedeutender Fürst, der in Österreich keinen Zutritt zu den allerhöchsten Adelskreisen um die kaiserliche Familie gehabt hätte. All das ahnte man in Bayern, doch waren Ludovika und Max am Ende mit dem Ergebnis der Ausstattungsarbeit zufrieden. Und tatsächlich brachte der Brautschatz die Aufwertung der herzoglichen Familie durch Sissis Heirat mit dem Kaiser von Österreich deutlich zum Ausdruck. Was aber der Mutter Kopfzerbrechen und Sorgen bereitete, so daß sie sich in den anstrengenden Monaten vor der Hochzeit ihrer Tochter immer wieder mit Migräne ins Bett legen mußte, war der ganze Stolz des Vaters, der diesen Triumph seinem Naturell gemäß in fröhlicher Runde feierte. Am 30. Oktober, gut eine Woche nach der Abreise seines künftigen Schwiegersohnes, gab er aus Anlaß der Verlobung seiner Tochter und seiner silbernen Hochzeit ein festliches Diner für seine Tafelrunde Altengland. Wie üblich wurden zur Feier des Tages verschiedene sogenannte Leberreime zum Besten gegeben, von denen ein besonders despektierlicher folgenden Wortlaut hatte:

»Die Leber ist von einem Hecht und nicht von einem Kater,
Laßt's schmecken euch gar fein und wohl beim neuen Schwiegervater.«

Dieser Spruch wurde in München bekannt und verärgerte die bayerische Königsfamilie. Dem lieben Verwandten wurde nahegelegt, auf solche Eskapaden künftig zu verzichten. Er sei nach der Hochzeit seiner Tochter mit dem Kaiser von Österreich nun nicht mehr nur Privatmann, sondern eine Persönlichkeit, auf die sich die Blicke der Öffentlichkeit richteten. Auf dem Spiel stand die Ehre des ganzen Hauses Wittelsbach, denn die königliche Linie war ebenso stolz wie die herzogliche auf die Verbindung einer bayerischen Prinzessin mit dem österreichischen Kaiser und bemühte sich sehr um dessen Wohlergehen bei seinen Besuchen in Bayern.

Der zweite Besuch Franz Josephs, der ihn über Weihnachten ins Prinz-Max-Palais nach München führte, war noch weniger offiziell als der erste, und die herzogliche Famille war mit ihrem Gast die meiste Zeit ganz unter sich. Der Kaiser kam diesmal mit der Eisenbahn und traf in der Nacht vom 20. auf den 21. Dezember in München ein. Seine Sehnsucht nach Sissi war so stark, daß er sie trotz der vorgerückten Stunde am liebsten sogleich gesehen hätte. Doch erst am Morgen nach der Ankunft ging sein Wunsch in Erfüllung. An die Mutter schrieb Franz Joseph, er habe Sissi an diesem Morgen »sehr wohl und blühend wiedergefunden«. Der Kaiser war in diesen Tagen wieder überglücklich, auch wenn er bedauerte, daß seine Mutter in Wien das Weihnachtsfest

ohne ihn feiern mußte. Sissi, so schrieb er der Mutter, »ist immer gleich lieb und anziehend« und auch im Lernen, so schrieb er zur Beruhigung Sophies, sei sie eifrig bei der Sache.
Am Weihnachtstag, der zugleich Sissis Geburtstag war, schenkten sich die beiden Brautleute gegenseitig ihre Porträts. Und Sissi wurde mit Geschenken überhäuft. Bereits zu ihrem Namenstag am 19. November hatte sie von Franz Joseph eine diamantene Brosche in Form eines Rosenbuketts bekommen. Doch viel größere Freude bereitete ihr der Papagei, der zur allgemeinen Überraschung erst kurz vor der Bescherung von dem Adjutant des Kaisers, dem Rittmeister Graf Falkenhayn, direkt aus der Menagerie des Schlosses Schönbrunn nach München gebracht worden war. Mit demselben Kurier kamen von der Erzherzogin ein Bukett frischer Rosen aus dem Wiener Palmenhaus und – als Gegenstück – ein Rosenkranz. Sissi freute sich über das Bukett, denn solch frische Blumen um diese Jahreszeit waren in Bayern eine Sensation. Sie trug die Rosen wenige Tage nach Weihnachten auf dem großen Ball am Hof ihrer Eltern. Bei ihrer Tante bedankte sich Sissi artig für die frischen Rosen. Den Rosenkranz erwähnte sie allerdings mit keinem Wort.
Das Brautpaar verlebte glückliche Tage in München und lernte sich näher kennen. Augenzeugen berichteten, daß Franz Joseph seine Braut sehr genau beobachtete. Er fand auf diese Weise seinen Eindruck bestätigt, daß ein ausgeprägter Wille eine der wichtigsten Charaktereigenschaften Sissis war. Ludovika, die die große Verliebtheit Franz Josephs erfreute, machte sich dennoch Sorgen. An ihre Schwester Marie schrieb sie Ende Dezember: »Wenn ihm nur Sisi in Allem genügt, seine Liebe zu ihr macht mich sehr glücklich, und er scheint sie recht innig zu lieben«. Die Gefühle der eigenen Tochter erwähnte sie nicht. Sie spielten für sie anscheinend keine wesentliche Rolle. Das war nicht weiter ungwöhnlich in einer Zeit, in der die Frau über ihr Verhältnis zum Mann definiert und nur selten als eingeständige Persönlichkeit wahrgenommen wurde.
Franz Josephs Aufenthalt in München endete mit dem Besuch einer Theateraufführung. Es gab Goethes »Faust«, ein Stück, das Ludovika

für junge Damen nicht geeignet fand. Dann forderte die große Politik wieder ihren Tribut. Am Schwarzen Meer drohte der Angriff einer französisch-englischen Flotte auf die Krim, und Rußland forderte die Unterstützung Österreichs. Jetzt zeigte sich, daß die Unentschlossenheit und wankelmütige Politik Franz Josephs Österreich in eine schwierige Lage gebracht hatte. Der junge Kaiser mußte sofort nach Wien und eine Entscheidung über die Haltung Österreichs fällen. Doch auch in Wien, bedrängt von Frankreich und England auf der einen und Rußland auf der anderen Seite, sich für eine der kriegführenden Parteien zu entscheiden, dachte er an seine Braut in Bayern. Hatte sich Sissi Weihnachten über die bittere Kälte beklagt – das Thermometer fiel an einem Tag auf minus achtzehn Grad –, Franz Joseph erinnerte sich daran und drei Wochen später, Mitte Januar, brachte ein Sonderkurier des Kaisers einen kostbaren Pelzmantel nach München.

Im März 1854 besuchte Franz Joseph ein letztes Mal seine Braut in Bayern. Bei ihrem nächsten Treffen war Sissi schon auf dem Weg zu ihrer Hochzeit in Wien. Franz Joseph traf am 9. März mit der Postkutsche in München ein, wo Sissi ihn schon mit ihren Eltern erwartete und ihm einen liebevollen Empfang bereitete. Sissi war in der kurzen Zeit seit Weihnachten etwas gewachsen und Franz Joseph fand sie »unendlich lieblich und herzlich wie immer«.

Gleich am ersten Tag nach der Ankunft des Kaisers nahm die bayerische Königsfamilie das junge Paar in Beschlag und auch am Tag darauf hatten Sissi und Franz Joseph wenig Zeit für sich. Sie mußten an einem Familiendiner am königlichen Hof teilnehmen und abends ein Kammerkonzert über sich ergehen lassen. Allein in den ersten Tagen nahmen Braut und Bräutigam an drei Theatervorstellungen teil, die der von Wien verwöhnte Kaiser ausgesprochen schlecht fand.

Erst am dritten Tag konnten Sissi und der Kaiser sich vom Königshof lösen, doch allein waren sie auch jetzt nicht, denn das schickte sich für Verlobte nach dem damaligen Moralvorstellungen nicht. Immerhin verbrachten sie nun einen ersten Tag im vertrauten Kreise der herzoglichen Familie. Tagsüber machte man einen Ausflug nach Possenhofen.

Mit von der Partie waren neben Sissis Mutter, Nené und dem älteren Bruder Ludwig auch die kleineren Geschwister Marie, Spatz und Gackel. Es war herrliches Wetter, und die schneebedeckten Berge, die sich im dunklen Blau des Starnberger Sees spiegelten, schienen zum Greifen nah. Die Stimmung war ausgelassen und steigerte sich noch nach dem gemeinschaftlichen Abendessen, als die kleineren Geschwister zur Feier des Tages etwas Champagner trinken durften und ihnen der Alkohol schnell zu Kopf stieg. Der Abend endete mit einer gelungenen Aufführung des volkstümlichen Theaterstückes »Der Fehlschuß«, das aus der Feder von Sissis Vater stammte, und einer weniger glücklichen Ballettdarbietung.
Schon am nächsten Tag, noch vor dem Frühstück, widmete sich Franz Joseph schon wieder seinen Akten, die ihm am Tag zuvor aus Wien gebracht worden waren. Nach dem Frühstück ritt er, wie so oft bei seinen Besuchen, mit Sissi aus. An seine Mutter schrieb er an diesem Tag, dem 13. März, seine Zeit werde »zwischen Liebe und den leidigen Geschäften, die mich auch hier unendlich plagen, ganz in Anspruch genommen«.
Zu den freudvollen ›Geschäften‹ gehörte hingegen die Unterzeichung des Ehevertrages. Er wurde allerdings nicht mit Sissi, die in dieser Frage keine eigenständige Rechtsperson war, sondern wie damals üblich mit ihrem Vater abgeschlossen. Vor der Unterzeichnung des Vertrages waren noch einige heikle Rechtsfragen zu klären, da wegen der engen Verwandschaft Sissis mit dem Kaiser die Heirat sowohl nach bürgerlichem als auch nach kanonischem Recht problematisch war. Während das bürgerliche Gesetzbuch angesichts der Bedeutung des Hauses Wittelsbach in Bayern kein großes Hindernis war, mußte der Dispens des Papstes unbedingt eingeholt werden. Nachdem dies problemlos von statten gegangen war und Maximilian II. der Ehe »mit besonderem Vergnügen« zugestimmt hatte, konnte der Ehepakt am 20. März unterzeichnet werden.
Der Vertrag regelte in erster Linie die Versorgung Sissis und sicherte ihr ein standesgemäßes Auskommen. Herzog Max versprach in diesem Ver-

trag seiner »durchlauchtigsten Frau Tochter« aus »väterlicher Liebe und Zuneigung« eine Mitgift von 50.000 Gulden, das war knapp ein Fünftel seiner jährlichen Apanage. Dieser Betrag ging allerdings nicht direkt in die Hände Sissis, sondern sollte dem Kaiser noch vor der Hochzeit zur Verwaltung übergeben werden. Zusätzlich sollte Sissi »mit allen Erfordernissen an Kleinodien, Kleidern, Geschmeide, goldenen und silbernen Geräthen Ihrem hohen Stande gemäß« ausgestattet werden. Im Gegenzug verpflichtete sich der Kaiser, das von Herzog Max gestiftete Privatkapital Sissis um 100.000 Gulden aufzustocken. Außerdem versprach er seiner Braut nach altem Brauch 12.000 Stück Dukaten »nach vollzogenem Ehebündnisse als Morgengabe«, eine Art Entgelt für die verlorene Jungfernschaft. Neben diesem Betrag sollte Sissi eine jährliche Apanage von 100.000 Gulden erhalten, die zu ihrer freien Verfügung stand und von der sie nur »Putz, Kleider, Almosen und kleinere Ausgaben« bestreiten mußte. Für die großen Kosten, die fürstliche Tafel, Wäsche, Pferde, Sold der Diener u.ä. kam der Kaiser auf. Sollte Franz Joseph vor seiner Frau sterben, erhielte diese auch als Witwe jährliche Bezüge von 100.000 Gulden.
Vergleicht man diese Summen mit dem Durchschnittsverdienst eines Arbeiters in dieser Zeit, dann wird das ganze Elend der unteren Bevölkerungsschichten und das soziale Gefälle zwischen der arbeitenden und der adeligen Klasse im 19. Jahrhundert schlagartig deutlich. In Österreich lag dieser Verdienst zwischen 200 und 300 Gulden im Jahr, im Gebiet des späteren Deutschen Reiches betrug er im Jahre 1854 durchschnittlich 338 Mark. Man arbeitete 12 bis 14 Stunden am Tag einschließlich der üblichen eineinhalb bis zwei Stunden Pause. Das machte bei sechs Wochenarbeitstagen eine Wochenarbeitszeit von durchschnittlich 78 Stunden. Doch dies alles reichte nicht aus, um eine Familie zu ernähren. Deswegen mußten Frauen und Kinder, wenn möglich, mitarbeiten. Frauen verdienten allerdings nur die Hälfte und Kinder nur einen Bruchteil von dem sowieso schon niedrigen Lohn eines erwachsenen männlichen Arbeiters. Trotz der vielen und harten Arbeit reichte der Verdienst einer Arbeiterfamilie Mitte des 19. Jahr-

hundert gerade mal zur Sicherung eines sehr bescheidenen Existenzminimums. Allein für Lebensmittel gab man 65 bis 70 Prozent des Einkommens aus. Luxus war für diese ausgebeuteten und verelendeten Schichten ein Fremdwort.
Die finanzielle Ausstattung Sissis war aber auch für Habsburger Verhältnisse mehr als großzügig. Allein die Apanage der Kaiserin überstieg die der Erzherzogin Sophie um das Fünfache und Franz Joseph mußte unmittelbar nach der Hochzeit den Unterhalt seiner Mutter um 30.000 auf 50.000 Gulden erhöhen, damit die Unterschiede zur Schwiegertochter nicht allzu deutlich ausfielen. Die Großzügigkeit des Kaisers erstaunt angesichts seiner prekären finanziellen Lage. Denn all diese Beträge mußte er aus seinem Privatvermögen bestreiten. Und das war im Vergleich zu seinem Vorgänger, dem Kaiser Ferdinand, eher bescheiden. Denn als Ferdinand 1848 gezwungenermaßen zugunsten Franz Josephs abdankte und sich auf den Prager Hradschin zurückzog, nahm er sein riesiges Vermögen mit.
Wie groß die Geldsorgen Franz Josephs waren, zeigte sich beim Umbau der Hofburg für das junge Paar und dem Ausbau der Ischler Kaiservilla unter der Federführung der Erzherzogin Sophie. Franz Joseph, der mit den Ausführungen seiner Mutter sehr einverstanden war, mahnte sie jedoch ausdrücklich, »daß das Ganze womöglich nicht mehr koste, als vorangeschlagen ist, da es mir mit meinen Finanzen sehr knapp geht«. Für die prunkvolle Ausstattung der kaiserlichen Privaträume in der Hofburg griff Sophie deshalb auf die Schatzkammer des Habsburger Kaiserhauses und andere kaiserliche Sammlungen zurück. Für Sissi war auch ihr nichts gut genug. Und selbst die Toillettengarnitur war aus Gold.
Die Fürsorge der Erzherzogin für Sissi erschöpfte sich also nicht nur in der Kritik an diesen oder jenen Eigenschaften und Verhaltensweisen ihrer zukünftigen Schwiegertochter. Sophie war über Monate hinweg mit all ihrer Energie für das Brautpaar tätig. Natürlich nutzte sie diese Tätigkeit auch, um die Dinge in ihrem Sinne einzurichten und so ihren Einfluß zu vergrößern. Aber vor allem überhäufte sie Sissi während der

Brautzeit geradezu mit kleineren und großen Geschenken. Zur Unterzeichnung des Ehevertrages schenkte sie ihr ein mit Opalen verziertes Diadem aus Diamanten und passend dazu ein Collier sowie Ohrringe. Diesen prächtigen Schmuck, der einen Wert von über 62.000 Gulden besaß, hatte Sophie einst bei ihrer eigenen Hochzeit getragen. Nun ging er in den Besitz Sissis über, deren Dank allerdings recht förmlich ausfiel. »Liebe Tante«, schrieb sie am 16. März nach Wien, »der Kaiser übergab mir Ihr herrliches Geschenk, und ich kann keine Worte finden, um Ihnen meine freudige Überraschung sowohl als meinen recht innigen Dank auszusprechen.«

Wie Sissi so kurz vor der Hochzeit und ihrem Wechsel von München nach Wien zu Sophie stand, ist schwer auszumachen. In ihrem Danksagungsbrief schrieb sie: »Seien Sie aber überzeugt, liebe Tante, daß ich Ihre große Güte für mich recht tief fühle und daß es ein wohltuender Gedanke für mich ist, stets und in allen Lagen meines Lebens mich vertrauensvoll Ihrer mütterlichen Liebe hingeben zu dürfen.« Das war keine Heuchelei. Aber es war auch nicht von Herzen geschrieben. Sissi übte sich hier in den konventionellen Formeln der aristokratischen Briefkultur, zu denen im 19. Jahrhundert auch der Appell an die Güte und Liebe der künftigen Schwiegermutter gehörte. Die Wirklichkeit sah anders aus. Das sollte Sissi bald erfahren. Doch noch lebte sie in der Geborgenheit der bayerischen Heimat und wußte nichts von dem rauhen Wind des Wiener Hofes.

Doch der Tag des Abschieds rückte näher. Die Hochzeit sollte am 24. April in Wien stattfinden. Zuvor mußte Sissi allerdings noch im feierlichen Rahmen, dem sogenannten Renunciationsakt, für sich und ihre Nachkommen auf die Erbfolge im Königtum Bayern Verzicht leisten. Auch wenn es höchst unwahrscheinlich war, daß Sissi jemals den bayerischen Königstitel erben würde, so war die Regelung dieser Frage doch notwendig, um zu verhindern, daß das Königreich Bayern über die Erbfolge seine Eigenständigkeit verlor und Teil eines anderen Fürstentums wurde. Die Zeremonie mutete mittelalterlich an und gab Sissi einen Vorgeschmack auf das Wiener Hofleben. Umgeben von den Mit-

gliedern des königlichen und herzoglichen Hauses, den Würdenträgern des Hofes und Staatsministern saß Sissi unter einem Baldachin auf der Estrade des Thronsaales. Sie mußte »nach gemachten Verbeugungen vor Ihren Majestäten und den Durchlauchigsten Eltern sich nach dem Tische begeben, auf welchem das Evangelium liegt, welches Ihrer Königlichen Hoheit von dem Herrn Erzbischof vorgehalten wird«. Hier wird ihr die Verzichtserklärung vorgelesen und Sissi vereidigt. Danach unterschreibt sie an einem zweiten Tisch das »Renunciations-Dokument, wozu der Generalsekretär des Staatsrates das Siegel Ihrer Königlichen Hoheit beidrückt, worauf die Allerhöchst benannten Beiständer, Oberhofmeister Graf von Sandizell und Staatsminister von Aschenbrenner die Akte gleichfalls unterzeichnen.«
Dieser steifen Zeremonie, die die Ablösung Sissis vom Hause Wittelsbach besiegelte, folgte wenige Wochen später ein glanzvolles Abschiedsfest. Zu Ehren der kaiserlichen Braut veranstaltete das bayerische Königshaus am Ostersonntag, dem 16. April, ein großes Galakonzert am Münchner Hof. Das gesamte diplomatische Korps war versammelt, um die künftige Kaiserin von Österreich zu verabschieden. Sissi erschien geschmückt mit prachtvollen Diamanten und den neu verliehenen Orden. Sie bezauberte wie so oft später die anwesenden Gäste mit der ihr eigenen Mischung aus Anmut und Melancholie. Den preußischen Gesandten von Bockelberg verleitete sie zu einem in Teilen geradezu lyrischen, aber im Ganzen sehr scharfsinnigen Bericht nach Berlin: »Die junge Herzogin scheint bei allem Glanz und aller Hoheit der Stellung, die ihrer an der Seite ihres erhabenen kaiserlichen Bräutigams wartet, doch den Abschied von ihrer bisherigen Heimat und ihrem hohen Familienkreise schwer zu empfinden, und der Ausdruck hievon warf einen leisen Schatten über das in der Fülle jugendlicher Anmut und Schönheit strahlende Antlitz der durchlauchtigsten Prinzessin.«
Sissi hatte Angst vor der Zukunft, vor dem Leben in einer fremden Stadt fern von der Familie, den starren Regeln des Wiener Hofes und ihrer Rolle als Kaiserin von Österreich. »Wenn er nur ein Schneider wäre«, hatte sie einmal ihrer Mutter gestanden, dann, ja dann wäre es

einfach mit Franz Joseph zu leben. Sissi trauerte um den Verlust ihres geliebten Possenhofen, das sie für ein ungewisses Glück aufgeben mußte. Wie so oft in ihrem Leben faßte sie ihre Gefühle in ein romantisches Gedicht, das den Titel »Abschied« tragen könnte:

Lebet wohl, ihr stillen Räume,
Lebe wohl, du altes Schloß.
Und ihr ersten Liebesträume,
Ruht so sanft in Seesschoß.
Lebet wohl, ihr kahlen Bäume,
Und ihr Sträucher, klein und groß.
Treibt ihr wieder frische Keime,
Bin ich weit von diesem Schloß.

Märchenhochzeit in Wien

Als den Tag der Hochzeit hatte man den 24. April 1854 festgesetzt. Doch die Feierlichkeiten begannen schon mit der Anreise der künftigen Kaiserin. Drei Tage dauerte die Fahrt. Jeder Schritt war genau festgelegt und folgte den strengen Regeln des höfischen Protokolls. Die ganze Prozedur hatte nur ein Ziel: die allmähliche Verwandlung einer Prinzessin aus Bayern in die Kaiserin von Österreich. Sissi mußte ihre Vergangenheit hinter sich lassen und sich Schritt für Schritt, Station für Station ihrer neuen Rolle anpassen. Als am Ende dieser Reise das frisch vermählte Paar am 24. April die Augustinerkirche verließ, stand an der Seite Franz Joseph I. nicht mehr die kleine Sissi, sondern Elisabeth, die neue Kaiserin von Österreich. Zumindestens in den Augen der Welt war dies so, und insofern hatte das höfische Zeremoniell seinen Zweck erfüllt. Sissi selber aber ist nie ganz in ihrer Rolle aufgegangen, und ihr Leben als Kaiserin von Österreich war immer auch Kampf gegen die starren Regeln des Wiener Hofes, durchzogen von kleinen und großen Fluchten vor der Enge und Lieblosigkeit der nach außen hin so glänzenden kaiserlichen Welt.

Das alles aber stand noch in den Sternen, als Sissi am 20. April München verließ. Der Abschied war feierlich und herzzerreißend zugleich. Am Morgen besuchte Sissi zusammen mit ihrer Familie eine Messe in der Hofkapelle des herzoglichen Palais. Danach verabschiedete sie sich vom Personal. Für jeden hatte sie ein Geschenk, jedem reichte sie die Hand. Alle waren zutiefst gerührt und hatten Tränen in den Augen, auch die junge Prinzessin.

Als der Zeitpunkt der Abreise nahte, erschienen der amtierende König von Bayern, Maximilian II., und sein Vorgänger Ludwig I. im herzoglichen Palais, begleitet von ihren Gattinnen und anderen Wittelsbachern aus der königlichen Linie. Zu Ehren der künftigen Kaiserin von Österreich hatten die beiden Könige Uniformen österreichischer Regimenter angezogen, deren Ehrenmitglieder sie waren. Sie demonstrierten auf diese Weise die enge Verbundenheit des Hauses Wittelsbach mit dem der Habsburger und bezeugten nochmals die große politische Bedeutung der Vermählung Sissis mit Franz Joseph. Dieser hatte Graf Apponyi nach München gesandt, der sich zusammen mit den königlichen Majestäten im Herzog-Max-Palais einfand, um die Braut des Kaisers nach Wien zu geleiten.

Eine öffentliche Feier zur Verabschiedung der Prinzessin war nicht geplant. Im Gegenteil, man wollte ohne großes Aufsehen in Richtung Wien aufbrechen. Doch als die Reisegesellschaft aus dem Palais auf die Ludwigstraße kam, war alles voller Menschen, die die Braut mit tosendem Jubel empfingen. Bis zum Siegestor stand eine dichtgedrängte Menge, als die Kutschen der herzoglichen Familie München verließen. Sissi, gerührt von diesem begeisterten Abschied, erhob sich von ihrem Sitz und winkte den Münchner unter Tränen einen letzten Gruß.

Eine von sechs Pferden gezogene Reisekutsche brachte Sissi und ihre Schwestern in Begleitung von Herzogin Ludovika nach Straubing. Der Vater fuhr mit den Brüdern in einem eigenen Wagen. Nur Karl Theodor, Sissis Liebling, wollte unbedingt in der Nähe seiner Schwester sein und ritt zu Pferd neben ihrer Kutsche her. Zur Begleitung der jungen Braut gehörten auch einige adelige Damen aus Bayern. Sissi trug, bescheiden genug, ein dunkles Reisekleid und, dem Geschmack der Zeit entsprechend, einen kleinen Kapotthut. Alle waren aufgeregt. In Straubing wartete schon die »Stadt Regensburg«, ein Dampfschiff, das sie auf der Donau bis nach Linz, der ersten Station auf österreichischem Gebiet bringen sollte. An der Anlegestelle hatten sich die Honoratioren und Beamten der Stadt versammelt. Festreden wurden gehalten und Fahnen geschwenkt. Eine Gruppe kleiner Mädchen, ganz in weiß gekleidet, bildete den malerischen Hintergrund und eine Kapelle spielte zum Abschied.

Bei Passau passierte das Dampfschiff am 21. April um 14 Uhr eine zu Ehren der zukünftigen Kaiserin von Österreich errichtete Triumphpforte und überquerte die bayerische Grenze. Auf der österreichischen Seite warteten schon eine kaiserliche Delegation und zwei festlich geschmückte Dampfer, um die Braut des Kaisers durch Oberösterreich bis nach Linz zu begleiten. Herzog Max verließ mit den jüngeren

Geschwistern Sissis in Passau den Dampfer und fuhr mit der Eisenbahn nach Wien. Sissi blieb mit der Mutter und den beiden älteren Geschwistern zurück. Als die Schiffe mit der kaiserlichen Braut am frühen Abend in Linz eintrafen, stand zur Überraschung Sissis der Kaiser schon am Landungssteg. Ohne auf das Protokoll zu achten, war er seinen Gefühlen folgend schon frühmorgens in Wien mit einem Donaudampfer in Richtung Linz aufgebrochen, um seine Braut selbst auf österreichischem Boden zu empfangen und sie zur Begrüßung in den Arm zu nehmen. Er wußte, wie sehr die scheue Sissi sich vor den vielen Menschen und dem großen Aufwand zu ihren Ehren ängstigte.
In Linz begrüßten wie schon in Straubing die bedeutenden Persönlichkeiten der Gegend die junge Braut. Aber auch das Militär und die Geistlichkeit, alle Zünfte und Schulklassen der Stadt waren versammelt. Wieder wurde Musik gespielt und der Jubel war unbeschreiblich. Am Abend gab es zu Sissis Ehren eine Aufführung des Stückes »Die Rosen der Elisabeth« und der Tag endete mit einer festlichen Beleuchtung der ganzen Stadt, mit Fackelzug und Chorgesang. Aber nicht nur Linz, sondern ganz Österreich war in festlicher Stimmung. Überall erschienen zur Begrüßung der neuen Kaiserin, auf die die notleidende und unterdrückte Bevölkerung große Hoffnungen setzte, kleine Schriften, wurden Stücke verfaßt und Gedichte geschrieben. So suchte der österreichische Dichter Johann Nepomuk Vogl, der die Ängste der jungen Frau vor der neuen Welt erahnte, ihr mit einem kleinen Gedicht Mut zu machen:

Rose von Baierland,
Just im Erblüh'n.
Sollst nun am Donaustrand
Duften und glüh'n.
Rose von Baierland,
Trau dem Bericht:
Bessere Gärtnerhand
Findest du nicht.

Am Morgen des 22. April um acht Uhr ging die Reise weiter. Franz Joseph war schon zu nachtschlafender Zeit aufgebrochen, um rechtzeitig vor seiner Braut in Wien zu sein. Die letzte Strecke von Linz in die Hauptstadt des Kaiserreichs legte Sissi mit der Mutter und den älteren Geschwistern auf dem Raddampfer »Franz Joseph« zurück, der mit seinen 140 PS der ganze Stolz der Österreicher war. Der Kaiser hatte das Brautschiff mit Blumen schmücken lassen. Das Deck war in einen bunten Garten verwandelt mit einer Rosenlaube für die geliebte Braut. Girlanden aus Rosen zierten auch die Schiffswände. Auf der Donau fuhr nur der kaiserliche Dampfer, sichtbar für jedermann. Das Ufer säumten Schaulustige, die einen kurzen Blick auf die neue Kaiserin werfen wollten. Überall hatten die Schulkinder frei, niemand arbeitete. Die Kaiserhymne wurde immer wieder gespielt und gesungen. Aus Kanonen am Rande der Strecke feuerte man Böllerschüsse als Salut für die Braut des Kaisers.
Sissi aber nahm das alles nur noch am Rande wahr. Sie war schon jetzt so erschöpft von den vielen Empfängen, Reden und Feiern, daß sie sich nur mit Mühe aufrecht halten konnte. Doch sie hielt sich tapfer. Den ganzen Tag stand die junge Braut an Deck, winkte den Menschen am Ufer zu und bedankte sich artig für die vielen Aufmerksamkeiten. Ihre Mutter stand ihr mit Helene und Ludwig zur Seite und half ihr über die ersten Härten des neuen Lebens hinweg. Doch als die »Franz Joseph« am spaten Nachmittag Wien erreichte, war Sissi völlig erschlagen von den Anstrengungen des Tages.
Der Himmel war strahlend blau, als der Dampfer um 16.30 Uhr im Wiener Hafen Nußdorf anlegte. Dort warteten die Menschen schon seit den frühen Morgenstunden auf die Ankunft der kaiserlichen Braut. »Die Presse«, eine Wiener Zeitung, berichtete ausführlich am folgenden Tag von diesem Ereignis: »Schon seit dem frühesten Morgen hatte gestern eine ungewöhnliche Bewegung auf allen gegen die Döblinger Linie führenden Straßen und Zugängen stattgefunden, und bereits um 11 Uhr bedeckte eine ununterbrochene Reihe glänzender Equipagen und Mietwagen die ganze Wegstreckte zwischen der Barriere und dem

Landungsplatz zu Nußdorf. Sämtliche an der Chausse liegenden Gebäude und Gartenmauern prangten mit Fähnchen und symbolischen Festzeichen; selbst die kleinsten Häuschen waren bis an den Giebel mit Blumengewinden und bildlichen, der Feier des großen Tages angemessenen Darstellungen geschmückt, und sogar die Anhöhen an dem rechten Ufer des Stromes erschienen übersät von Tausenden, welche Kopf an Kopf in dicht gedrängten Massen von 9 Uhr früh erwartungsvoll harrten.«
Der Kaiser, in der Uniform eines österreichischen Marschalls und mit dem Band des bayerischen Hubertus-Ordens geschmückt, erwartete seine Braut bereits. Alle Mitglieder des Hauses Habsburg waren am Landeplatz, ebenso die hohen Würdenträger des Reiches, der hohe Adel, Vertreter der Geistlichkeit, hochrangige Militärs, die ausländischen Gesandten mit ihren Frauen, die Statthalter der Provinzen und Vertreter der Gemeinden. Unzählige Schaulustige beobachteten die Ankunft der neuen Kaiserin vom Ufer aus. Sissi trug ein rosafarbenes Seidenkleid, darüber eine Mantille aus weißen Spitzen und auf dem Kopf einen mit Rosen geschmückten kleinen weißen Hut. Als der Kaiser sie sah, hielt es ihn nicht mehr auf seinem Platz, und die Wiener Presse konnte am nächsten Tag von einer Sensation berichten:
»Kaum hatte sich die Brücke gesenkt, so schwang sich der Kaiser mit der ihm eigentümlichen Lebendigkeit an Bord der ›Franz Joseph‹ hinüber, sprang die auf das Verdeck führenden Stufen rasch hinan und drückte einen Kuß auf die Stirn seiner mit allen Reizen der Jugend und Anmut strahlenden Braut. Dieser ergreifende Moment, wo der mächtige Herrscher Österreichs, der Erbe so vieler Kronen, sich über die Schranken der Etikette hinwegsetzend, bloß dem zarten Drang seiner Neigung folgte, brachte auf die Gesamtheit der Anwesenden einen unbeschreiblichen Eindruck hervor. Man vergaß bei diesem Anblick eines glücklichen Bräutigams ganz den Monarchen.«
Ein Beobachter der Szene, Baron Hübner, fand die Prinzessin »groß, schlank, von majestätischer Haltung und klassischen Zügen, obwohl fast noch ein Kind«. Vom ersten Augenblick an, so Hübner, eroberte sie

die Herzen der Wiener: »Auf allen Physiognomien war eine sanfte und freudige Gemütsbewegung zu bemerken. Jeder schien sich mit dem kaiserlichen Brautpaar eng verbunden zu fühlen.«

Nach dem Kaiser betrat die Erzherzogin Sophie das Schiff. Sissi mußte ihr den höfischen Regeln gemäß die Hand küssen. Das war die neue Welt. Der Handkuß hob wie das ›Sie‹ zwischen Nichte und Tante die persönlichen Bindungen auf und schuf Distanz. Damit sollte gezeigt werden: Nicht die Familie, sondern die Dynastie stand im Vordergrund. Abgesehen von der nicht protokollgemäßen stürmischen Umarmung Franz Josephs war der Empfang durch die Habsburger ohne jede Herzlichkeit, alles war Zeremoniell. Auch bei der folgenden Vorstellung der neuen Verwandschaft ging es in erster Linie nicht um das gegenseitige Kennenlernen, sondern um die höfische Rangordnung.

Als Sissi an der Seite Franz Josephs das Schiff verließ, ließen die Wiener Elisabeth hoch leben. Die vielen Menschen ängstigten die schüchterne Braut, doch die ehrliche Begeisterung kam bei ihr an. Sie grüßte nach allen Seiten und winkte den Menschen freundlich und voller Anmut zu. Voller Anerkennung schrieb der Reporter der Londoner Times: »Prinzessin Elisabeth lächelte und verneigte sich vor ihren zukünftigen Untertanen, als gehöre jedes Gesicht, auf das ihr Blick fiel, einem alten und geschätzten Freund.«

Als erstes betrat der Kaiser mit seiner Braut die eigens zur Feier der Hochzeit unmittelbar am Landungsplatz errichtete Triumphhalle. »Die Presse« beschrieb das Gebäude als einen »die ganze Umgebung beherrschenden luftigen Festbau, der, auf lapislazuliartig gefärbten bläulichen Säulen ruhend, mit seinen kannelierten Eck- und Mittelpfeilern, besonders von der Donauseite her, einen prachtvollen Anblick gewährte. Auf den beiden Flügeln dieser Halle waren Sitze für das Publikum hergerichtet, während mehrere Stufen tiefer ein breiter Gang zu dem Ausschiffungsplatz führte. In dem rechts liegenden Parallelogramm hatte die Diplomatie mit den Damen Platz gefunden, die linke Abteilung aber blieb ausschließend den bei dem Empfang der Prinzessin fungierenden Autoritäten vorbehalten. Über diesen Räumlichkeiten breite-

ten sich theatralisch zwei Galerien aus, bis zu den obersten Stufen angefüllt mit dem elegantesten Publikum der Hauptstadt.«
In der Triumphhalle stellte Franz Joseph seiner Braut die wichtigsten Funktionsträger des Reiches vor. Danach ging es in einer Wagenkolonne nach Schloß Schönbrunn, der Sommerresidenz des Kaisers. Die Besetzung und Reihenfolge der von Lipizzaner-Schimmeln gezogenen Kutschen war genau festgelegt. An der Spitze fuhr der Kaiser mit seinem Schwiegervater in spe, Herzog Max. Es folgten die Erzherzogin Sophie mit Sissi an ihrer Seite, dahinter Franz Josephs Vater, Erzherzog Franz Carl mit Ludovika. Den ›Schluß‹ bildeten die übrigen Mitglieder beider Familien. Angekommen vor dem Hauptportal des Schlosses, stieg Franz Joseph als erster aus, öffnete seiner Braut die Wagentür und führte sie ins Innere der Residenz.
Schönbrunn befand sich seit dem 16. Jahrhundert im Besitz der Habsburger und hatte sich von einem einfachen Herrenhaus mit Garten nebst Jagd- und Fischgründen zur prunkvollen Sommerresidenz der kaiserlichen Familie entwickelt. Maria Theresia hatte das alte Jagdschloß im 18. Jahrhundert in einen repräsentativen Barockbau mit 1441 Räumen verwandeln lassen, der zu Beginn des 19. Jahrhunderts unter Franz I. die heute noch sichtbare Fassade erhielt. Franz Joseph war im Ostflügel des Schlosses, den seine Eltern bewohnten, zur Welt gekommen und bei seinem Regierungsantritt in den Westflügel umgezogen. Dessen ersten Stock ließ er dann aus Anlaß seiner Hochzeit mit Elisabeth umbauen. Um einen Empfangssalon herum entstanden mehrere Appartments für Elisabeth sowie ein gemeinsames Schlafzimmer. Hier sollte das Kaiserpaar die Sommermonate verbringen. Doch an diesem 22. April war das Schloß nur eine Zwischenstation auf dem Weg zur Trauung in Wien. Von außen hatte es mit seiner gelben Fassade und den grünen Fensterläden ein bescheiden anmutendes ländliches Aussehen. Innen jedoch entfaltete sich die ganze barocke Pracht der Habsburger Monarchie.
Als Franz Joseph seine Braut in die Große Galerie führte, betrat Sissi den glanzvollsten Saal des ganzen Schloßes, der voller Menschen war.

Zunächst stellte Sophie Sissi die Erzherzoginnen des Hauses Habsburg vor. Es folgte die Vorstellung aller männlichen Mitglieder des Hauses Habsburg durch Franz Joseph. Der jüngere Bruder des Kaisers, Ferdinand Max, machte die anwesenden Wittelsbacher mit den Habsburgern bekannt. Zuletzt lernte Sissi alle hohen Hofbeamten kennen. Die Zeremonie des Empfangs war ebenso zeitaufwendig wie anstrengend.
Der Höhepunkt der Begrüßung stand aber noch aus. Sissi erhielt als Brautgeschenk vom Kaiser eine goldene, mit Smaragden besetzte Krone, dazu eine passende diamantene Korsage. Diese Krone, ein kostbares Stück aus der Schatzkammer der Habsburger, die Franz Joseph für 100.000 Gulden hatte umarbeiten lassen, war wenige Tage zuvor beschädigt worden. Die Kaiserinwitwe Karoline Augusta hatte sich, um die diamantene Krone aus der Nähe zu betrachten, zu weit vorgebeugt, so daß sich ihre Spitzenmantille an einem der smaragdenen Sterne verfing und die Krone zu Boden riß. Die entsetzten Zeugen dieser Szene sprachen von einem bösen Omen und einige bekreuzigten sich. Die Krone wurde eilends repariert und dafür gesorgt, daß die Braut von diesem Ereignis nichts erfuhr.
Sissi hätte das ganze abergläubische Gerede wohl auch nicht interessiert. Sie war erschlagen von dem ganzen Aufwand, der um ihre Person getrieben wurde, und den vielen kostbaren Geschenken. Denn nicht nur der Kaiser überreichte ihr edlen Schmuck, auch der Exkaiser Ferdinand schenkte ihr ein Diamantendiadem und von der ungeschickten Karoline Augusta erhielt sie ebenfalls Diamanten. »Viel zu schön« seien diese Sachen für sie, sagte sie mit leiser Stimme.
Noch bevor Sissi von Franz Joseph zu ihren Privatgemächern im Westflügel des Schlosses geführt wurde, erhielten die adeligen Damen aus Bayern, die die junge Herzogin auf ihrer Reise von München nach Wien begleitet hatten, wertvolle Geschenke und wurden verabschiedet. Ihr Dienst war getan, denn nun erhielt Sissi einen eigenen, österreichischen Hofstaat. An dessen Spitze stand mit der Obersthofmeisterin Gräfin Sophie Esterházy eine enge Vertraute Sophies, die aus einem der bedeutendsten Adelsgeschlechter Österreichs stammte. Sissi begegnete

ihr und dem Obersthofmeister Fürst Lobkowitz ebenso wie ihren künftigen Hofdamen, den jungen Gräfinnen Paula Bellegarde und Karoline Lamberg, an diesem Abend zum ersten Mal. Von der Obersthofmeisterin und den beiden Hofdamen in ihre neue Wohnung, die kaiserlichen Gemächer, geleitet, tat sie einen wichtigen Schritt von der bayerischen Prinzessin zur Kaiserin von Österreich. Sie war von nun an nie mehr allein. Ihr Hofstaat war immer um sie herum, wie ein Kordon, der sie von der Welt außerhalb des kaiserlichen Hofes trennte.
Der Abend war schon fortgeschritten, als Sissi die aufwendige Vorstellungsprozedur hinter sich gebracht hatte. Doch der anstrengende erste Tag in Wien war noch nicht zu Ende. Das Brautpaar mußte sich noch der Menschenmenge vor dem Schloß zeigen, die schon seit Stunden gewartet hatte, um die neue Kaiserin gebührend zu begrüßen. Als Sissi mit Franz Joseph auf den Balkon trat, kannte der Jubel keine Grenzen. Der erste Tag Sissis in der neuen Welt endete standesgemäß mit einem prunkvollen Gala-Diner, das bis in die Nacht hinein dauerte.
An Schlaf war kaum zu denken. Schon früh am nächsten Morgen mußte Sissi aufstehen, um zusammen mit ihrer Mutter in einer geschlossenen Kutsche zum alten Wiener Stadtschloß der Habsburger, dem heutigen Theresianum zu fahren. Denn die traditionelle Zeremonie verlangte, daß die Braut des Kaisers von dort in die Wiener Hofburg, die Residenz des Kaisers, Einzug hielt. Kaum war die junge Braut in dem alten Schloß Maria Theresias angekommen, brach sie weinend zusammen. Die letzten Tagen hatten die Sechszehnjährige überfordert. Ihr Körper zitterte vor Aufregung und es schien, als habe sie alle Selbstbeherrschung verlor. Doch es gab kein zurück mehr. Alles war minutiös geplant. Selbst die Toilette der Braut war ein feierliches Ereignis und beanspruchte mehrere Stunden.
Am späten Nachmittag war es dann so weit. Sissi stieg mit ihrer Mutter in den gläsernen Prunkwagen, dem Schmuckstück der berühmten Wagenburg des Wiener Hofes. Seine Schläge zierten prachtvolle Gemälde von Rubens und die Räder waren goldverziert. Gezogen wurde die Karosse von acht weißen Lipizzanern – einem Privileg der

Kaiserin. Die Pferde hatten rote und goldene Quasten in den geflochtenen Mähnen, trugen weiße Federbüsche und goldenes Geschirr. Zwei kaiserliche Leibdiener gingen an der Seite eines jeden Pferdes sowie zwei an jedem Wagenschlag. Eine berittene Eskorte begleitete die Fahrt der Kaiserbraut. Die Kutschen, die dem Brautwagen folgten, hielten eine genaue Ordnung ein. Angeführt wurde die Kolonne von den sechsspännigen Hofwagen der Obersthofmeister, der diensthabenden Kämmerer und Palastdamen sowie den Geheimen Räten. Auch diese Wagen begleitete die zugehörige Dienerschaft.
Sissi trug ein kostbares silberdurchwirktes, mit Rosengirlanden besticktes rosafarbenes Atlaskleid und eine Schleppe, im Haar ein Diadem aus Diamanten. Die Wiener waren von ihrer Anmut entzückt und bereiteten ihr, wie schon am Tage zuvor, einen begeisterten Empfang. Die Häuser, die der Brautwagen passierte, waren festlich geschmückt und überall gab es Tribünen für die Schaulustigen. Der Weg ging vom Kärntner Platz über den Kohlmarkt zum Michaeler Platz. An der Elisabethbrücke, die soeben fertiggestellt worden war und nun von ihrer Namensgeberin eingeweiht wurde, streuten ganz in Weiß gekleidete Mädchen Rosenblätter. Die Glocken aller Wiener Kirchen läuteten. Auf dem Kohlmarkt war die Menschenmenge so groß, daß der Brautzug nur im Schrittempo vorankam und die berittenen Soldaten Probleme hatten, die Straße freizuhalten. Und Sissi? In dem gläsernen Wagen zur Schau gestellt, wirkte sie erschöpft und weinte immer wieder.
In der Hofburg wartete bereits der Kaiser auf seine Braut. Zu seinem Schrecken blieb Sissi beim Ausstieg aus dem Prunkwagen mit ihrem Diadem an der Türfassung hängen und strauchelte. Doch die junge Braut fing sich schnell, rückte das Diadem zurecht und ordnete voller Anmut ihr kastanienbraunes Haar. Selbst die überaus kritische Erzherzogin Sophie war entzückt und schrieb in ihr Tagebuch: »Das Benehmen des lieben Kindes war vollendet, voll süßer und graziöser Würde.«
Die Hofburg war das traditionelle Herrschaftszentrum der Habsburger Monarchie und zugleich Hauptwohnsitz der kaiserlichen Familie. Hier

Die Hofburg, die Wiener Residenz der Habsburger Kaiser, vom Michaelerplatz aus gesehen

wurden die politischen Entscheidungen getroffen und hier fanden die wichtigsten Empfänge und Bälle statt. Die Wohnung des kaiserlichen Paares befand sich im Trakt der Reichskanzlei, in dem auch Franz Joseph seine Regierungsgeschäfte abwickelte. Die Erzherzogin Sophie hatte sie in den Monaten vor der Hochzeit neu einrichten lassen. Sie bestand aus einem Vorzimmer, Speisesaal, Spiegelsaal, Salon, Kabinett und einem Schlafzimmer. Und obwohl sie überaus prunkvoll gestaltet und möbliert war, hatte sie einen eher bürgerlichen Zuschnitt. Badezimmer und Toiletten gab es übrigens noch nicht.
Vor den neuen Wohnräumen Sissi warteten schon Vertreter der österreichischen Armee und der gesamte männliche wie weibliche Hofstaat,

um der Braut des Kaisers ihre Aufwartung zu machen. Erst nachdem Sissi diese Huldigung im Vorbeigehen entgegengenommen hatte, konnte sie sich in ihre Privaträume zurückziehen. Der Tag war damit beendet. Die junge Braut mußte sich auf ihre Hochzeit vorbereiten und dazu die komplizierten Anweisungen des höfischen Zeremoniells einstudieren, die in einer Art Drehbuch auf neunzehn Seiten niedergelegt waren.

Am folgenden Tag, dem 24. April 1854, sollte das große Ereignis stattfinden, dem das ganze Kaiserreich seit Wochen entgegengefiebert hatte. Überall im Land fanden Gottesdienste zur Feier der kaiserlichen Hochzeit statt. Man sammelte Geld, um Paare, die sich am selben Tag vermählten, zu beschenken. Bedürftige Kinder erhielten neue Kleidung, Arme Speis und Trank. Der Adel war hier ganz in seinem Element, denn Caritas galt als eine der wichtigsten aristokratischen Tugenden, die allerdings nur sporadisch ausgeübt wurde, vor allem zu festlichen Anlässen. Überall erschienen Flugblätter und Festschriften, die das Kaiserpaar und das Haus Habsburg feierten. Die österreichische Hymne erhielt eine neue zweite Strophe:

An des Kaisers Seite waltet,
Ihm verwandt durch Stamm und Sinn,
Reich an Reiz, der nie veraltet,
Unsre holde Kaiserin.
Was das Glück zuhöchst gepriesen,
Ström auf sie der Himmel aus!
Heil Franz Joseph, Heil Elisen,
Segen Habsburgs ganzem Haus!

Franz Joseph hatte das seine getan, um die durch wirtschaftliche Krisen und politische Unterdrückung eher feindselige Stimmung im Volke zu heben. Neben einer Reihe von Amnestien und Straferleichterungen für politische Gefangene gab es im Vorfeld der Hochzeit ein Geschenk von 200.000 Gulden »zur Linderung des bestehenden Notstandes«. Die

Verteilung des Geldes auf die einzelnen Länder der Monarchie war genau festgelegt. So erhielten die kaisertreuen Böhmen 25.000 Gulden während die aufsässigen Ungarn und oberitalienischen Untertanen des Kaisers leer ausgingen. Den größten Teil erhielt der Ort, an dem die kaiserliche Hochzeit stattfand: Die Stadt Wien sollte 50.000 Gulden zur Unterstützung »der arbeitenden Klasse und der in der gegenwärtigen Theuerung besonders leidenden verschämten Armuth« verteilen. Und wie immer, wenn es in Österreich etwas zu feiern gab, wurden Orden in unglaublichen Mengen verteilt.
Die Trauung fand am frühen Abend in der Augustinerkirche statt, zu deren Pfarrei die Hofburg gehörte. Und obwohl die Entfernung zwischen Kirche und Palast nur etwa 50 Meter betrug, brauchte der Hochzeitszug wegen der verwinkelten Anlage der Hofburg fast eine Stunde für den Weg. In der von tausenden Kerzen erleuchteten Kirche drängten sich währenddessen fast tausend Menschen. Das ganze Innere war mit rotem Samt ausgeschlagen. Alles, was im Kaiserreich Rang und Namen hatte, war versammelt und der Reichtum, der hier zur Schau gestellt wurde, war beeindruckend. Überall glänzte goldener Schmuck, und Diamanten warfen das Licht der Kerzen in tausendfachen Brechungen in den hohen Raum der Kirche zurück.
Als der Hochzeitszug das Portal der Kirche erreichte, verstummte das Gemurmel der Menge schlagartig und eine atemlose Stille trat ein. Der Kaiser betrat als erster den Kirchenraum. Ihm folgten die Erzherzogin Sophie und Herzogin Ludovika mit Sissi in ihrer Mitte. Die junge Braut trug ein prachtvolles weißes Schleppkleid, das mit goldenen und silbernen Fäden durchwirkt und mit Myrtenblüten übersät war. Ihr Gesicht war nicht verschleiert, und im Haar trug sie das Brautdiadem, das ihr Sophie geschenkt hatte. Ein einfacher Strauß weißer Rosen schmückte ihre Brust. Sissi und der Kaiser in seiner mit unzähligen Orden geschmückten Feldmarschallsuniform waren ein ungewöhnlich schönes Paar.
Die Trauung nahm der Wiener Erzbischof Kardinal Rauscher, unterstützt von 70 Bischöfen und Prälaten, vor. Sissi, die noch immer ganz

verschüchert war, brachte nur ein leises Ja hervor, während Franz Joseph laut und bestimmt antwortete. Als das frischvermählte Paar die Ringe tauschte, gab eine auf dem Josephsplatz postierte Ehrenformation der Infanterie eine erste Salve ab, auf die die Geschütze auf den Stadtwällen donnernd antworteten. Die Glocken der Wiener Kirchen begannen zu läuten. Der Welt war damit kundgetan, daß Österreich eine neue Kaiserin hatte: Elisabeth.

Im goldenen Käfig

Unmittelbar nach der Trauung begann in der Hofburg der erste Arbeitstag der neuen Kaiserin. Wie schon bei der Hochzeit, folgte auch hier jeder Schritt einer bis ins Detail gehenden Inszenierung. Jede Handlung der Kaiserin hatte ihre besondere Bedeutung. Die erste Audienz ihres Lebens gab Elisabeth den Generälen Radetzky, Windischgrätz, Nugent und Jellačić – eine Ehrenbezeugung des Hauses Habsburg gegenüber der österreichischen Armee, die unter der Führung dieser Männer die Revolution von 1848 blutig niedergeschlagen und so dem jungen Kaiser den Thron gerettet hatte. Danach ging das Kaiserpaar ins Audienzzimmer, wo der österreichische Außenminister Buol Elisabeth die ausländischen Botschafter und Gesandten am Wiener Hof vorstellte. Deren Gattinen warteten derweil im Spiegelzimmer und wurden nach ihren Männern von der neuen Kaiserin begrüßt. Das Ganze war eine langwierige und anstrengende Prozedur. Doch die Repräsentation des Kaiserreiches nach außen und die Pflege der außenpolitischen Beziehungen waren gerade in Krisenzeiten eine zu wichtige Angelegenheit, als daß man sie der nur wenige Stunden zuvor getrauten jungen Frau hätte ersparen können. Elisabeth war als Kaiserin keine Privatperson mehr, sondern stand von nun an im Dienst der Habsburger Monarchie.

Nach den ersten Audienzen begab sich die kaiserliche Familie mitsamt dem Hofstaat in den Zeremoniensaal, in dem die Habsburger ihre großen Empfänge und Bälle gaben. Die gesamte Wiener Hofgesellschaft hatte sich in dem riesigen, von Säulen getragenen und von unzähligen Kronleuchtern erleuchteten Saal versammelt, um dem frischvermählten Kaiserpaar zu gratulieren. Die vielen, fremden Menschen versetzten Elisabeth in Angst und Schrecken, so daß sie für einen Augenblick ihre bis dahin mühsam aufrechterhaltene Selbstbeherrschung verlor. Weinend flüchtete Sissi in ein Nebenzimmer des Saales und weigerte sich, weiter zu gehen. Erst der beruhigende Zuspruch Franz Josephs brachte sie wieder zur Ruhe. Doch obwohl die junge Kaiserin sich schnell wieder faßte und in den Saal trat, hatte sie durch ihre

Unsicherheit erheblich an Prestige verloren. Denn Selbstberrschung galt als eine der höchsten Tugenden des Adels. Und eine Kaiserin mußte hierin Vorbild sein. Erschöpft, mit verweintem Gesicht und zutiefst verunsichert, nahm Elisabeth die Glückwünsche der Crème de la Crème der österreichischen Aristokratie entgegen. Die Gratulationscour wurde in Form eines Cercles durchgeführt, bei dem die Gäste nach Rang und Geschlecht getrennt an der Kaiserin vorbeischritten, wobei die Männer sich verneigten und die Frauen ihr die Hand küßten.
Es war eine erlesene Gesellschaft, die sich im Zeremoniensaal der Hofburg eingefunden hatte. Denn ›hoffähig‹ war nach der nach den Regeln der strengen, aus dem 16. Jahrhundert stammenden spanischen Etikette nur, wer bis zu seinen Ururgroßeltern einen »reinblütigen« Stammbaum nachweisen konnte, d. h. alle sechzehn unmittelbaren Vorfahren mußten dem Hochadel angehören. Eine Ausnahme bildeten bei den Männern nur die Geheimen Räte, Kämmerer, Truchsesse und Edelknaben, die der Kaiser ernannte, und bei den Frauen die ebenfalls vom Kaiser ernannten Hof- und Palastdamen sowie die Trägerinnen des Sternkreuzordens. Zumeist waren es Adelige aus bedeutenden Familien, die so ausgezeichnet wurden. Bürgerliche hatten praktisch keinen Zutritt zur Wiener Hofgesellschaft.
Nur der exklusive Kreis des hoffähigen Adels hatte das Recht, an allen Empfängen, Bällen und den offiziellen Ereignissen des Hofes teilzunehmen. Die Hofämter wurden zumeist aus dieser auch politisch einflußreichen Gruppe besetzt. Während an anderen Höfen durchaus auch verdienstvolle Vertreter des niederen Adels und des Bürgertums in die Hofgesellschaft aufgenommen wurden, achtete man in Wien besonders strikt auf die Exklusivität dieses Zirkels. Der österreichische Adel schottete sich auf diese Weise bewußt von dem aufstrebenden Bürgertum ab. Aber auch innerhalb dieses Kreises gab es eine klare Rangordnung. So hatten nur die »Allerhöchsten« und die »Höchsten Damen«, die aus den großen Adelsgeschlechtern stammten, den »großen Zutritt« zur Kaiserin, d. h. sie konnten zu jeder Zeit zu jedem Cercle erscheinen. Diese Gruppe umfaßte etwa 230 Frauen. Die »palast- und appart-

Gratulationscour im Zeremoniensaal der Hofburg im Anschluß an die Trauung von Franz Joseph und Elisabeth am 24. April 1854

mentmäßigen Damen« mußten sich anmelden und durften nur nach Genehmigung und dann auch nur zu bestimmten Zeiten am Hof erscheinen.
Hatte die vorübergehende Flucht Elisabeths unter den Damen des Wiener Hofes schon für Mißbilligung gesorgt, so war ihnen die Schüchternheit der Kaiserin ein echtes Ärgernis. Niemand durfte der höfischen Etikette nach die erste Dame des Hofes von sich aus ansprechen. Jeder mußte auf ein Wort von ihr warten. Die arme Elisabeth aber, von Natur aus schüchtern und durch die vielen Unbekannten völlig verängstigt, brachte keinen Ton heraus. Die Obersthofmeisterin, Gräfin Esterházy, bat deswegen die Damen, die Kaiserin ausnahmsweise direkt anzureden. Elisabeth schien in ihrer unbeholfenen Art alle Vorurteile der Wiener Gesellschaft zu bestätigen, die sie für dumm, unfähig und dem Kaiser nicht ebenbürtig hielt.
Als Elisabeth dann auch noch zwei bayerischen Cousinen den obligatorischen Handkuß verweigerte und sie statt dessen, wie sie das immer getan hatte, umarmen wollte, kam dies fast einem Skandal gleich. Die Rechtfertigung Elisabeths für diesen schweren Verstoß gegen die höfische Etikette, »Wir sind ja Cousinen!«, wies die Erzherzogin Sophie barsch zurück. Elisabeth war nicht mehr die kleine bayerische Prinzessin ohne nennenswerte Verpflichtungen, sondern die Kaiserin von Österreich und damit einer Vielzahl von protokollarischen Zwängen unterworfen. Vor allem mußte sie bei allen Veranstaltungen des Wiener Hofes die Rangordnung der Gäste beachten, die ihrerseits beim Cercle eifersüchtig darüber wachten, daß niemand früher und anders als seinem Stande gemäß von Kaiser und Kaiserin begrüßt wurde. Indem Elisabeth ihre Cousinen wie Verwandte begrüßte, erhöhte sie als Kaiserin die bayerischen Prinzessinen über den ihnen zustehenden Rang. Ein Faux pas, der die exklusive und in klaren Hierarchien denkende Wiener Hofgesellschaft erzürnen mußte. Denn in einer Gesellschaft, in der der Rang einer Person nicht von ihrer allgemein anerkannten Leistung abhing, diente der ganze zeremonielle Aufwand zu nichts anderem, als die Stellung und Bedeutung des Einzelnen inner-

halb der maßgeblichen Hofgesellschaft festzulegen und für jeden sichtbar darzustellen.
Elisabeth konnte diese höfische Ordnung nicht völlig fremd sein, denn auch am bayerischen Hof galt das spanische Zeremoniell, wenn auch weniger streng als in Wien. So gab es in München ein Rangreglement, das acht Klassen kannte, von denen nur die ersten drei hoffähig waren. Auch in Bayern legte die Etikette den Ablauf einer jeden öffentlichen Veranstaltung des Hofes aufs genaueste fest. Wer wo zu stehen hatte, was, wann und vor allem wie zu tun hatte – alles war bis ins Kleinste festgelegt. Sogar die Kleidung war vorgeschrieben. Sissi hatte allerdings als Kind nicht selbst an den exklusiven Empfängen des bayerischen Hofes teilgenommen, und in ihrem Elternhaus wurde nicht so streng auf die Etikette geachtet. Ihre ersten praktischen Erfahrungen machte sie in der Verlobungszeit, als die bayerische Königsfamilie sie zusammen mit Franz Joseph immer wieder auf Bälle und Empfänge einlud. Doch es war ein himmelweiter Unterschied, als Gast an einem Cercle teilzunehmen oder selber in seinem Mittelpunkt zu stehen. Für Sissi waren die Zwänge des höfischen Lebens daher befremdlich, wenn nicht gar unerträglich. Ihr Mädchen-Traum von der großen Freiheit stieß hier an die tristen Mauern der Wirklichkeit. In den Tagen nach der Hochzeit brachte sie diese schmerzhafte Erfahrung in einem traurigen Gedicht mit dem Titel »Teilnahme« zum Ausdruck:

Es strahlt der Mond ober nächtigen Bergen
Auch auf mein trübes Auge her,
Als hätt' mein Schmerz ihn angezogen
Als frug er mich was mir denn wär!

Als wollt' er mir verwundert sagen:
»Sonst fand ich Dich nie traurig;
Du dachtest noch der frohen Tage,
Als ich den Himmel schon bestieg.

Du hattest immer 1000 Grüße
An Deinen blonden Schatz bereit
Und träumtest kommende Genüsse
Der Freiheit, der Du Dich geweiht«.

Nein, die Kaiser-Hochzeit, ihre Vorbereitung und festliche Durchführung – der Traum einer jeden kleinen Prinzessin – waren für Sissi alles andere als glücklich. Auch das Volksfest, das die Wiener am Hochzeitstag veranstalteten, konnte daran nichts ändern. Während Elisabeth unter den kritischen Blicken unzähliger Fremder ihren ersten Cercle am Wiener Hof durchlitt, erstrahlte die Stadt in voller Festbeleuchtung. Tausende von Menschen flanierten durch die Straßen und füllten die öffentlichen Plätze. Am späteren Abend erschienen auch der Kaiser und die Kaiserin in einem offenen Zweispänner auf dem Michaelerplatz unmittelbar bei der Hofburg, um diesem fröhlichen Volksfest beizuwohnen. Überall sangen und tanzten die Menschen und feierten so das junge Paar. Doch Elisabeth war nicht zum Feiern zumute. Die einfachen Menschen draußen in der Stadt waren freier und glücklicher als sie, die schöne und glänzende Kaiserin.
Sissis Hochzeitstag, der sicherlich nicht der »schönste«, wahrscheinlich aber der anstrengendste Tag in ihrem Leben war, endete mit einem festlichen Diner gegen 23 Uhr. Dann brachten Mutter und Schwiegermutter dem höfischen Zeremoniell gemäß die Braut hinauf in ihre Gemächer. Ihnen voran gingen zwölf Pagen mit goldenen Leuchtern. Die Obersthofmeisterin Gräfin Esterházy und vier Kammerzofen halfen Elisabeth, sich für ihre erste gemeinsame Nacht mit Franz Joseph bereit zu machen. Noch am selben Abend notierte Sophie in ihrem Tagebuch: »Louise und ich führten die junge Braut in ihre Räume. Ich ließ sie mit ihrer Mutter und blieb im kleinen Zimmer neben dem Schlafzimmer, bis sie im Bett war. Ich holte dann meinen Sohn und führte ihn zu seiner jungen Frau, die ich noch sah, um ihr eine gute Nacht zu wünschen. Sie versteckte ihr hübsches, von einer Fülle schönem Haar umflossenes Gesicht in ihrem Kopfpolster, wie ein erschreckter Vogel sich in seinem Nest versteckt.«

Ein Nest waren Ehebett und -zimmer für Sissi sicherlich nicht. Wohl aber ein Käfig, in den jeder hineinsehen konnte. Bis in die privatesten Räume reichten Augen und Ohren des Hofes. Ungewöhnlich war dies allerdings nicht. An anderen Höfen brachten die verheirateten Prinzen und Prinzessinen das frisch vermählte Herrscherpaar in der ersten Nacht zu Bette. Und in früheren Zeiten war es im streng katholischen Hause Habsburg üblich, daß geistliche und weltliche Würdenträger dem Vollzug der Ehe beiwohnten. Ludovika und Sophie hatten sich immerhin darauf verständigt, die ganze Zeremonie möglichst klein zu halten. Und dennoch: Für eine junge Frau, die bisher ganz ohne solche höfischen Rituale und sehr familiär gelebt hatte, mußte die Anwesenheit von so vielen Fremden an ihrem Bett und vor der ersten gemeinsamen Nacht mit einem Mann schockierend gewesen sein.

Was im Schlafzimmer des jungen Paares geschah, blieb nicht lange im Verborgenen. Für den Kaiser und seine Frau gab es am Wiener Hof keine wirkliche Privatsphäre. Am Morgen nach der Hochzeit erschienen Sophie und Ludovika bei Franz Joseph und Elisabeth, die gerade im Schreibkabinett frühstückten. Sophie fand ihren Sohn »strahlend und ganz ein Bild süßen Glückes«, während Sissi »bewegt« ihre Mutter umarmte. Franz Joseph bat, wie es die Höflichkeit von ihm verlangte, seine Mutter und Ludovika zu bleiben – eine Einladung, die die beiden Frauen ohne Zögern annahmen. Denn sie waren gekommen, um die beiden jungen Leute auszufragen. Auf diese Weise erfuhr Ludovika von ihrer Tochter und Sophie von ihrem Sohn, daß das junge Paar die Ehe in dieser ersten Nacht noch nicht vollzogen hatte.

Franz Joseph, der schon in Ischl und bei seinen späteren Besuchen in Bayern stets Rücksicht auf die Kindlichkeit seiner Braut genommen hatte, tat dies auch in der Hochzeitsnacht. Er bedrängte die völlig erschöpfte und sicherlich auch verängstigte Sissi nicht. Der Druck, die Ehe zu vollziehen, war allerdings sehr groß, denn von Kaiser und Kaiserin wurde erwartet, daß sie den Fortbestand des Hauses Habsburg sicherten und möglichst viele Nachfahren zeugten. Doch die beiden namen sich Zeit. Erst in der dritten Nacht erfüllten die Eheleute ihre

Pflicht, und bereits wenige Stunden später wußten alle am Hof von diesem erwarteten Ereignis.
Selbst an diesem Tag, dem 27. April, war das Frühstück im Familienkreis unerläßlich. Franz Joseph war schon am frühen Morgen zu seinen Eltern gegangen und hatte sie pflichtgemäß von dem Ereignis unterrichtet. Elisabeth hatte sich zunächst geweigert, mit ihm mitzugehen. Doch sie war die Einzige, die die zeremoniöse Neugier der kaiserlichen Familie als Zumutung empfand. Aber diesmal fand sie selbst bei Franz Joseph keinen Rückhalt. Er konnte und wollte ihr diesen Gang nicht ersparen. Denn für ihn war das höfische Ritual zur zweiten Natur geworden und die Autorität seiner Mutter, die auf die höfische Etikette pochte, unantastbar. Elisabeth gab schließlich nach, konnte jedoch ihr Leben lang ihren Abscheu vor dieser Zurschaustellung nicht vergessen.
Viele Jahre später erzählte sie ihrer Hofdame Gräfin Festetics von dieser Schmach: »Der Kaiser war so gewohnt, zu folgen, daß er sich auch darein ergab. Aber mir war das gräßlich. Ihm zu lieb ging auch ich.«
Vielleicht war es diese Erfahrung, die Elisabeth veranlaßte, ein Gedicht mit dem bezeichnenden Titel »Der gefangene Vogel« zu schreiben, das Ende April entstand. Hier spricht sie über ihre trostlose Situation und die geheimen Sehnsüchte, die sie umtrieben. Sehr klar erkannte sie ihre Zwangslage, aber auch den Fluchtweg, den sie später immer wieder wählen sollte – das Eintauchen in die Welt der Dichtung und der Träume:

Umsonst muß ich zum Himmelsblau,
Gefangen, eingekerkert, schmachten.
Die Eisenstäbe kalt und rauh,
Mein bitt're Heimweh schnöd verachten.

Im Seufzen springt bald meine Brust:
Ihr könnt mich lange nicht mehr halten. –
O überschwenglich süße Lust,
Die geist'gen Schwingen zu entfalten!

Der 27. April war ein Tag wie jeder andere – so weit es das offizielle Progamm betraf. Tagsüber absolvierte die Kaiserin wie schon die Tage zuvor ein großes Pensum an öffentlichen Auftritten. Sie empfing Abordnungen aus den vielen Ländern des Habsburgerreiches. Sie tat dies z. T. in der jeweiligen Landestracht, so daß ihr das Ganze wie ein Karneval vorkommen mußte. Den halben Tag verbrachte sie mit dem An- und Ausziehen immer neuer Kostüme. Den glänzendsten Auftritt hatten die Ungarn. Ihre Nationaltrachten waren mit Gold und Edelsteinen übersät. Der Kaiser empfing ihre Delegation in der Uniform eines ungarischen Husaren, und Elisabeth trug die Tracht einer ungarischen Adeligen: ein mit Spitzen verziertes rosafarbenes Kleid mit einem schwarzen Samtmieder, das ihre schlanke Taille betonte. Die Ungarn waren hingerissen, als die junge, schöne Kaiserin sie auf Ungarisch begrüßte. Immer wieder erscholl das »Eljen Erzsébet!« – »Lang lebe Elisabeth!«. Sophie vermerkte bitter, daß die Kaiserin sich weit mehr um die aufsässigen Ungarn als um die kaisertreuen Tiroler kümmerte. Vielleicht hatte sie recht. Vielleicht begann an diesem Tag die große Liebe Elisabeths zu diesem Land.

Die Empfänge waren so anstrengend, daß selbst die erfahrene und disziplinierte Sophie, die stets neben der Kaiserin stand, sich zwischendurch immer wieder ausruhen mußte. Denn selbst die Mahlzeiten boten keine Möglichkeit, sich auszuruhen. Auch sie waren Teil des offiziellen Programms und auch für sie mußte sich das Kaiserpaar stets umziehen. Eingezwängt in dieses Zeremoniell, sah Elisabeth die Eltern und Geschwister nur wenig. Doch die kurzen Treffen reichten immer wieder, sie aufzumuntern. Vor allem die Gespräche mit ihrer Schwester Helene waren Sissi ein großer Trost.

Denn die ältere und erfahrenere Nené hatte schon seit längerem auf dem gesellschaftlichen Parkett brilliert. Sie konnte ihrer jüngeren Schwester Mut und Rat geben. Bei ihren Unterhaltungen bedienten sie sich des Englischen, das sie perfekt beherrschten. Denn die Schwestern wußten, daß die Sprache am Wiener Hof, wo das Französische vorherrschte, kaum jemand verstand. Für Sissi und Nené war die englische

Cercle beim kaiserlichen Hofball in der Wiener Hofburg

Sprache eine Art Geheimcode, der ihnen unter den Augen der argwöhnischen Hofgesellschaft eine private Sphäre schuf. Die Hofdamen reagierten auf diesen Ausschluß mit Empörung. Wieder war die junge Kaiserin aus ihrer Rolle gefallen.

Ihren Mann sah Elisabeth selten außerhalb der gemeinsamen Auftritte. Der Kaiser nutzte jede freie Minute, um Akten zu bearbeiten und Anordnungen zu geben. Der Krimkrieg forderte auch während der Hochzeitsfeierlichkeiten täglich seine ganze Aufmerksamkeit. Für den Kaiser gab es keinen Urlaub von seinen Geschäften, und das gleiche galt für die Kaiserin.

Am Abend des 27. April stand der jungen Kaiserin eine neue Herausforderung bevor: der große Hofball. Zu diesem glänzenden Fest waren traditionell nur der hoffähige Adel sowie die aktiven Offiziere, Hof-

und Staatsbeamte, Diplomaten und Ordensritter zugelassen. Elisabeth erschien an diesem Abend in einem weißen Kleid, um die schlanke Taille einen brillantenen Gürtel geschlungen, im Haar ein kunstvolles Diadem und einen Kranz aus weißen Rosen. Kaiser und Kaiserin thronten unter einem Baldachin aus rotem Samt. Der Zeremoniensaal war voller Menschen. Elisabeth und Franz Joseph tanzten nur wenig und wenn, dann mit ausgewählten Vertretern des Hochadels, aber nie miteinander. Selbst dieses Vergnügen war ihnen verboten, denn die Auswahl der Tanzpartner bestimmte das Protokoll und war eine wohlüberlegte Auszeichnung des Hofes.

Der Ball war nicht zum Vergnügen des Kaiserpaares da, auch wenn er aus Anlaß seiner Hochzeit veranstaltet wurde. Er fand vor allem für die Wiener Hofgesellschaft statt, die das alltägliche Umfeld und eine Art Lebenswelt der kaiserlichen Familie bildete. Und es ging natürlich auch hier wieder um die Repräsentation des Hauses Habsburg, seiner Bedeutung, die sich im Glanz des Festes spiegelte. Für Elisabeth war das alles neu, und bei einigen Tänzen mußte ihr der Kaiser noch die richtige Schrittfolge zuflüstern. Der traditionelle Höhepunkt des Balles war auch hier wie schon in Ischl der Kotillon. Zu Ehren der neuen Kaiserin spielte das Orchester unter der Leitung des Walzerkönigs Johann Strauß ein von diesem eigens für den festlichen Anlaß komponiertes Stück, die »Elisabethsklänge«. Aber selbst diesen Tanz durfte das junge Paar nicht gemeinsam tanzen.

Am Ende dieses Tages hatte Sissi die Grenzen ihrer Leidensfähigkeit erreicht. Die junge Frau stand am Rande eines Nervenzusammenbruchs. Seit einer Woche war sie jeden Tag in der Öffentlichkeit aufgetreten, hatte Hunderte von Menschen »kennengelernt« und mit unzähligen Fremden sprechen müssen, hatte sich unzählige Male umgezogen und ganz nebenbei noch einen Bund fürs Leben geschlossen. Am neunten Tag ihrer allmählichen Verwandlung von der bayerischen Prinzessin in die Kaiserin von Österreich waren ihre Kräfte erschöpft. Der Kaiser, der die mit der spanischen Etikette verbunden Pflichten seit seiner Kindheit kannte, war robuster. Aber fürsorglich wie er war, stoppte er die Maschinerie des offiziellen Programms und sagte für den 28. April alle Empfänge ab. Statt dessen fuhr er mit seiner jugendlichen Frau mittags in einem Phaeton, den er selber lenkte, in den Prater. Doch auch diese Abwechselung brachte der Kaiserin keine Ruhe. Das hohe Paar wurde sofort erkannt und die Nachricht verbreitete sich in Windeseile. Unzählige Menschen strömten zur Hauptallee, um Kaiser und Kaiserin aus nächster Nähe zu sehen. Franz Joseph mußte den Park verlassen, weil durch die Menschenmenge kein Durchkommen mehr war.

Die Praterfahrt mit Franz Joseph war für Elisabeth der erste Ausflug ins Grüne seit ihrer Hochzeit. Bis dahin hatte sie keine Zeit für ihre Lieblingsbeschäftigung, das ungebundene Wandern und Reiten durch die Natur. Aber auch wenn sie Zeit gehabt hätte, dann wäre es nicht schicklich gewesen. Eine Kutschfahrt war möglich. Aber eine Kaiserin durchstreifte nicht die Wiesen und Wälder, sei es zu Fuß oder zu Pferd. Dabei schien die Sonne und der Frühling lag in der Luft. Die ersten Vogelstimmen riefen Sissi nach draußen, ins Freie. Möglicherweise entstand an diesem Tag auch das Gedicht »Sehnsucht«, das die ganze Verlassenheit und das starke Heimweh Elisabeths zum Ausdruck bringt:

Es kehrt der junge Frühling wieder
Und schmückt den Baum mit frischem Grün
Und lehrt den Vögeln neue Lieder
Und macht die Blumen schöner blüh'n.

Doch was ist mir die Frühlingswonne
Hier in dem fernen, fremden Land?
Ich sehn' mich nach der Heimat Sonne,
Ich sehn' mich nach der Isar Strand.

Ich sehn' mich nach den dunklen Bäumen,
Ich sehn' mich nach dem grünen Fluß,
Der leis in meinen Abendträumen
Gemurmelt seinen Abschiedsgruß.

Der 29. April brachte etwas Leben in das bis dahin triste Programm. Mit einem großen Praterfest sollte auch das Volk die Hochzeit des Kaisers feiern. In offenen Hofwagen erschien die kaiserliche Familie in Begleitung der Eltern und Geschwister Elisabeths auf diesem Volksfest und speiste unter einem offenen Zelt. Die Bürger des Habsburgerreiches sollten ihre neue Kaiserin auch hautnah und volkstümlich erleben. Und anders als auf den vielen Empfängen bei Hof ließ sich Elisabeth diese Aufmerksamkeit gerne gefallen. Besonders aber entzückte sie die Galavorstellung des Kunstreiters Renz. Herzog Max hatte ihr schon oft von diesem Manne vorgeschwärmt. Und tatsächlich entäuschte er die Erwartungen Elisabeths nicht. Mit sechzig Pferden, geführt von Akrobaten in mittelalterlicher Tracht, erschien er auf dem Feuerwerksplatz, wo ihn das Kaiserpaar bereits erwartete. Der Zirkuskönig und seine Akrobaten ritten eine Quadrille mit zwölf Schimmeln und zwölf Rappen. Eine Reihe erstaunlicher Kunststücke wurden aufgeführt, und das Ganze endete, indem alle Pferde mit ihren Reitern einen Halbkreis bildeten. Und während vierundvierzig Luftballons in phantasievollen Menschen- und Tiergestalten in die Lüfte stiegen, ritt Renz auf einem Araber die Hohe Schule.
Elisabeth war begeistert. Erstmals seit Tagen ging sie aus sich heraus und applaudierte jubelnd den Akrobaten. Widerwillig hatte sie die Huldigung von Hunderten Mitgliedern der ersten Gesellschaft entgegengenommen – der Zirkusreiter Renz aber lag ihr am Herzen. »Den Mann muß ich kennenlernen!«, rief sie spontan aus. Herzog Max, der ebenso begeistert wie seine Tochter war, hatte für diesen Wunsch vollstes Verständnis. Sophie war natürlich empört über diesen erneuten Faux pas der jungen Kaiserin und untersagte ein Treffen mit dem Zirkuskönig. Das Verbot konnte jedoch nicht verhindern, daß der Zirkus Renz eine der großen Lieben Elisabeths wurde.
Eine ganze Woche nahmen die Hochzeitsfeierlichkeiten in Anspruch. Der Wiener Hof, der Adel des Habsburgerreiches, die ausländischen Gesandten, die Würdenträger und die Untertanen sollten das große Ereignis mitfeiern und ihre neue Kaiserin kennenlernen. Elisabeth war

nicht nur mit Franz Joseph, sondern mit ganz Österreich vermählt. Und dementsprechend mußte sie sich allen und überall zeigen. Den Abschluß dieser anstrengenden Woche bildete ein städtischer Ball. Wegen der Größe des Festes hatte man die Wände zwischen der Winterreitschule und den Redoutensälen durchbrochen und so einen riesigen Saal geschaffen. Auch auf diesem Ball spielte zur Freude der Gäste Johann Strauß seine weltberühmten Walzer. Für Elisabeth aber war auch dieses Fest eine Qual.

Mit dem Ende der Hochzeitsfeierlichkeiten kam auch der Abschied von den Eltern und Geschwistern, die Ende April nach Bayern zurückkehrten. Elisabeth verlor dadurch die letzte Verbindung zu ihrer Jugendzeit und die wichtigste Stütze bei ihren ersten Schritten in das neue Leben als Kaiserin von Österreich. Von nun an hatte sie außer Franz Joseph keinen Vertrauten mehr in ihrer Nähe. Und selbst diesen einzigen Menschen, den sie in Wien liebte, sah sie nur selten. Denn die Entwicklung der Orientkrise hielt Franz Joseph in der Reichskanzlei fest. An Flitterwochen war unter diesen Umständen nicht zu denken.

Der Konflikt zwischen Rußland und dem Osmanischen Reich war kurz vor der Hochzeit eskaliert und hatte sich in einen europäischen Krieg verwandelt. Am 27. März hatten Frankreich und Großbritannien Rußland den Krieg erklärt. Österreich hielt jedoch weiterhin an seiner Neutralität fest und schloß am 20. April, dem Tag an dem Elisabeth nach Wien aufgebrochen war, eine Defensivallianz mit Preußen. Der Zar ließ sich von dieser für ihn ungünstigen Konstellation nicht irritieren und beschleunigte den Vormarsch der russischen Truppen, die sich Anfang Mai durch die Wallachei auf die Festung Silistria an der Donau zubewegten. Elisabeth sah ihren Mann also nur beim gemeinsamen Frühstück und vor dem Schlafengehen.

Wer hingegen immer und überall zur Stelle war, war ihre Schwiegermutter. Sophie war die ungekrönte Herrscherin der Hofburg. Sie kannte das Leben am Hof in- und auswendig, wußte über alle Vorgänge in der Hofburg genauestens bescheid und kontrollierte durch ihre guten Kontakte zum Hofstaat auch das kaiserliche Paar. Sophie hatte

sich schon in Ischl vorgenommen, die junge Sissi zur Kaiserin zu erziehen. War dies Anfangs nur mit Hilfe Ludovikas und Franz Josephs möglich, so konnte sie nach der Hochzeit auf Elisabeth direkt einwirken. Und das hat Sophie von Anfang an getan. Sie wies die junge Kaiserin schon während der Hochzeitsfeierlichkeiten auf diesen oder jenen Fehler hin, ermahnte sie immer wieder, eine einer Kaiserin würdige Haltung einzunehmen, und achtete streng auf die Einhaltung der höfischen Etikette.
Der verlängerte Arm dieser Erziehungspolitik der Erzherzogin war der Hofstaat Elisabeths, insbesondere die Obersthofmeisterin, Gräfin Esterházy. Die damals 56jährige Witwe des Grafen Vinzenz Esterházy entstammte einer der vornehmsten Familien Österreichs, dem Hause Liechtenstein. Das Amt der Obersthofmeisterin wurde zumeist an verwitwete Frauen aus vornehmen Adelsgeschlechtern vergeben und war eines der ranghöchsten in der Hierarchie des Wiener Hofes. Die Obersthofmeisterin stand dem Hofstaat vor und beriet die Kaiserin in allen den Hof betreffenden Fragen. Sie organisierte den Tagesablauf und die Arbeit des restlichen Hofstaates. Berufen wurde sie traditionsgemäß vom Kaiser, aber ausgesucht hatte sie die Erzherzogin Sophie, deren Vertraute sie war. Noch sittenstrenger als Sophie, galt sie bei Hofe als die Verkörperung des spanischen Zeremoniells. Sie war damit für das Amt der Obersthofmeisterin, die in allen Fragen der Etikette als letzte Instanz galt, geradezu prädestiniert. Nach dem Willen Sophies sollte die Gräfin Esterházy der jungen und unerfahrenen Kaiserin die Regeln der höfischen Etikette beibringen und dafür sorgen, daß sie keine Fehler machte. Wichtiger aber noch war, daß sie Sophie über jeden Schritt Sissis informierte. Durch die Gräfin Esterházy wußte Sophie stets über das Tun und Lassen der Kaiserin bescheid und konnte sie so problemlos kontrollieren.
Elisabeth war ihre Obersthofmeisterin von Anfang an unsympathisch. Sie war grau und pedantisch und erschien nicht gerade vertrauenswürdig. Schwerer aber wog, daß sie sich als Gouvernante aufspielte und die Kaiserin wie eine kleine Schülerin bei jedem kleinen Fehler von oben

herab verbesserte und ständig versuchte, sie im Sinne Sophies und der höfischen Etikette zu erziehen. Eine Verständigung, geschweige denn ein Vertrauensverhältnis zwischen den beiden Frauen, die vom Alter her Mutter und Tochter sein konnten, war unmöglich. Wenn die Gräfin Esterházy gerade einmal nicht langweilige Vorträge über Protokoll- und Organisationsfragen hielt, dann erzählte sie Elisabeth den neuesten Klatsch aus der Hocharistokratie. Ein Thema, das die junge Frau absolut nicht interessierte.
Sympathischer war Elisabeth der Obersthofmeister Fürst Lobkowitz, der allerdings keinen wirklichen Einfluß besaß und bereits nach wenigen Monaten überraschend abgelöst wurde. Elisabeth verlor mit ihm einen der wenigen Menschen, denen sie am Hof vertraute, und Ludovika zeigte sich unangenehm überrascht, als sie von Lobkowitz' Abberufung hörte. Überhaupt irritierte die herzogliche Familie, daß im Hofstaat Elisabeths keine der Kaiserin aus Bayern vertrauten Adeligen zu finden waren. Dieser Umstand war allerdings kein Versehen, ging es Sophie doch darum, aus der bayerischen Prinzessin eine österreichische Kaiserin zu machen. Zu diesem Zweck mußten alle Bindungen an die alte Heimat so weit wie möglich gelöst werden. Die Menschen, die sie erziehen wollte, zu isolieren – das war Sophies »System«, das sie schon erfolgreich bei Franz Joseph angewandt hatte.
Zum engeren Kreis um die Kaiserin gehörten auch die beiden Hofdamen Bellegarde und Lamberg. Auch sie stammten aus vornehmen Adelsgeschlechtern und waren nicht viel älter als Elisabeth. Doch konnten sie keine Freundinnen für die einsame Kaiserin sein. Das untersagten die Regeln des Hofes, denn die Würde der Kaiserin machte sie unnahbar. Die Aufgabe der Hofdamen war es, der Kaiserin Gesellschaft zu leisten, sie auf ihren Spaziergängen, Ausfahrten und Reisen, Besuchen in Schulen und Krankenhäusern zu begleiten. Bei diesen Anläßen und auf den großen Veranstaltungen des Hofes traten sie im Gefolge der Kaiserin auf und waren Teil der kaiserlichen Selbstdarstellung. Sie sollten Glanz entfalten, ohne die Kaiserin zu überstrahlen. Die Hofdamen hatten eigene Bedienstete und wurden für ihre Arbeit

mit Geld, Naturalien und Vergünstigungen aller Art entlohnt. Allerdings war dieses ehrenvolle Amt sehr anstrengend und kostspielig. Allein die Kleidervorschriften des höfischen Zeremoniells, die für fast jeden Anlaß eine besondere Kleidung verlangten, erforderten große Investitionen, zumal ein und dasselbe Kleid nur wenige Male getragen werden durfte.

Da die Hofdamen für ihre Gaderobe selbst aufkommen mußten, war es für sie wichtig, die Kosten durch eine geschickte Wahl der Kleidung zu senken. Im Vorfeld der Hochzeitsfeier war dies ein wichtiges Thema. Eine der Wiener Hofdamen, die Baronin Scharnhorst, schrieb in diesem Sinne bereits Mitte Januar an eine Freundin, sie habe von den anderen Damen gehört, »daß sie sich weiße mit Silber oder Gold gestickte Kleider und farbige Manteaux anschaffen, um die Kleider wieder zum Hofball verwenden zu können. Ich hoffe Du hast noch alle Zeit, Dich danach zu richten, im Fall Du Dir nicht zwei Kleider spendieren willst.«

Neben der Obersthofmeisterin, dem Obersthofmeister und den beiden Hofdamen gab es noch einen Sekretär, eine Kammerfrau, zwei Kammerdienerinnen, einen Kammerdiener, zwei Kammermädchen, einen Kammertürhüter, vier Leiblakaien, einen Hausknecht und ein Kammerweib. Und dies war nur der Hofstaat der Kaiserin. Der Kaiser hatte seinen eigenen, wesentlich größeren »Haushalt‹, der von dem der Kaiserin strikt getrennt war. An der Spitze dieses Hofstaates standen der Obersthofmeister, ihm folgten der Oberstkämmerer, der Obersthofmarschall und der Oberststallmeister, um nur die wichtigsten Ämter zu nennen. Wenn der Kaiser und die Kaiserin auf Reisen gingen, besonders bei offiziellen Anlässen, folgte ihnen ein Riesentroß von Hofmännern und -frauen, von Dienerinnen und Dienern.

Der Hofstaat war eine eigene kleine Welt innerhalb der Welt des Hofes. In ihm lebte die Kaiserin, geschützt vor der Außenwelt und zugleich von ihr getrennt. In der Hofburg waren stets einige Bedienstete um sie und nahmen ihr alle Lasten des Alltags ab; verließ sie die Residenz, dann nur in Begleitung einer Hofdame oder eines anderen Mitgliedes

Maskenball im großen Redoutensaal der Hofburg, Anfang des 19. Jahrhunderts

ihres Hofstaates. Die Kaiserin brauchte sich bei solchen Ausflügen um nichts zu kümmern. Alles wurde vom Hofstaat geregelt. So hatte Elisabeth nie Geld bei sich. Alle Rechnungen wurden von ihren Begleitern beglichen. Der Hofstaat regelte aber nicht nur den kaiserlichen Alltag, er hatte wie das höfische Zeremoniell die Aufgabe, die Bedeutung der kaiserlichen Herrschaft nach außen hin darzustellen und die Würde des Hauses Habsburgs zu steigern. In der dynastischen Selbstdarstellung traten die Individualität des Kaisers und der Kaiserin hinter ihrem Amt zurück. Für die Welt waren sie nur in der glanzvollen Umgebung ihres Hofstaates und getragen vom höfischen Zeremoniell sichtbar, niemals aber als Privatpersonen.

Überhaupt war das Privatleben des kaiserlichen Paares auf ein Minimum reduziert. Der Hofstaat war allgegenwärtig und damit auch der Klatsch. Alles, was Franz Joseph und Elisabeth taten, wurde weitergetragen und kam bald auch der Erzherzogin zu Ohren. So war es eines der wenigen Vergnügen des frischvermählten Paares, allein durch die vielen Gänge und Säle der Hofburg ins Hoftheater am Michaelerplatz zu gehen. Als Sophie davon erfuhr, unterband sie diese Ausflüge sofort, denn auch dieses harmlose Vergnügen verstieß gegen die höfische Etikette. Kaiser und Kaiserin mußten von einem eigens dazu bestimmten Hofbeamten ins Theater geführt werden, obwohl dessen Gebäude Teil der Hofburg war. Franz Joseph beugte sich auch in diesem Fall wie so oft den Forderungen der Mutter und den Regeln des Protokolls. Er verletzte damit die Gefühle Elisabeths, der die Gründe Sophies fremd waren und die sich von der Schwiegermutter um eine der wenigen privaten und freien Momente in ihrem ansonsten so streng geregelten Leben gebracht sah.
Doch Sophie war nicht nur die überkritische und herrschsüchtige alte Frau, als der sie Elisabeth erscheinen mußte. Sie war der jungen Kaiserin trotz aller Bevormundung auch eine wichtige Hilfe, denn sie war bei deren ersten zeremoniellen Handlungen stets an ihrer Seite und versuchte, ihr die ersten Schritte in ihrem neuen Leben zu erleichtern. Allerdings waren ihre Ansprüche an die junge Frau hoch. Sie selbst hatte sich nie geschont und verlangte diese Hingabe auch von anderen. Ihr ganzer Ehrgeiz war es, ihren Sohn auf dem Kaiserthron zu sehen und über ihn politischen Einfluß auszuüben. Es sei dahingestellt, ob Sophie es gut mit Elisabeth meinte oder nicht – die Art und Weise, wie sie sich in ihr Leben einmischte, lief auf eine Konfrontation hinaus und mußte langfristig mit der Unterwerfung Elisabeths enden oder zum offenen Konflikt führen.
Viele Jahre später, kurz nach Sophies Tod, als der Kampf mit ihrer Schwiegermutter schon lange ausgefochten war, hat Elisabeth gegenüber ihrer Hofdame Marie Festetics Sophies Verhalten einmal treffend charakterisiert: »Wie die Erzherzogin Sophie gewiß Alles so gut gemeint

habe – aber wie die Wege mühsam und die Art schroff war – wie auch der Kaiser darunter litt und wie sie immer lenken wollte … und wie vom ersten Tag sie ihrer Zufriedenheit und dem Glücke hinderlich war und sich in Alles mischte und ihnen das Beisammensein – das Ungestörte – erschwerte!«
So gelassen hat die frischverheiratete Elisabeth, die sich in ihrer Rolle als Kaiserin von Österreich gefangen fühlte, nicht reagiert. Denn nicht nur die Schwiegermutter bedrängte sie und engte ihr Leben ein. Die höfische Etikette und die feindselige Haltung des Wiener Adels machten ihr zu schaffen. Zu schnell und unvorbereitet kam der Verlust der Heimat und der Wechsel in das neue Leben. Nur vierzehn Tage nach ihrer Hochzeit war die junge Kaiserin der Verzweiflung nahe und trauerte den verlorenen Träumen ihrer Kindheit nach:

Oh, daß ich nie den Pfad verlassen,
Der mich zur Freiheit hätt' geführt.
Oh, daß ich auf der breiten Straßen
Der Eitelkeit mich nie verirrt!

Ich bin erwacht in einem Kerker,
Und Fesseln sind an meiner Hand.
Und meine Sehnsucht immer stärker –
Und Freiheit! Du, mir abgewandt!

Ich bin erwacht aus einem Rausche,
Der meinen Geist gefangenhielt,
Und fluche fruchtlos diesem Tausche,
Bei dem ich Freiheit! Dich – verspielt!

Keine Familie wie jede andere

Die ersten zwei Wochen nach der Hochzeit waren für Elisabeth keine glückliche Zeit. Die Pflichten einer Kaiserin und die Zwänge des höfischen Protokolls, die Feindseligkeit des Wiener Hofs und nicht zuletzt die ständige Bevormundung durch die Schwiegermutter machten ihr das Leben in der Hofburg zur Qual. Eine Hochzeitsreise gab es nicht, und die Flitterwochen ließen auf sich warten. Franz Joseph mußte wegen der Orientkrise die Amtsgeschäfte unmittelbar nach der Hochzeit wieder aufnehmen, und für Elisabeth war die erste Woche in Wien anstrengende Pflichterfüllung und die zweite bereits einsamer Alltag. Der Kaiser versuchte, seiner Frau das Leben in der neuen Umgebung so angenehm wie möglich zu gestalten, doch Elisabeths Gedichte aus dieser Zeit zeigen eine junge Frau, die sich als Gefangene in einer ihrem Wesen fremden Welt sieht und den Feiheitsträumen ihrer Jugend nachtrauert. Selbst ihre Gefühle für Franz Joseph schienen in Frage gestellt. Bedrängt von der traurigen Erfahrung des grauen Wiener Alltags, verklärte Sissi in der Erinnerung das kurze Glück ihrer ersten bayrischen Liebe zur einzigen ihres Lebens:

Nur einmal konnt ich wahrhaft lieben
Es war das erstemal.
Nichts konnte meine Wonne trüben
Bis Gott mein Glück mir stahl.

Geknüpfet war der Liebesknoten
Wir sahn uns jeden Tag;
Doch nun gehört er zu den Toten
Hart war des Schicksals Schlag!...

Den ganzen Tag konnt ich mich freuen
Auf einen einzgen Blick!
Soll in der Trübsal ich bereuen
Was damals war mein Glück?

Nur kurz warn diese schönsten Stunden,
Nur kurz die schönste Zeit.
Nun ist mein Hoffen all entschwunden,
Ihn geb ich nicht in Ewigkeit.

Die Heirat mit Franz Joseph, die Übersiedlung nach Wien und das Leben als Kaiserin kamen für die junge Frau einfach zu schnell. Die äußeren Ereignisse hatten ihre Gefühle überholt. Elisabeth konnte die vielen neuen Eindrücke in der Kürze der Zeit nicht verarbeiten und fand nur schwer in ihre Rolle als Kaiserin von Österreich. Noch viele Jahre später sprach sie mit Schrecken von dieser Zeit und erzählte ihrer Hofdame Marie Festetics im Oktober 1872, »wie bange ihr in der Welt der Fremden, der Großen gewesen – wie so Alles anders erschien! – wie ihr Heimat und Geschwister fehlten! – das ganze sorgenlose, harmlose Sein in Possenhofen! – Das Natürliche, das Einfache verschwinden sollte unter dem unnatürlichen Druck der übertriebenen Etiquette – mit einem Worte – wie Alles sich nur um das ›Scheinen‹ und nicht um das ›Sein‹ handelte – und wie hart oft Alles gewesen sei«. Possenhofen und der Wiener Hof – das waren zwei Welten, die Sissi ihr Leben lang nicht in Einklang bringen konnte.
Die Übersiedlung des kaiserlichen Paares in die Sommerfrische nach Laxenburg am 11. Mai 1854 sollte Elisabeth etwas Ruhe und Erholung verschaffen. Die kaiserliche Familie besaß dort seit dem 14. Jahrhundert ein Jagdschloß, an dessen Stelle später der sogenannte Blaue Hof als Sommerresidenz gebaut wurde. Zur Zeit Elisabeths war die Hauptattraktion Laxenburgs ein etwa tausend Morgen großer Park, in dem sich künstliche Seen, ausgedehnte Waldstücke, farbenfrohe Blumenrabatten, skurrile Gebilde und Ruinenimitationen sowie ein riesiger Teich befanden. Franz Joseph hat diese Tradition, die unter seinem Vorgänger aufgegeben worden war, nach der Verlobung mit Sissi neu belebt. Die Erinnerung an glückliche Kindertage in Laxenburg und die von ihm geteilte Liebe Elisabeths zur Natur haben diese Entscheidung wohl befördert. Seit dem Januar 1854 wurde die Inneneinrichtung des

Blauen Hofes rundum erneuert. Und das Ergebnis konnte sich sehen lassen. Der erste Brief, den Franz Joseph aus Laxenburg an seine Mutter in Wien schreibt, ist voller Begeisterung: »Hier ist es himmlisch, und Sisi gefällt es gottlob recht gut.«
Alles schien wie für das Glück der jungen Kaiserin geschaffen. Der Park war für die Öffentlichkeit gesperrt, so daß die scheue Elisabeth ungestört in ihm spazierengehen und reiten konnte. Der Wiener Hof und die Hofgesellschaft waren fern und auf ihre Bitten hin hatte Franz Joseph ihren Lieblingsbruder Gackel nach Laxenburg eingeladen. Und doch kam alles anders. Elisabeth war auch in Laxenburg unglücklich, weinte viel und kränkelte. Das Elend dieser Tage hat die junge Kaiserin so intensiv erlebt, daß sie noch zwanzig Jahre später bei einem Besuch des Blauen Hofes Marie Festetics, die davon in ihrem Tagebuch berichtet, eine plastische Schilderung der damaligen Situation gab:
»Elisabeth ging von Zimmer zu Zimmer – sagte von jedem, was es war – aber ohne näheren Commentar, bis Sie endlich in einem Eckzimmer stehen blieb, wo ein Schreibtisch zwischen Fenstern stand u. ein Schreibsessel davor; lange stand sie mäuschenstill da – plötzlich sagte sie …: ›Hier habe ich viel geweint, Marie. Allein der Gedanke an diese Zeit preßt mein Herz zusammen. Hier war ich nach meiner Hochzeit … Ich fühlte mich so verlassen, so einsam. Der Kaiser konnte tagsüber natürlich nicht hier sein, er ist täglich in der Früh nach Wien gegangen. Um sechs Uhr ist er zum Diner zurückgekehrt. Bis dahin war ich den ganzen Tag allein und hatte Angst vor dem Augenblick, da Erzherzogin Sophie kam. Denn sie kam jeden Tag, um jede Stunde zu spionieren, was ich tue. Ich war ganz à la mercie dieser ganz bösartigen Frau. Alles war schlecht, was ich tat. Sie urteilte abfällig über jeden, den ich liebte. Alles hat sie herausbekommen, weil sie ständig gespitzelt hat. Das ganze Haus hat sie so gefürchtet, daß alle zitterten. Natürlich haben sie ihr alles mitgeteilt. Die kleinste Sache war eine Staatsaffäre‹.«
Für Elisabeth hatte sich durch die Übersiedlung nach Laxenburg nichts geändert. Sie war weiterhin von ihren Eltern und Geschwistern getrennt, und Franz Joseph war nur wenige Stunden am Tag bei ihr. Sie

hatte Heimweh und fühlte sich einsam. Doch allein war sie nie. Sophie ließ sie auch in Laxenburg nicht zur Ruhe kommen, und auch der kaiserliche Hofstaat war stets um sie herum. Elisabeth konnte keinen Schritt tun, ohne daß ihr Verhalten kontrolliert und kritisiert wurde. Ein wirkliches Familienleben, so wie es Elisabeth gewohnt war und nach dem sie sich sehnte, gab es nicht. Das junge Paar speiste stets in Gesellschaft, und auch dabei ging die Erziehung der Kaiserin durch ihre Schwiegermutter und die Obersthofmeisterin weiter. So berichtet der Flügeladjutant des Kaisers, Hugo von Weckbecker, er habe des öfteren neben der Kaiserin sitzen müssen, um »sie zu einem Gespräche zu bewegen, da sie noch gar so schüchtern war und nun gesellschaftlich geschult werden sollte«.

Sophie beherrschte auch in Laxenburg das Feld und mischte sich massiv in das Leben des jungen Paares ein. Sie wohnte zwar in Schönbrunn, stattete dem Blauen Hof aber fast täglich einen Besuch ab, um dort nach dem rechten zu sehen und ihrer Schwiegertochter »Gesellschaft zu leisten«. Sophie hatte genaue Vorstellungen, wie sich die Kaiserin zu verhalten hatte. Ging Elisabeth allein im Park spazieren, so bestand Sophie auf einer standesgemäßen Begleitung. Ritt sie nur mit dem Stallknecht aus, dann forderte die Erzherzogin, es müsse zumindest der kaiserliche Oberststallmeister dabei sein. Auch das Füttern der Pferde mit Zucker und Möhren untersagte sie Elisabeth. Und Franz Joseph beugte sich, so wie er es von Kind an gewohnt war, seiner Mutter. Er bat seine Frau, der Erzherzogin zu folgen, da sie doch nur das Beste wolle. Sophies Herrschsucht machte aber auch nicht vor dem Kaiser halt. Sie habe ihn, so Elisabeth zu ihrer Hofdame Marie Festetics, »wie ein Schulkind gescholten«. Es war, als ob das kaiserliche Paar keine Privatleben hätte, als ob Gefühle nicht zählten und alles nur Etikette wäre. Marie Festetics berichtete Elisabeth eine bezeichnende Episode aus ihren »Flitterwochen« in Laxenburg:

»Einmal habe ich den Kaiser gebeten, mich nach Wien mitzunehmen. Dort war ich mit ihm den ganzen Tag. Einen Tag habe ich sie nicht gesehen … aber kaum waren wir abends zuhause, kam sie schon herübergerannt. Sie hat mir verboten, so etwas noch einmal zu tun. Sie hat mich so beschimpft, weil es für eine Kaiserin unschicklich ist, ihrem Mann nachzulaufen und hin und her zu kutschieren wie ein Fähnrich. Natürlich ist es dann unterblieben.«

Sophies Anliegen war offensichtlich. Ihr ging es um die Würde des Hauses Habsburg als Grundlage seiner Macht. Und hier hatte Elisabeth eine bestimmte Rolle zu spielen, deren Regeln die höfische Etikette und die politischen Erfordernisse aufs genaueste festlegten. Das abweichende Verhalten ihrer Schwiegertochter nahm sie nicht als Ausdruck einer eigenständigen Persönlichkeit wahr, sondern als Verstoß gegen die Regeln, den es zu korrigieren galt. Überhaupt hatte in ihren Augen eine Kaiserin die eigenen Bedürfnisse ihrer Aufgabe unterzuordnen. Gegen diese Einschränkung ihrer Freiheit wehrte sich Sissi. Doch sie war viel zu jung und unerfahren, um sich gegen diese kampferfahrene und einflußreiche Frau durchzusetzen. Vom Kaiser konnte sie keine Unterstützung erwarten. Er stand selber im Bann Sophies.

Selbst von ihrer eigenen Mutter wurde sie gemahnt, sich der Leitung Sophies anzuvertrauen und ihr in allen Dingen zu folgen. In den Augen Ludovikas war eine Ehe mit dem Kaiser von Österreich ein großes Glück, dem man sich durch Dankbarkeit würdig zu erweisen hatte. Zudem vertraute sie ihrer Schwester Sophie blind und stellte sich in Streitfragen zumeist auf ihre Seite. Auch in späteren Jahren pflichtete Ludovika der bewunderten Sophie sogleich bei, als diese sich wieder einmal bei ihrer Schwester über Sissis ungehöriges Betragen beklagte: »Es ist mir ein wahrer Kummer«, schrieb sie im März 1859, »daß es immer so bleibt, und die Jahre darin keine Änderung hervorbringen. Es ist ein unbegreifliches Benehmen, ein Unrecht, das mich quält und ängstigt, der einzige Kummer, wenn ich an diese so glückliche Lage mit Freude denke, wo so alles vereinigt ist, um glücklich zu seyn und dies seltene Glück dankbar zu genießen!« In Ludovikas Augen war alles aufs Beste geordnet. Die Probleme, die ihre Tochter in Wien hatte, und die Einsamkeit, mit der sie dort kämpfte, wollte sie nicht sehen. Stets beschwichtigte sie und riet Elisabeth, sich den Gegebenheiten anzupassen.

In gewisser Weise hatte Ludovika sogar recht. Sie wußte besser als Sissi, daß es für ihre Tochter kein zurück mehr gab in die heile Welt ihrer bayerischen Familie. Sie war jetzt Kaiserin von Österreich und damit Mitglied einer der ältesten und mächtigsten Dynastien Europas. Das weitverzweigte Geschlecht der Habsburger, dessen Sprößlinge sich Erzherzöge und Erzherzöginnen nennen durften, war streng hierarchisch geordnet und folgte einem familieninternen Kodex. Die letzte Instanz in allen familiären Fragen war der amtierende Kaiser. Er konnte sich dabei seit 1839 auf ein geheimgehaltenes »Familienstatut« berufen. Nach diesem Hausgesetz der Habsburger besaß er nicht nur die allerhöchste Gewalt und Gerichtsbarkeit über sämtliche Familienmitglieder. Ihm stand auch das »Recht einer besonderen Aufsicht« zu, das sich »insbesondere auf Vormundschaften, Kurateln und Verehelichungen, überhaupt auf alle Handlungen und Verhältnisse der Familienmitglieder« erstreckte, die »auf die Ehre, Würde, Ruhe, Ordnung und Wohlfahrt des durchlauchtigsten Erzhauses einen Einfluß haben können«. Der Kaiser durfte sich sogar in die Erziehung der Erzherzöge einmischen. Vor allem aber konnte kein Mitglieder des Hauses Habsburg ohne die Zustimmung des Familienoberhaupts heiraten.

Die Befehlsgewalt des Kaisers erstreckte sich sogar auf seine Brüder. Diese hatten nach der Thronbesteigung durch Franz Joseph eine Beteiligung an der Regierung erhofft, wie dies in den Generationen zuvor durchaus üblich gewesen war. Doch Franz Joseph wollte alleine herrschen und speiste die Brüder mit militärischen Posten und repräsentativen Aufgaben ohne politischen Einfluß ab. Der nur zwei Jahre jüngere und vielfältig begabte Bruder Ferdinand Maximilian litt zeitlebens unter diesem Zustand. Der Kaiser war es, der ihn zum Korvettenkapitän und später zum Konteradmiral machte, von ihm erhielt er den Auftrag, am französischen Kaiserhof die politische Lage zu sondieren und auch die Ernennung zum Generalgouverneur des Königreichs Lombardo-Venetien, das seit dem Wiener Kongreß von 1815 zum Habsburger Reich gehörte, war ein Gunstbeweis seines Bruders. Doch Ferdinand Maximilian fühlte sich von diesen zumeist repräsentativen

Aufgaben unterfordert und opponierte immer wieder gegen die Politik Franz Josephs. Er hielt sich für den besseren Kaiser und als Napoleon III. ihm die mexikanische Krone antrug, griff er zu. Von 1864 bis 1867 war er Kaiser von Mexiko, um am Ende das Opfer einer Revolution zu werden.

Die beiden anderen Brüder Franz Josephs, der frühere Verehrer Sissis Karl Ludwig und der Jüngste, Ludwig Viktor, fügten sich in ihr Schicksal, auch wenn es immer wieder zu Unstimmigkeiten mit dem Kaiser kam. Besonders der intelligente Ludwig Viktor erschöpfte seinen Elan in fruchtlosen Intrigen. Das weitestgehend angepaßte Verhalten der Brüder war verständlich, denn Franz Joseph ahndete Verstöße gegen die internen Regeln des Hauses Habsburg und die höfische Etikette streng. Im äußersten Fall konnte das Fehlverhalten eines Familienmitglieds zum Ausschluß aus dem Erzhaus und damit verbunden zum Verlust der Existenzgrundlage führen. Die meisten Habsburger akzeptierten deswegen das Regiment Franz Josephs, führten ein standesgemäßes Leben und versuchten, nicht unangenehm aufzufallen. Aber es gab auch Ausnahmen, wie Johann Salvator, ein Sproß des toskanischen Zweigs der Familie. Er verzichtete als erster Habsburger 1889 auf seinen Titel und die damit verbundenen Privilegien, um ein bürgerliches Leben zu führen. Sein Verzichtsbrief an Franz Joseph zeigt, wie stark der Konflikt zwischen dem individuellen Lebensentwurf und den familiären Rollenzuweisungen und Reglementierungen sein konnte:

»Eure Majestät! Mein Verhalten seit bald zwei Jahren wird Eure Majestät überzeugt haben, daß ich ferne von allen mir nicht zukommenden Interessen gehorsam und zurückgezogen bemüht war, Eurer Majestät einstige Ungnade zu beheben. Zu jung, um für immer zu ruhen, zu stolz, um als bezahlter Nichtstuer zu leben, mußte meine Lage peinlich, ja mir unerträglich werden. Durch gewisses berechtigtes Ehrgefühl verhindert, um Wiederverwendung im Heer zu bitten, stand ich vor der Alternative: entweder das unwürdige Dasein eines fürstlichen Müßiggängers weiter zu führen oder als gewöhnlicher Mensch eine neue Existenz, einen neuen Beruf zu wählen. Es drängte mich schließlich zum

Kaiser Franz Joseph (in weißer Uniformjacke) mit seinen Brüdern, den Erzherzögen Ludwig Viktor, Karl Ludwig und Ferdinand Max (von links)

Entschlusse auch deshalb, weil mein ganzes Wesen in den Rahmen der Stellung nicht paßt und mir wenigstens die persönliche Unabhängigkeit Ersatz bieten muß für das Verlorene. Ich verzichte demnach freiwillig und unbeeinflußt auf Rang und Stand, indem ich Titel und Rechte eines Erzherzogs sowie meine militärische Charge ehrfurchtsvoll in die Hände Eurer Majestät zurücklege, dagegen Eure Majestät untertänigst bitte, mir einen bürgerlichen Namen verleihen zu wollen.«

So weit wie Johann Salvator, der sich im bürgerlichen Leben Johann Orth nannte, ist Sissi nie gegangen. Den Mut, sich der Last ihres Amtes durch Rücktritt zu entledigen, hat sie nie gefunden. Ihre Position war allerdings auch von der Johann Salvators grundverschieden. Sie war nicht der zweitgeborene und damit nachgeordnete Sohn einer Nebenlinie des Hauses Habsburgs, sondern die Gattin des Familienoberhaupts und an eine Scheidung war zu diesen Zeiten und in diesem aristokratisch-katholischen Milieu nicht zu denken. Es trieb sie auch nicht der Ehrgeiz und das Verlangen nach höheren Aufgaben, ihre Wünsche waren privaterer Natur. Vor allem aber war sie als Ehefrau des Kaisers an dessen Stellung gebunden. Ihre Selbstbestimmung und Handlungsmöglichkeiten waren dadurch extrem eingeschränkt. Und anders als ihre Schwiegermutter hat sie nie versucht, diese Schranken zu durchbrechen und ihren Einfluß innerhalb der Habsburger Familie zu erweitern. Stattdessen hat sie sich im Verlaufe der Zeit immer mehr ihren Pflichten entzogen und ihr Heil in der Flucht gesucht.

Elisabeth war keine Rebellin, auch wenn sie zeitlebens versucht hat, ihren Neigungen nachzugehen. Sie war hierin genau das Gegenteil von Franz Joseph, der ein Muster an kaiserlicher Pflichterfüllung und höfischer Korrektheit war. Jeden Morgen stand er um vier Uhr auf und bearbeitete noch vor dem Frühstück die ersten Akten. Nie entzog er sich seinen Repräsentationspflichten oder empfand sie als lästig. Er achtete streng auf die Einhaltung der Etikette, manchmal bis in den privaten Bereich hinein. So gab er nur Vertretern des Hohen Adels oder Diplomaten die Hand. Machte er hierin einmal eine Ausnahme, war dies ein Akt der Gnade. Bei Empfängen und Audienzen durfte man den

Kaiser nicht ansprechen, sondern mußte warten, bis man von ihm angesprochen wurde. Diese Regel galt selbst für die Familie mit Ausnahme von Sophie und Elisabeth. Selbst die Gespräche mit dem Kaiser waren vom Protokoll reglementiert, so daß bestimmte Personen nur bestimmte Themen anschneiden durften. Zivilisten mußten bei einem Treffen mit dem Kaiser stets einen Frack anziehen. Das galt auch für die Leibärzte, wenn sie des Nachts an das Krankenlager des Kaisers gerufen wurden. Franz Joseph war in erster Linie Kaiser und erst dann Mensch – und genau das wurde auch von Sissi erwartet.

Schon in den ersten Wochen nach der Hochzeit mußte sie daher ein großes Arbeitspensum erfüllen. Kaum hatte sie die wichtigsten Regeln des höfischen Lebens gelernt, so stand schon die erste offizielle Reise an. Zusammen mit Franz Joseph besuchte sie Anfang Juni für zwei Wochen Mähren und Böhmen. Die Auswahl des Reiseziels war eine politische Demonstration, mit der sich der Kaiser für die Hilfe dieser Länder bei der Niederschlagung der Revolution von 1848/49 bedankte. Das kaiserliche Paar verließ am 9. Juni Wien und fuhr mit der Bahn nach Brünn, der Hauptstadt Mährens, in der man sich mitsamt dem umfangreichen Gefolge für zwei Tage aufhielt. Von hier aus ging es weiter nach Prag, wo man auf dem Hradschin, der alten Königsburg, residierte.

Auf dieser Reise trat Elisabeth erstmals als Landesmutter auf, besuchte Klöster und Schulen, Waisenhäuser und Armenspitäler, besichtigte ein Heim für Taubstumme und ein Irrenhaus. Sie legte den Grundstein zum Bau einer Kirche in Prag und eröffnete dort gemeinsam mit Franz Joseph eine Landwirtschaftsausstellung. Immer wieder empfing die junge Kaiserin Delegationen aus allen Gegenden Böhmens und Mährens, die sich oft mit Bitten und Hilfsersuchen an sie wandten.

Der Eindruck, den sie bei diesen ersten öffentlichen Auftritten außerhalb Wiens auf die Bevölkerung machte, war groß. Ihr Umgang mit den einfachen Leuten wirkte natürlich. Besonders aber die empfindsame Anteilnahme der Kaiserin am Schicksal Unglücklicher trug zu ihrem Ruhm bei, wie ein Zeitungsbericht über den Empfang von Hilfesuchenden aus dem Erzgebirge zeigt: »Als aber der Herr Präsident in ergreifenden Worten die Armuth der Gebirgsbewohner schilderte, da füllten die schönen Augen der lieblichen Landesmutter sich mit Thränen, und kaum vermochte Ihre Majestät die innere Bewegung zu bewältigen. Welch erschütternden Eindruck dieser neue Beweis von Engelsmilde unserer allergnädigsten Kaiserin auf die Anwesenden ausübte, läßt sich nicht wiedergeben, es war ein feierlicher Augenblick.«

Doch das Volk stand nicht im Vordergrund des kaiserlichen Besuches. Auch hier war es vor allem der Adel, den Sissi traf. Im Hradschin mußte sie oft stundenlang Audienzen über sich ergehen lassen und bei großen Diners Konversation mit den hoffähigen Damen betreiben. Spannender war da schon das große Fest, das der böhmische Adel zu Ehren des Kaiserpaares veranstaltete. Es wurde eine der prunkvollsten Veranstaltung der damaligen Zeit. In der großen Reitschule des Palais Waldstein, in dem einst der kaiserliche General Wallenstein residierte, gab es zu Sissis Freude ein Pferdekarussell mit Festturnier. Die Reiter waren böhmische Adelige, die mit spätmittelalterlichen Kostümen bekleidet waren. In einer der prunkvollsten Szenen des Turniers wurde der Einzug Ferdinands III. in Prag im Jahre 1637 dargestellt. Die Böhmen hatten an nichts gespart, und allein die Kostüme und Rüstungen kosteten mehr als 100.000 Gulden.

Der Besuch des Kaiserpaares bei Franz Josephs Onkel, dem ehemaligen Kaiser Ferdinand, war bloße Formsache und ein Gebot der Höflichkeit. Ferdinand, der 1848 zugunsten Franz Josephs abgedankt hatte, lebte seitdem zurückgezogen in Prag. Er war eines der vielen Mitglieder des Hauses Habsburg ohne Aufgabe und brachte seinen Tag herum, indem er stundenlang Domino spielte. Daß der erste Familienbesuch des frischvermählten Kaiserpaares dem Vorgänger Franz Josephs galt, entsprach den Gepflogenheiten des Hauses Habsburg, das seine führenden Mitglieder zu ehren wußte, wenn es auch nicht immer menschlich mit ihnen umsprang.

Das Schicksal Kaiser Ferdinands zeigt besonders drastisch, wie wichtig der Habsburger Familie die Sicherung ihrer Herrschaft war. Persönliche

Bindungen standen diesem Ziel nur im Wege. Das galt auch für den Umgang der Familienmitglieder untereinander. Franz Josephs Verhältnis zu seinen Verwandten war zeit Lebens äußerst distanziert. Selbst seinen Brüdern gegenüber blieb er stets förmlich und unterkühlt. Dieses Verhalten war allerdings nicht ein Ausdruck seines Naturells, sondern das Ergebnis der Erziehungsmethoden seiner Mutter. Ihr »System« war es, Franz Joseph und seine Brüder »zu isolieren, von jeder Intimität mit der übrigen Familie fernzuhalten; sie wie auf einer Insel haltend, meinte sie, ihnen mehr Autorität vor den anderen zu verschaffen, sie vor Einflüssen zu schützen«, wie des Kaisers jüngste Tochter Marie Valerie Ende der 90er Jahre in ihrem Tagebuch notierte. Autarkie und Autorität – das waren nach Sophies Überzeugung die Eigenschaften, die einen Herrscher ausmachten. Und herrschen sollten ihre Kinder – über das Haus Habsburg und über das Habsburger Reich. Ihr Schwager Ferdinand war 1848 das erste Opfer dieser Politik gewesen.
In diese Familie hatte Sissi eingeheiratet. Ein größerer Kontrast zu dem idyllischen Familienleben in Bayern ist kaum denkbar. Herrschaftsfragen spielten dort keine Rolle, da Herzog Max nicht aus der regierenden Linie der Wittelsbacher stammte. Das Verhältnis seiner Kinder zu ihren Eltern und Geschwistern konnte herzlicher nicht sein. Niemand hatte versucht, sie isoliert zu erziehen. Die Familie und ihr Zusammenleben standen im Mittelpunkt von Sissis Kindheit. Unter diesen Umständen war es verständlich, daß sich die junge Kaiserin nach Hause sehnte. An eine andere Möglichkeit, sich der Kälte der Habsburger Familie zu entziehen – nämlich eine eigene zu gründen – hat die erst sechzehnjährige Elisabeth wohl nicht gedacht. Umso überraschender muß es für sie gewesen sein, als der kaiserliche Leibarzt Doktor Seeburger die Beschwerden, die sich kurz nach der Rückkehr aus Prag bei ihr einstellten, als erste Anzeichen einer Schwangerschaft diagnostizierte.
Franz Joseph, der zu dieser Zeit an Manövern in Galizien teilnahm, erfuhr die freudige Botschaft durch einen Brief seiner Mutter. Sophie gab ihrem Sohn sogleich Ratschläge, wie er sich als werdender Vater zu verhalten habe. Da sie um die stürmische Liebe Franz Josephs zu Sissi

wußte, bat sie ihn, die junge Frau von nun an möglichst schonend zu behandeln und sie nicht zu bedrängen. Bis in die intimsten Details, das zeigt dieser Brief, mischte sich Sophie in das Leben des jungen Paares ein. Und sie versuchte weiterhin, der Schwiegertochter zu diktieren, was sie zu tun oder zu lassen hatte. Sogar eine der Lieblingsbeschäftigungen Elisabeths wollte sie ihr verbieten: »Auch glaube ich, daß Sisi sich nicht zu sehr mit ihren Papageien abgeben sollte, da zumal in den ersten Monaten man sich so leicht an den Tieren verschaut, die Kinder Ähnlichkeit mit ihnen erhalten. Sie sollte lieber sich beim Spiegel und Dich anschauen. Dies Verschauen lass' ich mir gefallen.«
Der Rat der Erzherzogin war kein Scherz, denn Sophie dachte hier an die Mißbildung ihrer Schwägerin Marianne und das Gerücht, diese sei durch die Begegnung der Mutter mit einem Orang Utan hervorgerufen worden. Mit diesem Verbot wollte sie also ihre Schwiegertochter schützen. Reine Fürsorglichkeit war es aber nicht, als sie darauf drängte, Sissi sollte während der Schwangerschaft das Reiten aufgeben. Denn diese Leidenschaft der jungen Kaiserin war ihr stets ein Dorn im Auge gewesen.
Die Schwangerschaft veränderte Sissis Leben grundlegend. Die von Sophie angeregten Maßnahmen isolierten sie noch mehr in Laxenburg. Sie verlor zudem ihre Lieblingsbeschäftigungen, das Reiten und den Umgang mit ihren Tieren, die sie aus Possenhofen mitgebracht hatte. Da war es egal, ob Sophie aus Fürsorglichkeit oder aus Herrschsucht handelte. Die junge Kaiserin mußte sich ein weiteres Mal von ihrer Schwiegermutter mißhandelt fühlen. Und so stieg ihre Abneigung gegen diese Frau, steigerte sich von Woche zu Woche, bis hin zur offenen Feindseligkeit.
Ludovika, deren Beistand Sissi jetzt besonders nötig gehabt hätte, zögerte, nach Laxenburg zu fahren. Am 30. Juni schrieb sie ihrer Schwester Marie: »Eingeladen hat mich Sophie und der gute Kaiser. Ich weiss aber nicht, ob es in so mancher Hinsicht vernünftig wäre, mir selbst würde es in pekuniärer Hinsicht schwer. Ob es gut für Sisi wäre, sobald wieder mit uns zusammen zu kommen? … Deswegen habe ich

noch keinen Entschluß gefaßt, obgleich ich oft eine große Sehnsucht nach ihr habe!!!« Ludovika blieb in Possenhofen und sah ihre Tochter erst Ende Juli in Ischl wieder. Sie schickte ihr stattdessen eine kleine Abhandlung, »Die besorgten Ratschläg und Vorsorge-Empfehlungen eines Mutterherzens für die kleine bereits hoffende Tochter«. Kein Ersatz für die junge Frau, die das erstemal in ihrem Leben schwanger war und totunglücklich dort, wo sie lebte.

Selbst in den Monaten der Schwangerschaft mußte Sissi die bittere Erfahrung machen, daß sie keine Privatsphäre besaß. Auch weiterhin zwangen sie die Repräsentationspflichten einer Kaiserin immer wieder, sich öffentlich zu zeigen. Hier mußte die erst Sechzehnjährige als Landesmutter auftreten. Schon das war ihr zu viel, und sie hat immer wieder versucht, sich solchen Auftritten zu entziehen. Das geschah allerdings nicht aus fundamentaler Opposition gegen ihre Rolle, sondern oftmals aus Bescheidenheit und Scheu, wie eine kleine Episode zeigt, von der der Hofkaplan Dr. Hasel zu berichten wußte. Als die Kaiserin kurz nach ihrer Rückkehr aus Böhmen traditionsgemäß am 15. Juni an der großen Fronleichnamsprozession in Wien teilnehmen sollte, zögerte sie: »Würde es nicht genügen, wenn ich nur in der Kirche erscheinen würde. Ich glaube, ich bin noch zu jung und zu unerfahren, um mit voller Würde den Platz einer Kaiserin bei einer derartigen öffentlichen Feier einnehmen zu können; um so mehr, als man mir geschildert hat, welch imposanten majestätischen Eindruck die frühere Kaiserin bei diesem Anlasse gemacht hat. Vielleicht gelingt es mir in ein paar Jahren, mich zu dieser Höhe emporzuschwingen.«

Natürlich mußte Sissi an der Prozession teilnehmen, und sie war die Hauptattraktion mit ihrem langen Schleppkleid und einem Diadem aus Brillanten im Haar. Wie immer erfüllte sie ihre Pflicht mit Bravour, auch wenn man alles getan hatte, um ihre Nervosität durch die Verklärung ihrer Vorgängerin, der Gemahlin Ferdinands, Maria Anna, zu steigern. Die strenge Sophie notierte geradezu begeistert in ihrem Tagebuch: »Die Haltung der Kaiserin war entzückend, fromm, gesammelt, beinahe demütig«. Die letzte Bemerkung verrät, daß sie ihre Schwie-

gertochter richtig einschätzte, denn Demut war Sissi fremd. Auch in der verzweifeltesten Lage bewahrte sie stets ihren Stolz.
Diesen Stolz verletzte Sophie durch ihre herrische Art beinahe täglich. Mit der Schwangerschaft aber erhielten diese Zudringlichkeiten eine neue Qualität. Denn nunmehr ging es nicht mehr nur um die Repräsentation der Habsburger Monarchie, jetzt mußte Elisabeth ihre zweite Aufgabe als Kaiserin erfüllen: die Sicherung der Dynastie durch Fortpflanzung. Die Schwangerschaft war deshalb auch keine private Angelegenheit, die nur Elisabeth und Franz Joseph, sowie den engeren Familienkreis etwas anging. Sie war ein öffentliches Ereignis und rückte die Kaiserin noch stärker ins Rampenlicht.
Sobald Sissi einen kleinen Bauch hatte, verlangte Sophie von ihr, sie solle sich in der Öffentlichkeit zeigen, damit alle sehen konnten, daß die Ehe des kaiserlichen Paares fruchtbar war. Denn schließlich hofften Franz Joseph und seine Mutter auf die Geburt eines Thronfolgers, der die Herrschaft der engeren Familie auf Dauer sichern sollte. Sophie zwang ihre Schwiegertochter deshalb immer wieder, ihre Pflichten auch in diesem Falle zu erfüllen. »Kaum war sie da«, berichtete Elisabeth Jahre später ihrer Hofdame Festetics, »schleppte sie mich schon hinunter in den Garten und erklärte, es sei meine Pflicht, meinen Bauch zu produzieren, damit das Volk sehe, daß ich tatsächlich schwanger bin. Es war schrecklich. Dagegen erschien es mir als Wohltat, allein zu sein und weinen zu können.«
Die ersten Wochen der Schwangerschaft waren für die junge Frau aber nicht nur aufgrund der Anmaßungen Sophies eine Tortur. Immer wieder mußte sie sich vor lauter Übelkeit erbrechen, und ihr Kopf schmerzte so sehr, daß es kaum auszuhalten war. Der zarte Körper der Sechzehnjährigen hatte mit den Belastungen der ersten Schwangerschaft zu kämpfen. Franz Joseph war über den Zustand seiner Frau zugleich betrübt und beglückt, wie er am 17. Juli aus Laxenburg seiner Mutter berichtete: »Sisi konnte nicht erscheinen, da sie gestern recht miserabel war. Sie mußte schon aus der Kirche weg und erbrach sich dann mehrere Male, auch litt sie an Kopfweh und brachte fast den ganzen Tag auf

Erzherzogin Sophie in den 60er Jahren

ihrem Bette liegend zu; nur abends nahm sie mit mir den Tee auf unserer Terasse beim herrlichsten Abend. Seit Mittwoch war sie ganz wohl gewesen, so daß ich schon fürchtete, es sei nichts mit den Hoffnungen, doch nun bin ich wieder ganz getröstet, wenn es mir gleich wehe tut, sie so leiden zu sehen.«

Ende Juli brach die kaiserliche Familie nach Ischl auf, um dort ihren Urlaub zu verbringen. Wieder bezogen sie dort die Kaiservilla, die Sophie Franz Joseph und Elisabeth zur Hochzeit geschenkt hatte. Der Anbau der zwei L-förmigen Seitenflügel, die dem Gebäude von oben betrachtet die Form eines »E« gaben, war allerdings noch nicht abgeschlossen. Der Umbau dauerte mehrere Jahre und konnte erst 1865 vollendet werden. Wie schon das Jahr zuvor, wohnte die kaiserliche Familie im Haupttrakt. Die Villa war Innen wie Außen schlicht gestaltet, ohne Anspielungen auf die kaiserliche Würde ihrer Bewohner. Am Rande von Ischl gelegen, reichte das Grundstück der Villa vom nahegelegenen Fluß und den anliegenden Wiesen bis zum Gipfel des stark bewaldeten Jainzen.

Das Appartement Elisabeths bestand aus einem Frühstückssalon, der nach Norden zum Park hin lag und dem nach Süden ausgerichteten Roten Salon. Schlafzimmer, Bad und Boudoir lagen an der Ostseite, gefolgt von dem späteren Kinderzimmer, dem Schreibzimmer und der Gaderobe an der Westseite. Hier schlossen sich die Räume des Kaisers an. Für Franz Joseph war Ischl seit seiner Verlobung mit Sissi ein »irdischer Himmel«, wohin er jedes Jahr vor der Trockenheit des Wiener Sommers floh. Und auch Elisabeth liebte diesen Ort und kehrte hierhin immer wieder zurück, während ihr die Wiener Residenzen, in denen sie den größten Teil ihrer ersten Ehejahre verbrachte, zeitlebens verhaßt blieben. Besonders der große Garten mit dem Jainzen als Hausberg wurde ihr ein Zufluchtsort in der Natur, an dem sie ungestört träumen und dichten konnte. Das Gedicht »Mein Zauberberg« aus dem Jahre 1885 legt davon Zeugnis ab:

Weiss einen Wundergarten,
So wunderinnig schön,

Der Blumen aller Arten
Vielduftig darin steh'n

Magnolia und Rosen,
Reseda und Vanille,
Die lieblichen Mimosen
Im bunten Farbenspiel.

Grossäugige Penseen
Und schlanke Fuchsias,
Durchsicht'ge Azaleen,
Vom Morgentau noch nass.

Die alle wuchern, ranken
Und blühen Tag und Nacht,
Als gäb' es keine Schranken
Für ihre Blütenmacht.

Und aus des Gartens Mitte
Ein Zauberberg sich hebt;
Ich fühl' mit jedem Schritte
Mich dort wie neubelebt.

Es flüstern seine Buchen
Geheimnisvoll mir zu. -
Nie ging vergebens suchen
Ich oben Heil und Ruh!

Die Felsen singen Lieder,
Der Epheu wird Gedicht,
Die Tannen rauschen wieder,
Was die Ciclame spricht.

Es geht ein Summen, Brausen
Den ganzen Berg entlang,
Als würden Nymphen hausen
Mit Zithern und Gesang.

O du mein Berg der Lieder!
O du mein Feenreich!
Voll Gaben steig ich nieder,
Aus deinem Waldbereich!

Nach den anstrengenden und traurigen Wochen in Wien und Laxenburg war Ischl für Sissi das reinste Glück. Denn schon bald traf dort auch ihre Mutter mit Mathilde und Karl Theodor ein. Die Ankunft Ludovikas verlief jedoch auch diesmal, wie schon im Jahr zuvor, alles andere als planmäßig. Ihr Kommen hatte die Herzogin kurz vor der Abreise durch ein Telegramm angekündigt: »Kaiserin Elisabeth, Ischl. Eintreffe mit Spatz und Gackel. Mimi«. Es folgte die Ankunftszeit in Lambach, der am nächsten bei Ischl gelegenen Bahnstation. Als die kleine Reisegesellschaft mitsamt der Dienerschaft in Lambach den Zug verließ, stand zu ihrer Überraschung weder Sissi noch ein Wagen der kaiserlichen Familie am Bahnhof, um sie nach Ischl zu bringen. Stattdessen näherte sich nach einigem Zögern ein Mann mit einer grünen Mütze, auf der in goldenen Buchstaben »Kaiserin Elisabeth« stand. In jeder Hand hatte er einen Vogelkäfig für die beiden Vögel, die von einer gewissen »Mimi« angekündigt waren. Wie sich schnell herausstellte, war das Telegramm an das Hotel »Kaiserin Elisabeth« in Ischl gegangen, und so kam es, daß die Herzogin mit ihren beiden Kindern in einem knallgelben Hotelwagen vor der Kaiservilla vorfuhr – zur Überraschung Sissis und der kaiserlichen Familie, die ja nichts von Ludovikas Absichten wußten.
So sehr sich Sissi freute, ihre Mutter und die Geschwister wieder zu sehen, die Übelkeitsattacken und Kopfschmerzen blieben. Ihre Mutter schrieb Anfang September an Auguste von Bayern: »Sisi fand ich größer

und stärker geworden, obgleich man ihr ihren Zustand noch nicht viel ansieht, sie ist im ganzen wohl, nur viel mit Übelkeit geplagt, was sie manchmal etwas herabstimmt, sie klagt zwar nie und sucht nur zu sehr dieses Unbehagen zu verbergen; das macht aber, daß sie oft stiller ist, das nicht zu verbergende Farbewechseln verräth aber ihren Zustand am meisten«. Dennoch tat Sissi der Aufenthalt gut. Die ganze Familie frühstückte morgens um 10 Uhr bei den Eltern des Kaisers, da Sissi und Franz Joseph nicht über einen eigenen Haushalt verfügten, und beendete den Tag mit einem gemeinsamen Abendspaziergang.
Mutter und Geschwister blieben länger als geplant in Ischl, da in München die Cholera ausgebrochen war. So konnten sie Elisabeth Gesellschaft leisten, als Sophie Anfang September nach Dresden reiste und Franz Joseph nach Wien zurück mußte, um seine Amtsgeschäfte wieder aufzunehmen. Doch auch jetzt blieb Sissi unter der Beobachtung Sophies. Denn der erst zwölfjährige Bruder Franz Josephs, Erzherzog Ludwig Viktor, betätigte sich als zuverlässiger Informant und frühreifer Intrigant: »Liebe Mama«, schrieb er nach Dresden, »seit Du weg bist, geht es hier zur Verzweiflung von Papa eigens zu, nämlich die Kaiserin und Lenza [Kammerdiener des Kaisers] machen, was sie wollen. Der arme Papa klagt mir alle Morgen beim Frühstück … Gräfin Esterházy und Paula [Bellegarde] ringen die Hände«.
Auch in dieser Situation zeigte sich, wie unsicher Ludovika war und wie sehr von ihrer Schwester abhängig. An Auguste von Bayern schrieb sie: »Ich möchte jetzt doppelt, Sophie wäre hier; denn sie ist doch die Seele von allem, und ohne sie weiss man nicht, an wen sich wenden.« Und als wäre ihr die Problematik der Beziehung zwischen ihrer Tochter, Franz Joseph und Sophie nicht bewußt, rühmte sie, »mit welcher Liebe der Kaiser an seiner Mutter hängt, es ist ein herrliches Verhältnis«.
Der Ischler Urlaub endete Mitte September, und Sissi mußte sich von ihrer Familie trennen. Sie kehrte zurück nach Wien, in die ungeliebte Hofburg. So sollte es nun die nächsten Jahre bleiben. Dem Aufenthalt in der Wiener Hofburg über den Winter folgte im Frühjahr der Rückzug nach Laxenburg. Im Sommer oder Herbst reiste die kaiserliche

Familie dann zur Erholung nach Ischl, bis es Zeit wurde, nach Wien zurückzukehren, um dort das Winterquartier aufzuschlagen. Unterbrochen wurde dieser jahreszeitliche Wechsel nur von den Reisen des Kaiserpaares und einem Besuch der Kaiserin in Possenhofen, kurz nach der Geburt ihres ersten Kindes.
In der Hofburg wartete schon der kaiserliche Alltag auf Elisabeth. Franz Joseph arbeitete den ganzen Tag und sie sah ihn nur des Morgens und Abends und an den wenigen Tagen, an denen er sich eine Erholung gönnte. Obwohl Elisabeth geschont wurde, mußte sie zu verschiedenen Anlässen ihre Repräsentationspflichten erfüllen, und Sophie blieb stets gegenwärtig. Überhaupt traf Elisabeth in dieser Zeit immer wieder Mitglieder des Hauses Habsburg, die zu den sogenannten Familiendiners kamen.
Eine der wenigen Abwechslungen war der Besuch des Theaters. In der Welt der Dichtung fühlte sich Sissi zu Hause. In ihrer Familie war die Beschäftigung mit Literatur selbstverständlich gewesen, wie überhaupt die Familie der Wittelsbacher ein besonders kunstsinniges Geschlecht waren – ganz im Gegenteil zu den Habsburgern, die im allgemeinen wenig Interesse an schöngeistigen Dingen zeigten. Dabei gab es gerade in Wien großartige künstlerische Darbietungen in der Oper und im Burgtheater zu sehen. So etwa am 7. Oktober eine Aufführung von Shakespeares »Sommernachtstraum«, dem Lieblingsstück Sissis. Dem Kaiser, der zusammen mit Elisabeth diese Vorstellung besuchte, blieb die Welt des großen englischen Dichters allerdings verschlossen. »Gestern«, berichtete er seiner Mutter, »war ich mit Sisi im Sommernachtstraum von Shakespeare im Burgtheater. Max kam auch hin. Es war ziemlich langweilig und ungeheuer dumm. Nur Beckmann mit einem Eselskopfe ist amüsant.« In schöngeistigen Dingen bestand eine unüberwindbare Schranke zwischen dem Kaiser und Sissi, die später zur Entfremdung der beiden beitragen sollte. Dreißig Jahre nach diesem Theaterbesuch verfaßte Elisabeth Gedichte, in denen sie die Titania des »Sommernachtstraum« ist und Franz Joseph der Oberon mit dem Eselskopf. Wenn der Kaiser das geahnt hätte – er hätte sicherlich nicht gelacht.

Erzherzogin Sophie, Gemälde von Johann Nepomuk Ender

Die junge Mutter

Am 5. März 1855 war es dann so weit. Gegen sieben Uhr morgens erschien der Kaiser in der Wohnung seiner Mutter und benachrichtigte sie, daß bei Elisabeth die Wehen eingesetzt hätten. Sophie begab sich sofort in die Gemächer des Kaiserpaares und bezog mit einer Handarbeit bewaffnet ihren Posten vor dem kaiserlichen Schlafzimmer. Von hier aus dirigierte und kontrollierte sie das ganze Geschehen. »Der Kaiser«, schrieb sie in ihr Tagebuch, »ging und kam von ihr zu mir«. In diesem Satz liegt das ganze Drama der eigentümlichen Dreiecksbeziehung zwischen Sophie, Franz Joseph und Elisabeth. Von Anfang an war der Kaiser zwischen den beiden wichtigsten Frauen in seinem Leben hin und her gerissen, versuchte stets, zwischen ihren so gegensätzlichen Temperamenten und Weltanschauungen zu vermitteln.

In den ersten Jahren der Ehe von Franz Joseph und Sissi hatte Sophie aufgrund ihrer Stellung und durch ihre Erfahrung eindeutig die Oberhand in dieser Beziehung, die sie von Anfang an durch eine eigentümliche Mischung von Fürsorglichkeit und Herrschaftsanspruch geprägt hatte. Die Geburt des ersten Kindes zeigt dies deutlich. Sie wird zum Triumph der Schwiegermutter. Denn als die Wehen gegen elf Uhr immer stärker wurden, setzte sie sich neben den Kaiser an Sissis Bett und leitete von hier aus die ganze Geburt. In ihrem Tagebuch beschreibt Sophie die Szene:

»Sisi hielt die Hand meines Sohnes zwischen den ihren und küßte sie einmal mit einer lebhaften und respektvollen Zärtlichkeit; das war so rührend und machte ihn weinen; er küßte sie ohne Unterlaß, tröstete sie und klagte mit ihr und schaute mich bei jeder Wehe an, um zu sehen, ob ich damit zufrieden war. Als sie jedesmal stärker wurden und die Entbindung begann, sagte ich es ihm, um Sisi und meinem Sohn neuen Mut zu geben. Ich hielt den Kopf des guten Kindes, die Kammerfrau Pilat die Knie und die Hebamme hielt sie von hinten. Endlich nach einigen guten und langen Wehen kam der Kopf und gleich danach war das Kind geboren (nach drei Uhr) und schrie wie ein Kind von sechs Wochen. Die junge Mutter sagte mit einem Ausdruck von so rührender Seligkeit: ›oh, jetzt ist alles gut, jetzt ist mir einerlei, was ich gelitten!‹ Der Kaiser brach in Tränen aus, er und Sisi hörten nicht auf, sich zu küssen, und sie umarmten mich mit der lebhaftesten Zärtlichkeit. Sisi schaute ihr Kind mit Entzücken an, und sie und der junge Vater waren voll Sorge für das Kind, ein großes und starkes Mädchen.«

Das junge Paar war glücklich über ihr erstes Kind, auch wenn es nicht der erhoffte Thronfolger war. Und auch die Großmutter war zufrieden. Die Geburt war einer der wenigen Augenblicke, der diese drei so unterschiedlichen Menschen einander näher brachte. Die im Vorzimmer versammelte Familie beglückwünschte den sichtlich stolzen Kaiser. Sophie nahm das gewaschene und angezogene Kind sogleich auf den Arm. Zusammen mit ihrem Sohn und dem Kind saß sie an Sissis Bett, bis die junge Mutter gegen sechs Uhr erschöpft einschlief. In glücklicher Stimmung nahm die kaiserliche Familie den Tee und der Kaiser rauchte eine Zigarre mit seinem Bruder Max. Der Stadt und dem Land verkündeten 21 Kanonenschüße, daß dem Haus Habsburg eine Erzherzogin geboren worden war und überall wurden Dankesgottesdienste abgehalten.

Alles war schon vorbereitet, doch nicht von der Kaiserin, die mit all dem überfordert war, oder dem Kaiser, den die Arbeit erdrückte, sondern von der energischen und organisationsfreudigen Sophie. So behielt die Erzherzogin von Anfang an alles in der Hand. Die Kinderfrau Leopoldine Nischer hatte sie selbst ausgesucht und in längeren Gesprächen auf ihre Aufgabe vorbereitet. Auch für die Einrichtung des Kinderzimmers hatte Sophie persönlich Sorge getragen. Und auch hier traf sie eine für sie typische Entscheidung: Die »Kindskammer« kam nicht in die Nähe der kaiserlichen Wohnräume, sondern schloß unmittelbar an Sophies eigene Appartements an. Um zu ihrem Kind zu kommen, mußte Elisabeth enge Stiegen hinaufsteigen und zugige Gänge überwinden. Für eine junge Frau nach der Entbindung ein unzumutbarer Weg. War Elisabeth glücklich bei ihrer Kleinen angekommen, so konnte sie das Kind nicht ohne Beisein der Schwiegermutter sehen, da

Taufe der kleinen Sophie, des ersten Kindes von Elisabeth und Franz Joseph, in der Hofburgkapelle am 6. März 1855

die Kindskammer praktisch in Sophies Wohnräume integriert war. Das ganze Arrangement war dazu angetan, Mutter und Kind zu trennen. Sophie machte damit klar, daß sie selbst die Erziehung ihrer Enkelin übernehmen wollte.

Selbst der Name des Kindes war von der Erzherzogin ausgewählt worden. Es wurde in der Kapelle der Hofburg in einer endlos langen Zeremonie, der die hohen Würdenträger des Reiches und die Diplomaten aller in Wien vertretenen Länder beiwohnten, auf den Namen Sophie Friederike Dorothea Maria Josepha getauft. Sophie war aber nicht nur die Namensgeberin ihrer ersten Enkelin, sondern übernahm auch die Patenschaft. Wie eine Mutter sorgte sie sich um das Kind, notierte alle Einzelheiten der Säuglingspflege in ihr Tagebuch und registrierte jeden noch so kleinen Fortschritt und jede Veränderung des Kindes. Auch hier zeigt sich das doppelte Gesicht Sophies: ihre Liebe zu dem Kind ihres Sohnes und der Wille, dessen Leben nach ihren Vorstellungen zu gestalten.

Die Mutter des Kindes schien keine Rolle zu spielen. Man hatte sie nicht gefragt, ob sie mit der Einrichtung der Kindskammer, der Wahl der Kinderfrau oder dem Namen des Kindes einverstanden sei. Es war, als sei sie nur zum Gebären da, ohne weitergehende Rechte an der Tochter, der sie das Leben geschenkt hatte. Und die unerfahrene siebzehnjährige Elisabeth fügte sich in diese Rolle. Was blieb ihr auch anderes übrig, erschöpft und ohne Unterstützung von Seiten ihrer Mutter. Ein Umstand, der in der Hofgesellschaft hämisch kommentiert wurde: »Die Mutter der Kaiserin verweilt auf ihrem Landsitz«, schrieb am 6. März die Baronin Speth, »worüber man sehr erstaunt ist. Sie soll keine Einladung erhalten haben. Jedes Ding hat seine Ursache, darüber läßt sich nicht urteilen.« Tatsächlich sah Ludovika ihre Enkelin erstmals Anfang September in Ischl. Bei einem kurzen Besuch in Possenhofen Ende Juni hatte Sissi ihr Kind nicht mitgenommen.

Erst viele Jahre später, nach der Geburt ihres vierten Kindes, erlebte Elisabeth das Glück einer Mutter, die ihr Kind umsorgt, es aufwachsen, sich verändern und zur Persönlichkeit heranreifen sieht. Ihrer Vertrauten Marie Festetics gestand sie: »Erst jetzt weiß ich, welche Glückseligkeit ein Kind bedeutet. Jetzt habe ich schon den Mut gehabt, es zu lieben und bei mir zu behalten. Meine anderen Kinder hat man mir sofort weggenommen. Es war mir nur dann erlaubt, die Kinder zu sehen, wenn Erzherzogin Sophie die Erlaubnis dazu gab. Sie war immer anwesend, wenn ich die Kinder besuchte. Endlich gab ich den Kampf auf und ging nur noch selten hinauf.«

Allerdings gab es immer auch Tage, an denen Sissi ihre Tochter ganz für sich hatte. Zwei Wochen nach der Geburt Sophies schrieb sie an Therese von Bayern: »Meine Kleine ist wirklich schon sehr nett und macht dem Kaiser und mir ungeheuer viel Freude. Anfangs kam es mir recht sonderbar vor, ein ganz eigenes Kind zu haben; es ist wie eine ganz neue Freude, auch habe ich die Kleine den ganzen Tag bei mir, ausser wenn sie spazieren getragen wird, was bei dem schönen Wetter oft möglich ist.« Das Kind war der Mutter also nicht gänzlich entzogen, auch wenn es in die Obhut der Großmutter übergeben war und von ihr erzogen wurde. In Laxenburg, wo das Kaiserpaar Mitte Mai bis Anfang September wohnte, hatte Elisabeth das Kind sogar täglich um sich. Am 17. August berichtete der Kaiser seiner erkrankten Mutter: »Hier ist es seit acht Tagen immer kalt und veränderlich, es hat viel geregnet und der Wind saust fast beständig. Die Kleine kann daher nicht immer im Garten sein und langweilt sich sehr im Zimmer. Sie macht jetzt oft Versuche sich aufzusetzen, es gelingt aber noch nicht. Auf dem Arm sitzt sie aber schon ganz gerade.« Die Erzherzogin kam allerdings, so oft es ihr möglich war, um die Mutter und das Kind im Auge zu behalten.

Elisabeth hatte sich kaum von den Strapazen der Schwangerschaft und Geburt erholt, da war sie erneut in guter Hoffnung. Auf den Tag genau sechzehn Monate nach der Geburt ihres ersten Kindes brachte sie am 5. Juli 1856 um 6 Uhr 35 in Laxenburg eine zweite Tochter zur Welt. Das Mädchen wurde auf den Namen Gisela Ludovika Maria getauft, nach der bayerischen Prinzessin Gisela Elisabeth, der Gemahlin des ersten christlichen Königs von Ungarn, Stephan I. Patin war diesmal Ludovika, die allerdings selbst jetzt nicht nach Wien kam und bei der Taufe von ihrer Schwester Sophie vertreten wurde. Selbst wenn man in Rechnung stellt, daß Ludovika das Reisen und der Wiener Hof zuwider waren, ist ihr Verhalten doch nur schwer verständlich. Ludovika hatte immer wieder gegenüber Bekannten und Verwandten von ihrer Sehnsucht nach Sissi gesprochen, und sie wußte von ihrer Tochter, wie sehr sich diese zurück nach Hause zu ihrer Familie sehnte. Möglicherweise wollte sie diesen Gefühlen keinen Vorschub leisten. Ludovika hat immer deutlich gemacht, daß Sissi sich in ihre neue Familie einleben und ihre Rolle als Kaiserin annehmen müsse.

Die Enttäuschung, daß auch diesmal kein Thronfolger geboren wurde, war groß. Bereits nach der ersten Geburt hatte man von einer »getäuschten Hoffnung« gesprochen, sich aber auf das nächste Kind vertröstet. So sehr sich Franz Joseph über seinen beiden Töchter freute, entscheidend für ihn als Kaiser war der Erbe, der sein Amt übernehmen konnte. So sah es auch Sophie und so sahen es alle Monarchisten im Lande. Der Druck auf Sissi wuchs. Solange sie nur Mädchen zur Welt brachte, blieb ihre Stellung im Hause Habsburg unverändert. Sie war die Frau an der Seite des Kaisers. Erst mit der Geburt eines Thronfolgers würde sich dies ändern, denn dann wäre sie die Stammutter der folgenden Herrschergeneration und träte an die Stelle der Erzherzogin Sophie.

Aber Sissi hatte dazu gelernt. Sie war nach dem zweiten Kind nicht mehr gewillt, ihre Töchter der Obhut der Schwiegermutter zu überlassen. Sie überredete ihren Mann, die Kinder in einem Zimmer unmittelbar neben den kaiserlichen Wohnräumen unterbringen zu lassen. Für Franz Joseph war es eine schwere Entscheidung. Noch nie hatte er sich gegen seine Mutter gestellt, und er wußte, daß Sophie mit einem solchen Wechsel nicht einverstanden sein würde. Der Kaiser wählte deswegen die Gelegenheit einer Reise nach Kärnten Anfang September 1856, bei der ihn Sissi begleitete, um seine Mutter kurz vor der Abreise von seinen Absichten in Kenntnis zu setzen: »Um die Kinder in der Stadt schon ganz definitv und bequem unterzubringen, sind wir zum Entschluß gekommen, sie in die Radetzky-Zimmer zu geben, die geräumig sind und wo sie sich bei etwaiger Notwendigkeit auch ausbreiten können, was oben doch immer mit Schwierigkeiten verbunden ist. Auch sind die Leuteküche etc. viel praktischer untergebracht, und Sisi braucht keine Stiege zu steigen, um zu den Kindern zu gehen. Jetzt, wenn wir abreisen, werden wir sie wahrscheinlich nach Schönbrunn schicken, um sie in bessere Luft zu bringen.« Die praktischen Gründe sollten Sophie eine goldene Brücke bauen, das »Wir« des Entschlußes aber signalisierte eine klare Front. Erstmals versuchte Franz Joseph nicht zu vermitteln, sondern stellte sich eindeutig auf Sissis Seite – gegen seine Mutter.

Die reagierte prompt und schickte dem kaiserlichen Paar zwei erboste Briefe nach Kärnten. Doch die beiden ließen sich von dieser Attacke

nicht beeindrucken. Sie genossen ihren ersten Urlaub nur zu zweit. Sollte Sissi an Franz Josephs Gefühlen ihr gegenüber gezweifelt haben – in Kärnten trübte keine dunkle Wolke das junge Glück. Franz Joseph hatte sie erstmals in ihrem Kampf mit Sophie eindeutig unterstützt und das Kaiserpaar verlebte vom 2. bis zum 14. September zwölf herrliche Tage in der großartigen Kärntener Natur. Hier im Hochgebirge waren ihre Seelen im Gleichklang, denn beide liebten sie die Berge. Ihr Auftreten war einfach und natürlich. Der Kaiser verzichtete einmal auf die Uniformen, die er bei offiziellen Auftritten bevorzugte, und gab sich ganz leger in Lederhosen und mit Gamsbarthut, während die Kaiserin im enganliegenden Lodenkostüm, mit derben Bergschuhen und Lodenhut eine gute Figur machte.
Einer der schönsten Tage dieser Reise war der gemeinsame Aufstieg des Kaiserpaares auf den Großglockner. Man startete von Heiligenblut aus. Nach drei Stunden mußte die Kaiserin, die ansonsten eine gute Bersteigerin war, bei der Wallnerhütte rasten. Die erst wenige Monate zurückliegende Schwangerschaft forderte ihren Tribut. Während Franz Joseph weiter aufstieg bis zum Hohen Sattel und zum Pasterzen-Gletscher, genoß Elisabeth auf ihrem Rastplatz, der später den Namen »Elisabethruhe« erhielt, den Blick auf die Spitze des Großglockner. Hier oben vergaßen die beiden jungen Eheleute die Wiener Welt und waren einfach glücklich miteinander.
Auf die beiden Briefe Sophies reagierten Franz Joseph und Elisabeth erst, nachdem sie von ihrer Reise zurückgekehrt waren. Sophie hatte Verschiedenes eingewendet u. a., daß die Kinder in den Radetzky-Zimmern nicht genügend Sonne hätten. Ihr war aber klar, daß der eigentliche Grund für den Umzug Sissis Wunsch war, ihre Töchter der Aufsicht der Schwiegermutter zu entziehen. Sie sagte dies ihrem Sohn auch auf den Kopf zu und drohte damit, die Hofburg für immer zu verlassen. Die Antwort des Kaisers war einfühlsam und um Verständnis werbend, doch blieb er in der Sache hart: »Ich bitte Sie jedoch inständigst, Sisi nachsichtig zu beurteilen, wenn sie vielleicht eine zu eifersüchtige Mutter ist – sie ist ja doch so eine hingebende Gattin und Mutter!

Wenn Sie die Gnade haben, die Sache ruhig zu überlegen, so werden Sie vielleicht unser peinliches Gefühl begreifen, unsere Kinder ganz in Ihrer Wohnung eingeschlossen mit fast gemeinschaftlichem Vorzimmer zu sehen, während die arme Sisi mit ihrem oft so schweren Volumen die Stiege heraufkeuchen mußte, um dann selten die Kinder allein zu finden, ja auch Fremde bei denselben zu sehen, denen Sie die Gnade hatten die Kinder zu zeigen, was besonders mir auch noch die wenigen Augenblicke verkürzte, die ich Zeit hatte, bei den Kindern zuzubringen, – abgesehen davon, daß das Produzieren und dadurch Eitelmachen der Kinder mir ein Greuel ist; worin ich übrigens vielleicht Unrecht habe. Übrigens fällt es Sisi gar nicht ein, Ihnen die Kinder entziehen zu wollen, und sie hat mir eigens aufgetragen Ihnen zu schreiben, daß dieselben immer ganz zu Ihrer Disposition sein werden, wie es ja auch immer in Schönbrunn und Laxenburg der Fall war.«

Der Kampf zwischen der Kaiserin und ihrer Schwiegermutter um die Kinder war nun offen entbrannt. Er entwickelte sich zudem immer mehr zu einem Kampf um den Kaiser. Denn Franz Joseph war nicht nur der geliebte Sohn und Gatte in einer Person, er allein war es auch, der im Streitfall eine Entscheidung fällen konnte. Elisabeths spätere Hofdame Marie Festetics hat Sophies Strategie und Sissis schwachen Stand in diesem klassischen Konflikt so beschrieben: »Ihre Ambition drängte sie immer zwischen die beiden Gatten – immer mit einer Entscheidung zwischen Mutter u. Frau u. es ist eine Gnade Gottes, daß es nicht zu einem Bruche führte. Sie wollte den Einfluß der Kaiserin auf den Kaiser brechen. Das ist ein gefährliches Wagnis gewesen. Der Kaiser liebt die Kaiserin … Die Kaiserin hatte nur ihr gutes Recht u. ihre Noblesse als Helfer.«

Sophies Drohung, die Hofburg zu verlassen, also dem Sohn die mütterliche Liebe zu entziehen, bestätigt die Darstellung Festetics'. Im Streit um die Kinderzimmer gab sich Sophie allerdings geschlagen. Sie blieb in der Hofburg, und die Kinder erhielten neue Zimmer in der Nähe der Eltern. Doch der Triumph Elisabeths war nur von kurzer Dauer. Dann ging der Kampf der beiden Frauen in die nächste Runde.

Ende 1856 stand eine längere Reise des Kaiserpaares durch Italien an, die von großer politischer Bedeutung war. Sie sollte mehrere Monate dauern und führte über Triest nach Venedig und von da über Vicenza nach Verona und Brescia bis Mailand. Elisabeth wollte die soeben zurückgewonnenen Kinder nicht bei Sophie in Wien lassen und bestand darauf, daß zumindest die achtzehn Monate alte Sophie mitgenommen werden sollte. Die Erzherzogin war sofort gegen diesen Plan. Sie meinte, die Reise sei für das Kind zu anstrengend und zu gefährlich – man rechnete mit der Möglichkeit eines Attentates. Elisabeth hielt dem entgegen, daß die wärmere Luft Oberitaliens dem seit einigen Monaten kränkelnden Kind guttun würde. Auch diesmal konnte sie sich durchsetzen, und die kleine Sophie begleitete ihre Eltern auf die lange und anstrengende Reise durch den aufrührerischen italienischen Teil des Habsburger Reiches.
Das Kaiserpaar trat die Reise in einer schwierigen politischen Großwetterlage an. Der Krimkrieg war soeben mit einer Niederlage Rußlands zuende gegangen. Die kurzfristige Besetzung der Moldaufürstentümer durch Österreich mußte auf Druck Frankreichs und Englands zurückgenommen werden. Österreichs Neutralität hatte dem Land also keinen Gewinn gebracht, dafür aber einen großen Verlust: Rußland war von nun an ein erklärter Gegner des Kaiserreiches. Zudem hatte die Schwächung des Zarenreiches das Mächtegleichgewicht in Europa empfindlich gestört. In dieser Situation witterte die italienische Nationalbewegung ihre Chance, sich von der Habsburger Fremdherrschaft zu befreien und vereintes Italien zu schaffen.
In Italien schlug dem Kaiserpaar offene Feindschaft entgegen. Der Kaiser war seit den Erschießungen von Revolutionären im Jahre 1849 auch hier verhaßt. Es gab Attentatsdrohungen, von denen sich aber weder Franz Joseph noch Elisabeth abschrecken ließen. Für den Kaiser war der persönliche Auftritt in seinen Provinzen eine Frage der Ehre, und Sissi wollte in der Nähe ihres Mannes sein. Bei der Ankunft in Venedig am 25. November gab es nur vereinzelte Hochrufe von österreichischen Soldaten, das italienische Publikum blieb stumm. Zu den kaiserlichen

Empfängen erschien ein großer Teil der geladenen Gäste erst gar nicht, ein klarer Affront. Auf allen Stationen der Reise das gleiche Spiel. Zur Festvorstellung in der Mailänder »Scala« schickten die Adeligen ihre Dienstboten, um das Kaiserpaar zu brüskieren. Die Behörden hatten zuvor vergeblich versucht, durch Geldschenke und Versprechungen die Stimmung in der Bevölkerung zu bessern. Wirksamer war da schon der jugendlich Charme der Kaiserin. Franz Joseph berichtete aus Venedig, die Stimmung habe sich »aus verschiedenen Ursachen sehr gehoben, besonders durch den guten Eindruck, den Sissi gemacht hat«. Damit war allerdings angesichts der feindseligen Grundhaltung der Italiener keine Politik zu machen.

Nur zwei Monate nach der Rückkehr aus Italien brach das Kaiserpaar Anfang Mai 1857 erneut zu einer politisch hochbrisanten Reise auf. Das Ziel war diesmal Ungarn, das größte Land des Habsburgerreiches, das sich seit der blutig niedergeschlagenen Revolution von 1848/49 gegen die zentralistische Politik Franz Josephs stemmte. Wie die Italiener hatten auch die stolzen Ungarn ihren Kampf um Unabhängigkeit nie aufgegeben, und ihre Hoffnungen ruhten nun auf der jungen Kaiserin, in der sie nach den ersten politischen Zugeständnissen des Kaisers anläßlich seiner Hochzeit eine Fürsprecherin sahen. Tatsächlich nutzte der Kaiser die Reise, um durch weitere Liberalisierungen die Lage in Ungarn zu entspannen. Auch diese Erleichterungen führten die Ungarn auf Elisabeths Einfluß zurück. Die Stimmung besserte sich allmählich, und wenn die junge Kaiserin zusammen mit dem Kaiser bei einer Militärparade hoch zu Pferde erschien, dann jubelte das Volk ihr zu. Den mitreisenden österreichischen Adeligen waren solche Auftritte allerdings ein Greuel, und der Generaladjutant des Kaisers Graf Crenneville schrieb seiner Frau aus Budapest: »Diese für die Würde einer Kaiserin durchaus nicht passende Reitproduktion machte mir einen peniblen Eindruck«.

Auf ihre Ungarnreise nahm das Kaiserpaar beide Kinder mit, auch diesmal gegen den erbitterten Widerstand Sophies. Ihr stärkstes Argument war der Gesundheitszustand der kleinen Sophie, der sich seit der

Italienreise nicht wesentlich gebessert hatte. Sie mußte sich immer wieder erbrechen und hatte mit Fieberattacken zu kämpfen. Der Hofarzt Dr. Seeberger sah die Ursache all dieser Symptome in der Tatsache, daß die Kleine ihre ersten Zähne bekam. Bei dieser Diagnose blieb er auch, als Sophie in Budapest starkes Fieber bekam und an Durchfall litt. Und das, obwohl die kleine Gisela zuvor an ähnlichen Symptomen erkrankt war, so daß das Kaiserpaar eine Reise ins Landesinnere um eine Woche verschieben mußte. Selbst ein Laie wie Franz Joseph wurde jetzt skeptisch. An seine Mutter schrieb er am 19. Mai: »Die Ärzte sagten, es sei vom Zahnen. Es wurde jedoch bald eine Art Ruhr daraus, denn sie machte auch etwas Blut und hatte einen beständigen Drang zu Entleerungen, ohne viel machen zu können. Seit drei Tagen hat das Fieber fast ganz aufgehört, sie hat gar keine Hitzen, schwitzt aber viel und der Drang dauert fort, jedoch ohne Blutentleerung, nur Schleim und Galle. ... Sie hat die ganze Nacht nur 1½ Stunden geschlafen, ist sehr nervös und schreit und weint immerwährend, daß es einem das Herz zerreißt.«

Hätte Franz Joseph geahnt, wie nah der Wirklichkeit seine Vermutung, es handele sich bei der Erkrankung um eine Art Ruhr, kam, er und Elisabeth hätten die bereits einmal verschobene Reise in die ungarischen Provinzen sicherlich nicht angetreten. Doch die Ärzte um Hofrat Seeburger, Dr. Götz und der Ofener Professor Sauer, versicherten immer wieder, daß keine Gefahr bestünde. Und so nahm die Tragödie ihren Lauf. Am 23. Mai reiste das kaiserliche Paar ohne die Kinder nach Jászberény und wurde dort festlich empfangen. Im Verlaufe der Reise wurden die Nachrichten aus Budapest immer beunruhigender. Auch die Erzherzogin, die zunächst in Dresden und dann in Prag weilte, wurde von ihrem Günstling Seehofer mit insgesamt sieben telegraphischen Bulletins über den Krankheitsverlauf der kleinen Sophie auf dem Laufenden gehalten. Nach fünf Tagen, in denen sich der Zustand ihrer ältesten Tochter weiter verschlimmert hatte, entschlossen sich Elisabeth und Franz Joseph, ihre Reise in Debrezin abzubrechen, und kehrten nach Budapest zurück.

Als Elisabeth und Franz Joseph am 28. Mai mittags in der Haupstadt Ungarns eintrafen, waren sie zutiefst erschrocken über das erbarmungswürdige Erscheinungsbild ihres Kindes. Der Kaiser telegraphierte sofort an seine Mutter: »Wir sind um ½11 Uhr hier angekommen und haben die Kleine sehr schlecht gefunden. Sie ist sehr schwach, hat immerwährende Diarrhöe, welche übrigens jetzt vermindert ist. Die Augen sind matt. Das Erbrechen hat heute aufgehört. Die Ärzte geben nicht die Hoffnung auf. Wir sind in der schmerzlichsten Angst.«
Sissi wich von nun an nicht mehr von der Seite ihres Kindes. Die Ärzte waren ratlos. Zu spät hatten sie erkannt, daß die gerade erst zwei Jahre alte Sophie an der Ruhr erkrankt war. Nun kam jede Hilfe zu spät. Einen Tag lang mußte die Kaiserin hilflos zusehen, wie ihre Tochter mit dem Tod rang. Am Morgen des 29. Mai wurde das Kind von seinen Leiden erlöst und verstarb in den Armen seiner Mutter. Um 11 Uhr 15 telegraphierte Franz Joseph an seine Eltern nach Prag: »Unsere Kleine ist ein Engel im Himmel. Nach langem Kampfe ist sie zuletzt ruhig um ½10 Uhr verschieden. Wir sind vernichtet.«
Der Tod seiner Tochter hatte das Kaiserpaar tief erschüttert. Mitte Juni berichtete die Hofdame Baronin Scharnhorst: »Kaiser und Kaiserin weinen, wie man nur in der Jugend zu weinen vermag. Ihre Tränen fließen unaufhaltsam um das erste liebliche Kind, das sie so unendlich beglückte.« Die erst neunzehnjährige Elisabeth versank in tiefe Trauer. Auch wenn ihr niemand ausdrücklich einen Vorwurf machte, so gab sie sich doch selbst die Schuld am Tod ihrer Tochter. Hatte sie nicht darauf bestanden, das Kind mitzunehmen? Und war sie es nicht gewesen, die das Mädchen im kranken Zustand in Budapest zurückgelassen hatte? Nie sollte Sissi diesen Verlust verwinden. Ihre spätere Freundin, die rumänische Königin Elisabeth, erlebte einmal, wie tief Schmerz und Schuldgefühle bei der Kaiserin saßen: »Sie war eine Natur, die kein Leid überwinden konnte. Es blieb tief und ewig, wie in einem Brunnen. Das kleine Töchterchen, bei dessen Tode sie gefehlt, wie blieb der Schmerz so heiß und ungetröstet, und wie schossen ihr Tränen in die Augen und Glut in die Wangen, wenn sie nur von fern daran rührte.«

Die Rückkehr in die Hofburg verstärkte noch die Depressionen der jungen Frau. »Die arme Sisi«, schrieb Franz Joseph Anfang November an seine Mutter, »ist sehr ergriffen von allen Erinnerungen, die ihr hier überall begegnen und weint viel. Gestern ist Gisela bei Sisi in dem kleinen roten Fauteuil unserer armen Kleinen, der in dem Schreibzimmer steht, gesessen und da haben wir beide geweint, Gisela aber immer vor Freude über diesen neuen Ehrenplatz so herzig gelacht. Vorgestern waren wir bei unserem Baby in der Gruft, um den Sarg mit Blumen zu schmücken«.
Kurze Zeit später entschlossen sich Elisabeth und Franz Joseph, innerhalb der Hofburg in eine neue Wohnung zu ziehen, »da unsere bisherige in Sisi immer traurige Erinnerungen erweckte«, wie der Kaiser seiner Mutter schrieb. Die neuen Wohnräume Elisabeths in der Amalienburg lagen zur Hofseite hin, während Franz Joseph in dem anschließenden Trakt der Reichskanzlei untergebracht war. Das Appartement der Kaiserin bestand aus dem gemeinsamen Schlafzimmer des Kaiserpaares, dem Ankleide- und Toilettenzimmer, einem Kabinett, einem großen Salon, einem Schreibkabinett und zwei Vorzimmern. Im letzteren befand sich der Ein- und Ausgang, der auf die Schwarze Adlerstiege führte. Für Empfänge und Diners standen ihr die sogenannten Alexanderzimmer zur Verfügung. Die kleine Gisela erhielt eigene Zimmer im Reichskanzleitrakt oberhalb der Wohnräume Franz Josephs. An der Verbindungsstelle zwischen den Appartements der Kaiserin und des Kaisers wurde eine Treppe angelegt, »so daß Sisi gerade aus ihren Zimmern, ohne irgend ein Vorzimmer zu benützen, zur Kleinen kann«, wie Franz Joseph seiner Mutter am 13. November mitteilte.
Der Hinweis war deutlich. Das Kaiserpaar wollte auch zukünftig die Kindererziehung in eigener Regie durchführen. Der Tod der kleinen Sophie hatte an dieser Einstellung nichts geändert. Sophie hat wohl auch nicht versucht, aus dieser Tragödie einen Vorwurf an die Mutter zu machen, auch wenn sie sich in ihren Warnungen bestätigt sehen mußte. Vielleicht aber machte auch sie sich insgeheim Vorwürfe, denn es war ihr Günstling Dr. Seeberger, der das Unglück durch seine

falschen Diagnosen heraufbeschworen hatte. Wie dem auch sei, Sophie half und tröstete, wo sie nur konnte. Sie war viel zu klug, um die Frau ihres Sohnes direkt anzugreifen. Denn dessen Liebe zu Sissi war ungebrochen. Der Tod der geliebten Tochter traf Franz Joseph und Elisabeth gleichermaßen, und sie trugen diesen Verlust gemeinsam. Ihre Liebe ging gestärkt aus dieser ersten Katastrophe ihres gemeinsamen Lebens hervor.

Im Dezember 1857 wurde Sissi erneut schwanger, weniger als anderthalb Jahre nach der Geburt ihres zweiten Kindes. Diese dritte Schwangerschaft innerhalb von nur drei Jahren brachte die junge Kaiserin an die Grenzen ihrer Kräfte. In dieser Situation ging Sophie erneut in die Offensive und nutzte die Schwäche Elisabeths, um ihr wie früher Vorschriften zu machen. Sie verlangte von ihrer Schwiegertochter erneut, das Reiten aufzugeben und mit den Hungerkuren aufzuhören. Auch das Schnüren der engen Kleider war ihr ein Dorn im Auge. Und diesmal hatte sie den Kaiser auf ihrer Seite, der sich Sorgen um die Gesundheit seiner Frau machte. Auch Ludovika hatte Sophie auf ihre Seite gezogen. »Was Sisis Hoffnungen betrifft, haben sie mir eine grosse Beruhigung, eine grosse Freude gewährt«, schrieb Ludovika gleich zu Beginn der Schwangerschaft an ihre Schwester. »Du sagst, von mancher Sorge hätten sie Dich befreit – waren das Sorgen, die sich aufs Phisische oder aufs Moralische bezogen? Wenn eine Dich mehr befriedigende Besserung eingetreten ist, so freut mich das ungeheuer.« Und kurz vor der Niederkunft Sissis versicherte Ludovika ihrer Schwester nochmals ihr vollstes Verständnis in der Auseinandersetzung mit ihrer Tochter: »Ich möchte hoffen können, daß sich alle Verhältnisse freundlicher gestaltet haben als im vergangenen Jahr, daß Du Ursache hättest zufriedener zu sein, was mir immer so am Herzen liegt.«

Am 21. August 1858 brachte Elisabeth in Laxenburg einen Jungen zur Welt und schenkte dem Hause Habsburg damit den lang ersehnten Kronprinzen und Thronfolger. Zwanzig Kanonen auf den Wällen der alten Stadtmauer verkündeten das freudige Ereignis mit 101 Böllerschüssen. In allen großen Städten des Reiches beleuchtete und beflagg-

Das Kaiserpaar mit seinen Kindern Gisela und Rudolf im Jahre 1859

te man die Kasernen, Schulen und Amtsgebäude, in allen Kirchen des Landes – gleich welcher Glaubensrichtung – wurden Festgottesdienste gefeiert. Die Theater gaben Vorstellungen zur Feier der Kronprinzengeburt und spendeten den Erlös den Armen. Josef Strauß komponierte zu Ehren des Thronfolgers den »Österreichischen Kronprinzen-Marsch« und die »Laxenburger Polka«.

Der Kaiser stiftete der Stadt Wien ein neues Krankenhaus, das »Rudolfsspital«, und 20.000 Gulden zur »Unterstützung der bedrängten Gewerbs- und arbeitenden Klassen, dann der verschämten Armen«. Überall im Land spendeten die Menschen auf Bitten der kaiserlichen Familie für karitative Zwecke. Eine Welle patriotischer Begeisterung ging durch das Land, wie seit 1848 nicht mehr. Der Adel und die Monarchisten feierten den Bestand des Hauses Habsburg, die Bürgerlichen und die Demokraten setzten ihre Hoffnung auf den Thronfolger.

Das Kind, das von Anfang an ein Politikum war und von all dem nichts wußte, erhielt den Namen Rudolf Franz Carl Joseph, nach dem Ahnherrn des Hauses Habsburg, Rudolf I., der im Jahre 1278 die österreichischen Erblande erobert hatte. Noch am Geburtstag erhielt der kleine Rudolf den Orden des Goldenen Vlieses und wurde zum Oberst des Heeres ernannt. Eine Demonstration der Verbundenheit Franz Josephs mit dem österreichischen Militär. Und auch die Taufe des Thronfolgers war ein politisches Ereignis, bei dem der Wiener Kardinal Rauscher die enge Verbindung von Staat und Kirche, die 1855 durch das Konkordat zwischen dem österreichischen Kaiserhaus und dem Heiligen Stuhl besiegelt worden war, in seiner Taufansprache herausstellte. Rudolf, auf dem von Anfang an so viele Erwartungen und Verpflichtungen lasteten, führte den Titel »des Kaiserthumes Österreich Kronprinz und Thronfolger, königlicher Prinz von Ungarn und Böhmen, der Lombardei und Venedigs, von Dalmatien, Croatien, Slawonien, Galizien, Lodimerien und Illyrien. Erzherzog von Österreich. Ritter des Goldenen Vlieses und Inhaber des Infanterie-Regimentes Nr. 19.«

Franz Joseph fand seinen Sohn zwar nicht schön, aber »magnifique gebaut und sehr stark«, und das war ihm das wichtigste. In die Freude über die Geburt eines Stammhalters mischte sich aber sogleich die Sorge um die Mutter. Rudolfs Geburt war besonders schwer und für die junge Frau eine Tortur gewesen, von der sie sich nur langsam erholte. Trotz ihrer dringlichen Bitten durfte sie das Kind nicht selbst stillen, und so machte ihr der starke Milchandrang zu schaffen. Hinzu kam eine stark erhöhte Temperatur, so daß man schon befürchtete, sie habe das lebensgefährliche Kindbettfieber. Noch Wochen nach der Geburt litt sie immer wieder unter Fieberattacken und mußte die meiste Zeit des Tages das Bett hüten. Drei Schwangerschaften innerhalb von vier Jahren waren zu viel für den zarten Körper der Zwanzigjährigen, deren Kräfte nun erschöpft und deren Nerven so zerrüttet waren, daß sie selbst bei der Nachricht vom Tod einer ihr nicht sehr nahestehenden Verwandten in Tränen ausbrach und nicht mehr aufhören konnte zu weinen.
Der schlechte Gesundheitszustand Sissis spielte der Erzherzogin in die Hände. Sie übernahm nun wie früher die Betreuung der Kinder. Wie schon bei der Geburt des ersten Kindes suchte sie die »Aja« aus, die Kinderfrau, die sich um Rudolf aber auch um Gisela kümmern sollte. Ihre Wahl fiel auf die Baronin Karoline von Welden, was allgemein Erstaunen hervorrief. Eine der Hofdamen höhnte: »Welche Wahl von einer Aja! Die gute Welden, die in ihrem Leben kein kleines Kind noch gesehen hat, die gar nichts davon versteht und etwas sehr Unentschlossenes hat! Dabei eine schwache Gesundheit. – In München ging sie zur Zurheim, um nur zu lernen, ein Kind auf den Arm zu nehmen.« Tatsächlich hatte die Baronin keine eigenen Kinder und auch keine Erfahrung mit der Kinderziehung. Aber sie war der Erzherzogin treu ergeben. Ihre Wahl – auch das war typisch für Sophies Herrschaftssystem in der Hofgesellschaft – war eine Belohnung, da ihr verstorbener Mann, der Feldzeugmeister Ludwig Baron von Welden, dem Kaiserhaus bei der Niederwerfung des ungarischen Aufstandes im Jahre 1849 wichtige Dienste geleistet hatte.
Sissis Kampf um ihre Kinder schien vergebens gewesen zu sein. Der unglückliche Tod ihrer Tochter Sophie und die schwere Geburt Rudolfs

hatten sie zermürbt. Die Erzherzogin triumphierte auf der ganzen Linie. Die junge Kaiserin war nur noch ein Schatten ihrer selbst, war immer wieder krank und zog sich, so weit es ging, in ihre eigene Welt zurück. Sie überließ das Feld der verhaßten Schwiegermutter. Es schien, als habe sie das Interesse an ihren Kindern verloren und ihre mütterlichen Gefühle für immer tief in ihrem Herzen verschlossen. Erst mit der Geburt ihres jüngsten Kindes Marie Valerie im Jahre 1867 fand sie dieses Gefühl wieder und damit auch den Mut, Verantwortung für ein ihr anvertrautes Leben zu übernehmen. »Bei meinen anderen Kindern«, gestand sie dieser über alles geliebten Tochter, »hat Sophie Mutterstelle vertreten, bei Dir, habe ich mir vom ersten Augenblick an gesagt, muß es anders werden … und alle Liebesfähigkeit meines bis dahin verschlossenen Herzens habe ich dann auf Dich ausgeströmt«.

Die große Krise

Kaum hatte sich die junge Kaiserin halbwegs von ihrer schweren Geburt erholt, da kündigte sich gerngesehener Besuch an. Elisabeths jüngere Schwester Marie wollte auf dem Weg in ihre neue Heimat Neapel einige Tage in Wien verbringen. Marie hatte am 8. Januar 1859 in München den Kronprinzen Franz von Neapel aus dem Hause Bourbon geheiratet, der allerdings bei seiner eigenen Hochzeit nicht anwesend war. An der Stelle des Bräutigams war Prinz Luitpold, ein Bruder des bayerischen Königs Maximilian und späterer Prinzregent Bayerns, mit seiner Cousine vor den Traualtar getreten. Eine solche Prokurationsehe war nichts Ungewöhnliches in adeligen Kreisen, wo die Ehen häufig aus rein pragmatischen Erwägungen geschlossen wurden, und die Eheleute sich oft erst nach der Heirat kennenlernten.

So war es auch Marie ergangen. Bereits im Frühjahr 1857 hatte es erste Sondierungen von Seiten der Neapolitaner gegeben. Das Interesse der Bourbonen war eindeutig politischer Natur. Die bayerische Prinzessin war seit der Heirat ihrer Schwester mit dem Kaiser von Österreich eine attraktive Partie. Ferdinand II., König von Neapel-Sizilien und Vater von Franz, sah in Franz Joseph I. einen natürlichen Verbündeten in seinem Kampf gegen die liberalen Kräfte Italiens, deren Ziel die Abschaffung der aristokratischen Fremdherrschaft und die Errichtung eines italienischen Nationalstaates war. Denn der österreichische Kaiser war wie der König von Neapel nicht nur felsenfest vom Gottesgnadentum seiner Herrschaft überzeugt und verweigerte seiner Bevölkerung jedwede weitergehende politische Liberalisierung. Er war als König der Lombardei und Venetiens auch der mächtigste fremde Herrscher auf italienischen Boden und damit das größte Hindernis der erstarkenden italienischen Nationalbewegung.

Ludovika war entzückt von der Aussicht, daß auch ihre drittälteste Tochter in eines der großen europäischen Herrscherhäuser einheiraten könnte. All ihre Pläne schienen in Erfüllung zu gehen. Den Warnungen des bayerischen Gesandten am Heiligen Stuhl – der Kronprinz sei geistig zurückgeblieben und die Stellung der Bourbonen in Neapel gefährdet – schenkte man in Possenhofen keine Beachtung. In den Augen Ludovikas war der Kronprinz von Neapel »eine in jeder Hinsicht so ›schöne Parthie‹«, die man sich nicht entgehen lassen wolle, wie Sissis Mutter im Mai 1857 der Frau des Prinzen Luitpold, Auguste von Bayern, verriet.

Auch Marie war der Heirat zunächst nicht gänzlich abgeneigt. Allerdings meldete sie Vorbehalte an, da sie den für sie bestimmten Ehemann überhaupt nicht kannte. Und diese steigerten sich noch, als sie im Sommer erfuhr, daß der Prinz nicht besonders gut aussah. Offen bekannte Marie nun ihre Angst, »einem Mann anzugehören, der sie und den sie nicht kennt«, wie Ludovika der Erzherzogin Sophie schrieb. Die bayerische Herzogin ging auf die Sorge ihrer Tochter jedoch nicht weiter ein. Sie versuchte zu beschwichtigen und bat Sophie deshalb, Marie davon zu überzeugen, Wien hätte genaue und befriedigende Nachrichten über den Bräutigam.

Tatsächlich wußte man jedoch weder in Wien noch in München, in welches Abenteuer man die junge Prinzessin schickte. Ein geplantes Treffen der Brautleute in Ischl kam nicht zustande, weil der König von Neapel und seine Frau ihren Sohn wohlweislich zu Hause gelassen hatten. Dennoch setzten sich nicht nur Franz Joseph und seine Mutter für diese dem Hause Habsburg nützliche Heirat ein, sondern auch Sissi, der es in dieser Sache sicherlich nicht um politische Interessen ging. Anfang September 1857 konnte Herzog Max dem bayerischen König offiziell mitteilen, daß der neapolitanische Kronprinz um die Hand seiner Tochter angehalten habe. Wie schon bei Sissi mußte der bayerische König als Oberhaupt des Hauses Wittelsbach sich mit der Heirat einverstanden erklären, und er tat dies ohne Bedenken.

Nun begann das gleiche Spiel wie nach der Verlobung Sissis drei Jahre zuvor. Ein Schwarm von Lehrern fiel über die sechzehnjährige Marie her und versuchte, ihr den nötigen höfischen Schliff zu geben. Und da das Mädchen noch keine Regel hatte, traktierten die Ärzte sie mit Blutegeln und heißen Bädern, um die Geschlechtsreife künstlich herbeizuführen. Denn die Eltern des neapolitanischen Kronprinzen hatten zu verstehen gegeben, daß sie so schnell wie möglich einen Enkel haben wollten, um den Bestand des Hauses Bourbon in Italien zu sichern. Doch sollte es wegen der politischen Unruhen im Königreich Neapel-Sizilien noch ein Jahr dauern, bis der Tag für die Hochzeit festgelegt werden konnte. Je näher jedoch der Termin des Abschieds rückte, desto ängstlicher wurde Marie und desto unsicherer ihre ehrgeizige Mutter. Wie schon bei Sissi fiel ihr die Trennung von ihrer Tochter, die sie mit solchem Eifer in die Fremde verheiratet hatte, äußerst schwer.

Nach der Hochzeit ohne Bräutigam verließ die neue Kronprinzessin von Neapel am 13. Januar 1859 ihre bayerische Heimat und reiste in Begleitung ihres Bruders Ludwig und einer Delegation des Hauses Wittelsbach mit der Bahn über Leipzig, Dresden und Prag nach Wien. Sissi kam ihren Geschwistern in freudiger Erwartung bis Plansko bei Brünn entgegen und kehrte am 15. Januar mit ihnen nach Wien zurück. Marie und Ludwig blieben zwei Wochen in Wien, und Elisabeth machte aus diesem Besuch ein Fest. Zum ersten Mal seit der Geburt des Kronprinzen fühlte sie sich stark genug für größere Unternehmungen. Die Sorgen um ihre Gesundheit und der ewige Streit mit ihrer Schwiegermutter waren vergessen, und Sissi blühte auf. Sie widmete sich ganz ihrer jüngeren Schwester. Die beiden jungen Frauen besuchten das Burgtheater, begeisterten sich für die Kunststücke des Zirkus Renz und flanierten durch den Prater. Stunde um Stunde verbrachten sie damit, sich all die Dinge zu erzählen, die sie seit ihrem letzten Treffen in Ischl erlebt hatten.

Die in Bayern zurückgebliebene Ludovika war zugleich erfreut und besorgt über das gute Einvernehmen der beiden Schwestern. An Sophie schrieb sie: »Sisi schreibt so glückliche Briefe … und Marie ebenso, es muß wirklich eine Freude sein, sie beisammen zu sehen.« Doch gegenüber Marie von Sachsen bekannte Ludovika: »Ich fürchte nur, Marie unterhält sich zu gut in Wien und hoffe, sie wird ihre künftige Stellung nicht mit der von Sisi vergleichen, besonders mit dem Verhältnis mit ihrem lieben Kaiser; Gott gebe, daß sie auch ein eheliches Glück findet, aber mit dem Kaiser ist es doch nicht leicht den Vergleich zu bestehen.

Meine Hoffnung ist Maries sanfter, fügsamer, mehr wohlwollender Charakter.« Daß auch Sissis Eheglück schon bald die ersten Risse zeigen sollte, ahnte Ludovika nicht. Ihr war jedoch klar, daß Marie schweren Zeiten entgegen ging. Und auch Sissi scheint dies gespürt zu haben. Denn trotz ihres immer noch bedenklichen Gesundheitszustandes begleitete sie die Schwester zusammen mit dem Bruder Ludwig bis Triest.

Dort erwartete die bayerischen Geschwister eine mittelalterlich anmutende Empfangszeremonie. Die Neapolitaner hatten den großen Saal ihres Statthalterpalastes in Triest durch eine Seidenschnur in zwei Hälften geteilt, die die beiden Länder Bayern und Neapel symbolisieren sollten, mit der Seidenschnur als fiktiver Grenze. Unter dieser Schnur befand sich in der Mitte des Saales ein Tisch, der mit zwei Beinen in ›Bayern‹ und zweien in ›Neapel‹ stand. Nachdem sich Marie in einen Armsessel auf der ›bayerischen‹ Seite der symbolischen Grenze gesetzt hatte, erschienen die neapolitanische und die bayerische Delegation und tauschten mit theatralischer Geste die Heiratsurkunden und Eheverträge aus. Daraufhin verabschiedete sich die bayerische Delegation mit Handkuß von Marie. Und erst jetzt ließen die Neapolitaner die Seidenschnur herunter und Marie überschritt die ›Grenze‹ in ihre neue Welt. Ihren Ehemann bekam sie auch jetzt noch nicht zu Gesicht, denn der wartete auf sie im wirklichen Neapel. Marie nahm in einem Armsessel auf der ›neapolitanischen‹ Seite des Saales Platz und begab sich, nachdem ihr die Abgesandten Neapels vorgestellt worden waren, auf die königliche Yacht mit dem pompösen Namen »Fulminante«.

Dort verabschiedete sich Marie von ihren Geschwistern. Sissi, die in einem leicht erregbaren Zustand war, brach in Tränen aus und weinte mit ihrer Schwester, als wäre es ein Abschied für immer. Dann war die Zeit gekommen, und Sissi verließ mit Ludwig das Schiff. Marie fuhr einer ungewissen Zukunft entgegen. Wie schon ihre Schwester begleitete auch sie kein vertrauter Mensch in ihr neues Leben. Die einzigen Wesen, die man ihr gestattete aus der Heimat mitzunehmen, waren ihre beiden Wellensittiche. Umgeben von wildfremden Menschen reiste sie in ein Land, das sie nicht kannte und dessen Sprache sie kaum verstand. Am 2. Februar 1859 landete sie in Bari, empfangen von Kanonenschüssen des alten Forts. Der große Augenblick war gekommen. Marie sollte zum ersten Mal ihrem Gatten begegnen, der sie schon auf dem Landungssteg erwartete. Als Marie auf den Steg trat und Franz sah, traf sie der Schlag, und die Kronprinzessin von Neapel sank ohnmächtig zu Boden.

Marie war 17 Jahre alt, als sie heiratete, von beeindruckender Schönheit und hoher Intelligenz. Ihr Gemahl war 22, geistig zurückgeblieben und impotent, ein religiöser Schwärmer von ausgesuchter Häßlichkeit. Als Ludovika die ersten Fotografien des Paares aus Neapel erhielt, stellt sie fest, daß ihre Tochter sehr blaß und eingefallen wirke, was sie nicht verwundern konnte angesichts des Ehemannes. »Er muß horrible seyn«, schrieb sie erschüttert an ihre Schwester Marie nach Sachsen.

Aber nicht nur die Ehe Maries war furchtbar. Das Schicksal wollte es, daß der König von Neapel schon wenige Monate nach der Ankunft Maries verstarb und der unfähige Franz den Thron bestieg. Die Siebzehnjährige war von heute auf morgen Königin von Neapel. Und das in einer Zeit, in der ganz Italien im Aufruhr war und jederzeit mit einem Angriff der Truppen Garibaldis auf Neapel gerechnet werden mußte. Am Horizont der privaten und politischen Zukunft zogen dunkle Wolken auf.

Wie im Süden das Königreich Neapel-Sizilien, so standen auch im Norden die oberitalienischen Provinzen des Kaiserreiches ebenso wie die Fürstentümer der Habsburger Nebenlinie in der Toskana und Modena unter dem Druck der italienischen Nationalbewegung. Auch hier hatte in den Jahren 1848/49 die Bevölkerung gegen die autokratische Herrschaft der Habsburger für Freiheit und Einheit gekämpft, und auch hier hatte Franz Joseph, gestützt auf die Macht des österreichischen Militärs, den Aufstand blutig beenden lassen.

Doch die Niederschlagung der Revolution in Italien erwies sich schon bald als Pyrrhussieg des Hauses Habsburg. Die Forderungen der fortschrittlichen Kräfte von 1848 entsprachen der gesellschaftlichen und wirtschaftlichen Entwicklung in Europa und waren auf Dauer nicht zu unterdrücken. Schon bald erholte sich die italienische Nationalbewegung von ihrer Niederlage, und überall erklang der Ruf nach Einigung Italiens und Befreiung von der habsburgischen Fremdherrschaft. Franz Joseph und Sissi hatten die feindselige Stimmung der italienischen Bevölkerung bei ihrer großen Italien-Reise im Winter 1856/57 am eigenen Leibe zu spüren bekommen. Sie waren als Unterdrücker in einem fremden Land empfangen worden. Das war auch Sissi nicht entgangen und hatte in ihr die Überzeugung wachsen lassen, daß diese Provinzen nicht zu halten waren.

Ganz anders reagierte Franz Joseph. Auf den nicht ganz uneigennützigen Vorschlag des Kaisers von Frankreich, Napoleon III., die Lombardei und Venedig gegen eine angemessene Entschädigung abzutreten und sich so des Problems zu entledigen, antwortete er mit dem Schwur, kein Zoll Land seines Reiches kampflos preiszugeben. Nach dem Ende des Krimkrieges 1856, der durch die Niederlage des Russischen Reiches das reaktionäre Lager der absolutistisch herrschenden Monarchen geschwächt und die Karten im großen Spiel um die politische Vormacht in Europa neu gemischt hatte, entschloß sich der österreichische Kaiser jedoch, durch eine Amnestie und die Rückgabe konfiszierter Adelsgüter die Stimmung in seinen oberitalienischen Provinzen zu verbessern.

Die Reise von 1856/57 sollte diese Politik der kleinen Zugeständnisse, die Franz Joseph auch in Österreich selbst und in Ungarn verfolgte, unterstützen. Zugleich war sie aber auch eine Demonstration militärischer Macht, denn wo immer das Kaiserpaar auftrat, nahm Franz Joseph Militärparaden ab und besuchte österreichische Armeeeinrichtungen. Die Ablösung des greisen Feldmarschalls Radetzky und die Einsetzung des Erzherzogs Ferdinand Max als Zivilgouverneur demonstrierten nicht nur das Bemühen, die Situation durch eine vorsichtige Liberalisierung zu entschärfen, sondern auch den unbedingten Willen des Hauses Habsburg, sich die Kontrolle über seine Provinzen nicht entreißen zu lassen. Denn das Königreich Lombardo-Venetien war einer der Stützpfeiler der europäischen Großmachtstellung des Vielvölkerstaates. Doch dieser Pfeiler stand, wie sich schon bald zeigen sollte, auf tönernen Füßen.

Bedrohten im Süden die Freischärler Garibaldis das Königreich Neapel-Sizilien, so war im Norden das Königreich Piemont-Sardinien unter der Führung der Regierung Cavours die Speerspitze der italienischen Einheitsbewegung. Doch ohne die Untertützung Frankreichs hätte das kleine Königreich keine Chance gehabt, seine Nationalpolitik durchzusetzen. Bereits im Sommer 1858 hatten sich die beiden Staaten verbündet mit dem Ziel, Österreich die oberitalienischen Provinzen abzujagen. Für seine Unterstützung der Italiener sollte Napoleon III. Savoyen und Nizza erhalten, französischsprachige Gebiete, durch die Frankreich sich im Süden bis zu seiner ›natürlichen Grenze‹ ausdehnen würde. Durch geschicktes diplomatisches Taktieren, eine demonstrative Mobilmachung der piemontesischen Armee und die offene Anwerbung von Freischärlern in der Lombardei provozierte Cavour Österreich, das am 23. April 1859 in ultimativer Form eine Demobilisierung der Truppen und eine Beendigung der Aufwiegelung der lombardischen Bevölkerung von ihm verlangte.

Auf diesen Schritt hatte Cavour gewartet. Er weigerte sich, der Forderung Österreichs nachzugeben, und zwang Franz Joseph damit, seine Drohung wahr zu machen. Am 29. April überschritten die österreichischen Truppen unter der Führung des Feldzeugmeisters Graf Franz Gyulai bei Pavia den Grenzfluß Ticino, der das Königreich Piemont-Sardinien von der Lombardei trennte. Erstmals seit dem Regierungsantritt Franz Josephs führte Österreich damit einen Krieg gegen eine ausländische Macht, und dies ohne die Unterstützung von Bundesgenossen.

Rußland hatte schon zu Beginn des Jahres 1859 seine Neutralität erklärt und rächte sich so an der Neutralitätspolitik Franz Josephs während des Krimkrieges. England wollte zwar keine Niederlage Österreichs, weil dies das Machtgleichgewicht auf dem Kontinent gefährdet hätte, blieb aber während des ganzen Krieges passiv. Preußen, das mit

Österreich um die Vormachtstellung im Deutschen Bund stritt, verweigerte jede Hilfestellung, obwohl sich die von Frankreich in Italien praktizierte Politik der ›natürlichen Grenzen‹ auch gegen die preußischen Rheingebiete richtete. Und der Deutsche Bund, dessen Präsidialmacht Österreich war, nahm auf Drängen Preußens eine neutrale Haltung ein.
Die österreichischen Truppen waren denen der Verbündeten Piemont-Sardinien und Frankreich mindestens ebenbürtig, wenn nicht sogar überlegen. Doch die zerrütteten Staatsfinanzen erschwerten mit wachsender Kriegsdauer die Kriegsführung, und die von Franz Joseph eingesetzte Armeeführung erwies sich schon bald als unfähig. Von Anfang an funktionierte die Versorgung der Truppen nicht, so daß diese oft Hunger leiden mußten. Und der Oberbefehlshaber Graf Gyulai konnte zwar glänzende Paraden abhalten, auf dem Feld jedoch wich er immer wieder einer Entscheidungsschlacht aus und ermöglichte so dem Gegner, seine Truppen zu vereinigen und strategisch günstige Positionen einzunehmen.
In Österreich war die Stimmung gedrückt. Niemand wollte diesen Krieg. Die neuen Steuern, die zu seiner Finanzierung erhoben wurden, verschlechterten die sowieso schon schwierige Lage der unteren Bevölkerungsschichten. Handel und Gewerbe lagen darnieder, und erster Unmut machte sich breit. Franz Joseph aber tat so, als sei alles zum Besten und als bestünde kein Grund zur Sorge. Zusammen mit Elisabeth und in Begleitung der Erzherzoge und Erzherzoginnen erschien er beim alljährlichen Pferderennen im Prater, wo die junge Kaiserin den Siegern in einer feierlichen Zeremonie die Staatspreise überreichte. Tatsächlich glaubte Franz Joseph noch im Mai, die gegnerischen Truppen stünden kurz vor einer Niederlage. Vor allem aber rechnete er weiterhin mit einer Unterstützung von Seiten Preußens und des Deutschen Bundes. Eine fatale Fehleinschätzung der politischen Lage, wie sich schon bald zeigen sollte.
Denn Ende Mai wurde offenkundig, daß das Taktieren des Grafen Gyulai die österreichischen Truppen in eine schwierige Lage gebracht

hatte. In der Armeeführung herrschte das Chaos, so daß sich Franz Joseph kurzentschlossen selbst auf den Weg nach Italien machte, um sich an die Spitze seiner Truppen zu stellen. Diese Entscheidung entsprach seinem Selbstverständnis als absoluter Herrscher, der alle wichtigen Entscheidungen allein fällte und Staat wie Armee persönlich führte. In Zeiten der modernen Kriegführung war die Anwesenheit des Staatsoberhauptes bei seinen kämpfenden Truppen jedoch eine gefährliche Form militärischer Romantik. Zudem hatte der Kaiser keinerlei kriegerische Erfahrung und war auch mit der komplizierten Strategie eines modernen, von der Waffentechnik bestimmten Krieges nicht vertraut. Seine Aufgabe wäre es gewesen, von Wien aus politische Entscheidungen zu treffen und die militärische Arbeit seinen Generälen zu überlassen.

Aber der Kaiser ließ sich nicht raten und brach am 29. Mai nach Verona, dem Hauptquartier der kaiserlichen Armee in Italien, auf – nicht, ohne zuvor sein Testament zu machen. Der Morgen der Abreise war trostlos. Der Kaiser hatte unruhig geschlafen und schlecht geträumt. Schon beim Frühstück bedrängte ihn Sissi unter Tränen, sie nach Italien mitzunehmen. Und selbst die hartgesottene Sophie lief aufgeregt durch den Raum. Doch es half nichts. Der Kaiser hatte seine Entscheidung getroffen, und so hieß es Abschied nehmen.

Sissi fuhr gemeinsam mit Franz Joseph in einer offenen Kutsche zum Bahnhof, die beiden Kinder folgten mit der Kinderfrau Leopoldine Nischer in einem zweiten Wagen. Die Kutsche, in der Gisela und Rudolf saßen und auf die Abfahrt des Zuges warteten, stand in einer riesigen Menschentraube. Immer wieder drängten sich Frauen an das Fenster und riefen: »die armen Kinder!«, so daß den beiden Kleinen Angst und Bange wurde. Ihre Mutter begleitete den Kaiser bis Mürzzuschlag. Während der Fahrt beschwor sie den Generaladjutanten des Kaisers, Graf Grünne, ihren Mann gesund zurückzubringen: »Sie denken gewiß immerwährend an Ihr Versprechen und geben recht acht auf den Kaiser; das ist mein einziger Trost in dieser schrecklichen Zeit, daß Sie es immer und bei jeder Gelegenheit tun werden. Wenn

Abreise des Kaiser Franz Joseph I. am 29. Mai 1859 zu seinen kämpfenden Truppen nach Oberitalien; neben ihm in der Kutsche Kaiserin Elisabeth

ich nicht diese Überzeugung hätte, müßte ich mich ja zu Tode ängstigen.«
Sissis Abschied von Franz Joseph war herzzerreißend. Noch einmal bat sie ihn unter Tränen, sie nach Italien mitzunehmen. Sie wollte diese erste große Krise seit ihrer Heirat an seiner Seite durchstehen. Mit aller Macht klammerte sich Elisabeth an den Menschen, den sie liebte und der ihr nach dem Tod der kleinen Sophie eine unentbehrliche Stütze

geworden war. Ohne ihn fühlte sie sich hilflos und verlassen. Doch der Kaiser konnte und wollte das nicht zulassen. Ihr Platz sei in Wien, bei den Kindern und am Hofe. Die junge Kaiserin weinte noch, als sie am Morgen aus Mürzzuschlag zurückkehrte, und konnte den ganzen Tag über der Tränen nicht Herr werden. Sie aß nichts und zog sich zurück. Wenn sie überhaupt eine Menschenseele sah, dann waren das ihre Kinder. Sissis Verzweiflung übertrug sich auf die Kleinen, besonders auf die knapp drei Jahre alte Gisela. »Gestern abend«, berichtete ihre Kinderfrau Leopoldine Nischer, »saß sie ganz still in einem Winkel und hatte ganz nasse Augen. Als ich sie frug, was ihr fehle, sagte sie: ›Gisela muß ja auch weinen um den guten Papa‹.«

Sissis Sorge um das Leben ihres Mannes und ihre Unfähigkeit, ohne ihn in Wien zu sein, ergaben eine gefährliche Mischung, die die junge Kaiserin an den Rand der Hysterie brachte. Die politische Krise Österreichs war für sie ein persönliches Drama. Zwei Tage, nachdem der Kaiser Wien verlassen hatte, begab sich Sissi, die sonst nur selten den Gottesdienst besuchte, in die Gnadenkirche Maria-Lanzendorf bei Wien und betete dort für das Leben ihres Gatten. Täglich schrieb sie dem Kaiser Briefe nach Verona, und Franz Joseph antwortete seiner »Engels-Sisi«, so oft ihm der täglich brutaler werdende Krieg Zeit ließ. Nie war ihre Beziehung so intensiv wie in diesen anderthalb Monaten. Die Erzherzogin Sophie, der der Kaiser ansonsten regelmäßig schrieb, erhielt in dieser Zeit nur einen Brief von ihrem Sohn.

Doch auch die vielen Briefe des so schmerzlich vermißten Mannes konnten Sissi nicht trösten. Sie lebte mit den Kindern in Laxenburg und fühlte sich dort allein und im Stich gelassen. Immer wieder flehte sie Franz Joseph in ihren Briefen an, sie nach Verona kommen zu lassen. Und immer wieder schlug der Kaiser ihr diesen Herzenswunsch ab, da Frauen seiner Meinung nach nichts bei einem Krieg zu suchen hatten. Fast jeder Brief Elisabeths mahnte Franz Joseph, ja sein Versprechen nicht zu vergessen und sich nicht zu gefährden. Die junge Ehefrau hatte berechtigte Sorge, daß der wagemutige Kaiser sich persönlich in die Schlacht werfen und von einer feindlichen Kugel getroffen werden könnte. Als sie hörte, daß der Gegner auf dem Vormarsch war, erkundigte sie sich sogleich, ob die Gefahr bestünde, daß die feindlichen Truppen Franz Joseph in seinem Hauptquartier einschließen könnten. Sissis Sorge, der Zug, mit dem der Kaiser in den letzten Tagen des Krieges an die Front fuhr, könne durch Sabotage entgleisen, beruhigte Franz Joseph mit dem Hinweis, es fahre stets eine Kundschafter-Lok voraus.

Sissi hatte allen Grund, sich Sorgen zu machen. Denn kurz nach der Ankunft des Kaisers in Verona verlor die österreichische Armee durch die Unfähigkeit ihrer Führung die erste große Schlacht des Krieges bei Magenta. Franz Joseph sah mit Entsetzen die hohen Verluste seiner stolzen Armee. »Es ist«, schrieb er an Sissi, »so erbittert gekämpft worden, daß ganze Haufen von Todten gelegen sind. Der große Abgang an Offizieren wird schwer zu ersetzen sein.« Dem Kaiser blieb angesichts der desolaten Lage nur noch, den Rückzug zu organisieren und die verantwortlichen Generäle, allen voran den von ihm so geförderten Grafen Gyulai abzulösen. Mailand mußte aufgegeben werden und mit der Stadt die ganze Lombardei. Die stark dezimierten Truppen bezogen Stellung hinter dem Mincio, dem Grenzfluß zwischen Venetien und der Lombardei. Für alle Welt überraschend übernahm der erst 29 Jahre alte und in der Kriegsführung völlig unerfahrene Kaiser am 18. Juni selbst den Oberbefehl über die österreichischen Truppen und damit nicht nur die politische, sondern auch persönliche Verantwortung für alles, was nun geschehen sollte.

Der Kaiser mußte sich aber nicht nur um seine Truppen sorgen, sondern auch um die Gesundheit und den Gemütszustand seiner Frau. Kaum in Italien angekommen, telegraphierte er schon nach Possenhofen und bat Ludovika, sie möchte doch nach Wien reisen und ihrer Tochter Beistand leisten oder wenigstens die jüngere Schwester Mathilde schicken. Immer wieder beschwor er Sissi in seinen Briefen weniger zu reiten, und wenn, dann nur in Begleitung des Oberstjägermeisters und nicht, wie Sissi es tat, mit dem kaiserlichen Leibbereiter Heinrich Holmes. Er riet ihr, mehr zu essen und zu schlafen und überhaupt sich

zu schonen. Vor allem aber bat er die Kaiserin sich in der Öffentlichkeit zu zeigen, um der Bevölkerung Mut zu machen.
Doch Franz Josephs Bitten stießen bei Sissi zunächst auf taube Ohren. Sie hatte sich in den ersten Tagen der Trennung in Laxenburg ganz zurückgezogen, auch von den Kindern und den obligatorischen Tees und Familiendiners von Sophie. Stattdessen ritt sie oft Stunden durch die Gegend. In Wien wurden Stimmen laut, die ihr exaltiertes Benehmen kritisierten. Der Hofarzt Dr. Seeburger beschwerte sich schon wenige Tage nach der Abreise des Kaisers beim Polizeiminister Kempen, daß die Kaiserin, »weder als diese, noch als Frau ihrer Bestimmung entspräche; während sie eigentlich unbeschäftigt sei, sind ihre Berührungen zu den Kindern nur höchst flüchtig, und während sie um den abwesenden Kaiser trauert und weint, reitet sie stundenlang zum Abbruche ihrer Gesundheit; zwischen ihr und Erzherzogin Sophie bestehe eine eisige Kluft.«
Die Vorwürfe Seebergers kamen nicht von ungefähr, doch sie wurden der verzweifelten Stimmung der Kaiserin nicht gerecht. Sissi war in den ersten einsamen Tagen in Wien und Laxenburg voll und ganz mit ihrer Sorge um das Leben des Kaisers und ihrer Sehnsucht nach ihm beschäftigt. Ihr Rückzug war egoistisch, aber er war verständlich angesichts ihrer tiefen Zuneigung zu Franz Joseph, der zudem ihr einziger Halt am Wiener Hof war. Doch Sissi kämpfte gegen ihre Verzweiflung an, und nachdem sie den ersten Schock überwunden hatte, wurde auch sie tätig. Sie schickte Verbandszeug und Wein für die Verwundeten und zeigte sich nun auch öfters in der Öffentlichkeit. Der überraschte und gerührte Kaiser, der zuvor an seiner Frau gezweifelt hatte, bedankte sich nun überschwenglich: »Du thust auch so viel Gutes und erfüllst alle meine Wünsche, Gott lohne es Dir. Ich habe schon Nachrichten von Wien, über den vortrefflichen Eindruck, den Dein öfteres Erscheinen macht und wie Du alle Leute ermuthigst und stärkest. Fahre, mir zu lieb, so fort, Du hilfst mir dadurch ungeheuer.«
Ihr seelisches Gleichgewicht hatte Sissi allerdings noch nicht wiedergefunden. Oft machte sie tagelange Hungerkuren und las des Nachts,

ohne innere Ruhe zu finden. Vor allem aber ritt sie weiterhin so wild und exzessiv, daß dem Kaiser Angst und Bange wurde. Er beschwor sie, »schon Dich doch auch, reite nicht gar so lang, wie z. B. von Laxenburg nach Vöslau, was ein reiner Unsinn ist. Verspreche mir das. Du ermüdest Dich sonst gar zu sehr und wirst mir zu mager.« Und als Franz Josef erfuhr, daß Sissi bei wilden Jagden auch nicht vor Hindernissen halt machte, empörte er sich: »Daß Du Barrier springst, freut mich gar nicht, diese Angst hättest Du mir wohl jetzt ersparen können.« Der Brief datierte vom 23. Juni, dem Vorabend der Entscheidungsschlacht von Solferino. Der Kaiser war in diesem schwierigsten Moment seiner Regierungszeit bedrückt von privaten Sorgen.

Am selben Tag noch überschritten die kaiserlichen Truppen auf Befehl Franz Josephs den Mincio, um am folgenden Morgen die bei Solferino konzentrierte Armee des Gegners anzugreifen. Doch der drehte den Spieß einfach um und überraschte die kaiserlichen Regimenter am frühen Morgen des 24. Juni im Nachtlager. Es wurde auf beiden Seiten erbittert gekämpft. Der linke Flügel der österreichischen Truppen geriet nach ersten Vorstößen so stark unter Druck, daß er zurückweichen mußte, statt wie geplant, die im Zentrum der Angriffsformation stehende 2. Armee zu unterstützen. Als auch dieser Teil der Schlachtreihe dem Angriff der Franzosen und Italiener weichen mußte, gab Franz Josef gegen 16 Uhr den Befehl zum Rückzug.

Zu früh, wie sich später herausstellen sollte. Denn dem Feldmarschalleutnant Ludwig von Benedek, der sich dem Rückzugsbefehl widersetzte, gelang es mit seinen 20.000 Mann noch, die zahlenmäßig weit überlegenen Piemontesen von der Höhe von San Martino zu verdrängen, bevor auch er sich zurückzog. Die vernichtende Niederlage der Österreicher bei Solferino war damit besiegelt. Die Schlacht war von außergewöhnlicher Brutalität. Überall lagen Tote und Verwundete, um die sich niemand kümmerte. Die Beobachter des Gemetzels waren entsetzt. Einer von ihnen, Henri Dunant, zog aus dieser Erfahrung Konsequenzen und gründete das Internationale Rote Kreuz.

Kaiser Franz Joseph I. als Soldat

In Österreich machte man den Kaiser für diese Niederlage persönlich verantwortlich. Nie war Franz Joseph so unbeliebt wie in diesen Tagen. Es schien, als hätte die Bevölkerung eine Niederlage der österreichischen Truppen geradezu herbeigesehnt, um der autoritären Herrschaft Franz Josephs ein Ende zu bereiten. »In Wien«, bemerkte Graf Rechberg, »feierte die Börse den Verlust der Schlacht von Solferino mit einer Hausse.« Stimmen wurden laut, die einen Rücktritt des Kaisers zugunsten seines liberaleren Bruders Ferdinand Max forderten. Da alle verfügbaren Finanzmittel in den Krieg um eine ferne und feindselige Provinz gepumpt worden waren, nahm die materielle Not in der einfachen Bevölkerung stark zu, und mit ihr wuchs der Unmut. Hinzu kam, daß viele Familien Tote und Verletzte zu beklagen hatten. Wien war voll von Verwundeten, für deren Versorgung nicht genügend Räume, Medizin und Verbandszeug zur Verfügung stand. In dieser Situation entschloß sich Elisabeth, in Laxenburg ein Spital einzurichten. Voller Dankbarkeit für diese neue Tatkraft schrieb ihr der Kaiser: »Gebe die Verwundeten wohin Du willst, in alle Häuser von Laxenburg. Sie werden sehr glücklich sein, unter Deiner Obhut. Ich kann dir nicht genug dafür danken.«

Elisabeth ging sogar noch einen Schritt weiter. Sie mischte sich in politische Angelegenheiten ein, was sie bislang vermieden hatte. Die vielen Bitten um Fürsprache beim Kaiser, die sie erreichten, hatte ihr Sekretariat mit derselben Formel beantwortet: »Ihre Majestät nimmt keinen Einfluß«. Damit war nicht gesagt, daß die Kaiserin keine politische Meinung hatte, wohl aber, daß sie keine Politik machte und machen sollte. Selbst im Winter 1856/57, als ihr während der Italienreise klar wurde, wie feindselig die Einstellung der italienischen Bevölkerung war und wie stark ihr Drang nach nationaler Unabhängigkeit und politischer Freiheit, hatte sie nicht interveniert. Doch jetzt, in der Stunde der größten Niederlage ihres Mannes, unterbreitete sie ihm einen politischen Plan zur Überwindung der Krise. Unmittelbar nach der verlorenen Schlacht von Solferino schlug Elisabeth vor, sofort in Friedensverhandlungen mit Frankreich einzutreten und auf diese Weise zu retten,

was zu retten war – und das betraf nicht nur die oberitalienischen Provinzen des Habsburger Reiches, sondern auch die wankende Macht des Kaisers in Österreich.
Doch Franz Joseph war noch nicht so weit, seiner Frau in politischen Fragen Gehör zu schenken. In seinem Brief vom 1. Juli bescheinigte er Sissis Vorschlag zwar, er beinhalte »sehr gute Ideen, doch muß man jetzt die Hoffnung noch nicht aufgeben, daß Preußen und Deutschland uns doch noch helfen werden und so lange ist an Verhandlungen mit dem Feinde nicht zu denken«. Der väterlich-belehrende Ton ist bezeichnend für das Verhältnis zwischen Sissi und Franz Joseph in dieser Zeit. Er war der erfahrene Mann, der im Leben stand. Stets fürsorglich seiner Frau zugewandt, ließ er sich aber von ihr nicht in seine Geschäfte hineinreden. Diese patriarchalische Grundhaltung war bei Franz Joseph besonders ausgeprägt. Es war schon ungewöhnlich, daß Sissi überhaupt politische Fragen ansprechen durfte. Das war nämlich außer der Mutter Franz Josephs nur noch den Ministern und politischen Beratern erlaubt, und auch die durften nur über Dinge reden, die in ihr Ressort fielen.
Sissi schickte sich in diese Rollenverteilung. Sie insistierte nicht auf ihrem politischen Vorschlag, beschwerte sich aber darüber, daß Franz Joseph entgegen seinen Versprechungen nicht so bald nach Wien zu ihr zurückzukehren gedachte. Besonders erboste sie, daß der Kaiser schrieb, die Entscheidung in Verona zu bleiben, sei ihm leicht gefallen, da er sowieso nur wegen der politischen Geschäfte nach Wien hatte fahren wollen. Franz Joseph beeilte sich, die Dinge wieder gerade zu rücken und die Zweifel seiner Frau an seinen Gefühlen für sie zu zerstreuen. Er versicherte ihr, daß sie der einzig wichtige Grund für seine möglichst baldige Rückkehr nach Wien sei: »Du kannst Dir wohl denken, daß mein einziger Drang zum Zurückkehren und meine einzige Freude dabei ist, Dich wieder zu umarmen«. Doch er erinnerte Sissi auch daran, daß er nicht nur ihr Mann, sondern auch der Kaiser von Österreich war: »Allein in einer Zeit wie die Jetzige, darf man sich nicht von den Gefühlen des Herzens, wenn sie auch noch so stark sind, leiten las-

sen, sondern nur von dem Gefühl der Plicht.« An dieser Stelle, da wo die Gefühle auf die Pflichten stießen, war die Sollbruchstelle der Beziehung zwischen Franz Joseph und Elisabeth. Sie hatte zwar die zweite große Bewährungsprobe nach dem Tod der Tochter Sophie bestanden, doch es zeigten sich bereits feine Risse.

Auch wenn Franz Josef den ›politischen Plan‹ Elisabeths rundweg zurückgewiesen hatte, so war ihm von Anfang an klar, daß die Niederlage von Solferino verheerende Folgen haben würde. Doch hoffte er bis zuletzt auf den Einsatz deutscher Truppen zur Entlastung der italienischen Front. Tatsächlich war die öffentliche Meinung in den Ländern des Deutschen Bundes für ein Eingreifen zugunsten Österreichs und gegen Frankreich. Doch Preußens Politik hatte andere Ziele. Seinem Ministerpräsidenten Bismarck ging es um die Vorherrschaft in Deutschland und deswegen kam ihm eine Schwächung des Konkurrenten Österreich sehr gelegen. Franz Joseph stand dem Taktieren Preußens, das er als »schmählichen Auswurf« bezeichnete, hilflos gegenüber. Er setzte auf eine Gemeinsamkeit unter den deutschen Staaten, die es in den Zeiten der reinen Machtpolitik nicht mehr gab. Ebenso wie Österreich ging es Preußen allein um die Stärkung der eigenen Position in Deutschland und Europa. Der nächste Konflikt kündigte sich damit bereits an, doch es sollte noch bis 1866 dauern, bis der Kampf um die Vorherrschaft in Deutschland in einen Krieg zwischen Österreich und Preußen mündete.

Napoleon III. machte Franz Joseph ein Friedensangebot, und das, obwohl die französisch-italienischen Truppen in Oberitalien auf dem Vormarsch waren. Franz Joseph blieb angesichts der katastrophalen Niederlage von Solferino nichts anderes übrig, als das Angebot anzunehmen. Am 11. Juli, zehn Tage nachdem er Elisabeths Friedensplan verworfen hatte, schloß der Kaiser von Österreich in Villafranca ein Waffenstillstandsabkommen mit dem »Erzschuft Napoleon«, wie er ihn nannte. Die Bestimmungen dieser Vereinbarung wurden dann am 10. November 1859 in den Frieden von Zürich aufgenommen. Durch diesen Vertrag verlor Österreich die Lombardei, behielt jedoch

Venetien. Napoleon III. erhielt von Piemont-Sardinien als Gegenleistung für seine politische und militärische Hilfe Savoyen und Nizza.
Vor allem aber war es dem Kaiser durch den Waffenstillstand möglich, nach Wien zurückzukehren und dort innenpolitische Schadensbegrenzung zu betreiben. Sein General Crenneville hatte schon früh die Zeichen der Zeit erkannt: »Wenn der Kaiser mit der Idee zurückkommt, das jetzige Regierungssystem aufrechtzuerhalten und durch Hilfe des Konkordats und der militärischen Günstlinge zu regieren, so wird die Monarchie einer trüben Zukunft entgegen gehen; dieses System ist durch und durch faul und muß brechen.« Gemeint war die von Sophie und der Hofkamarilla gestützte neoabsolutistische Regierungsform Franz Josephs seit 1848. Deren Basis war der Anspruch des Kaisers in allen Fragen allein zu entscheiden, ohne sich vor einem Parlament verantworten oder den Vorgaben einer Verfassung Folge leisten zu müssen. Die wichtigsten Säulen dieser Politik waren zum einen die Günstlingswirtschaft, die den Adel bevorzugt in politische und militärische Führungspositionen brachte, ohne Ansehen der persönlichen Eignung der Begünstigten, und zum anderen das Bündnis von katholischer Kirche und Staat, das im Jahre 1855 durch ein Konkordat bekräftigt worden war.
Dieses Regierungssystem hatte versagt. Die Niederlage von Solferino war auch ein Produkt der Günstlingswirtschaft, denn die von Franz Joseph eingesetzte militärische Führung war nicht nur unfähig, sie hatte sich zudem auf Kosten der militärischen Ausrüstung der Armee bereichert. Der Staat geriet durch die militärische Niederlage und die Korruption der hohen Beamtenschaft in eine bedrohliche Finanzkrise, die wiederum zu sozialen Verwerfungen führte. In Ungarn regte sich wieder der alte Revolutionsgeist, und die fortschrittlichen Kräfte des Bürgertums forderten eine politische und wirtschaftliche Liberalisierung. Für die allgemeine Misere machte man den Kaiser verantwortlich, der durch seinen absolutistischen Regierungsstil alle Entscheidungen an sich gezogen hatte und nun für sie gerade stehen mußte.

Franz Joseph wollte zwar seine autoritäre Herrschaft nicht aufgeben, mußte jedoch angesichts der Krise des Reiches den liberalen Kräften im Lande entgegenkommen. Kaum zurück in Laxenburg, verfaßte er am 15. Juli das sogenannte Laxenburger Manifest mit dem Ziel, die Gemüter zu beruhigen, ohne allzu große Zugeständnisse zu machen: »Es muß meinem Herzen wohltun, meinen geliebten Völkern die Segnungen des Friedens wieder gesichert zu sehen, und sind mir diese doppelt wertvoll, weil sie mir die notwendige Muße gönnen werden, meine ganze Aufmerksamkeit und Sorgfalt nunmehr ungestört der erfolgreichen Lösung der mir gestellten Aufgabe zu weihen: Österreichs innere Wohlfahrt und äußere Macht durch zweckmäßige Entwicklung seiner reichen geistigen und materiellen Kraft, wie durch zeitgemäße Verbesserungen in Gesetzgebung und Verwaltung dauernd zu begründen.«

Der Verlautbarungsstil war typisch für Franz Joseph und zeigte seine ganze Volksferne. Den Ankündigungen vom Juli folgten allerdings keine reformerischen Taten. Der Kaiser begnügte sich mit der Entlassung seines persönlichen Beraters, des in der Bevölkerung verhaßten Grünne, der Pensionierung von sechzig Generälen sowie des Austauschs der gesamten politischen Führung. Diese Personalentscheidungen, die zudem keine liberalen Minister in das kaiserliche Kabinett brachten, reichten jedoch nicht aus, um die öffentliche Kritik zu beruhigen. Wochenlang konnte Franz Joseph Laxenburg nicht verlassen, und als er sich im September 1859 erstmals wieder bei einer Parade in der Öffentlichkeit zeigte, zogen viele der Schaulustigen nicht einmal den Hut. Bei einem Besuch der Oper zu Beginn der Herbstsaison empfing ihn das Publikum mit eisigem Schweigen.

Erst ein Jahr nach dem Laxenburger Manifest kam Franz Joseph den bürgerlichen Forderungen nach einer Verfassung und der Gründung eines Parlaments mit ersten Zugeständnissen entgegen. Das sogenannte Oktoberdiplom von 1860 sollte ein »beständiges und unwiderrufliches Staatsgrundgesetz« sein. Doch statt eines Reichstages als repräsentativer Volksvertretung sah dieses Grundgesetz nur einen Reichsrat mit beratenden Funktionen und die Einrichtung von ständischen

Landtagen für die einzelnen Reichsprovinzen vor. Und auch diese bescheidenen Schritte in Richtung auf eine konstitutionelle Monarchie waren in den Augen Franz Josephs nur Kosmetik: »Wir werden zwar etwas parlamentarisches Leben bekommen, allein die Gewalt bleibt in meinen Händen und das Ganze wird den österreichischen Verhältnissen gut angepaßt.« Eine echte Verbesserung war allerdings die Einführung des Prinzips der Gleichheit aller Bürger vor Gericht und bei der Steuer- und Wehrpflicht, die Gewährung des Zugangs zu allen Ämtern ohne Rücksicht auf Stand und Geburt sowie die Erlaubnis zur freien Religionsausübung.

Politisch gesehen stand Elisabeth eher auf der Seite der Kritiker des Kaisers. Ganz anders als die meisten Adeligen dieser Zeit hatte sie von Haus aus Verständnis für die bürgerliche Forderung nach einer Liberalisierung des politischen Lebens, und das reaktionäre Bündnis von Staat und Kirche in Österreich war ihr unsympathisch. Seit dem Unterricht bei Mailáth war ihr zudem bewußt, daß ein moderner Staat eine echte Verfassung brauchte. Doch obwohl die politischen Vorstellungen Franz Josephs und Sissis himmelweit auseinanderlagen, entstanden daraus keine dauerhaften Differenzen, denn Politik war für Elisabeth anders als für ihre Schwiegermutter Sophie nicht wirklich wichtig. Nicht die Politik war die Grundlage ihrer Beziehung zu Franz Joseph, sondern allein die Liebe, die sie ihm und die er ihr entgegenbrachte. Für Sissi war es deshalb ein Schock, als ihr im Winter 1859/60 erste Gerüchte über Liebesaffären Franz Josephs zu Ohren kamen.

Die Gerüchte waren so massiv, daß man sie nicht als bloßes Gerede abtun konnte. Mit der Nachricht konfrontiert, daß der Mann, dem sie rückhaltlos vertraute, sie hintergangen hatte, reagierte Sissi mit einer für sie überraschenden Unternehmungslust. Sie warf sich entgegen ihrer bisherigen Zurückhaltung in das Wiener Gesellschaftsleben und veranstaltete im Frühjahr 1860 selbst sechs private Bälle in ihren Appartments in der Hofburg. Auf diesen ausgelassenen Vergnügungen kam eine andere Frau zum Vorschein, die in einer Art zu feiern wußte, die die Wiener Hofgesellschaft provozieren mußte. Denn ihre Gäste, junge adelige Paare, waren ohne die sonst übliche elterliche Begleitung eingeladen. Eine der Teilnehmerinnen dieser »Waisenbälle«, die Landgräfin Therese Fürstenberg, berichtete später: »anfangs stutzte man über eine solche Enormität, gegen den allerhöchsten Willen war nichts zu thun«.

Die von ihr veranstalteten Tanzfeste reichten jedoch nicht aus, um Sissis neue Sucht nach Unterhaltung und Abwechslung zu befriedigen. Die Kaiserin erschien nun auch auf den großen Privatbällen, die sie bisher gemieden hatte und auch später wieder meiden sollte. Dort tanzte sie mit einer Leidenschaft, die für sie außergewöhnlich war. Das alles geschah ohne Franz Joseph, den Sissi auf diese Weise demonstrativ aus ihrem Leben ausschloß. So kehrte sie von dem Ball des Markgrafen Pallavacini erst gegen sieben Uhr morgens in die Hofburg zurück. Der Kaiser war zu diesem Zeitpunkt bereits zur Jagd aufgebrochen. Elisabeth und Franz Joseph gingen das erste Mal in ihrer noch jungen Ehe getrennte Wege.

Schlechte Nachrichten aus Neapel steigerten im Verbund mit der ersten Ehekrise die Unruhe Sissis. Der Sieg der Piemontesen gegen Österreich und die schon bald darauf folgende Vertreibung der italienischen Linie der Habsburger aus der Toskana und Modena hatte auch den Revolutionären in Süditalien Auftrieb gegeben. Nach einem erfolglosen Aufstand in Palermo Anfang April 1860 landeten im Mai die Freischaren Giuseppe Garibaldis, die sogenannten Rothemden, in Marsala und begannen den »Zug der Tausend« durch Sizilien und Kalabrien in Richtung Neapel. Ihr Ziel: der Sturz der Bourbonen.

Franz II., der Gemahl Maries, sandte verzweifelte Hilferufe an die europäischen Herrscherhäuser. Doch vergebens: Kein Land war gewillt, zugunsten der bourbonischen Herrschaft in Italien einzugreifen. Sissis Bruder Karl Theodor wollte dem Untergang seiner Schwester Marie nicht tatenlos zusehen. Er versuchte den bayerischen König Maximilian II. für eine Intervention, an der er perönlich teilnehmen wollte, zu gewinnen. Doch der lehnte ab, ebenso der König von Sachsen. Am 6. Juni fiel Palermo in die Hand Garibaldis, und Neapel geriet immer stärker unter Druck. Gemeinsam mit seinem Bruder Ludwig reiste Karl Theodor daraufhin nach Wien und versuchte in Verein mit Sissi, Franz Joseph zu einem Eingreifen in Italien zu bewegen. Doch dem Kaiser waren die Hände gebunden. Er hatte schon nicht die Vertreibung seiner toskanischen Verwandten verhindern können. An einen neuen Krieg war angesichts der Staatsfinanzen, des Zustands der österreichischen Armee und der Stimmung in der Bevölkerung nicht zu denken.

Die Sorge um die geliebte Schwester in Neapel belastete Sissi schwer, und die Weigerung Franz Josephs, dem neapolitanischen Königspaar zur Hilfe zu kommen, verbesserte das Verhältnis zwischen ihm und Sissi nicht gerade. Im Juli 1860 entschloß sich Elisabeth von heute auf morgen, Wien zu verlassen und mit ihrer Tochter Gisela nach fünf Jahren erstmals wieder Possenhofen zu besuchen. Der Grund dafür waren Streitigkeiten mit Franz Joseph. Die Abreise erfolgte fluchartig. Die Kaiserin hatte es so eilig, daß sie die eben erst fertiggestellte, aber noch nicht eröffnete Bahnstrecke Wien-München, die ihr zur Ehren »Kaiserin-Elisabeth-Westbahn« hieß, benutzte. In Possenhofen blieb sie solange sie konnte und kehrte erst zum Geburtstag ihres Mannes am 18. August nach Wien zurück.

In Italien hatte sich die Lage für das Königspaar inzwischen weiter verschlechtert. Garibaldis Truppen rückten Neapel immer näher und eroberten die Hauptstadt des bourbonischen Königreichs schließlich Anfang September. Franz II. und Marie verließen die Stadt auf einem spanischen Schiff, da die neapolitanische Marine meuterte, und zogen sich auf die Festung Gaeta oberhalb von Neapel zurück. Franz II. weigerte sich, angetrieben durch die energische Marie, sein Königreich kampflos aufzugeben. In Gaeta organisierte Marie die Verpflegung der Verwundeten, ermutigte die Truppen und stärkte ihrem Mann den Rücken. Doch dieser persönliche Einsatz der Königin half nichts. Da die Unterstützung von befreundeten Staaten ausblieb und die Versorgung durch die Belagerer unterbunden war, mußten die Verteidiger von Gaeta am 13. Februar 1861 kapitulieren. Die Bourbonenherrschaft in

Italien war damit beendet. In Turin rief ein gesamtitalienisches Parlament wenige Wochen später Viktor Emanuel II., den Herrscher von Sardinien, zum König von Italien aus. Marie, die als »Heldin von Gaeta« in die Geschichte einging, gelang mit ihrem Mann die Flucht nach Rom.

Die Nachricht von der Rettung Maries sollte Sissi erst Wochen später erreichen. Denn schon am Jahresende 1860 hatte die österreichische Kaiserin ihre Koffer gepackt und sich auf den Weg nach der fernen Insel Madeira begeben. Es war der Anfang einer langen Reise zu einem neuen Selbstbewußtsein.

Die lange Reise zum neuen Selbstbewußtsein

Sissis Reise nach Madeira begann am 17. November 1860. Über München und Bamberg fuhr sie nach Antwerpen, wo sie sich einschiffte. Die Kaiserin hatte es so eilig, Wien zu verlassen, daß sie die Yacht der britischen Königin, die »Victoria and Albert«, für die Überfahrt nach Madeira benutzte, da kurzfristig kein österreichisches Schiff zur Verfügung stand. Eine Einladung der Queen Victoria lehnte Elisabeth dankend ab – sie wollte so schnell wie möglich auf die ferne Insel im Atlantik. Das Gepäck und die Dienerschaft folgten Tage später auf der »Osborne«. Auch dieser überhastete Aufbruch kam – wie schon ihr Besuch in Possenhofen vier Monate zuvor – einer Flucht gleich, nur daß die Umstände dieses Mal geradezu dramatische Züge trugen.

Denn offiziell war es die Erholungsreise einer Todkranken. Ende Oktober hatte der Wiener Lungenspezialist Dr. Skoda bei Sissi »lebensgefährliche Lungenaffektationen« diagnostiziert. Von einer »Halsröhrerschwindsucht« war die Rede. Keinesfalls könne die Kranke, so Dr. Skoda, den kalt-feuchten Winter in Wien überstehen, ein Aufenthalt im Süden sei unabdingbar, wobei der Erholungszeitraum von vorneherein auf fünf Monate veranschlagt wurde.

Die Hiobsbotschaft wurde rasch von der Presse verbreitet und löste überall Bestürzung aus. Eine Welle von Mitgefühl für die junge Kaiserin ging durch die Donaumonarchie, tausende von Genesungswünschen trafen ein, und die europäischen Höfe überboten sich in Hilfsbereitschaft. Selbst die Wiener Hofgesellschaft war anfangs vom Krankheitsbefund geschockt. Und die Erzherzogin Sophie notierte am 31. Oktober in ihrem Tagebuch: »Ich war von der Nachricht vernichtet.«

Allerdings schlug dieses Mitgefühl schon bald in heftige Kritik um. Denn wenige Tage nach den ersten Schreckensnachrichten schwirrten bereits Gerüchte durch die Hofburg, daß es mit dem Gesundheitszustand Elisabeths wohl kaum so schlecht bestellt sein könne. Als wichtigstes Indiz galt, daß der Kaiser trotz der vermeintlich lebensbedrohlichen Krankheit seiner Gattin Anfang November für eine Woche nach

Ischl auf die Jagd gefahren war. Auch die gelassene Reaktion der Kaiserinmutter schien den Verdacht zu bestätigen.
Vor allem aber das Verhalten der ›todkranken‹ Sissi selbst sorgte für allgemeine Verwunderung. »Die Kaiserin beschäftigt sich sehr viel mit ihrer Sommertoilette von Madeira«, schrieb die Erzherzogin Therese am 6. November bissig an ihren Vater Erzherzog Albrecht. Fünf Tage später war es ihr dann schon zur Gewißheit geworden, daß Elisabeths vermeintliche Krankheit weniger auf Tatsachen denn auf Einbildung beruhte: »Gestern war Tante Marie bei der Kaiserin; sie nahm ein großes Sacktuch mit, weil sie glaubte, viel zu weinen; indessen war die Kaiserin ganz lustig, sie freut sich unendlich, nach Madeira zu gehen. Die Tante war so indigniert, daß sie der Kaiserin ihre Meinung auf eine ziemlich fühlbare Art sagte: ›der Kaiser ist noch in Ischl‹.«
Für den Wiener Hofstaat war damit klar, daß Elisabeth simulierte. Wieder einmal machte sich Mißbilligung über die Kaiserin breit, während sich alles Mitgefühl auf Franz Joseph konzentrierte. »Ich bedaure ihn unendlich, eine solche Frau zu haben, die vorzieht, ihren Mann und ihre Kinder auf 6 Monate zu verlassen, statt ein ruhiges Leben in Wien zu führen«, schrieb die Erzherzogin Therese. Die dabei anklingende Überzeugung, es handele sich beim Madeira-Aufenthalt eher um eine Vergnügungs- als eine Erholungsreise, teilte anscheinend selbst die Mutter der Kaiserin. Weniger um die Gesundheit ihrer Tochter, dafür aber um so mehr um deren Lebenswandel besorgt, schrieb Ludovika an ihre Schwester Marie: »Da der Aufenthalt in Madeira sehr still und wie sie [Sissi] schreibt sehr langweilig seyn soll, findet sie hoffentlich keine Gelegenheit, sich zu verderben.«
Doch Elisabeth war keine Simulantin. Sie war wirklich krank, auch wenn Art und Ausmaß der Erkrankung bis heute nicht völlig geklärt sind. Fest steht, daß sich ihr Husten, der sie bereits seit zwei Jahren quälte, im Herbst 1860 verschlimmert hatte. Hinzu kamen Kopf- und Gliederschmerzen, aber auch anhaltende Übelkeit und Fieber. Der eher zarte Körper der Zweiundzwanzigjährigen hatte sich auch zwei Jahre nach der Geburt ihres jüngsten Kindes noch nicht von den Strapazen

der drei kurz aufeinanderfolgenden Schwangerschaften erholt. Die Hungerkuren Sissis und der viel zu kurze Nachtschlaf trugen ebenso wie die oft stundenlangen Spaziergänge und häufigen Ausritte der Kaiserin zu ihrer schlechten körperlichen Verfassung bei. Sie waren aber auch Symptome einer seelischen Krise, die sehr viel schwerwiegender war als die körperlichen Beschwerden.

Das italienische Abenteuer ihres Gatten, die Niederlage der österreichischen Truppen wie auch das Schicksal ihrer Schwester Marie hatten in den letzten anderthalb Jahren ihre Nerven angegriffen. Dazu kam, daß Elisabeth den Tod ihrer ältesten Tochter Sophie nach wie vor nicht überwunden hatte. Auch das Verhältnis zu den beiden anderen Kindern blieb kompliziert. Sissi fühlte sich ihrer Mutterrolle seit Sophies Tod nicht mehr gewachsen. Die Erzherzogin hatte diese Schwäche ausgenutzt und die Erziehung der Kinder wieder in die Hand genommen, was zu stetigen Auseinandersetzungen zwischen den beiden verfeindeten Frauen führte. Hinzu kam die andauernde Feindseligkeit des Wiener Hofes, der Elisabeth immer wieder zu verstehen gab, daß er nicht sie, sondern ihre Schwiegermutter als die eigentliche Kaiserin betrachtete. An dieser stets präsenten unterschwelligen Mißachtung hatte auch die Geburt des Kronprinzen nichts geändert.

Auch nach sieben Jahren hatte Elisabeth am Wiener Hof keine neue Heimat gefunden. Immer noch behandelte man sie wie ein unmündiges Kind. Sie besaß außer den ungeliebten Repräsentationspflichten keine wirkliche Aufgabe. Und als Franz Joseph sich anderen Frauen zuwandte, verlor sie den letzten Halt. Reagierte sie zunächst mit einer geradezu exzessiven Vergnügungssucht und einer betonten Distanzierung von Franz Joseph, so ging dieser Zustand schon bald in eine tiefe Depression über. Nun verschlimmerten sich ihre körperlichen Leiden, und sie zog sich von allen und allem zurück. Von schweren Nervenkrisen und nicht endenwollenden Weinkrämpfen war am Wiener Hof die Rede, und alle Bilder Sissis aus dieser Zeit zeigen eine zutiefst verhärmte, melancholische und leidende Frau.

Elisabeth in der Phase ihrer Krankheit 1860

Richtig ernst nahm diese Symptome jedoch keiner. Auch Franz Joseph war sich sicherlich keiner Schuld bewußt. Denn in seinen Kreisen waren Seitensprünge keine Seltenheit und allseits toleriert. Das galt allerdings nur für die Männer. Frauen mußten sich in ihre Rolle fügen und sich mit den Vorteilen ihrer gesellschaftlichen Stellung schadlos halten. Die Ehe unter Adeligen war keine Gefühlssache, sondern ein (politisches) Geschäft, von dem beide Seiten profitierten – vor allem aber die Männer. Sissis emotionale Reaktion auf die Liebschaften ihres Mannes stieß daher auf allgemeines Unverständnis und galt als hysterische Überreaktion.

Erst als sich ein ›objektiver‹ Krankheitsbefund einstellte – ihr verschlimmerter Husten – begann man am Wiener Hof aufzuhorchen. Dieser Husten war immerhin so stark, daß Dr. Skoda eine Erkrankung der Lungen diagnostizierte. Ob der Arzt aber selbst an ein lebensgefährliches Leiden glaubte, scheint eher fraglich. Denn das von ihm verordnete Madeira war keinesfalls als Lungenkurort bekannt. Es gab zahlreiche andere, viel näher gelegene Orte mit mildem Klima, die sich auf die Behandlung von Lungenkranken spezialisiert hatten, die aber gar nicht erst in Erwägung gezogen wurden.

Viel spricht dafür, daß Sissi selbst Madeira als Erholungsort vorgeschlagen hat. Denn sie war an einem Punkt angelangt, an dem sie den Habsburger Hof so weit wie möglich hinter sich lassen wollte. Madeira lag insofern nahe, als Erzherzog Maximilian erst kurz zuvor diese Insel besucht und der kaiserlichen Familie viel von ihrer Ruhe und Naturschönheit vorgeschwärmt hatte. Was aber das Wichtigste war: die Insel lag so tief im südlichen Atlantik, daß mit einem Besuch des Kaisers keinesfalls zu rechnen war.

Sissis Reise nach Madeira war aber nicht nur eine Flucht vor dem Wiener Hof, ihrer Schwiegermutter und ihrem Mann, sie war auch ein Befreiungsschlag. Wenn auch unterstützt durch ihre Krankheit, so hatte sich die junge Kaiserin doch erstmals auf eigene Füße gestellt und ihren Willen auch gegen den Kaiser durchgesetzt. Ihr gelang es sogar, die ungeliebte Obersthofmeisterin Esterházy, die Sophie ihr als Aufpasserin mit auf die Reise geben wollte, auszubooten und neben den Ärzten und Dienern nur drei ihrer vertrautesten Hofdamen, Fürstin Helene Taxis, Gräfin Mathilde Windischgraetz und Gräfin Lily Hunyadi nach Madeira mitzunehmen. Als männlicher Begleiter und Ehrenkavalier stieß noch der Bruder Lilys, Graf Paul Hunyady, zu dieser für kaiserliche Verhältnisse kleinen Gruppe.

Dieser erste Triumph wie auch die Vorfreude auf eine fünfmonatige Unabhängigkeit trugen dazu bei, die Lebensgeister der Kaiserin deutlich zu beleben. Kaum hatte sie die Reise angetreten, gingen auch die psychosomatischen Krankheitssymptome merklich zurück. Überrascht beobachtete die Schiffsbesatzung der »Victoria and Albert«, daß die vermeintlich Todkranke während der Überfahrt selbst den schweren Stürmen der Biskaya trotzen konnte. Während ihre Begleiter seekrank in den Kabinen lagen, stand Sissi begeistert auf Deck.

Auch die ersten Tage auf der Insel waren noch von einer euphorischen Stimmung begleitet. Vergnügt ging die kleine Gesellschaft daran, die am Strand gelegene Villa Quinta Angustia, die man für den Aufenthalt gemietet hatte, einzurichten und erste Erkundungsgänge auf der Insel zu machen. Schon bald aber holte auch hier die Wirklichkeit Sissi ein. Die Reise nach Madeira war zwar ein Befreiungsschlag, aber keine Lösung. Einige tausend Kilometer hatte die Kaiserin zwischen sich und die Wiener Probleme und Konflikte gebracht, aber mit der räumlichen Distanz waren sie nicht kleiner geworden oder gar verschwunden.

So verfiel Sissi schon bald wieder in eine zutiefst depressive Stimmung, die sich – einhergehend mit einer nervösen Überreizbarkeit – schon beim geringsten Anlaß in heftigen Weinkrämpfen äußerte. Ratlos berichtete der österreichische Graf Rechberg, den man im Februar als Kurier nach Madeira geschickt hatte, nach Wien: »Moralisch ist aber die Kaiserin schrecklich gedrückt, beinahe melancholisch, wie es in ihrer Lage wohl nicht anders möglich ist – sie sperrt sich oft beinahe den ganzen Tag in ihr Zimmer ein und weint. Unbegreiflicherweise hat sie noch keinen Brief von der Königin von Neapel, seitdem sie hier ist. Durch mich hoffte sie einen zu bekommen, und weinte den ganzen Tag meiner Ankunft, als sie sich enttäuscht sah. Sie ißt schrecklich wenig, so daß auch wir darunter leiden müssen, denn das Essen, vier Speisen, vier Desserts, Kaffee etc. dauert nie über fünfundzwanzig Minuten. In ihrer Melancholie geht sie nie aus, sondern sitzt bloß am offenen Fenster mit Ausnahme eines Spazierrittes im Schritt von höchstens einer Stunde.«

Immerhin besserte das Klima von Madeira Sissis Lungenerkrankung, und sie hustete nun weniger. Das war auch ein Erfolg ihrer Ärzte, denn die Kaiserin hielt sich mit Ausnahme ihrer spartanischen Ernährung strikt an deren Anweisungen. Sie wollte gesund werden und führte deshalb ein zurückgezogenes Leben, schonte sich, machte nur wenige kleine Spaziergänge, ritt allenfalls im Schrittempo und brachte die meiste Zeit des Tages mit Lesen, Kartenspielen und Briefeschreiben zu. Die Eintönigkeit dieses Lebens zerrte sogar den nur vorübergehend anwesenden Wiener Kurieren an den Nerven. Sie klagten alle über Langeweile und das »offizielle Nichtstun«. Aber auch der Kaiserin wurde die selbstgewählte Abgeschiedenheit schon bald zuviel: »Jedes Schiff, das ich wegfahren sehe«, so schrieb sie einen Monat nach ihrer Abreise aus Wien an den Grafen Grünne, »gibt mir die größte Lust darauf zu sein, ob es nach Brasilien, nach Afrika oder ans Kap geht, es ist mir einerlei, nur nicht so lang an einem Fleck sitzen«.

Eine Weiterreise aber kam nicht in Frage, und je länger der Madeira-Aufenthalt dauerte, desto mehr beschäftigte sich Sissi wieder mit der Welt draußen. Immer drängender verlangte Sissi nach Neuigkeiten und Nachrichten, insbesondere über den Fortgang des italienischen Abenteuers ihrer Schwester. Und langsam stellte sich auch eine Sehnsucht nach Wien ein, nach dem Prater und ihren Pferden, vor allem aber nach den Kindern. Unzählige Geschenke schickte sie ihnen mit jedem rückkehrenden Kurier nach Wien. Sie schrieb kleine Briefe und erkundigte sich regelmäßig und wehmütig nach ihrem Befinden. Franz Joseph aber vermißte sie nicht. Die Kinder waren nun ihr einziges Band an die Heimat. Vertraulich schrieb sie an Grünne: »Um ihnen ganz offen zu gestehen, hätte ich nicht die Kinder, so würde mir der Gedanke, wieder das

Leben, das ich bisher geführt habe, wieder aufnehmen zu müssen, ganz unerträglich sein.«
Wenn Elisabeth an ihre Kinder dachte, lag aber auch der Gedanke an die Erzherzogin Sophie nicht fern. Der Aufenthalt in Madeira hatte ihre Abneigung gegen die Schwiegermutter nicht gemildert. Nicht einen Brief schrieb sie ihr in der ganzen Zeit, und offen vertraute sie Grünne an: »An die E [Erzherzogin Sophie] … denke ich nur mit Schaudern, und die Entfernung macht sie mir noch mehr zuwiderer«. In dieser Abwehr kam auch Sissis Angst zum Ausdruck, daß sich Sophie »gewiß die Zeit meiner Abwesenheit recht zu nutzen gemacht hat, um den K. [Kaiser] und die Kinder zu dirigieren und zu überwachen«. Und so war Elisabeth, je näher der Tag der Abreise rückte, hin- und hergerissen zwischen ihrer Sehnsucht nach den Kindern, den Pferden und den Wiener Vergnügungen und der Furcht vor der Erzherzogin und ihrer ständigen Bevormundung.
Am 28. April 1861 war es dann so weit. Die Kaiserin trat die Heimreise an und traf nach kurzen Aufenthalten in Sevilla und Korfu, das ihr ausnehmend gut gefiel, Mitte Mai in Triest ein, wo sie Franz Joseph schon erwartete. Auf allen Stationen der Rückreise durch Österreich, besonders aber in Wien jubelte die Bevölkerung ihrer Kaiserin zu. Alle Welt fand ihr Aussehen blühend und frisch. Und wirklich schien Sissi, als sie in Wien eintraf, wieder völlig gesund.
Was dann passierte, ist bis heute nicht geklärt. Elisabeth war klar gewesen, daß die Rückkehr nicht einfach werden würde. »Der Anfang wird nicht süß sein und ich werde eine Weile brauchen, bis ich mich wieder hineinfinde, das Hauskreuz aufzunehmen«, so hatte sie noch von Madeira aus an Grünne geschrieben. Doch anscheinend war der Druck größer als sie gedacht hatte, denn schon bald brach die Kaiserin unter der Last des Wiener Alltags zusammen. Ein Grund dafür war sicherlich, daß Sissi, kaum war sie in Wien angekommen, wieder in das Joch ihrer Repräsentationspflichten gespannt wurde. Dutzende von Empfängen und Diners standen an, auf denen Elisabeth das Haus Habsburg vertreten mußte. Vermutlich brach auch der alte Streit mit Sophie um die

Kinder und den Kaiser sofort wieder auf. Über Sissis Verhältnis zu Franz Joseph kann man nur spekulieren. Auf jeden Fall war er ihr in dieser Zeit keine Stütze.
Sissi war gerade vier Tage in Wien, als plötzlich wieder heftige Hustenanfälle in Verbindung mit einem starken Fieber auftraten. Als sich der Zustand Elisabeths nicht besserte, übersiedelte das Kaiserpaar am 29. Mai nach Laxenburg, aber auch hier trat keine Genesung ein. Sissi aß kaum noch etwas, konnte nicht schlafen, klagte über starke Schmerzen und verfiel wieder in anhaltende Depressionen. Alle Hoftafeln und offiziellen Empfänge mußten abgesagt werden, ja selbst zur Hochzeit ihrer jüngeren Schwester Mathilde, die am 5. Juni Ludwig von Bourbon-Sizilien heiratete, konnte Elisabeth nicht erscheinen.
Dr. Skoda, der nun eilends herbeigerufen wurde, stellte bei der Kaiserin eine galoppierende Lungenschwindsucht fest. Wieder empfahl er ein milderes Klima zur Heilung, nur daß seine Diagnose diesmal noch pessimistischer als im Herbst des vergangenen Jahres ausfiel. Wenn die Kaiserin in Wien bliebe, so hätte sie kaum mehr als sechs Wochen zu leben, aber auch ansonsten bestünde wenig Hoffnung auf Genesung, teilte der Arzt dem bayerischen Gesandten Graf Bray mit.
Wieder mußte ein passender Kurort gesucht werden, und diesmal war es Dr. Skoda, der Korfu vorschlug. Sissi war damit einverstanden, hatte sie doch auf der Rückfahrt von Madeira ihre Liebe zu dieser griechischen Insel entdeckt. Die Auswahl rief auch diesmal allgemeines Erstaunen hervor, denn ebensowenig wie Madeira hatte sich Korfu bislang einen Namen in bezug auf die Heilung von Lungenkrankheiten gemacht. Anders als im vergangenen Herbst wurden diesmal jedoch keinerlei Zweifel an der Krankheit der Kaiserin laut. Sowohl in Wien als auch in Possenhofen herrschte Untergangsstimmung. »Ich bin vernichtet«, schrieb Ludovika, als sie von der Erkrankung ihrer Tochter erfuhr.
Die düstere Stimmung steigerte sich noch, als Sissi am 23. Juni nach Korfu aufbrach. Als wäre es ein Abschied für immer, wurden ihr ein letztes Mal die Kinder vorgeführt, und das Personal, das Sissi zum Bahn-

hof geleitete, glich einem »Leichenzug«, wie die Erherzogin Therese schrieb. »Traurige Trennung von unserer armen Sisi, vielleicht fürs Leben«, notierte selbst die Erzherzogin Sophie gerührt von diesem Abschied in ihrem Tagebuch. »Sie weinte und war extrem bewegt und bat mich um Verzeihung für den Fall, daß sie für mich nicht so gewesen ist, wie sie es hätte sein sollen. Ich kann meinen Schmerz, den ich empfand, nicht ausdrücken, es zerriß mir mein Herz.«

Den eigenen Tod vor Augen, brachen sich bei Sissi all die Schuldgefühle Bahn, die ein Teil ihres Leidens waren. Sie war geradezu besessen davon, sich für ihr bisheriges Leben zu entschuldigen. Ludovika wußte zu berichten, daß ihre Tochter glaubte, »dem Kaiser und dem Land nur eine Last zu sein, den Kindern nie mehr nützen zu können, ja sie mag wohl daran denken, daß wenn sie nicht mehr lebt, der Kaiser wieder heirathen kann und sie ihn als elendes, hinsiechendes Geschöpf nicht mehr glücklich machen kann!«

Die Nachrichten, die schon bald aus Korfu eintrafen, waren widersprüchlich. Zum einen hörte man, daß der Kaiserin strengste Schonung auferlegt worden sei. Sie dürfe nicht sprechen und scheine selbst zu fühlen, daß größte Ruhe nötig sei, berichtete Ludovika. Andererseits kehrte Dr. Skoda, der sie diesmal begleitet hatte, schon Anfang Juli nach Wien zurück und erzählte, daß es der Kranken merklich besser gehe, Husten und Fieber zurückgegangen seien, und die Kaiserin lange Spaziergänge unternehme, ja sogar im Meer bade.

Diese ermutigenden Nachrichten dürften Franz Joseph bewogen haben, seinen Vertrauten Grünne nach Korfu zu schicken, und zwar mit einer heiklen Mission: Er sollte zwischen ihm und Elisabeth vermitteln. Denn die Ehekrise hatte auch nach Sissis Rückkehr aus Madeira angedauert, und es liegt nahe, in ihr den Hauptgrund für den Rückfall der Kaiserin zu sehen.

Franz Joseph hatte Grünne mit Bedacht ausgewählt, schien er doch der ideale Vermittler zu sein. Denn er besaß nicht nur das volle Vertrauen des Kaisers, sondern galt auch als Vertrauter Elisabeths. Trotzdem sollte seine Mission in einem Fiasko enden. Denn er versagte nicht nur gänzlich bei dem Versuch, eine Versöhnung zwischen dem Kaiser und der Kaiserin herbeizuführen, Sissi kündigte ihm auch die Freundschaft auf und zwar für immer. Später einmal sollte sie zu ihrer Hofdame Marie Festetics sagen: »Der Mensch hat mir soviel angethan, daß ich glaube, selbst in meiner Todesstunde kann ich's ihm nicht verzeihen.«

Was Grünne genau auf Korfu gesagt oder getan hat, ist nicht ganz klar. Der Wiener Klatsch wollte schon bald wissen, daß die Kaiserin erfahren habe, daß er bei den Liebschaften Franz Josephs als Vermittler fungierte. Eine These, die einiges für sich hat, da Grünne schon vor der Eheschließung mit Sissi den jungen Monarchen in die Damenwelt eingeführt hatte. Der eigentliche Fehler Grünnes dürfte jedoch gewesen sein, daß er dieGefühle der Kaiserin völlig falsch einschätzte. Für Sissi war die Untreue des Kaisers die größte Katastrophe ihres Lebens. Der welterfahrene und leichtlebige Grünne dagegen hielt außereheliche Verhältnisse für ganz normal. Insofern dürfte er nicht nur seine Kupplerrolle unverblümt eingestanden, sondern auch Franz Josephs Fehltritte verteidigt haben. Ja er ermutigte Sissi sogar, sich ihrerseits einen Liebhaber zu nehmen. »Mit der größten Bonhomie«, so empörte sich Sissi später über Grünne, »sagte er unglaubliche Dinge wie z. B. als väterlicher Freund: ›Merken sich Eure Majestät das Eine. Sie können machen, was Sie wollen, nur nie ein Wort schreiben. Lieber einen Zopf als ein geschriebenes Wort‹.«

Nach dem Besuch Grünnes verschlechterte sich Sissis Gesundheitszustand dramatisch, was ein bezeichnendes Licht auf den Zusammenhang zwischen ihren Krankheitssymptomen und der Ehekrise wirft. Sie aß fast gar nichts mehr, hustete wieder, war körperlich erschöpft, und ihr Gesicht schwoll an. Noch schlimmer aber war es um ihre seelische Verfassung bestellt. »Sisi scheint sich für verloren zu halten, für unheilbar«, berichtete Ludovika ihrer Schwester Marie. Und fast schon zynisch verfaßte Sissi selbst einen ›Abschiedsbrief‹ an Grünne, in dem sie schrieb, »obwohl die Resultate Ihrer Reise weder für den Kaiser noch mich irgend eine Änderung der Lage hervorgebracht haben, scheint es, als

hätten Sie keine Wiederholung Ihrer langen Fahrt zu befürchten«. Denn es habe nicht den Anschein, »als ob wir uns bald, oder überhaupt je wieder sehen sollten.«
In dieser Situation verfielen Ludovika wie auch Franz Joseph auf die Idee als letzte Hoffnung, Sissis ältere Schwester nach Korfu zu schicken. Und tatsächlich bewirkte die energische Helene während ihres sechswöchigen Aufenthaltes auf der griechischen Insel wahre Wunder. Sissi begann wieder zu essen, hustete merklich weniger und begann mit ihrer Schwester Erkundungsfahrten auf der Insel zu unternehmen. Auch ihre Stimmung hellte sich auf, und schließlich gelang Helene noch, woran Grünne gescheitert war. Sissi erklärte sich nach langem Zögern bereit, den Kaiser zu sehen, womit zumindest einer Wiederannäherung der Beiden der Weg geebnet war. Nach ihrer Rückkehr von der Insel Ende September erstattete Helene in Wien Bericht, und zwei Wochen später reiste Franz Joseph nach Korfu, wo er am 13. Oktober 1861 eintraf.
Ob es hier zu einer tiefgreifenden Versöhnung zwischen dem Kaiserpaar gekommen ist, bleibt fraglich. Denn für Sissi war das Glück der ersten Jahre mit Franz Joseph unwiderbringlich verloren. Noch 25 Jahre später wird sie in zahlreichen Gedichten den Verlust dieser kompromißlosen Liebe zwischen ihr und dem Kaiser beklagen, und das, was davon übrig blieb, als gering erachten, wie in dem folgenden Gedicht ›Lass mich allein…‹:

Lass' mich allein, lass' mich allein,
Für mich ist's jetzt das Beste;
Das Ganze kann's doch nie mehr sein;
Zu wenig sind mir Reste.

Ich hab' dich wohl zu viel geliebt,
Hätt' dir's nicht zeigen sollen;
Nun hast du mich zu Tod betrübt,
Und doch will ich nicht grollen.

Du that'st mir immer schmeichelnd schön,
Stand dir ein Ziel vor Augen;
Doch das erreicht, dann konnt' ich geh'n,
Ich war nicht mehr zu brauchen.

Mach' mich ans Geh'n nun ernstlich dran.
Und kehr' ich jemals wieder? -
Wie bitter weh' du mir gethan,
Einst sagen's meine Lieder.

Wenn auch die alte Liebe nicht wiederbelebt werden konnte, so kam es auf Korfu doch immerhin zu einem Ausgleich zwischen dem Kaiserpaar. Sissi erklärte sich bereit, die Insel zu verlassen. Allerdings wollte oder konnte sie den Winter nicht in der Wiener Hofburg verbringen. Statt dessen einigte man sich auf Venedig als Winterresidenz, das zum Herrschaftsgebiet der Habsburger Monarchie zählte und immerhin so nahe an Wien lag, daß der Kaiser seine Frau besuchen konnte. Dafür kam Franz Joseph Sissi entgegen und versprach ihr, die schmerzlich vermißten Kinder für drei Monate in Venedig zu lassen.
Als Sophie diese Nachricht hörte, schäumte sie vor Wut: »Noch mehr Opfer für unseren armen Märtyrer, ihren Vater!«, schrieb sie am 27. Oktober in ihr Tagebuch. Aber Sissi hatte sich durchgesetzt, und die Erzherzogin mußte die Kinder ziehen lassen, allerdings nicht, ohne ihnen die bei Sissi so verhaßte Obersthofmeisterin Esterházy als Gesellschafterin und Gouvernante mitzugeben. Streitigkeiten waren damit vorprogrammiert. Aber anders als in der Hofburg behielt die Kaiserin im fernen Venedig die Oberhand: Mitte Januar 1862 entließ sie, mit Rückendeckung Franz Josephs, die Gräfin Esterházy und bestellte statt ihrer eine ihrer Hofdamen, Paula Königsegg, zu ihrer neuen Obersthofmeisterin. Sophie war außer sich. Nicht nur, weil sie mit der Gräfin Esterházy eine wichtige Informationsquelle verlor, sondern auch weil die Gräfin Köngisegg nicht zum alten Wiener Hochadel zählte, dem diese Position traditionell vorbehalten war. Zwar war es das gute Recht

der Kaiserin, ihre eigene Obersthofmeisterin selber zu bestimmen, und insofern waren Einwände nicht möglich, aber die Wahl der Gräfin Königsegg war ein deutlicher Affront gegenüber dem Wiener Hof. Und der fühlte sich tatsächlich düpiert. »Die hiesige Gesellschaft [sei] sehr betroffen«, meldete der preußische Gesandte vorsichtig nach Berlin, da die neue Obersthofmeisterin »dem Rang nach nicht berechtigt zu Amt berufen« worden sei.

In Venedig ging es Sissi anfangs recht gut, wenngleich die Stimmung der Bevölkerung nach wie vor feindlich gegenüber den Habsburgern eingestellt war. Bis zum Mai sollte sie in der Lagunenstadt bleiben. Franz Joseph besuchte sie in dieser Zeit dreimal, wobei er seine Aufenthalte immer auch zu Truppeninspektionen nutzte. Nachdem die Kinder im Februar wieder nach Wien zurückgeschickt worden waren und sich Sissis Aufenthalt langsam seinem Ende näherte, verschlechterte sich ihr Gesundheitszustand wieder. Diesmal waren es weniger Husten und Fieber, dafür aber eine permanente körperliche Schwäche sowie Wassersucht, die ihr zu schaffen machten. Das Gesicht der Kaiserin war aufgedunsen und die Füße zeitweise so geschwollen, daß sie nicht mehr gehen konnte. Hinzu kamen wieder Depressionen, die so schwer waren, daß sich Ludovika auf dringendes Bitten Sissis hin entgegen ihren sonstigen Gepflogenheiten gemeinsam mit Karl Thedodor Mitte April 1862 auf den Weg nach Venedig machte.

Der Besuch der Mutter und ihres Lieblingsbruders heiterten Elisabeth etwas auf, ihre Grundstimmung aber blieb düster. Sissis Angst vor der Wassersucht und einem jahrelangen Dahinsiechen »erpreßte ihr Thränen«, wie Ludovika berichtete, »und ungezählte Mal fragte sie Gackel und mich, ob wir sie recht verändert finden, ob sie wassersüchtig aussähe! Wir wissen oft nicht mehr, was wir sagen sollen«. Tatsächlich glaubte die Kaiserin, wie schon ein Jahr zuvor bei ihrer Lungenerkrankung, nicht mehr an eine Genesung und sehnte den Tod geradezu herbei. Wieder stellten sich ihre Schuldgefühle ein, und sie sah sich nur noch als Belastung für die anderen. Sissis größte Angst sei es, schrieb Ludovika an die Erzherzogin Sophie, kränklich zu bleiben und dem

Kaiser dann nur eine Last zu sein. »Wenn sie so recht melancholisch ist, was auch phisisch ist, sagt sie: ›Wenn ich nur lieber eine Krankheit hätte, die mich schnell wegraffte, dann könnte der Kaiser doch wieder heirathen, und mit einer gesunden Frau glücklich werden, aber in diesem Zustand geht man langsam und elend zugrunde‹.«

Derartige Aussagen zeigen ein gerütteltes Maß an Übertreibung und Selbstmitleid, die Sissi ohne Zweifel eigen waren. Andererseits aber war die junge Kaiserin nun tatsächlich seit fast zwei Jahren praktisch ununterbrochen krank, und eine Besserung schien nicht in Sicht. In dieser verzweifelten Lage nahte die Rettung in Gestalt des alten Hofrats Dr. Fischer, den Ludovika vorsorglich aus Bayern mitgebracht hatte und der schon seit Jahrzehnten die herzogliche Familie als Leibarzt betreute. Anders als Dr. Skoda war Dr. Fischer bestens mit den Exzentritäten der Wittelsbacher, ihrer körperlichen und seelischen Verfassung vertraut, und bärbeißig wischte er jeden Gedanken an ein baldiges Ableben beiseite.

Zweifelsohne sei die Kaiserin krank, habe »Bleichsucht«, »totale Bluth-armuth« und »Anlagen zur Wassersucht«, sämtliche vorherigen Diagnosen und Kuren, die schwere Lungenkrankheit, die weiten Reisen und heißen Klimate seien aber zweifelsohne in die Irre gegangen. Statt dessen verordnete Dr. Fischer eine Badekur in Bad Kissingen unter seiner Aufsicht. Fast schon ehrfurchtsvoll schrieb Ludovika an Sophie: »Es ist viel für ihre Gesundheit geschehen, aber leider nie das Rechte, obgleich es so ungeheure Opfer gekostet hat. Fischer war der einzige, der sie immer richtig beurtheilt hat – und er war gegen alle die weiten Reisen und die heißen Climate!«

So machte sich Sissi von Venedig aus auf den Weg nach Norden. Zuerst nach Reichenau, wo ihre Kinder den Sommer verbrachten, und reiste von dort direkt – ohne dem nahegelegenen Wien einen Besuch abzustatten – nach Bad Kissingen weiter. Die dortige Bäderkur bekam ihr sehr gut. Unter der strengen, aber auch einfühlsamen Aufsicht Dr. Fischers gingen alle ihre Krankheitssymptome einschließlich des Hustens und der Wassersucht innerhalb von sechs Wochen zurück. »Ich

Elisabeth im Jahre 1864; Offizielles Porträt der Kaiserin von Franz Xaver Winterhalter

Große Galerie im Schloß Schönbrunn

Schloß Schönbrunn, Sommerresidenz des österreichischen Kaisers um 1850

Kreidelithographie von Elisabeth, um 1860

Das frischverheiratete Kaiserpaar Franz Joseph I. und Elisabeth im Jahre 1854; zeitgenössische Lithographie

Elisabeth, Königin von Rumänien, auch bekannt als Carmen Sylva, Dichterin und Freundin Sissis

Graf Andrássy, ungarischer Ministerpräsident und ungarisch-österreichischer Außenminister, Vertrauter und Freund der Kaiserin Elisabeth

Repräsentationspflichten einer Kaiserin: Elisabeth mit Franz Joseph beim Schützenfest in Meran 1871 (oben) und bei der Eröffnung der Wiener Weltausstellung im Jahre 1873 (unten)

Die Hermesvilla im Lainzer Tiergarten, eine der Lieblingsresidenzen der Kaiserin Elisabeth

Offizielles Porträt des Kaisers Franz Joseph I. von Franz Xaver Winterhalter aus dem Jahre 1864

Porträt der Kaiserin Elisabeth von Anton Einsle aus dem Jahre 1865

Porträt der Kaiserin Elisabeth von Georg Raab aus dem Jahre 1878/79

Der siebzehnjährige Kronprinz Rudolf als Tiroler Jäger im Jahre 1875

Rudolf im Alter von 22 Jahren als Oberst des 19. Infanterieregiments

Ludwig II., König von Bayern, ein (Seelen-)Verwandter Elisabeths

Eugénie, Kaiserin von Frankreich, galt neben Sissi als eine der schönsten Frauen ihrer Zeit

Franz Joseph I., Kaiser von Österreich, im Jahre 1898

Otto von Bismarck, preußischer Staatsmann und erster deutscher Reichskanzler, im Jahre 1888

Elisabeth im Jahre 1864; Gemälde von Franz Xaver Winterhalter, das im Arbeitszimmer von Franz Joseph neben der Eingangstür hing

sah die Kaiserin, welche vor wenigen Wochen beinahe nur getragen werden konnte, wiederholt stundenlang am Curplatze promenieren ohne ein einzigesmal zu husten, wiewohl sie zumeist im Gespräch begriffen war«, notierte der Korrespondent der Wiener Zeitung.
Gesundheitlich war Sissi nun fast völlig wiederhergestellt, aber dennoch konnte sie sich noch nicht zur Heimfahrt nach Wien entschließen. Statt dessen besuchte sie Mitte Juli ihre Familie in Possenhofen. Hier herrschte ein reges Treiben, da neben den Eltern, der jüngsten Schwester Sophie und dem Lieblingsbruder Gackl auch Marie und Mathilde anwesend waren. Beide hatten sich aus privaten Gründen nach Possenhofen geflüchtet.
Mathilde hatte ein Jahr zuvor ihren Schwager, den jüngeren Bruder des Ex-Königs Franz II., Ludwig von Bourbon-Sizilien geheiratet. Die Ehe war von Ludovika und Marie, die ihre jüngere Schwester in ihrer Nähe wissen wollte, in die Wege geleitet worden. Anders als im Falle Maries hatte Mathilde ihren zukünftigen Ehemann aber schon vor der Hochzeit zu Gesicht bekommen, und wenn sie sich auch nicht gerade in ihn verliebt hatte, so war er ihr doch sympathisch gewesen. Bald nach der Heirat stellte sich jedoch heraus, daß Ludwig diese zarten Gefühle nicht erwiderte. Er war fast nur mit außerehelichen Liebschaften beschäftigt und ließ seine junge Frau oft wochenlang alleine. Bei Marie wiederum hatte sich ein ›Eheglück‹ überhaupt nie eingestellt. Denn Franz litt an einer Vorhautverengung, die einen Vollzug der Ehe unmöglich machte, was Marie aber nicht allzu sehr gestört haben dürfte.
Die beiden lebenslustigen Schwestern hatten ihr Schicksal nicht lange beklagt. Unter gegenseitiger Deckung und Sprengung aller Konventionen waren sie in ihrem Exil in Rom Verhältnisse mit anderen Männern eingegangen: Mathilde mit einem spanischen Adligen und Marie mit einem belgischen Grafen. Bei Marie aber war das nicht ohne Folgen geblieben. Sie wurde schwanger. Und da in ihrem Fall nicht daran zu denken war, das Kind dem Ehemann unterzuschieben, hatte sie mit Mathilde fluchtartig Rom in Richtung Possenhofen verlassen.

Hier wurde nun gemeinsam mit Sissi und der völlig aufgelösten Ludovika verzweifelt nach einer Lösung gesucht, galt es doch unbedingt, einen Skandal zu vermeiden. Nach tagelangem Debattieren einigte sich der kleine Familienrat schließlich darauf, daß Marie das Kind in aller Heimlichkeit zur Welt bringen sollte, um es dem leiblichen Vater zu übergeben und dann zu ihrem Mann zurückzukehren. Und so wurde es auch gemacht.
Im Oktober 1862 brachte Marie unter der Aufsicht Dr. Fischers im Ursulinerinnenkloster in Augsburg eine Tochter zur Welt. Der belgische Graf nahm das Kind zu sich, und fünf Monate später war Marie wieder bei ihrem Mann in Rom. Ihre lange Abwesenheit wurde nach außen hin mit einer schweren Krankheit begründet. Franz gegenüber aber mußte Marie mit offenen Karten spielen. Im herzoglichen Hause hieß es später, daß dieses Geständnis wie auch eine Operation, der sich Franz wenig später unterzog, schließlich doch noch zu einem halbwegs gedeihlichen Zusammenleben der Beiden geführt habe.
Als Marie ihre kleine Tochter zur Welt brachte, weilte Sissi schon lange wieder in Wien. Denn Herzog Max hatte die ›Weiberwirtschaft‹ in Possenhofen schon nach einem Monat nicht mehr ertragen können. Erfahren in außerehelichen Verhältnissen und mit unehelichen Kindern, hatte er für die Aufregung seiner Frau und der Töchter nur ein müdes Lächeln übrig. »Na ja, solche Sachen passieren nun einmal. Wozu also das Gegacker!«, war sein einziger Kommentar zu Maries Schwangerschaft, und als das Wehklagen Ludovikas und die Hektik im herzoglichen Hause kein Ende nahmen, setzte er Mitte August kurzerhand alle drei Töchter vor die Tür.
Sissis Schonzeit war damit endgültig vorbei. Sie mußte jetzt nach Wien zurück, wo sie am 15. August 1862, drei Tage vor Franz Josephs 32. Geburtstag eintraf. Sieht man von dem knapp vierwöchigen Wiener Intermezzo im Jahre 1861 ab, so war die Kaiserin der Hauptstadt fast zwei Jahre lang fern geblieben. Dementsprechend groß war der Jubel, mit dem die Bevölkerung ihre wiedergenesene Landesherrin begrüßte. Die Stadt war mit Blumen geschmückt, Fahnen wehten,

Musikkorps spielten und am Sonntag wurde ein riesiger Fackelzug organisiert, an dem 14.000 Menschen teilnahmen. »Sie wurde mit einem Enthusiasmus empfangen, wie ich es in Wien noch nie gehört«, schrieb die Hofdame, Fürstin Helene Taxis. Auch Franz Joseph war überglücklich: »Seinen Ausdruck als er sie aus dem Wagen hob, werde ich nie vergessen«, bemerkte die Fürstin Taxis. Der Kaiser selbst gestand seiner Mutter, wie glücklich er sei »Sisi wieder bei mir zu haben und dadurch endlich nach langem Entbehren ein ›zu Hause‹ zu besitzen. [...] Der Empfang, den Sisi hier fand war wirklich sehr herzlich und wohltuend. Es war seit langem kein so guter Geist hier.«
Der Start war damit geglückt und auch die nächsten Monate verliefen relativ harmonisch. Man hatte aus der Erfahrung der letzten, kurzen Rückkehr Sissis im Frühjahr 1861 gelernt. Die Mitglieder der kaiserlichen Familie gingen sich in der ersten Zeit bewußt aus dem Weg, und Sissi wurde mit größter Vorsicht und Rücksichtnahme behandelt. Die Erzherzogin Sophie verbrachte ihren Sommeraufenthalt in Ischl, wohin auch Franz Joseph des öfteren mehrtägige Abstecher machte. Zudem ging der Kaiser weiterhin seinem Jagdvergnügen nach, während Sissi bei den Kindern in Reichenau weilte, zwischendurch ihre Mutter samt Schwestern in Passau traf und sich überdies des Besuchs von Gackl und später von Helene in Wien erfreute. All das trug erheblich dazu bei, der Kaiserin den Einstieg in das Wiener Hofleben zu erleichtern. Aufatmend berichtete daher die Fürstin Taxis über den reibungslosen Ablauf der ersten Wochen: »Gottlob ist sie doch zu Hause und gedenkt es auch zu bleiben, das ist die Hauptsache. [...] Sie sieht exzellent aus, eine ganz andere Frau, gefärbt, stark und abgebrannt: ißt ordentlich, schläft gut, schnürt sich noch gar nicht, kann stundenlang gehen, doch wie sie steht, schwillt eine Ader am linken Fuß an.«
Trotz der nach außen gezeigten Harmonie gab es aber nach wie vor Spannungen zwischen Elisabeth und Franz Joseph, die sich vor den Hofdamen der Kaiserin nicht verbergen ließen. Die Fürstin Taxis bemerkte über Sissis Verhalten gegenüber dem Kaiser: »Mit ihm ist sie vor uns wenigstens sehr freundlich, gesprächig und natürlich, alla

camera mögen manche Meinungsverschiedenheiten vorkommen, das blickt so manchmal durch.« Franz Joseph gab sich jedoch alle Mühe mit seiner Frau, widmete ihr die größte Aufmerksamkeit und nahm in jeder Hinsicht Rücksicht auf sie. Von kaiserlichen Liebschaften war nun keine Rede mehr, aber Sissi blieb nach wie vor auf Distanz und fand in Dr. Fischer einen Bündnispartner. Die zaghaften Annäherungsversuche des Kaisers, der sich sehnlichst einen zweiten Sohn zur Sicherung der Thronfolge wünschte, wies der erfahrene Arzt resolut zurück. An »neue Hoffnungen«, so erwiderte er, sei bei dem immer noch gefährdeten Gesundheitszustand der Kaiserin vorerst nicht zu denken. Erst müsse sie einige Male in Kissingen zur Kur. Da die Badekuren aber in der Regel nur einmal pro Jahr angewandt wurden, war mit dieser ärztlichen Verordnung Franz Josephs Wünschen auf längere Zeit ein Riegel vorgeschoben.

Auch Sophie übte sich in den ersten Monaten nach Sissis Rückkehr in Zurückhaltung und mit ihr der ganze Wiener Hofstaat. Anders als ein Jahr zuvor ersparte man es der Kaiserin diesmal, sofort wieder ins ›Geschäft‹ einsteigen zu müssen. Auch dies war ein Grund für die endgültige Genesung Sissis in Wien. Aber auch die Kaiserin hatte sich verändert. Mit der Entlassung ihrer Obersthofmeisterin Esterházy hatte Elisabeth erstmals in die Besetzung ihres Hofstaates eingegriffen. Sie war nun nicht mehr nur Opfer einer feindlichen Umwelt, sondern versuchte, ihre wenigen Freiräume geschickt zu nutzen und ihr Leben so weit wie möglich selbst zu gestalten.

Den Hofstaat hielt Sissi nun bewußt auf Distanz und setzte als erstes durch, daß sie sich auch ohne die obligatorische Begleitung von Hofdamen und Gefolge in- und außerhalb der Hofburg bewegen konnte. Die ausgedehnten Spaziergänge und Ritte, die ihr auf dem Höhepunkt ihrer Krankheit untersagt worden waren, nahm sie wieder auf. Doch reichten ihr diese körperlichen Betätigungen nicht mehr aus. Sie suchte nach einer geistigen Herausforderung und fand sie im Erlernen der ungarischen Sprache. Auf Madeira hatten die Geschwister Lily und Paul Hunyadi, die ungarischer Abstammung waren, Sissi viel von ihrer

Heimat erzählt, die sie nur aus den Lektionen ihres bayerischen Geschichtslehrers Mailáths und der unglückseligen Reise mit Franz Joseph im Jahre 1857 kannte. Von den Hunyadis lernte die Kaiserin ihre ersten Brocken Ungarisch. Zurück in Wien, wollte sie es wissen und beschloß, diese äußerst schwere Sprache zu erlernen.
Mit diesem Plan mußte sie die Erzherzogin Sophie, aber auch den Kaiser provozieren. Denn Sissi hatte bisher alle Versuche, ihr die für die österreichische Politik viel wichtigeren Sprachen Französisch, Italienisch und Tschechisch beizubringen, durch ihr Desinteresse scheitern lassen. Die Ungarn, obwohl eines der bedeutendsten Völker des Habsburger Reiches, waren seit ihrem Loslösungsversuch im Revolutionsjahr 1848/49 am Wiener Hof verpönt. Außer dem Kaiser beherrschten nur wenige Adelige des Hofstaates das Ungarische.
Sissis plötzliches Ungarninteresse stieß auf Verwunderung und Ablehnung, wurde aber zunächst gelassen aufgenommen, denn weder Sophie noch Franz Joseph trauten der Kaiserin zu, die ungarische Sprache zu erlernen. Am Wiener Hof galt Sissi wegen ihrer äußerst mangelhaften Sprachkenntnisse sogar als ausgesprochen dumm. Die wenigen einstudierten Sätze, die die Kaiserin bei offiziellen Anlässen in radebrechendem Französisch, Italienisch oder Tschechisch hervorbrachte, sorgten immer wieder für größte Heiterkeit und hämische Kommentare – und das nicht nur von Seiten der Hofgesellschaft.
Doch Sissi ließ sich nicht beirren. Versuche, sie von ihrem Vorhaben abzubringen, steigerten nur noch ihren Lerneifer. Im Februar 1863 setzte sie durch, daß sie regelmäßigen Ungarischunterricht erhielt. Ihr Lehrer wurde ein Geistlicher, Professor Homoky. Und der Erfolg bestätigte die Beharrlichkeit der Kaiserin. Zur allgemeinen Überraschung erwies sich Sissi nämlich als überaus talentierte Schülerin. Nach nur sechs Monaten berichtete der erstaunte Kaiser seiner Mutter: »Sisi macht unglaubliche Fortschritte im Ungarischen.«
Die ließ es nicht beim Ungarisch-Unterricht bewenden, sondern verlangte gut ein Jahr später, im Herbst 1864, nach einer ungarischen Gesellschafterin, mit der sie sich ungarisch unterhalten konnte. Das war

zumindestens die offizielle Begründung. Hinter Sissis Wunsch stand aber mehr. Sie hoffte auf diesem Wege eine Vertraute zu finden, die kein Teil der Hofclique um die Erzherzogin Sophie war. Auch dies war ein Versuch, sich von der Einengung und Kontrolle durch den Hof zu lösen. Die Kaiserin ging damit weit über die Ersetzung der Gräfin Esterházy durch Paula Königsegg hinaus. Denn die neue Obersthofmeisterin war nur die beste Wahl unter schlechten Möglichkeiten, da alle Hofdamen von der Erzherzogin Sophie ausgesucht und instruiert wurden.
Die Bitte um eine ungarisch sprechende Gesellschafterin war ein geschickter Schachzug Sissis, die sehr genau wußte, daß unter den in Frage kommenden Damen des Hofes keine das Ungarisch sicher beherrschte. Das Sagen in der Wiener Hofburg hatte der deutsche und böhmische Hochadel, die Ungarn waren aus der ersten Wiener Gesellschaft weitestgehend ausgeschlossen. Eine waschechte Ungarin konnte nicht aus den eigenen Reihen rekrutiert, sondern mußte von außen geholt werden. Kein Wunder, daß der Wunsch der Kaiserin sogleich Mißtrauen bei der Hofpartei hervorrief. Die einzige Möglichkeit, die ihr blieb, Einfluß auf den weiteren Verlauf der Dinge zu nehmen, war das Vorschlagsrecht, das die Leitung des Hofstaats bei der Neubesetzung von Posten besaß.
Man ging daher mit der größten Sorgfalt daran, eine Liste mit ungarischen Adelstöchtern zusammenzustellen, die aus erstklassigen und politisch loyalen Familien stammten. Wie der Name der dreiundzwazigjährigen Ida Ferenczy auf diese Liste kam, ist bis heute nicht geklärt. Denn eine der Grundvoraussetzungen, um Gesellschafterin der Kaiserin zu werden, die Hoffähigkeit, erfüllte Ida nicht. Sie stammte nicht aus einem der traditionsreichen Geschlechter des ungarischen Hochadels, sondern war die Tochter eines kleinen Landadligen. Es gab Gerüchte, daß der Name Ferenczy von unbekannter Hand nachträglich auf die Vorschlagsliste eingetragen worden sei. Eine andere Geschichte besagte, daß die Gräfin Almássy, die die Liste aufgestellt hatte, unter Bruch des strengen Hofreglements Ida mitaufnahm, weil sie mit der Familie Ferenczy befreundet war.

Wie dem auch gewesen sein mag, bezeichnender Weise ignorierte Sissi alle Vertreterinnen der Hocharistokratie auf der Liste und wählte mit sicherem Instinkt den ›Underdog‹ Ida Ferenczy. Die Hofgesellschaft war peinlich berührt, denn Ida konnte wegen ihrer bescheidenen Herkunft nicht Hofdame und damit auch nicht Gesellschafterin der Kaiserin werden. Da Elisabeth aber an ihrer ersten Wahl festhielt, machte man Ida Ferenczy verlegenheitshalber zur Brünner Stiftsdame. Dadurch erfüllte die junge Landadelige zwar immer noch nicht die Bedingungen, um eine Hofdame der Kaiserin zu werden, war aber nun hoffähig. Man verlieh ihr den Titel ›Frau‹, und im November 1864 wurde Ida Ferenczy zur ›Vorleserin Ihrer Majestät‹ ernannt.
Die Hofpartei versuchte sogleich, die Quereinsteigerin auf ihre Seite zu ziehen. Bereits an ihrem ersten Arbeitstag wurde Ida von der ersten Hofdame Sophies unverblümt zur Indiskretion aufgefordert: »Wenden Sie sich in allem nur an mich«, schärfte sie der jungen Frau ein, »und vertrauen Sie mir alles an, was Ihre Majestät meint.« Aber Ida rechtfertigte vom ersten Tag an das Vertrauen, das Sissi in sie gesetzt hatte. Sie blieb standfest und der Hofgesellschaft gegenüber verschlossen. Dafür war das Verhältnis zwischen ihr und der Kaiserin um so herzlicher. Schon bald herrschte das vertrauliche ›Du‹ zwischen beiden Frauen, die nur auf Ungarisch miteinander redeten. Denn diese Sprache verstand keine der kaiserlichen Hofdamen. Die Hofgesellschaft war über so viel Geheimniskrämerei empört, aber Sissi war überglücklich. Sie hatte in der vier Jahre jüngeren Ida nicht nur eine Gesellschafterin, sondern auch eine Freundin gefunden – die erste, seit sie in Wien lebte. Bis zum Tode der Kaiserin sollte Ida ihre treue Gefährtin und engste Vertraute bleiben.
Die Fortschritte bei der Erlernung des Ungarischen und die Freundschaft mit Ida Ferenczy steigerten das Selbstbewußtsein Sissis. Sie veränderte sich in den ersten Jahren nach ihrer großen Krankheit. Ihr Auftreten war nun ruhiger und gelassener. Sie strahlte Selbstsicherheit und Lebensfreude aus. Innerhalb kürzester Zeit war aus der sterbenskranken Frau mit dem verhärmten Gesicht und dem aufgedunsenem Körper

eine wahre Schönheit geworden. Überall in Europa sprach man von der strahlenden Erscheinung der jungen österreichischen Kaiserin, und im Jahre 1864, zwei Jahre nach ihrer Genesung, galt Sissi als die schönste Frau ihrer Zeit.

Für Sissi wie auch ihr engeres Umfeld kam dieser Ruhm völlig überraschend. Denn Sissi galt zwar stets als charmant und anmutig in ihren Bewegungen, doch als Schönheit im klassischen Sinne hatte man sie nie gesehen. In den ersten Ehejahren hatte man die jugendlich frische Erscheinung der Kaiserin gerühmt, doch das war eine Jugendschönheit, die durch die Belastungen des Hoflebens, die Schwangerschaften und wechselnden Krankheiten schnell verlorenging. Niemand wunderte sich, als 1857 die Wiener Hofgesellschaft nicht Sissi, sondern die Ehefrau von Erzherzog Ferdinand Max, Charlotte, zur ›Schönheit des Hofes‹ kürte.

Erst der Sieg über ihre Krankheit und das neu erwachte Selbstbewußtsein machten Sissi gleichsam über Nacht zu einer reifen, wenn auch eigenwilligen Schönheit. Eine der ersten, die das bemerkte, war die englische Kronprinzessin Viktoria. Im Dezember 1862, also nur vier Monate nach Sissis Genesung, schrieb sie an ihre Mutter: »Ich bin ganz begeistert von der Kaiserin. Ihre zwar nicht ganz regelmäßige Schönheit ist unübertrefflich. Ich habe nie etwas so blendendes oder pikantes gesehen.«

Viktoria sollte nicht die einzige Bewunderin der Kaiserin bleiben. Ab Februar 1863 nahm die Kaiserin wieder an Hofbällen und offiziellen Empfängen teil, und überall, wo sie erschien, machte ihr blendendes Aussehen Furore. Im Winter 1863/64 fertigte Franz Xaver Winterhalter die drei berühmten Porträts von Elisabeth an, die bis heute ihr Bild prägen. Tatsächlich waren sie der Kaiserin sehr ähnlich. Franz Joseph war hingerissen von der Schönheit dieser Gemälde. Zwei von ihnen, die intimeren mit den gelösten Haaren, plazierte er so in seinem Arbeitszimmer, daß er sie stets vor Augen hatte. Das dritte aber, das Sissi mit der prachtvollen Ballrobe und den Diamantsternen im Haar zeigt, wurde zum offiziellen Hofportrait der Kaiserin und verbreitete in vielfältigen Kopien den Ruhm ihrer Schönheit in ganz Europa.

Der amerikanische Botschafter in Wien nahm die schöne Kaiserin, von der er schon so viel gehört hatte, selbst in Augenschein und berichtete 1864 nach Hause: »Die Kaiserin ist ... ein Wunder der Schönheit – hoch und schlank, wunderschön geformt, mit einer Fülle von hellbraunem Haar, einer niederen griechischen Stirn, sanften Augen, sehr rothen Lippen, mit süßem Lächeln, einer leisen, wohlklingenden Stimme, und theils schüchternem, theils graziösem Benehmen«. Ein knappes Jahr später mußte er sich bereits korrigieren: »Ihre Schönheit hat sich in diesem Jahre noch entwickelt und ist noch strahlender, berückender, vollendeter geworden«.

Ähnliche Hymnen der Bewunderung hörte man auch aus Sachsen, wo sich Elisabeth im Februar 1865 anläßlich der Hochzeit ihres Bruders Gackl mit der sächsischen Prinzessin Sophie aufhielt. Förmliche Ovationen brachte man der Kaiserin hier entgegen. Sie war »blendend schön, auch waren die Leute wie verrückt hier. Ich habe noch nie so einen Effekt machen sehen«, schrieb Erzherzog Ludwig Viktor. Und Sissis Tante, die sächsische Königin Marie, brachte es auf die kurze Formel: »Sie hat hier Epoche gemacht!« Als der preußische General Moltke im Sommer 1865 Wien besuchte, war Sissis Schönheit bereits zur Legende geworden. »Das Gerücht hat nicht zu viel gesagt, die Kaiserin ist entzückend, noch anziehender als schön, eigenthümlich und schwer zu beschreiben...«, schrieb er seiner Frau. Überall, wo Elisabeth auftauchte, bildeten sich schnell wahre Menschentrauben, um die schöne Kaiserin zu bestaunen.

Sissi selbst haßte derartige Aufläufe. Sie war immer noch scheu, und nach wie vor konnte sie offiziellen Empfängen und repräsentativen Auftritten nichts abgewinnen. Doch wuchs mit dem Ruhm ihrer Schönheit auch ihr Selbstwertgefühl. Franz Joseph war vernarrt in seine schöne Frau und beobachtete eifersüchtig ihre zahllosen Verehrer. Als Elisabeth schließlich nach mehrjährigen Kuren in Bad Kissingen auch ihren ehelichen Pflichten wieder nachkam, war der Kaiser überglücklich. Die Erzherzogin Sophie war die Erste, die davon erfuhr. »Und ein Wort ... gab mir, Gott sei deshalb tausendmal gelobt, fast die Gewißheit, daß

Elisabeth als schöne, selbstbewußte Frau Mitte der 60er Jahre

sich Sisi endlich mit ihm von neuem vereinigt hat«, notierte sie am 22. April 1865 in ihr Tagebuch.

Allerdings hatte sich die Beziehung des Kaiserpaares von Grund Auf geändert. Denn Elisabeth war nicht mehr das kleine schüchterne Mädchen, das bewundernd zum Kaiser aufblickte. Sie war eine schöne, selbstbewußte junge Frau geworden, die sich gegenüber Franz Joseph zu behaupten wußte und ihre Wünsche und Interessen energisch durchzusetzen verstand. Wie weit diese neue Durchsetzungsfähigkeit ging, sollte sich schon bald in einer entscheidenden Frage zeigen: der Erziehung des Kronprinzen.

Nach ihrer Rückkehr in die Hofburg hatte Elisabeth ihre Kinder zwar regelmäßig gesehen, aber keinen Einfluß auf ihre Erziehung genommen. Das war das Terrain der Erzherzogin Sophie, die die Zügel fest in der Hand hatte. Gisela und Rudolf wurden zunächst gemeinsam groß gezogen und bildeten ein unzertrennliches Paar. Rudolf wurde allerdings von Anfang an strenger behandelt. Franz Joseph und Sophie waren der Meinung, daß die Ausbildung des zukünftigen Kaisers von Österreich so früh wie möglich einsetzen sollte. Während man der kleinen Gisela noch viele Freiheiten ließ, erhielt Rudolf schon im Alter von drei Jahren seinen ersten Unterricht. Schreiben, Rechnen, Tschechisch, Ungarisch und Religion standen auf dem Programm. Höchste Priorität aber besaß die militärische Ausbildung.

Der Kronprinz war bereits seit seiner Geburt Oberst des 19. Infanterieregiments, und dieses skuril anmutende Geschenk Franz Josephs an seinen Stammhalter war Programm. Wie schon der Vater bekam auch Rudolf in jungen Jahren Blechsoldaten, ein Holzgewehr und eine Uniform geschenkt. Was bei Franz Joseph noch spielerischen Charakter besaß, wurde jedoch für Rudolf bitterer Ernst. Denn nicht zuletzt aufgrund des eigenen Versagens bei Solferino entwickelte der Kaiser einen geradezu krankhaften Ehrgeiz, was die militärische Erziehung seines Sohnes betraf. Rudolf sollte ein Soldatenkaiser werden, und so mußte sich schon das Kleinkind stundenlang in körperlichen Ertüchtigungen üben, exerzieren und Paraden ›seines‹ Regiments abhalten.

Der Effekt dieser Erziehung war zwiespältig. Einerseits war Rudolf ein frühreifes und hochbegabtes Kind. Lernen fiel ihm leicht, und so konnte die Erzherzogin Sophie stolz in ihr Tagebuch notieren, daß schon der Fünfjährige gute Grundkenntnisse in Französisch, Tschechisch und Ungarisch besaß. Andererseits aber war der kleine Kronprinz maßlos überfordert. Er besaß nicht das robuste Naturell seines Vaters, sondern war zart, sensibel, verträumt und sehr liebebedürftig. Der frühe Unterricht, vor allem aber der militärische Drill nahmen ihn stark mit, und so wurde er zu einem nervösen und ängstlichen Kind, das oft kränkelte und weinte.

Gerade diese Entwicklung aber bestärkte Franz Joseph darin, Rudolf nun erst recht hart anzufassen. Als der Kronprinz sechs Jahre alt war, trennte er ihn von Gisela, was den beiden Kindern fast das Herz brach, und bestellte den Grafen Leopold Gondrecourt zu seinem Erzieher. Gondrecourt war ein Günstling und Vertrauter Sophies, und er war Generalmajor des Heeres. Gerade aus dem dänischen Krieg von 1864 zurückgekehrt, wo er sich in blutigen Schlachten hervorgetan hatte, sollte er nun dem Kronprinzen den richtigen soldatischen Schliff geben.

Zeitgenossen beschrieben Gondrecourt als einen »der rücksichtslosesten Aristokraten«, den sie kannten, »tyrannisch roh«. Er sollte später zu unrühmlicher Berühmtheit gelangen, als er einem einfachen Soldaten, der sich zu spät zum Wachdienst meldete, mit dem Säbel ein Ohr abschlug. Franz Joseph indes, wie auch die Erzherzogin Sophie, sahen in Gondrecourt nur den schneidigen Offizier, der den kränkelnden und sensiblen Thronfolger zu einem mutigen und starken Mann heranziehen sollte.

Gondrecourts Erziehungsauftrag war eindeutig: »Se. k. H. sind phisisch und geistig mehr als Kinder seines Alters entwickelt, jedoch eher vollblütig und nervös-reizbar, es muß daher die geistige Entwicklung verständig gedämpft werden, damit jene des Körpers gleichen Schritt halte.« Und Franz Joseph schärfte dem Generalmajor zusätzlich ein, den Jungen »scharf herzunehmen«. Und genau das tat Gondrecourt.

Stundenlang mußte Rudolf unter seiner Aufsicht bei Wind und Wetter exzerzieren und sportliche Übungen absolvieren. »Abhärtung« stand an erster Stelle seiner Ausbildung. Rudolf wurde mit Kaltwasserkuren malträtiert und nachts mit Platzpatronenschüssen aus dem Schlaf gerissen. Eines Tages führte Gondrecourt seinen Schützling in den Lainzer Tiergarten. Dort ließ er ihn alleine, schloß die Tore des Parks, versteckte sich hinter einer Mauer und rief: »Da kommt ein Wildschwein!«. Der kleine Kronprinz war zu Tode erschrocken und hatte noch Tage später Panikattacken, die ihn schüttelten.

Unter dieser Behandlung verkümmerte Rudolf zusehends. Er wurde immer ernster, übernervös und verschreckt, magerte ab und sah schließlich so ausgezehrt aus, daß man glaubte, er wäre an Diphterie erkrankt. Franz Joseph indes bekümmerte dies wenig. Selbst als sich die frühere Kinderfrau Rudolfs, die Baronin von Welden, weinend vor seine Füße warf und ihn inständig bat, die Erziehung seines Sohnes zu ändern, reagierte er nicht.

In dieser Situation faßte sich schließlich der Oberst Latour von Thurmburg ein Herz. Er gehörte dem Stab Gondrecourts an, vertrat allerdings eine gänzlich andere Erziehungsauffassung und hatte schon mehrmals vergeblich bei seinem Vorgesetzten zugunsten einer Schonung Rudolfs interveniert. Nun wandte er sich an die Kaiserin und berichtete ihr von den Methoden Gondrecourts. Elisabeth, die keine Ahnung über das Ausmaß und den Stil des Kronprinzendrills hatte, war entsetzt. Noch Jahre später berichtete sie ihrer Hofdame Marie Festetics empört über die Erziehungsmethoden Gondrecourts, die Rudolf »beinahe zum Trottel machten; – ein Kind von sechs Jahren mit Wasserkur und Erschrecken zum Helden machen zu wollen, ist Wahnsinn«.

Doch Elisabeth empörte sich nicht nur, sie handelte auch danach. »Als ich die Ursache seiner Krankheit erfuhr«, erzählte sie der Festetics, »da mußte ich Abhülfe schaffen; nahm meinen ganzen Muth zusammen, als ich sah, es sei unmöglich durchzudringen gegen diesen Protégé meiner Schwiegermutter, und sagte Alles dem Kaiser, der sich nicht entschließen konnte, gegen den Willen seiner Mutter Stellung zu nehmen, – ich griff zum Äußersten und sagte, ich könne das nicht mit ansehen – Eines müsse geschehen! entweder geht Gondrecourt oder ich.«

Franz Joseph war von dem energischen Auftritt seiner Frau überrascht, nahm jedoch ihr Ultimatum nicht recht ernst. Er wollte sich nicht in die Erziehung des Kronprinzen hineinreden lassen, und Gondrecourt besaß nach wie vor sein vollstes Vertrauen. Doch Elisabeth ließ sich diesmal nicht abwimmeln. Angesichts des schlechten Zustands ihres Sohnes und der offenkundigen Mißachtung ihrer Meinung durch den Kaiser war es ihr bitterernst. Weil ihre mündliche Intervention nichts gefruchtet hatte, griff sie zu einem drastischeren Mittel und schrieb dem Kaiser im Sommer 1865 einen geharnischten Brief, in dem sie ihm die Bedingungen für ein weiteres Zusammenleben diktierte:

»Ich wünsche, daß mir vorbehalten bleibe unumschränkte Vollmacht in Allem, was die Kinder betrifft, die Wahl ihrer Umgebung, den Ort ihres Aufenthalts, die complette Leitung ihrer Erziehung, mit einem Wort, alles bleibt mir ganz allein zu bestimmen, bis zum Moment der Volljährigkeit. Ferner wünsche ich, daß, was immer meine persönlichen Angelegenheiten betrifft, wie unter anderem die Wahl meiner Umgebung, den Ort meines Aufenthaltes, alle Anordnungen im Haus p.p. mir allein zu bestimmen vorbehalten bleibt.
Elisabeth. Ischl, 27. August 1865.«

Die Vehemenz der Attacke holte den Kaiser vom hohen Roß. Er erkannte, daß Elisabeth ihre Drohung ernst machen und ihn verlassen würde, sollte er den Forderungen nicht Folge leisten. Er gab deshalb nach und entließ Gondrecourt. Als seinen Nachfolger bestellte er auf ausdrücklichen Wunsch der Kaiserin Joseph Latour. Latour entwickelte schnell ein inniges Verhältnis zu seinem Schützling. Die militärische Erziehung wurde auf ein Minimum zurückgefahren, und der Schwerpunkt auf die Ausbildung der geistigen Kräfte gelegt. Elisabeth ließ Latour freie Hand und stellte nur die Bedingung, daß der Kronprinz

eine “liberale” Erziehung erhielt. Und Latour rechtfertigte das Vertrauen der Kaiserin. Er engagierte die besten Lehrer, so daß Rudolf anders als sein Vater eine Ausbildung erhielt, die auf der Höhe seiner Zeit war.
Franz Joseph hielt sich an die Abmachung, die er mit Elisabeth getroffen hatte. Und das, obwohl der Kronprinz nun eine Erziehung erhielt, die seinen Vorstellungen geradezu entgegengesetzt war. Die Kaiserin hatte auf der ganzen Linie gesiegt. Selbst der Bann der Erzherzogin war nun gebrochen, und Sophies Einfluß auf den Kaiser schwand von Tag zu Tag. Vor allem aber hatte Elisabeth an persönlicher Freiheit gewonnen. Denn der Kaiser erfüllte auch den zweiten Teil ihrer Forderungen und gab ihr damit die Möglichkeit, ein weitestgehend selbstbestimmtes und unabhängiges Leben zu führen. Die lange Reise Elisabeths zu einem neuem Selbstbewußtsein, die 1860 auf Madeira begonnen hatte, war im Sommer 1865 an ihr Ziel gelangt.

Ungarns »schöne Vorsehung«

Im Sommer 1865, als Sissi den kleinen Rudolf von seinem Peiniger Gondrecourt befreite, hatte sie in erster Linie als Mutter gehandelt. Doch waren es auch politische Gründe, die sie zum Eingreifen bewogen hatten. Im Streit um die Erziehung des Kronprinzen offenbarten sich erstmals Elisabeths ausgeprägt liberale Ansichten. Rudolf sollte ganz anders als sein Vater erzogen werden. Das war ein deutliches Signal an die Erzherzogin Sophie und die konservative Hofpartei. Durch die Wahl Latours zum Erzieher wollte die Kaiserin sicherstellen, daß Rudolf ein fortschrittlicher und liberaler Kaiser sein würde. Auf diesem Wege griff sie erstmals massiv in die politische Zukunft der Donaumonarchie ein.

Das politische Engagement Elisabeths beschränkte sich jedoch nicht auf den ›häuslichen‹ Bereich. Durch ihre Freundin Ida Ferenczy hatte sie nicht nur ihre ungarischen Sprachkenntnisse verbessert, sondern auch viel über Ungarn und dessen Leidensweg nach 1849 erfahren. Denn Ida Ferenczy war trotz ihrer jungen Jahre mehr als nur eine kleine Landadelige. Sie kannte die führenden ungarischen Politiker Franz von Déak und Graf Gyula Andrássy und vertrat vehement deren politische Ansichten. Durch Ida kam die Kaiserin in Kontakt mit dieser Welt und machte sich schon bald die Politik dieser beiden Adeligen zu eigen, die auf einen Ausgleich zwischen den Interessen Ungarns und Österreichs und eine Einbeziehung der liberalen Kräfte zielte.

Elisabeth hatte sich, wie immer, wenn ihr etwas am Herzen lag, mit Eifer auf alles ›Ungarische‹ gestürzt. Sie hatte innerhalb von zwei Jahren nicht nur die schwere ungarische Sprache erlernt, sondern sich auch gründliche Kenntnisse über Land und Leute angeeignet. Im Herbst 1864 wagte sie einen ersten Vorstoß in Sachen Ungarn. Sie bat den kaiserlichen General Benedek, der ein gebürtiger Ungar war, den Kaiser zu einer Reise nach Ungarn zu bewegen, wo er mit den gemäßigten Kräften der ungarischen Liberalen um Déak und Andrássy zusammentreffen sollte. Doch Benedek war als Vermittler eine schlechte Wahl. Er erzählte allen am Hof, die es hören wollten, von Elisabeths Einsatz für

den österreichisch-ungarischen Ausgleich und brachte die unvorsichtige Kaiserin dadurch in arge Verlegenheit. Denn der Hof war seit den Erfahrungen von 1848/49 ausgesprochen ungarnfeindlich eingestellt.
Doch Elisabeths Engagement entsprang nicht nur ihrer Liebe zu Ungarn, sondern resultierte auch aus einem sicheren Gespür für die schwierige politische Situation des österreichischen Vielvölkerstaates im Zeitalter der Nationalbewegungen. Seit der Niederwerfung der Revolution in Ungarn 1849, der drakonischen Bestrafung der führenden Revolutionäre und der rigorosen Anbindung an die Zentrale in Wien war die ungarische Provinz nicht mehr zur Ruhe gekommen. Das Land befand sich im Belagerungszustand und unterstand einem Militärgouverneur. Die Reise des Kaiserpaares im Jahre 1857 führte zwar zu ersten Lockerungen dieser Zwangsverwaltung und brachte den Ungarn einige Erleichterungen – so durften die geflüchteten Revolutionäre von 1848/49 in ihre Heimat zurückkehren –, doch die Forderungen nach politischer Autonomie und Liberalisierung wurden damals nicht erfüllt. Ungarn blieb eine unruhige Provinz. Während des italienischen Krieges von 1859 bestand die reale Gefahr, daß die Ungarn die Gunst der Stunde nutzten und sich gegen die Wiener Zentralregierung erhoben.
Doch die Ungarn bildeten keinen einheitlichen Block. Zwei Parteien standen sich gegenüber: Die Radikalen, die wie der ehemalige Revolutionsführer Kossuth eine Trennung Ungarns von Österreich forderten, und die Gemäßigten unter der Führung Déaks und Andrássys, die im Kaiserreich bleiben wollten, aber als gleichberechtigter Teil neben den österreichischen Erblanden, also dem deutschen Teil des Vielvölkerstaates mit Böhmen und Mähren. Sie suchten deshalb einen Ausgleich mit Österreich. Die Bedingungen waren eindeutig: Ungarn sollte ein eigenes Parlament und eine eigene Regierung erhalten. Nur die Außenpolitik und die Landesverteidigung sowie die damit verbundenen Finanzfragen sollten von Wien aus gesteuert werden.
Das Oktoberdiplom von 1860, das die Einrichtung von Landesparlamenten vorsah, lehnte diese Gruppe ab, weil damit weder die Wiederherstellung der alten ungarischen Verfassung noch die Aufhebung der

Zentralregierung verbunden war. Und auch der Nachfolger, das sogenannte Februar-Patent aus dem Jahre 1861, fand nicht die Zustimmung Déaks und Andrássys, weil es trotz einer weitgehenden Liberalisierung den Wiener Zentralismus und damit die Macht der Deutsch-Österreicher stärkte. Die gemäßigten Ungarn verstärkten deswegen den Druck auf Franz Joseph, um zu einem Ausgleich zu kommen. Ihr Führer Déak erklärte 1865 in seinem berühmten Osterartikel in »Pesti Napló«, der die Forderungen der Gemäßigten zusammenfaßte, daß ein Ausgleich nur durch direkte Verhandlungen mit dem Kaiser möglich sei.

In dieser Situation entschloß sich Franz Joseph I. nach Ungarn zu reisen und mit den Führern der gemäßigten Partei zusammenzutreffen. Wie schon 1859, als ihm Elisabeth schon früh zu einem Friedensschluß mit Frankreich riet, kam dem Kaiser die Einsicht in die politischen Notwendigkeiten etwas später als seiner Frau. Im Juni 1865, eindreiviertel Jahre nachdem Elisabeth ihm diese Reise vorgeschlagen hatte, brach Franz Joseph zu einem Besuch in seine ungarischen Provinzen auf. Er sprach dort mit Déak und Andrássy, doch galt sein Engagement weniger den ungarischen Patrioten als den großagrarischen Interessen des hohen Adels. Immerhin erreichte Franz Joseph, daß der ungarische Landtag, der bisher von allen politischen Kräften des Landes boykottiert worden war, am 14. Dezember 1865 eröffnet werden konnte. Doch zu seiner Enttäuschung hatten dort nicht die konservativen Zentralisten die Mehrheit, sondern die Gemäßigten um Déak und Andrássy.

Déak war zu diesem Zeitpunkt zweiundsechzig Jahre alt. Der gelernte Anwalt war 1848/49 Justizminister in der revolutionären Regierung Batthyány gewesen. Wegen seiner moderaten Haltung entging er dem Schicksal Batthyánys, der 1849 hingerichtet wurde. Die Ungarn verehrten Déak als »Weisen der Nation« und »Gewissen Ungarns«. Déak war aber auch ein kluger Taktiker. Er war es, der dem ungarischen Landtag im Dezember 1865 vorschlug, eine Delegation nach Wien zu schicken, um der Kaiserin zum Geburtstag zu gratulieren – wohlwissend, daß die Ungarn in Elisabeth eine begeisterte Fürsprecherin am Kaiserhof hatten. Elisabeth selbst bewunderte den großen Politiker zunächst aus der Ferne. Als sie sich dann kennenlernten, entwickelte sich schnell eine tiefe Sympathie und dauerhafte Freundschaft zwischen beiden. Im Juni 1866 ließ sich Elisabeth von Ida Ferenczy ein Porträt Déaks besorgen, das dieser selbst signiert hatte. Sie hängte das Bild über ihr Bett in der Hofburg, wo es bis zu ihrem Tod einen Ehrenplatz hatte. Als Déak 1876 starb, eilte die Kaiserin an die Bahre des Toten, vor der sie lange Zeit betend und weinend niederkniete.

Andrássy war der Juniorpartner Déaks, ein temperamentvoller Abenteurer, dessen schlanke und hohe Gestalt mit dem von einem dunklen Bart umrahmten Gesicht und den von Witz und Energie funkelnden Augen überall Aufsehen erregte. Auch er war ein Revolutionär und mußte 1849 außer Landes fliehen. In Abwesenheit zum Tode verurteilt und symbolisch neben den gefangengenommenen Anführern des Aufstands gehenkt, konnte er erst 1857 – nach einer Amnestie Franz Josephs – in seine Heimat zurückkehren. Während seines knapp zehnjährigen Exils hatte Andrássy als Repräsentant der unterdrückten ungarischen Revolution ganz Europa bereist und ein Geflecht von diplomatischen Beziehungen aufgebaut. Weltläufig und finanziell gut ausgestattet, war der »schöne Gehenkte«, wie man ihn nannte, ein gern gesehener Gast in den großen Salons der mondänen (Damen-)Welt. In Ungarn wurde er als Märtyrer der Revolution gefeiert und galt als natürlicher Nachfolger Déaks in der Führung der gemäßigten Partei.

Als die Kaiserin und der Revolutionär sich erstmals begegneten, war Elisabeth achtundzwanzig und galt als die schönste Frau Europas, Andrássy war zweiundvierzig und einer der begehrtesten Männer des europäischen Hochadels. Es war am 8. Januar 1866 als die Abgesandten des ungarischen Landtages, angeführt von Andrássy und dem Kardinalprimas von Ungarn, die Appartements der Kaiserin in der Wiener Hofburg betraten, um Elisabeth nachträglich zum Geburtstag zu gratulieren, und sie im Namen des ungarischen Volkes zu einem Besuch nach Budapest einzuladen. Andrássy überragte alle und beeindruckte die Kaiserin durch sein selbstsicheres und gewandtes Auftreten. Er trug den sogenannten »Attila«, das goldgestickte Prachtgewand der ungarischen Magnaten, darüber einen mit Edelsteinen übersäten Mantel und Reiterstiefel, an denen silberne Sporen hingen. Über die Schultern hatte er sich ein Tigerfell geworfen, was ihm ein wildes und abenteuerliches Aussehen verlieh.

Elisabeth empfing die Delegation im Audienzsaal unter dem Thronhimmel, umgeben von ihrer Obersthofmeisterin und acht neuernannten ungarischen Palastdamen. Sie trug die ungarische Nationaltracht: ein weißes Seidenkleid, die schlanke Taille durch einen schwarzen, mit Diamanten und Perlen verzierten Mieder betont, dazu eine weiße, mit Spitzen durchsetzte Schürze und auf dem Kopf ein ungarisches Häubchen, das eine funkelnde Diamantenkrone zierte. Nachdem der Kardinalprimas Glückwünsche und Einladung überbracht und Elisabeth der Liebe und Treue des ungarischen Volks versichert hatte, antwortete die Kaiserin zur Überraschung der Anwesenden in fehlerlosem Ungarisch, mit einem leichten, ans Englische erinnernden Akzent:

»Seitdem Mich die Vorsehung durch Seine Majestät, Meinen geliebten Gemahl, mit eben so zarten als unlösbaren Banden an das Königreich Ungarn geknüpft hat, war die Wohlfahrt desselben stets der Gegenstand Meiner lebhaftesten Teilnahme. Dieselbe wird noch gesteigert durch die Beweise treuer Anhänglichkeit und herzlicher Huldigung, welche jüngst angesichts des Landes Meinem Erlauchtigten Gemahle, – heute durch die zum Herzen dringenden Worte Eurer Eminenz Mir gegenüber – einen so begeisterten Ausdruck fanden. Nehmen Sie hiefür Meinen aufrichtigen, innig gefühlten Dank und entbieten Sie Jenen, die Sie hieher gesendet, auch bis dahin Meinen herzlichen Gruß, als es Mir gegönnt sein wird, dem Wunsche des Landes entsprechend, an der Seite Meines Erlauchten Gemahls in ihrer Mitte zu erscheinen.«

Die Ungarn waren hingerissen – von der strahlenden Schönheit der Kaiserin und dem melodiösen Klang, mit dem sie das Ungarische sprach. Die gestanzten Worthülsen der offiziellen Hofsprache konnten

Graf Gyula Andrássy, ungarischer Politiker und Freund der Kaiserin Elisabeth, um 1865

den warmherzigen und lebendigen Ausdruck in Elisabeths Stimme nicht trüben. Mit begeisterten Eljen – Eljen-Rufen feierten sie ihre Kaiserin. Auch Andrássy, der schon so viel von der schönen Monarchin gehört hatte, war bezaubert. Am Abend, beim Empfang der ungarischen Delegation durch das Kaiserpaar, sprach er dann das erste Mal mit Elisabeth, die im weißen Kleid mit Schleppe und Perlen im geflochtenen, langen Haar erschienen war.

Es war der Anfang einer lebenslangen Freundschaft. Eine Liebesgeschichte, wie viele behaupteten, wurde es nie. Andrássy machte seiner schönen Kaiserin den Hof, und Elisabeth genoß die Verehrung des attraktiven Ungarn. Die Grenze, die ihnen die Moralvorstellungen ihres Standes setzten, überschritten beide nie. Nach dem Tode Andrassys im Jahre 1890 bemerkte die Kaiserin zu ihrer Nichte Amélie: »Ja, das war eine treue Freundschaft, und sie war nie durch Liebe vergiftet.« Und ihrer Tochter Marie Valerie gestand sie, daß sie sich zum ersten Mal in ihrem Leben »ganz verlassen« fühle, »ohne jeden Ratgeber und Freund«. Andrassy, der weltgewandte Frauenheld und ungarische Patriot, sah zeitlebens in Elisabeth eine große, aber verkannte Persönlichkeit und nannte sie die »schöne Vorsehung« Ungarns.

Das Kaiserpaar hatte die Einladung nach Budapest angenommen und brach schon Ende Januar zu einer fünfwöchigen Ungarn-Reise auf. Elisabeth betrat nach neun Jahren erstmals wieder ungarischen Boden. Gegenüber 1857 hatte sich die Stimmung jedoch erheblich gebessert. Kaiser und Kaiserin wurden wohlwollend begrüßt, die glänzende Erscheinung Elisabeths aber, und ihre ungarischen Ansprachen, lösten überall wahre Begeisterungsstürme aus. Franz Joseph berichtete seiner Mutter schon nach wenigen Tagen aus Budapest: »Alles ist von ihr und ihrer ungarischen Sprache enthusiasmiert.«

Der Eindruck, den die Kaiserin auf die Ungarn machte, war unbeschreiblich. Als Elisabeth der ungarischen Reichsdeputation mit gefallteten Händen und auf Ungarisch ihre Segenswünsche für das Gelingen ihrer Arbeit gab und der Kaiserin dabei die Tränen in die Augen traten, gab es auch bei den gestandenen Männern kein Halten mehr. Ihr

Anblick war »so ergreifend«, wie ein Augenzeuge berichtete, »daß die Deputirten das Eljen nicht hervorbrachten und Alt und Jung die hellen Tränen über die Wangen liefen«. Elisabeths Rührung kam von Herzen. Sie liebte dieses freizügige Land und seine leidenschaftlichen Bewohner. In einem der vielen Gespräche, die sie mit Andrássy führte, bekannte sie ihm freimütig: »Sehen Sie, wenn des Kaisers Angelegenheiten in Italien schlecht gehen, so schmerzt es mich; wenn aber das gleiche in Ungarn der Fall ist, so tötet mich das.«

Die konservativen Zentralisten in Wien sahen diese Annäherung des Kaisers und vor allem der Kaiserin an Ungarn mit Mißtrauen. Kritik wurde laut: Die österreichischen Interessen würden zugunsten eines Ausgleichs mit Ungarn verraten. Dem trat Franz Joseph mit Nachdruck entgegen. An seine Mutter schrieb am 17. Februar aus Budapest, er habe gehört, in Wien ginge die Angst um, »ich könnte hier Konzessionen machen, ein Ministerium bewilligen etc. Das alles fällt mir natürlich gar nicht ein, aber weil man hier nicht mit der Türe ins Haus fallen kann und ich den rechten Augenblick mit Ruhe abwarte, wo ich meine Meinung erneuert sagen werde, macht man sich in Wien die Emotion, alles für verloren zu halten und wie gewöhnlich zu schimpfen. Gott beschütze einen vor den Wiener Gutgesinnten. Es geht hier langsam, aber es wird gehen, mit Festigkeit einerseits, mit Vertrauen und Freundlichkeit und richtiger Behandlung des ungarischen Charakters andererseits. Sisi ist mir von großer Hilfe durch ihre Höflichkeit, ihren maßhaltenden Takt und ihre gute ungarische Sprache, in welcher die Leute aus schönem Munde manche Ermahnung lieber anhören.«

Franz Josephs Bekenntnisse werfen ein bezeichnendes Licht auf seine zaudernde Politik, die sich von den Ungarn Entgegenkommen erhoffte, ohne selbst etwas geben zu wollen. Deutlich wird aber auch die klassische Rolle, die Elisabeth in diesem Spiel zugedacht war. Franz Joseph sah in seiner Frau eine Art Mittlerin, die die Politik des Kaisers in einer angenehmen Form präsentieren und so den Ungarn Entscheidungen schmackhaft machen sollte, die eigentlich nicht in deren Interesse lagen.

Doch Elisabeth war nicht nur das schöne Aushängeschild der Donaumonarchie. Sie hatte für die Gemäßigten in Ungarn und damit für die ungarische Sache Partei ergriffen. Eine Marionette Andrássys war sie deswegen noch lange nicht. Elisabeth handelte aus Überzeugung und Einsicht. Ihrem Mann, der sich erst spät entschieden für den Ausgleich einsetzte, war sie in diesen Monaten um Längen voraus. Sie war selbstbewußt genug, um ihre Ansichten auch tatkräftig zu vertreten und wurde dadurch selbst zur Akteurin in dem großen Spiel der zähen ungarisch-österreichischen Annäherung in den dramatischen Jahren um 1866.

Wie wichtig die Integration der Ungarn in den Habsburger Vielvölkerstaat war, sollte sich schon bald zeigen. Denn am Horizont zogen sich dunkle Wolken zusammen: ein Krieg zwischen Preußen und Österreich um die Vorherrschaft in Deutschland wurde immer wahrscheinlicher. Nur wenige Wochen nach seiner Rückkehr aus Ungarn schrieb Franz Joseph Anfang Mai 1866 an seine Mutter: »Was die politischen Verhältnisse anbelangt, so geht es immer mehr dem Kriege entgegen, und ich kann mir nicht denken, wie er noch mit Ehre zu vermeiden sein könnte. Man tut in Berlin zwar jetzt sehr friedlich, um Zeit zu gewinnen und uns mürbe zu machen, allein es wird mir täglich klarer, daß jeder Schritt in Berlin und Italien [mit dem Preußen soeben ein Bündnis geschlossen hatte] ein berechneter und das Glied einer Kette von Maßregeln ist, die von lange her verabredet sind.«

Franz Josephs Analyse der politischen Situation im Frühjahr 1866 traf den Nagel auf den Kopf. Aus dem ehemaligen Verbündeten Preußen war innerhalb von zwei Jahren der Erzfeind des Hauses Habsburg geworden. Noch im April 1864 hatten die beiden Länder gemeinsam einen Krieg gegen das kleine Dänemark geführt und Schleswig-Holstein erobert, das seitdem unter gemeinsamer Verwaltung stand. Begeistert von diesem ersten militärisch-politischen Erfolg seiner Regierungszeit, hatte Franz Joseph im August 1864 die »Allianz mit Preußen« als die »einzig richtige Politik« bezeichnet und schien damit die Erfahrungen von 1859, als die Preußen ein Eingreifen des Deutschen

Bundes in den Italienkrieg verhindert hatten, verdrängt zu haben. Noch im November 1864 sah er im Zusammengehen mit dem ehemaligen Rivalen den »Grundpfeiler unserer Politik«. Doch schon im Verlaufe des Jahres 1865 war es zu Unstimmigkeiten zwischen den Bündnispartnern über die Verwaltung von Schleswig-Holstein gekommen, die zwar zunächst im Vertrag von Gastein beigelegt werden konnten, zu guter letzt aber im Sommer 1866 in einen kriegerischen Konflikt mündeten.

Die treibende Kraft hinter der anti-österreichischen Politik war der preußische Ministerpräsident Otto von Bismarck. Sein Ziel war die Neuordnung des Deutschen Bundes, wenn möglich die Bildung eines deutschen Nationalstaates unter preußischer Führung und Ausschluß Österreichs. Zu diesem Zweck ging Bismarck Anfang April 1866 ein auf drei Monate befristetes Offensiv- und Defensivbündnis mit Italien ein und bedrohte so die Südflanke Österreichs in Venedig und Tirol. Als Franz Joseph die bedrohliche Lage erkannte, war es schon zu spät. Die sofort beschlossene Mobilmachung Österreichs und seiner Verbündeten Bayern und Sachsen begann am 14. April und war am 9. Juni abgeschlossen. Drei Tage zuvor hatte Preußen Holstein besetzt, woraufhin sich die restlichen Mitglieder des Deutschen Bundes auf die Seite Österreichs stellten. Franz Joseph hatte sich zu diesem Zeitpunkt bereits der Neutralität Frankreichs im Falle eines Krieges mit Preußen versichert.

Als der Krieg am 15. Juni begann, stand der Deutsche Bund unter Führung Österreichs Preußen und seinem Verbündeten Italien gegenüber. Der Auftakt war vielversprechend: Am 24. Juni besiegten die Österreicher die Italiener in der Schlacht bei Custozza in der Nähe des Gardasees. Doch die Entscheidung dieses Krieges sollte nicht im Süden, sondern auf österreichischem Boden fallen. Die entlang den Grenzen von Sachsen und Österreich konzentrierten preußischen Truppen unter dem Generalstabschef Helmuth von Moltke handelten nach dem Prinzip ›getrennt marschieren und vereint schlagen‹. An drei Stellen griffen sie die österreichischen Truppen in Böhmen an, um sie in der entscheidenden Schlacht bei Königgrätz am 3. Juli vernichtend zu schlagen. Die Verluste auf österreichischer Seite waren verheerend, da die Preußen das technisch überlegene Zündnadelgewehr einsetzten, ein Hinterlader, der die dreifache Feuerkraft des von den Österreichischen Truppen benutzten Vorderladers hatte. 450.000 Mann kämpften in der bis dahin größten Schlacht der modernen Geschichte. Am Ende hatten die Österreicher 19.000 Tote zu beklagen gegenüber ›nur‹ 4.500 gefallenen Preußen.

Elisabeth hielt sich bei Kriegsausbruch gemeinsam mit den Kindern noch in der alljährlichen Sommerfrische in Ischl auf. Mit Unruhe verfolgte sie den Kriegsverlauf, denn auch ihre beiden Brüder Ludwig und Karl Theodor standen als Offiziere der bayerischen Armee im Feld. Am 26. Juni schrieb sie ihrer Mutter: »Ich ängstige mich namenlos um die Brüder und wünsche mir auch oft, wären sie doch lieber alle Schwestern«. Als sich die Kriegslage Ende Juni zuspitzte, kehrte die Kaiserin nach Wien zurück, um in der Nähe des Kaisers zu sein und sich um die Verletzten in den Spitälern zu kümmern.

Die Nachricht von der vernichtenden Niederlage bei Königgrätz traf die kaiserliche Familie wie ein Schock. Die Stimmung war fürchterlich. Der Kaiser ging verzweifelt im Zimmer auf und ab. Die ersten Schilderungen des ungleichen Kampfes waren grauenvoll. Niemand wußte, was nun zu tun sei. Bei Elisabeth brach sich die Empörung über Preußen Bahn, das sie mit leidenschaftlichen Worten attackierte. In einem Brief, den sie am folgenden Tag an den Erzieher des Kronprinzen Oberst Latour schrieb, gab sie sich kämpferisch: »Was jetzt geschehen wird, weiß niemand. Gott gebe nur, daß kein Friede geschlossen wird, wir haben nichts mehr zu verlieren, also lieber in Ehre ganz zugrunde gehen.«

Vielleicht kannte sie zu diesem Zeitpunkt noch nicht das ganze Ausmaß der Brutalität dieses Krieges. Die Hofdame Landgräfin Fürstenberg schrieb wenige Tage später nach Königgrätz: Die Österreicher »waren so von Kugeln übergossen, daß sie schaarenweis niederfielen, es war als werfe man ihnen Sand ins Gesicht; es muß ein grauenhaftes

Blutbad gewesen sein.« Die Gräfin schloß verzweifelt: »Gott mache ein Ende, einerlei wie und durch wen.« Aber nicht nur der Hofadel, auch die Kaiserfamilie war traumatisiert. Am 5. Juli schrieb Elisabeth an ihre Mutter: »Wir sind noch wie im Traum, ein Schlag nach dem anderen ... und da soll man noch Gottvertrauen haben! Was jetzt noch alles geschehen wird, habe ich keine Idee ... Das beste ist jetzt, keine Zeit mehr zum Denken zu haben, immer in Bewegung zu sein. Die Vormittage bringe ich in Spitälern zu, besonders bei den ungarischen Soldaten bin ich gerne. Die armen Kerle haben hier niemanden, der mit ihnen sprechen kann ... Der Kaiser ist so von Geschäften überhäuft, daß es wirklich seine einzige Erholung ist, wenn wir abends ein wenig zusammen beim offenen Fenster sitzen.«

Die Tatkraft Elisabeths und ihr Wille, sich nicht unterkriegen zu lassen, nötigten selbst ihren Kritikern am Wiener Hof Bewunderung ab. »Die Kaiserin«, bemerkte die Landgräfin Fürstenberg am 8. Juli, »erbaut und erstaunt alle Welt durch die wahrhaft mütterliche Art, mit der sie sich der Pflege der Verwundeten und der Spitäler annimmt; es war Zeit qu'elle se reconcilie les coeurs du public [daß sie sich die Herzen der Öffentlichkeit zurückerobert]; sie ist auf dem besten Wege.« Doch die seelische Unterstützung des Kaisers und die Erfüllung karitativer Aufgaben genügten der energischen Elisabeth nicht. Angesichts der nach wie vor dramatischen Kriegslage – die preußischen Truppen marschierten in drei Kolonnen durch Mähren auf Wien zu – wollte sie auch politisch eingreifen.

Die Gelegenheit dazu ergab sich, als der Kaiser alles, was wertvoll und beweglich war, aus Wien nach Ungarn bringen ließ, damit es im Falle der Eroberung der Hauptstadt nicht den Preußen in die Hände fiel. Auch Elisabeth sollte nach Budapest reisen, um dort das Quartier für die Kinder, die noch in Ischl waren, herzurichten und die Stimmung in diesem unruhigen Land, das nach den Siegen der Preußen in Böhmen und Mähren der einzig verbliebene Rückhalt der Donaumonarchie geblieben war, zu erkunden. Franz Joseph wollte in Wien bleiben und die Verteidigung der Stadt organisieren.

Doch niemand in der Stadt hatte großes Vertrauen in die militärischen und politischen Fähigkeiten des Kaisers, der schon einmal, 1859 in Italien, kläglich versagt hatte. Wieder wurden Stimmen laut, die seine Ablösung durch den Bruder Ferdinand Max forderten. Erstmals aber sprach man auch von einer Regentschaft Elisabeths, die den Staat bis zur Volljährigkeit des Kronprinzen an der Stelle Franz Josephs führen sollte. War das Ansehen des Kaisers bei der Bevölkerung auf einem Tiefpunkt angelangt, so hatte das der Kaiserin enorm gewonnen. Aber Elisabeth war nicht Sophie. Sie stand loyal zu ihrem Mann und dachte nicht daran, ihn zugunsten seines Sohnes um den Thron zu bringen. Als sie am 9. Juli Wien in Richtung Budapest verließ, machte sie ihre Haltung mit einer Geste deutlich, die allgemeines Aufsehen erregte. Auf dem Bahnsteig, kurz vor der Abfahrt, küßte sie Franz Joseph für alle sichtbar die Hand. Wenn schon das Volk nicht zu seinem Kaiser stehen wollte, die Kaiserin tat es.
Die Reise Elisabeths nach Ungarn war notwendig, denn Bismarck versuchte, über die separatistische Legion Klapka, die er finanziell unterstützte, das Land zu revolutionieren und auf diesem Wege Österreich endgültig zu Boden zu werfen. Die Gemäßigten unter Déak wurden von Seiten der radikalen Kräfte heftig bedrängt, angesichts der Schwäche Österreichs die Gunst der Stunde zu nutzen und Ungarn vom Reich zu lösen. Doch Déak stand zu seiner Ausgleichspolitik. »Ich würde es für eine Feigheit halten«, verkündete der große alte Mann der ungarischen Politik, »der Kaiserin im Unglück den Rücken zuzuwenden, nachdem wir ihr entgegengingen, als die Angelegenheiten der Dynastie noch gut standen.«
Elisabeth nach Ungarn zu schicken, war das Beste, was Franz Joseph tun konnte. Denn sie genoß von allen Habsburgern dort das größte Vertrauen, ja man verehrte sie geradezu und meinte, daß alles Gute, was Ungarn von Seiten Wiens in den letzten Jahren widerfahren war, auf ihren Einfluß zurückginge. Als Elisabeth in Budapest eintraf, wurde sie mit den höchsten Ehren empfangen. Déak und Andrássy standen am Bahnsteig, um sie zu begrüßen. Die Zeit drängte. Während Elisabeth

die Villa Kochmeister auf der Pester Seite anmietete und einrichten ließ, führte sie intensive Gespräche mit Andrássy und Déak. Anscheinend konnten die beiden sie überzeugen, daß der Kaiser in dieser prekären Situation den Ungarn echte Konzessionen machen müsse, wenn er sie auf seiner Seite haben wollte.
Zurück in Wien unterrichtete Elisabeth Franz Joseph noch am selben Tag, dem 12. Juli, von ihren Gesprächen und bat ihn, die jetzige Regierung auszuwechseln und Andrássy ein bedeutendes Regierungsamt zu geben. Auf diese Weise, so die Kaiserin, könnten die Ungarn an die Monarchie gebunden werden. Doch der Kaiser zauderte wie immer. Als sich die Kaiserin am 13. Juli mit den Kindern auf die Rückfahrt nach Budapest machte, war sie in Sachen österreichisch-ungarischem Ausgleich keinen Schritt weiter gekommen. Aber sie gab nicht auf, dafür war die Angelegenheit zu wichtig und die Zeit für eine Lösung zu knapp. Elisabeth entschloß sich daher, den ungarischen Hofkanzler in Wien, Georg von Mailáth, als Vermittler einzuschalten. Am 14. Juli schrieb sie ihm aus Budapest:
»Vor allem eine Bitte, seien Sie mein Stellvertreter beim Kaiser, übernehmen Sie mein Amt, dem Kaiser die Augen zu öffnen über die Gefahr, in die er sich unwiederbringlich stürzt, wenn er noch immer keine Konzessionen an Ungarn machen will. Seien Sie unser Retter, darum beschwöre ich Sie jetzt im Namen unseres armen Vaterlandes und meines Sohnes und zähle dabei auch auf die Freundschaft, die Sie, wie ich mir vielleicht einbilde, doch ein wenig für mich fühlen. Das Zugeständnis, zu dem ich den Kaiser zu bewegen trachte, das er mir aber leider noch nicht machte, ist, die jetzigen Regierungsmänner zu entfernen und als Minister des Äußern Gyula Andrássy zu ernennen. Dies wäre eine Konzession an Ungarn, ohne sich durch Nachgeben jetzt zu kompromittieren. Seine Popularität im Lande würde beruhigend und vertrauenerweckend wirken und das Königreich ruhig halten, bis endlich die Verhältnisse erlauben, daß die inneren Zustände geregelt werden. [...] Ist der Kaiser dazu durchaus nicht zu bewegen, so sollte er wenigstens Andrássy zum Minister Ungarns machen; für jetzt ist ja

das größte Bedürfnis, daß das Land beruhigt und durch einen Mann, der ihm die Bürgschaft einer besseren Zukunft gibt, dahin gebracht wird, daß es alle Kräfte, über die es nur zu gebieten vermag, dem Kaiser stellt.«

Die Kaiserin hatte sich, wie sie selber sagte, »ohne Rückhalt« an den Mailáth gewendet. »Mein Vertrauen kann ich nur ganz oder gar nicht geben«, schrieb sie. Ihr Brief endete beschwörend: »Bringen Sie das zuwege, was mir nicht gelang, dann werden Millionen Sie segnen, mein Sohn aber täglich für Sie beten, wie für seinen größten Wohltäter.« Der pathetische Ton Elisabeths entsprach der dramatischen Situation, die die Kaiserin im Gegensatz zum Kaiser voll erfaßt hatte. Denn Österreichs Schicksal hing in diesem Sommer 1867 an Ungarn. Die preußischen Truppen hatten zu diesem Zeitpunkt die österreichischen Verbündeten besiegt und Böhmen und Mähren besetzt. Nicht mehr lange, und sie würden die Hauptstadt des Landes angreifen. Sollte sich die ungarische Provinz jetzt vom Reich lossagen, dann war alles verloren, und aus der europäischen Großmacht Österreich würde von heute auf morgen ein unbedeutender Mittelstaat.

Die Antwort Mailáths erfolgte postwendend und im Namen des Kaisers. Der zögerte weiterhin. Er sehe die Notwendigkeit in der Ungarnfrage entscheidende Schritte zu unternehmen, befürchte jedoch, daß ein Entgegenkommen die separatistischen Tendenzen nur beschleunigen würde. Erzürnt über die Unentschlossenheit des Kaisers traf sich Elisabeth am 15. Juli mit Andrássy zu einem Gespräch unter vier Augen. Sofort nach dieser Unterredung setzte sie sich an ihren Schreibtisch und sandte einen Brandbrief an Franz Joseph:

»Eben komme ich zurück von Königeggs, wo ich eine Unterredung mit Andrássy hatte, natürlich allein. Er sprach seine Ansichten klar und deutlich aus. Ich habe sie verstanden und die Überzeugung gewonnen, daß, wenn Du ihm vertaust, aber *ganz,* so sind wir, und nicht Ungarn allein, sondern die Monarchie, noch zu retten. Du mußt aber *jedenfalls* selbst mit ihm reden, und zwar gleich, denn jeder Tag kann die Verhältnisse so gestalten, daß er es am Ende gar nicht mehr übernehmen würde; in so einem Moment gehört auch wirklich viel Aufopferung dazu, es zu tun. Spreche also gleich mit ihm, Du kannst es ohne Rückhalt tun, denn diese Versicherung kann ich Dir geben, Du hast keinen Mann vor Dir, der um jeden Preis eine Rolle spielen will, nach einer Position hascht, im Gegenteil, er stellt eher seine jetzige Stellung, die eine schöne ist, aufs Spiel. Aber wie jeder Ehrenmann, ist auch er bereit, in dem Moment, wo der Staat dem Schiffbruch nahe ist, alles, was in seiner Macht steht, zur Rettung beizutragen; was er hat, seinen Verstand, seinen Einfluß im Land wird er Dir zu Füßen legen. Zum letztenmal bitte ich Dich im Namen Rudolfs, versäume den letzten Moment nicht.«

Elisabeth setzte alles auf eine Karte und erhoffte sich von Andrássy die Rettung aus der Krise. Um Franz Joseph zu einem direkten Gespräch mit Andrássy zu bewegen, lobte sie diesen über den Klee, vergaß dabei aber zu erwähnen, daß auch der Ungar ein Interese an einer Zusammenarbeit mit Österreich hatte. Denn sollten die Radikalen in Ungarn die Oberhand gewinnen, dann wäre die politische Karriere Andrássys wohl beendet gewesen. Doch hier ging es nicht um die Interessen Andrássys oder Sissis, sondern um das politische Überleben der Habsburger. Und weil Elisabeth wußte, daß der Kaiser nur auf ein energisches Auftreten, nicht aber auf Bitten reagierte, griff sie zum äußersten, setzte Franz Joseph unter Druck:

»Ich habe Andrássy gebeten, Dir die Wahrheit ganz offen zu sagen, Dich von allem in Kenntnis zu setzen, wenn es auch leider nicht erfreulich ist. Ich bitte Dich, telegraphiere mir gleich nach Erhalt meines Briefes, ob Andrássy abends mit dem Zug nach Wien fahren soll. Ich bestelle ihn auf morgen wieder zu Paula [Königsegg], wo ich ihm dort die Antwort sage. Sagst Du ›nein‹, willst Du in letzter Stunde nicht einmal mehr einen uneigennützigen Rat hören, dann handelst Du wirklich unsäglich an uns allen. Meiner ferneren B ... und Sk. [Bitten und Sekkaturen, d. h. Belästigungen, Quälereien] bist Du dann für immer enthoben, dann bleibt mir nichts mehr übrig, als mich mit dem Bewußtsein zu beruhigen, daß ich, was immer auch geschehe, Rudolf einmal

ehrlich sagen kann: ›Ich habe alles getan, was in meinen Kräften stand. Dein Unglück habe nicht ich am Gewissen‹.«
Franz Joseph hatte den Wink verstanden. Wie schon in der Auseinandersetzung um die Erziehung Rudolfs, drohte Elisabeth auch in der Ungarn-Frage mit ›Liebesentzug‹. Und sie spielte ihren größten Trumpf, indem sie als Sachwalterin der Interessen des Kronprinzen und damit der Zukunft der Habsburger auftrat. Das wirkte. Noch am selben Tag erhielt die Kaiserin von ihrem Mann ein chiffriertes Telegramm: »Habe Déak ins Geheim kommen laßen. Laße dich daher mit ... [gemeint war Andrássy] nicht zu weit ein.« Franz Joseph kam Elisabeth also einen Schritt entgegen, behielt sich jedoch die letzte Entscheidung vor. Déak schien ihm der geeignetere Gesprächspartner, also zog er ihn Andrássy vor. Doch Déak stand nicht wie Andrássy auf Abruf bereit. Wollte sich Franz Joseph also über die ungarische Haltung aus erster Hand informieren, so mußte er wohl oder übel Andrássy treffen. Er telegraphierte deswegen am 16. Juli seiner Frau, daß er Andrássy in Wien erwarte.
Die erste Unterredung zwischen dem wankenden Kaiser und dem gescheiterten Revolutionär fand am 17. Juli statt. Andrássy brachte als Zeichen seines vertrauten Umgangs mit der Kaiserin einen Brief von ihr für Franz Joseph mit. Der konnte aber die Begeisterung seiner Frau für die Pläne des Ungarn nicht teilen. Zwar rühmte auch Franz Joseph Andrássys »große Offenheit und Nüchternheit«, er fand ihn aber wie schon früher »zuwenig präcis in seinen Absichten und ohne die nothwendige Rücksicht auf die übrigen Theile der Monarchie«. Vor allem aber traute er Andrássy nicht das nötige Stehvermögen zu, sich in Ungarn durchzusetzen.
Der Kaiser wollte deswegen zunächst ein Gespräch mit Déak, der inzwischen inkognito in Wien eingetroffen war, führen. Der »Alte«, wie Franz Joseph Déak nannte, erschien dem Kaiser sehr viel klarer in seinen Vorstellungen als Andrássy und mehr auf die Probleme des ganzen Reiches hin orientiert. Doch insgesamt hatte Franz Joseph denselben Eindruck wie bei seinem Gespräch mit Andrássy: Die Ungarn, so

schrieb er Sissi am 20. Juli, »begehren alles im weitesten Sinne und bieten keine sicheren Garantien des Gelingens, sondern nur Hoffnungen und Wahrscheinlichkeiten und versprechen kein Ausharren im Falle sie ihre Absichten im Lande nicht durchsetzen können«.
Die Gefahr, im Falle eines Scheiterns der Gemäßigten, die Radikalen zu stärken und wieder den Belagerungszustand ausrufen zu müssen, war Franz Joseph angesichts der Bedrohung durch Preußen zu groß. Hatte er die Ungarn anfangs hingehalten, weil er auf die Hilfe der Franzosen wartete, so gab es am 20. Juli erste Anzeichen, daß Bismarck nicht an der Eroberung Wiens gelegen war. Der Kaiser sah die Lösung der ungarischen Frage deswegen nicht mehr als dringlich an, wollte allerdings den Gesprächsfaden mit den beiden Führern der Gemäßigten auch nicht abreißen lassen. Seiner Frau machte er jedoch klar, daß weitere Schritte erst unternommen werden sollten, wenn die »äußere Situation« bereinigt sei.
Tatsächlich nahm die österreichische Armee am 21. Juli mit den Preußen Verhandlungen über eine befristete Waffenruhe auf. Franz Joseph hoffte, auf diese Weise Zeit für die Reorganisation seiner Truppen zu gewinnen. Sogleich schrieb er an Sissi, daß er ihre politische Tätigkeit als beendet ansah. »Deine Gegenwart in Ungarn«, schrieb er ihr, »wäre dann nicht mehr notwendig, da die politische Frage sodann dort in Angriff genommen werden muß und das Land sich beruhigen wird.« Sie solle mit den Kindern nach Ischl zu gehen, um sich dort zu erholen. Franz Joseph wollte seine Familie in diesen schweren Tagen gern in seiner Nähe haben. Doch die Kaiserin dachte nicht daran, nach Ischl zu gehen und sich ins Privatleben zurückzuziehen. Sie sah ihre politische Mission, den Ausgleich zwischen Österreich und Ungarn herbeizuführen, noch nicht erfüllt. In den folgenden Tagen schrieb sie Franz Joseph einen Brief nach dem anderen in Sachen Ungarn, so daß dieser indigniert anfragte, ob diese Interventionen denn notwendig seien.
Bismarck, der die Absichten, die Franz Joseph mit der Waffenruhe verfolgte, sofort durchschaut hatte, erzwang innerhalb weniger Tage den Abschluß eines Vorfriedens, der am 26. Juli in Nikolsburg unterzeich-

net wurde. Damit war der Krieg beendet. Zum ersten Mal seit der katastrophalen Niederlage von Königgrätz stand der Kaiser nun nicht mehr unter dem Druck der drohenden Zerstörung des Habsburger Reiches. Und sofort meldete sich die Sehnsucht nach seiner »geliebten Sisi«, dem »liebsten Engel«, wie er Elisabeth in seinen Briefen nannte. Seit vierzehn Tagen hatte Franz Joseph seine Frau nicht mehr gesehen, als er ihr am 28. Juli verzagt schrieb: »Jetzt hätte ich halt eine schöne Bitt. Wenn Du mich besuchen könntest! Das würde mich unendlich glücklich machen.«

Der bittende, geradezu unterwürfige Ton sagt alles über die Seelenlage des Kaisers nach der endgültigen Niederlage gegen die Preußen, aber er zeigt auch deutlich, wie sehr sich das Verhältnis zwischen ihm und Elisabeth gewandelt hatte. Während des italienischen Krieges im Jahre 1859 war es noch Elisabeth, die darum bettelte, den Kaiser im Hauptquartier besuchen zu dürfen. Jetzt mußte Franz Joseph seine Frau bitten, ihn zu besuchen. Hatte er seine Briefe aus Italien selbstsicher mit »Dein treuer Franz« unterzeichnet, so endeten sie nun in sich steigerndern Verkleinerungsformen: vom »Männchen« übers »Männeken« zu »Dein treuer Kleiner«. Nicht mehr lange, und Franz Joseph sollte die Briefe an seine Frau nur noch mit »Kl« unterschreiben.

Wenn Elisabeth Ende Juli für einige Tage nach Wien kam, dann wohl nicht nur, um dem Kaiser einen Gefallen zu tun. Sie versuchte vor Ort für ihre politischen Ideen zu werben. Am 30. Juli traf sie Andrássy in Schönbrunn, der zuvor ein weiteres Mal ergebnislos mit Franz Joseph verhandelt hatte. Elisabeth war deprimiert. Sie glaubte nicht mehr an einen Erfolg ihrer Mission und beklagte ihre Wirkungslosigkeit. Das Zögern Franz Josephs hielt sie für grundfalsch. Doch Andrássy beruhigte sie. Er war von der großen Bedeutung Elisabeths für die ungarische Sache überzeugt. In seinem Tagebuch notierte er: »Sicher ist, daß wenn ein Erfolg erreicht wird, Ungarn der schönen Vorsehung, welche über ihm wacht, mehr zu danken haben wird, als es ahnt.«

Der Besuch Elisabeths war für den Kaiser Freude und Leid zugleich, denn die Kaiserin nutzte die Schwäche Franz Josephs und drängte ihn

Otto von Bismarck gegen Ende seiner politischen Laufbahn, 1890

zu einer Entscheidung in der ungarischen Frage. So schnell wie möglich reiste sie nach Ungarn zurück. Am 4. August schrieb der in Wien vereinsamte Kaiser seiner Frau nach Budapest: »Mein lieber Engel, Jetzt bin ich wieder mit meinem vielen Kummer allein und sehn mich nach Dir. Komme bald wieder, mich zu besuchen, das heißt wenn es Deine Kräfte und Deine Gesundheit erlauben, denn, wenn Du auch recht bös und sekant warst, so habe ich Dich doch so unendlich lieb, daß ich ohne Dich nicht sein kann.« Unterzeichnet: »Kleiner«.

Die Lage des Kaisers war verzweifelt. Die Friedensverhandlungen mit Preußen waren ein zähes Ringen um jeden noch so kleinen Vorteil, die Kämpfe in Italien drohten erneut aufzuflammen und unter den Soldaten der kaiserlichen Armee wüteten Typhus und Cholera. In Wien gab es niemanden, mit dem er sich austauschen, der ihn stützen konnte und für etwas Abwechslung sorgte. Die einzige Person, der dies möglich war, weilte in Budapest und weigerte sich strikt, nach Wien zurückzukehren. Als Elisabeth statt dessen Franz Joseph einlud, seine Familie in Ungarn zu besuchen und auf diesem Wege den Ausgleich voranzubringen, platzte diesem der Kragen. Angesichts der Notlage des ganzen Landes verstieße es gegen seine Pflicht, belehrte er Elisabeth, »mich auf Deinen ausschließlich ungarischen Standpunkt zu stellen«.

Doch gegen die Halsstarrigkeit seiner Frau kam der Kaiser nicht an und resignierte letztlich: Wenn sie partout nicht nach Wien zurückkommen wolle, schrieb er, »so muß ich mich eben trösten und mein langgewöhntes Alleinsein wieder mit Geduld tragen. In dieser Beziehung habe ich schon viel auszuhalten gelernt und man gewöhnts endlich. Ich werde über diesen Punkt nicht ein Wort mehr verlieren, denn sonst wird unsere Correspondenz zu langweilig, wie Du sehr richtig bemerkst und ich werde in Ruhe abwarten was Du später beschließest.«

Der Kaiser hatte sich im Privaten ganz in sein Schicksal ergeben, und das hieß Elisabeth. Aber auch im Politischen blieb ihm nur noch die Hoffnung auf bessere Zeiten. Je näher der Abschluß eines endgültigen Friedensvertrages rückte, desto deprimierter wurde der sonst durch nichts zu erschütternde Kaiser. »Ich bin sehr melancholisch«, schrieb er am 20. August an Elisabeth, »und der Muth sinkt mir immer mehr«, allein sein »Pflichtgefühl« halte ihn noch aufrecht. Und einen Tag später: »Ich bin immer sehr niedergeschlagen und geistig ermüdet.« Anders als 1859/60 waren 1866 politische und private Krise aufs engste miteinander verbunden. Angesichts der schwierigen Verhandlungen mit Preußen schrieb Franz Joseph an Sissi: »Ich bin sehr traurig und herabgestimmt. Du gehst mir fürchterlich ab, denn mit Dir kann ich doch sprechen und dann erheiterst Du mich doch manchmal, wenn ich auch im Augenblicke finde, daß Du etwas sekant bist. Ja der Schatz, und was für einer!! fehlt mir sehr.«

Der am 23. August 1866 in Prag unterzeichnete Friede zwischen Preußen und Österreich entschärfte fürs erste die politische Krise des Habsburger Reiches, dessen Grenzen unangetastet blieben. Allerdings verlor man Schleswig an Preußen und mußte sich aus Deutschland, das von nun an von Preußen dominiert wurde, zurückziehen. Der Traum Sophies von der Vormachtstellung Österreichs in Deutschland war damit endgültig ausgeträumt. Doch Franz Joseph sah dies nicht als Verlust, sondern geradezu als Gewinn an. Die Kriegsentschädigung von 20 Millionen Taler waren allerdings eine schwere Hypothek für die Zukunft.

Alles im allen war Österreich noch einmal mit einem blauen Auge davongekommen, denn militärisch gesehen hätte Preußen das ganze Land erobern und sich ein Teil dieser Beute einverleiben können. Doch Bismarck dachte weiter. Sein einziges Ziel war es gewesen, die Habsburger aus Deutschland herauszudrängen. Vernichten wollte er sie nicht, da er das Kaiserreich als natürlichen Verbündeten im großen Spiel der europäischen Mächte brauchte. Für Franz Joseph ging es nun darum, den österreichischen Staat im Inneren neu zu ordnen. Und das hieß auch, die ungarische Frage endgültig zu lösen. Die Voraussetzungen dazu waren günstig, denn der von Sissi angebahnte intensive Kontakt zu den gemäßigten Kräften in Ungarn war nie abgerissen und hatte auf beiden Seiten schon erste Annäherungen gebracht.

In dieser Situation entschloß sich Elisabeth, Budapest zu verlassen und mit den Kindern nach Wien zurückzukehren. Erleichtert schrieb ihr der Kaiser am 29. August 1866: »Gott lob, Du kommst mit den Kindern und meine traurige Einsamkeit wird ein Ende erreichen. Ich hatte zwar gehofft Euch früher zu sehen, um so mehr als die Cholera in Pesth ziemlich stark ist, allein ich muß auch so zufrieden sein; es ist ja doch endlich wieder einmal eine Freude in dieser schrecklichen Zeit.« Der Krieg war vorbei – an allen Fronten. Nun mußte der Frieden gesichert werden. Der ungarische Ausgleich stand ein letztes Mal auf der Tagesordnung.

Die Entscheidung fiel im Oktober 1867 als Franz Joseph den Sachsen Friedrich Beust zum neuen Außenminister berief. Die Enttäuschung auf Seiten Elisabeths und der Ungarn war zunächst groß, hatten sie doch Andrássy für diesen Posten vorgeschlagen. Dessen Selbstbewußtsein litt aber keineswegs unter dieser Zurücksetzung. Als Elisabeth ihn fragte, wie er über Beust denke, antwortete Andrássy: »Ich kann mir nicht denken, daß ein Fremder imstande ist, die Monarchie mit frischem Leben zu erfüllen. Man muß in einem Lande geboren sein und in ihm gelebt haben, um es retten zu können. Nehmen es mir Euer Majestät nicht übel und halten Sie es nicht für unbescheiden, wenn ich die Überzeugung auspreche, daß in diesem Augenblick nur ich allein helfen kann.« Elisabeth war ganz seiner Meinung. Doch der Kaiser ging seinen eigenen Weg.

Wie sich schnell herausstellte, war es jedoch derselbe, den auch Elisabeth eingeschlagen hatte. Denn Beust sprach sich von Anfang an für einen Ausgleich zwischen Ungarn und Österreich aus und trat sofort in Verhandlungen mit Déak. Die sondierenden Gespräche, die Franz Joseph im Sommer 1866 mit den beiden Führern der gemäßigten Partei in Ungarn geführt hatte, erhielten nun ein klares Ziel: die vertragliche Fixierung eines neuen Verhältnisses zwischen Österreich und Ungarn. Ungarn sollte nicht mehr eine habsburgische Provinz unter anderen sein, sondern gleichberechtigt mit Österreich eine Doppelmonarchie bilden. Allerdings marschierte der Kaiser etwas langsamer auf dem Weg zum Ausgleich als Elisabeth, die weit vorangestürmt war. Noch Ende Januar 1867, als eine Einigung schon in Sicht war, schrieb sie ungeduldig an Franz Joseph: »Hoffe bald von Dir hören zu können, daß die ungarische Sache endlich ins reine kam und wir uns bald in Ös-Budavára befinden werden. Wenn Du schreiben wirst, daß wir hingehen, wird mein Herz beruhigt sein, da ich dann weiß, daß das ersehnte Ziel erreicht ist.«

Doch die Kaiserin mußte sich noch ein wenig in Geduld üben. Mitte Februar einigten sich Beust und Déak auf die genauen Konditionen des Ausgleichs. Ungarn erhielt seine alte Verfassung zurück und veränderte diese zugunsten einer engen Anbindung an den österreichischen Kernstaat. Die Einheit des alten Kaiserreiches wurde zugunsten der Doppelmonarchie Österreich-Ungarn aufgehoben. Zwischen das alte ›k. k.‹, dem ›kaiserlich königlich‹, schob sich ein ›und‹: Von nun an war alles k. u. k., kaiserlich und königlich. Jede der beiden Reichshälften erhielt ein eigenes Parlament, eine eigene Regierung und weitestgehende Autonomie. Gemeinsam war beiden Ländern nur noch das Außen-, Kriegs- und Finanzministerium. Dessen bescheidene parlamentarische Kontrolle übte ein aus dem ungarischen und österreichischen Parlament hervorgegangenes ›Überparlament‹ aus. Es gab nun zwei Hauptstädte im Habsburger Reich: Budapest in ›Transleithanien‹ und Wien in ›Cisleithanien‹. Am 17. Februar erfüllte sich auch der andere Traum der Kaiserin: Franz Joseph ernannte den Grafen Gyula Andrássy zum ersten Ministerpräsidenten Ungarns. Zwar versuchten die Radikalen den Ausgleich zu verhindern, doch im Mai 1867 billigte das ungarische Parlament den Vertrag.

Elisabeth war in der Zeit der Verhandlungen nicht untätig geblieben. Im Herbst 1866, als Beust Kontakt mit Déak aufnahm, hatte sie den ungarischen Journalisten Max Falk als Ungarischlehrer engagiert. Falk war ein enger Freund Andrássys und der Kaiserin von Ida Ferenczy empfohlen worden. Schon bald kam das Gespräch auf politische Themen und Falk nutzte die Gelegenheit, die Kaiserin mit der jüngeren ungarischen Geschichte aber auch der Gegenwart bekannt zu machen. Über Falk lernte Elisabeth auch die Schriften des liberalen ungarischen Politikers und Schriftstellers Josef Eötvös kennen. Sie laß dessen Briefe an Falk, und auch Eötvös nutzte diesen indirekten Kontakt um der Kaiserin seine Ideen nahe zu bringen. Auf ähnliche Weise korrespondierte Elisabeth auch mit Andrássy, der stets an Ida Ferenczy schrieb, um die Kaiserin nicht zu kompromitieren. Erst später trat Elisabeth in direkten Briefkontakt mit Eötvös und Andrássy. Auch konspirative Schriften wurden in der Ungarisch-Stunde bei Falk gelesen: so die verbotene Streitschrift des ungarischen Nationalhelden Stefan Széchényi »Blick auf den anonymen Rückblick« oder »Der Zerfall Österreich's« von einem anonymen Autor, der das Ende Österreichs als »europäische Notwendigkeit« angkündigte.

Elisabeths politischer Umgang stieß bei der Hofpartei verständlicherweise auf Ablehnung. Die ganze Politik des Ausgleichs war den Konservativen suspekt. Ihr Sprecher war der Erzherzog Albrecht, ein Großonkel Franz Josephs. Im Familienkreis kam es zu heftigen Auseinandersetzungen zwischen dem Erzherzog und der Kaiserin. Im Kern ging es dabei um die Einschätzugn der Revolution von 1848/49. Galt sie bisher am Hof als das Übel schlechthin, das man unter großen Opfern besiegt hatte, so rückten die Verhandlungen mit ehemaligen ungarischen Revolutionären das Ganze in ein anderes Licht. Elisabeth kritisierte die blutige Niederschlagung des ungarischen Aufstandes und machte geltend, daß der Kaiser heute anders handeln würde. Dem ungarischen Bischof Michael Horváth erklärte sie: »Glauben Sie mir, wenn es in unserer Macht stände, mein Mann und ich wären die ersten, die Ludwig Batthyány und die Arader Blutzeugen ins Leben zurückrufen würden.«

Der Ausgleich von 1867 war ein erster Schritt, die Vergangenheit zu überwinden. Mit der Wiedereinsetzung der alten ungarischen Verfassung war zudem der Weg frei für die Krönung Franz Josephs und Elisabeths zu König und Königin von Ungarn. Voller Unruhe fieberte die Kaiserin diesem Tag entgegen, der die Belohnung für all ihre Bemühungen sein sollte. Das Kaiserpaar traf bereits einen Monat vor der Krönungszeremonie, am 8. Mai 1867, in Budapest ein und wurde von einer jubelnden Menge begeistert empfangen. Elisabeth, die die Ungarn als ihre Schutzgöttin ansahen, wurde mit Blumen überschüttet. Josef Eötvös, nunmehr Kultusminister in der Regierung Andrássy, schrieb aus diesem Anlaß: »Drei Jahrhunderte versuchten wir es mit dem Glauben, dann mehrmals mit der Hoffnung, nun blieb nur noch eines übrig, daß die Nation irgendein Mitglied des Erzhauses wirklich aus tiefstem Herzen lieben möge. Nun wir dies erreicht haben, bangt mir vor der Zukunft nicht mehr.«

Bevor die viertägigen Krönungsfeierlichkeiten beginnen konnten, mußte das komplizierte Zeremoniell von den Beteiligten geprobt werden. Die Befangenheit war groß, und immer wieder mußte der Kaiser, der das alles aus Erfahrung gelassen nahm, für Entspannung sorgen. Eine Szene, in der einer der Bischöfe Elisabeth vom Betschemel zum Altar führen sollte, schilderte der Augenzeuge Ludwig von Przibram: »Als nun der Zeremoniär ihm das Zeichen gab, seines Amtes zu walten, schwankte er hin und her, ohne seiner Verlegeneheit Herr werden zu können. Die Kaiserin erhob sich vom Betschemel und nickte ihm aufmunternd zu; der Zeremoniär, selbst außer Fassung geratend, las den Absatz nochmals, um dem Bischof gewissermaßen zu soufflieren. Alles vergeblich. Da, just als die Pause peinlich zu werden drohte, verließ der Kaiser seinen Thronsitz, ging auf den bedauernswerten Kirchenfürsten zu, faßte ihn vertraulich am Arme mit den Worten: ›Sagen S', Herr Bischof, was haben Sie denn jetzt zu tun?‹ Der Gefragte sagte mit vor Erregung zitternder Stimme die Stelle aus dem Zeremoniell auf, als wäre es ein Zitat aus dem Katechismus. ›Na bravo‹, ruft ihm der Kaiser zu und wendet ihn mit einem sanften Rucke der Stelle zu, wo die hohe Frau noch immer lächelnd ihres Begleiters harrt: ›also schauen S', dorten ist s', die Kaiserin, jetzt gehen S' hin nehmen Sie s' und bringen Sie s' her.‹ Diese im gemütlichsten Ungarisch gesprochenen Worte wirkten auf die Versammlung dermaßen elektrisierend, daß, aller Etikette entgegen, die Kirche von einem vielstimmigen Eljengeschrei widerhallte.«

Am 8. Juni war es dann so weit. Um sieben Uhr morgens formierte sich der Krönungszug im Hof der Budapester Burg und bewegte sich von

Krönung Franz Josephs I. zum König von Ungarn; sitzend die Kaiserin Elisabeth; mit der Krone und dem Schwert in der Hand Andrássy

hier in Richtung Matthiaskirche. An der Spitze gingen elf adelige Fahnenträger gefolgt von Gyula Andrássy, der das Großkreuz des Stephansordens an der Brust trug und in der Hand die Krone Ungarns hielt. Hinter ihm ritt der Kaiser. Er trug die Uniform eines ungarischen Feldmarschalls. Neben ihm trugen die Bannerherren die Reichsinsignien. Die Kaiserin folgte in einem achtspännigen Galawagen. Sie trug die ungarische Nationaltracht in einer Ausführung des Pariser Modesalons Worth: ein weiß-silbriges, mit Fliederdolden und Edelsteinen übersätes Brokatkleid mit schwarzer Samttaille. Die diamantene Krone vollendete das Ensemble. Als sie dem Wagen entstieg, um in die Kirche einzutreten, schien es den Zuschauern, als schwebte sie dahin.

Die Krönung nahm in Stellvertretung des verstorbenen Palatins Graf Andrássy vor. Er war vom ungarischen Reichsrat wenige Tage zuvor zum stellvertretenden Palatin gewählt worden. Elisabeth, die dies vorausgesehen hatte, bemerkte voller Stolz gegenüber dem Kaiser, »immer mehr sehe ich ein, daß ich außerordentlich klug bin, obwohl Du meinen vorzüglichen Verstand nicht genug würdigst«. Andrássy war ernannt worden, weil Déak den öffentlichen Auftritt scheute. So kam es, daß ein 48er Revolutionär dem österreichischen Kaiser in der Matthiaskirche nach der Salbung die ungarische Krone aufsetzte. Elisabeth wurde ebenfalls gesalbt, doch ihr wurde die Krone nicht aufs Haupt gesetzt, sondern von Andrássy über die rechte Schulter gehalten.

Nach der Krönung zogen die Herren zu Pferde über die Kettenbrücke von Buda nach Pest. Der neue König ritt den Krönungsschimmel. Die Ungarn entfalteten all ihren Sinn für Luxus und Extravaganz. Der Gestaltung der traditionellen Atillas waren keine Grenzen gesetzt. Funkelnde Edelsteine schmückten die Kostüme, Waffen und Pferdegeschirre. Einige der Adeligen waren in Panzerhemden gekleidet oder hatten sich Bärenfelle übergeworfen und trugen Tierköpfe oder Büffelhörner auf dem Kopf. Der Eindruck eines Augenzeugen, der sich ins Mittelalter versetzt fühlte, kam nicht von ungefähr. Viele der Nationaltrachten waren nach mittelalterlichen Bildern oder Zeichnungen

entworfen worden. Auf Authentizität wurde dabei kein großer Wert gelegt. Es sollte prachtvoll und exzentrisch aussehen.
Die erste Station des bizarren Zuges war das Lloydgebäude auf der Pester Seite. Dort stand eine Tribüne, auf der Franz Joseph, gekleidet in den geheiligten Mantel des ungarischen Königs mit der Stephanskrone auf dem Kopf, die Eidesformel sprach: »Die Rechte, die Verfassung, die gesetzliche Unabhängigkeit und Territorialintegrität Ungarns und der Nebenländer werden Wir unverletzt aufrecht erhalten.« Nach diesem Schwur folgte der traditionelle Ritt des neuen Königs auf den Krönungshügel und im Anschluß daran ein großes Schauessen. Während die Gäste sich an den köstlichen Speisen gütlich taten, durften der König und die Königin nur etwas Wein trinken. Nach einem langen Tag klangen die Feierlichkeiten des Krönungstages in einem Volksfest auf der Generalwiese aus.
Der Ausgleich mit Ungarn stabilisierte die Herrschaft Franz Josephs im ganzen Reich. Zwanzig Jahre nach 1848 waren die unruhigen ungarischen Provinzen beruhigt und verstanden sich wieder als Teil des Habsburger Vielvölkerstaates. Der Triumph Ungarns bedeutete für die anderen Länder der Habsburger Monarchie allerdings eine Verschlechterung des Status quo. Besonders die Böhmen, die dem Haus Habsburg in seiner größten Krise 1848/49 treu zur Seite gestanden hatten und mit einer Vielzahl von Privilegien für ihre Hilfe belohnt worden waren, verloren erheblich an Einfluß. Das Kaiserreich blieb zwar ein Vielvölkerstaat, doch die politische Macht war nun zwischen zwei Völkern aufgeteilt: den Deutschen in der westlichen und den Ungarn in der östlichen Hälfte der Doppelmonarchie. Der Ausgleich hatte aber auch positive Auswirkungen auf die westliche Reichshälfte. Das neoabsolutistische Regime Franz Josephs wurde durch eine konstitutionelle Monarchie abgelöst, deren Gründungsdokument die sogenannte Dezember-Verfassung von 1867 war. Die damit einhergehende politische und gesellschaftliche Liberalisierung führte zu einer Blüte der österreichischen Wirtschaft und Kultur im letzten Drittel des 19. Jahrhundert.

Bereits ein Jahr nach der Katastrophe von Königgrätz also hatte sich das Blatt zugunsten Franz Josephs gewendet. Damals hatte er das Vertrauen seiner Untertanen und eines Teils der Führungsschichten verloren und erste Rufe nach einem Rücktritt waren laut geworden. Die Kaiserin hatte sich damals demonstrativ auf die Seite ihres Gatten gestellt. Dennoch war die Situation kritisch, denn mit Franz Josephs Bruder Ferdinand Max stand den Kritikern eine liberalere Alternative zu dem autoritären Kaiser zur Verfügung. Ferdinand Max, den sich auch viele Bürgerliche als Nachfolger Franz Josephs wünschten, weilte im Sommer 1866 allerdings nicht mehr in Österreich, sondern regierte als Kaiser Maximilian I. in Mexiko.

Ein Habsburger in Südamerika, das hatte durchaus Tradition, war es doch die spanische Linie des Hauses Habsburg, die diesen Erdteil im 16. Jahrhundert eroberte und seine Goldminen und Ureinwohner ausbeutete. Doch das war lange her, und die Zeiten hatten sich geändert. Auch in Mexiko hatte sich die bürgerliche Revolution durchgesetzt und mit Benito Juárez 1858 einen Indio an die Macht gebracht. Als erster Präsident Mexikos gab er dem Land eine liberale Verfassung und reformierte das Finanz- und Rechtswesen. Als er die Schulden, die er von seinen Vorgängern übernehmen mußte und durch seine Politik vermehrte, an die Gläubiger England, Spanien und Frankreich nicht mehr zahlen konnte, intervenierten diese Länder und besetzten den südamerikanischen Staat Anfang der 60er Jahre. Während sich England und Spanien schon bald aus Mexiko zurückzogen, blieb die französische Interventionsarmee im Lande. Napoléon III. wollte von Mexiko aus in den nordamerikanischen Bürgerkrieg eingreifen und wenn möglich die alten französischen Kolonialgebiete in den Südstaaten zurückgewinnen.

In dieser Situation brauchte der französische Kaiser ein Aushängeschild für seine amerikanische Politik. Und er fand diesen Mann in dem tatendurstigen Ferdinand Max. Der fühlte sich von den Aufgaben, die ihm sein Bruder zuwies, unterfordert. Gedrängt von seiner ehrgeizigen Frau Charlotte, einer Tochter des belgischen Königs Leopold, nahm er

Napoléons Angebot an, als Kaiser von Frankreichs Gnaden in Mexiko zu regieren. Die Erzherzogin Sophie und Franz Joseph rieten ihm dringlichst davon ab, sich auf dieses Abenteuer einzulassen. Doch der romantische Ferdinand Max wollte es allen und insbesondere seinem Bruder beweisen, daß auch er ein guter Kaiser sein konnte. Es kam zu Spannungen zwischen den Brüdern und Franz Joseph zwang Ferdinand Max noch kurz vor dessen Abreise nach Mexiko im April 1864 zum Verzicht auf sein Erbrecht. Der Kaiser von Mexiko sollte auf keinen Fall Kaiser von Österreich werden.

Die Ankunft Ferdinand Max' und Charlottes in Mexiko war ernüchternd. In Veracruz, wo ihr Schiff Ende Mai einlief, wurden sie mit unverhohlener Ablehnung empfangen. Und schon bald war Ferdinand Max klar, daß sich seine hochfliegenden Pläne für eine liberale Monarchie in diesem Land nicht verwirklichen ließen. Überall herrschte Korruption und die Reichen des Landes waren nicht bereit, auf ihre Privilegien zu verzichten. Des Kaisers Macht stützte sich allein auf die Bajonette der kleinen französischen Interventionsarmee, während der gestürzte Präsident Juárez überall im Land Zulauf fand und Stadt um Stadt zurückeroberte. Als im Frühjahr 1865 der amerikanische Bürgerkrieg durch den Sieg der Nordstaaten beendet wurde, war die Stellung Maximilians praktisch unhaltbar. Frankreich zog auf Druck der Vereinigten Staaten seine Truppen zurück und auch Franz Joseph mußte die Truppenwerbung Maximilians in Österreich stoppen.

Von allen verlassen dachte der mexikanische Kaiser an Rücktritt. Doch seine Frau Charlotte lehnte dies rundweg ab: »Abdanken heißt, sich verurteilen, sich selbst ein Unfähigkeitszeugnis ausstellen, und das ist nur annehmbar bei Greisen und Blödsinnigen, das ist nicht Sache eines Fürsten von vierunddreißig Jahren voller Leben ud Zukunftshoffnung. Die Souveränität ist das heiligste Besitztum, das es unter den Menschen gibt, man verläßt den Thron nicht, wie man aus einer Versammlung fliehen will, die ein Polizeikorps umschlossen hält«, schrieb sie in einer Denkschrift an ihren Mann, und es schien, als spräche hier der neoabsolutistische Geist ihrer Schwiegermutter Sophie. »Ich kenne keine Lage,

Ferdinand Max, der jüngere Bruder Franz Josephs I., als Kaiser Maximilian I. von Mexiko, im Jahre 1867

wo Abdankung etwas anderes wäre als ein Fehler oder eine Feigheit.« Und der Kaiser von Mexiko fügte sich seiner Frau, wie er sich auch stets seiner Mutter gefügt hatte.
Damit hatte er sein eigenes Todesurteil unterzeichnet. Charlotte brach im Juni 1866 nach Europa auf, um für eine Unterstützung ihres Mannes zu werben. Doch ihre Bemühungen waren erfolglos. Nach Wien, das in diesen Wochen kurz vor der Kapitulation stand, fuhr sie – zur Erleichterung Franz Josephs – erst gar nicht. Eine Erkrankung zwang sie in ihrer italienischen Residenz Miramar zu bleiben. Maximilian in Mexiko war nun ganz allein, ohne militärische und moralische Unterstützung im Kampf gegen die vorrückenden Truppen Juárez. Er stellte sich nun persönlich an die Spitze seiner Armee und verteidigte die Stadt Querétaro, eine Hochburg der Konservativen, gegen die Republikaner. Am 15. Mai 1867 mußte er sich der Übermacht der gegnerischen Truppen ergeben und wurde inhaftiert. Alle Appelle, das Leben des Kaisers zu schonen, stießen bei Juárez auf taube Ohren. Er wollte ein Exempel statuieren. Und so starb am Morgen des 19. Juni 1867 Ferdinand Max im Kugelhagel eines Exekutionskommandos, nur zehn Tage nach der bejubelten Königskrönung seines Bruders Franz Joseph in Ungarn.
Die Nachricht vom Tod des Habsburgers in Mexiko erreichte Wien Anfang Juli und brach der Erzherzogin Sophie das Herz. Denn Max war ihr Lieblingssohn gewesen, auch wenn sie aus politischen Gründen stets die Nähe ihres Erstgeborenen und späteren Kaisers Franz Joseph suchte. Elisabeth hatte ihren Schwager sehr gemocht, war er doch mit seinen liberalen Ansichten und ausgeprägt musischen und literarischen Interessen der einzige unter den Habsburgern, der ihr in gewisser Weise seelenverwandt war. Nach der Heirat mit Charlotte von Belgien war das freundliche Verhältnis jedoch schon bald abgekühlt. Für die tiefe Trauer der Schwiegermutter hatte die Kaiserin gar kein Verständnis, und sie tat auch nichts, um deren Schmerz zu lindern.
Zuflucht fand Sophie allein bei ihrer Schwester Ludovika in Possenhofen, die die Trauernde aufnahm. Dort traf sie auf Helene und Karl

Theodor, die beide den Verlust ihres Ehepartners zu beklagen hatte. Die Erzherzogin entdeckte ihre alte Sympathie für Nené wieder, die sie von Anfang an für die bessere Kaiserin gehalten hatte als ihre Schwester Sissi. Am 29. August 1867 schrieb sie in ihr Tagbuch: »Ich sagte mir, da sind wirklich die tiefsten Schmerzen Seite an Seite, der Schmerz der Witwe eines geliebten Mannes und der Schmerz einer Mutter über den Verlust und das Martyrium ihres getöteten Sohnes.« Von diesem Schmerz sollte sich Sophie nie mehr erholen. Es schien als hätte ihr die Trauer um den geliebten Sohn alle Kraft genommen. Der Gedanke an den einsamen Tod Ferdinand Max' in Mexiko begleitete sie die letzten Jahre ihres Lebens. Sie zog sich in ihren Glauben an Gott zurück und gab den Kampf um politischen Einfluß auf. Für Elisabeth bedeutete dies das endgültige Ende einer langen Fehde, die ihr das Leben am Wiener Hof so schwer gemacht hatte, daß sie beinahe daran zugrunde gegangen wäre.
Die Reaktion des Kaisers auf den Tod seines Bruders war eher kühl. Sie hatten sich nie nahe gestanden, und in den letzten Jahren hatte der Unmut Ferdinand Max' über seine Statistenrolle zu ständigen Reibereien geführt. Als im August 1867 Napoléon III., dem man in Wien allgemein die Schuld am Tod des Habsburgers gab, nach Salzburg kam, um der Familie zu kondolieren, verweigerte zwar Sophie eine Begegnung, doch Franz Joseph hatte keine Bedenken, den ›Verderber‹ seines Bruders zu treffen. Er dachte hier ganz in politischen Kategorien, denn ihm ging es um ein Bündnis mit Frankreich gegen Preußen. Auf diesem Wege sollte das Habsburger Reich seine alte Machtstellung in Europa zurückgewinnen.
Auch die Kaiserin sollte bei diesem offiziellen Treffen dabei sein, doch sie hatte keine große Lust und diesmal auch einen guten Grund: »Vielleicht bin ich in der Hoffnung«, schrieb sie ihrem Gatten am 14. August aus Ischl, »In dieser Ungewißheit ist der Salzburger Besuch sehr erdrückend. Den ganzen Tag könnte ich weinen, so unendlich traurig bin ich. Meine liebe Seele, tröste mich, da ich es sehr nötig habe. Jede Lust verging mir, will nicht reiten, auch nicht spazierengehen, alles

ist mir auf der Welt Pomade. Warum konntest Du heute früh oder morgen am Feiertag nicht kommen? Was hast Du jetzt in Wien zu tun? Oder unterhälst Du Dich *so gut* in Laxenburg (wüßte nicht, mit wem?), daß Du von dort nicht wegkommen kannst??«

Ihr Gefühl hatte Elisabeth nicht getrogen. Sie war schwanger. Der Kaiser war glücklich, denn seit Jahren hatte er sich einen zweiten Sohn gewünscht. Die erneute Schwangerschaft der Kaiserin war in gewisser Weise ein Geschenk für Franz Josephs Politik des Ausgleichs mit Ungarn, die nach einer konfliktreichen Phase, Elisabeth ihrem Mann wieder näher brachte. Die Briefe Elisabeths an Franz Joseph aus dieser Zeit sind verglichen mit den harten und fordernden Schreiben vom Sommer 1866 ganz außergewöhnlich zärtlich: »Mein geliebter Kaiser!«, schrieb die Kaiserin am 16. Mai 1867 auf Ungarisch aus Budapest, »Auch heute bin ich noch sehr traurig, ohne Dich ist es unendlich leer hier. Jede Minute glaube ich, Du mußt herein kommen oder ich zu Dir eilen. Doch hoffe ich bestimmt, daß Du bald zurückkommst«.

Wenige Wochen nach diesem Brief wurde das Kind gezeugt, das Elisabeth im August bereits in sich spürte. Böse Zungen behaupteten, das Kind sei von Andrássy. Das war Teil einer Hetzkampagne, die die Gegner des ungarisch-österreichischen Ausgleichs in Wien starteten. Denn je begeisterter die Kaiserin in Ungarn gefeiert wurde, desto kritischer sah man sie in Österreich. Galt sie in Ungarn als »schöne Vorsehung«, der man alles Gute, das geschah, zu verdanken hatte, so gab man ihr in Österreich die Schuld für alles Schlechte, das man von der Ungarn-Politik des Kaisers erwartete. Diese Anfeindungen hielten jahrelang an und waren zeitweise so stark, daß sich die Gräfin Festetics im Jahre 1872 über die Ausgrenzungspolitik des Hofes gegenüber der Kaiserin empörte: »Alles wegen des unglücklichen Ausgleichs mit Ungarn? es ist geschehen – ja! es war ihr Werk – aber ist denn das Verbrechen so groß, dem Kaiser ein Land, die ½ Monarchie in Treue wieder zu geben? Ist es so wonnevoll, mit Pulver und Blei und dem Galgen zu regieren? Kann es eines edlen noblen Menschen würdig sein, einem Land, dem man eine Constitution versprochen hat, seine Sprache zu verwehren?«

Das Kind war nicht von Andrássy. Denn es gab keine Liebesbeziehung zwischen dem Ungarn und der Kaiserin. Andrássy verehrte Elisabeth und machte ihr auf eine ritterliche Art den Hof. Und die Kaiserin, die den temperamentvollen Politiker bewunderte und förderte, erwiderte diese Zuneigung, ohne die Grenze zur Intimität zu überschreiten. Zwischen ihr und Andrássy gab es eine intensive Freundschaft, nicht mehr und nicht weniger. Das Kind war ohne Frage von Franz Joseph, aber es gehörte nicht nur ihm allein, sondern auch den Ungarn. Es war nicht nur eine Belohnung für Franz Josephs Ungarn-Politik, sondern auch ein Geschenk Elisabeths an das Land, das ihr so viel Zuneigung entgegenbrachte und das sie so sehr liebte.
Als die Geburt des Kindes nahte, zog sich Elisabeth nach Budapest auf die kaiserliche Burg zurück. Hier wollte sie ihr Kind zur Welt bringen, was in Wien Empörung auslöste. Zurecht sah man darin eine weitere Hommage an Ungarn. Befürchtungen wurden laut, eine Junge könnte als natürlicher König von Ungarn angesehen werden und auf diesem Wege die soeben abgewendete Trennung der Ungarn von Österreich befördern. Das diese Sorgen nicht ganz unbegründet waren, daß zumindest Elisabeth in eine ähnliche Richtung dachte, wenn auch unter umgekehrten Vorzeichen, zeigte nicht nur die Wahl des Namens Stefan, des Schutzpatrons der Ungarn, für den Fall, daß es ein Junge werden sollte, sondern auch das Gedicht »O könnt ich euch den König geben!«, das die Kaiserin kurz vor der Niederkunft in Ungarn verfaßte.

O Ungarn, geliebtes Ungarnland!
Ich weiß dich in schweren Ketten.
Wie gerne böt ich meine Hand,
Von Sklaverei dich zu retten!

Es starben für Freiheit und Vaterland,
Der hehren Helden nicht wenig.
Könnt knüpfen ich mit euch ein inniges Band,
Euren Söhnen jetzt schenken den König.

Er sollte ein Ungar von echtem Stamm,
Ein Held sein von Stahl und von Erz,
Mit klarem Verstand, ein starker Mann,
Für Ungarn nur schlüge sein Herz.

Frei macht er euch, trotz allem Neid,
Ein stolzfreies Ungarn für ewig!
Und er teile mit allen Freud und Leid,
So soll er sein – euer König!

Am Mittwoch, dem 22. April 1868 war es dann so weit. Um fünf Uhr früh brachte Elisabeth ihr Kind zur Welt – eine Tochter. Die Geburt verlief problemlos und der anwesende Kaiser schrieb seiner Mutter: »Sie können sich, liebe Mama, mein Glück und meine Freude denken, als Gottlob alles glücklich überstanden war und das liebe Kind da war. Wäre mir gleich ein Sohn lieber gewesen, so bin ich doch dem lieben Gott auch für die kleine Tochter dankbar. Die Kleine ist sehr stark und wohlgenährt, weniger garstig als manche andere kleine Kinder und hat besonders viele dunkle Haare. Sie hat den ganzen Tag bei Sisi, meistens in ihrem Bett neben ihr liegend, zugebracht und hielt erst abends ihren Einzug in die Kindskammer.« Das Mädchen erhielt eine ungarische Amme, eine reiche Bäuerin aus dem Tolnaer Komitat, die sich aus Patriotismus um diese Anstellung beworben hatte. Seinem Sohn Rudolf beschrieb Franz Joseph wenige Tage nach der Geburt mit Vaterstolz seine neue Schwester: »Sie ist recht hübsch, hat große, dunkelblaue Augen, eine noch etwas zu dicke Nase, sehr kleinen Mund, ungeheuer dicke Backen und so dichte dunkle Haare, daß man sie jetzt schon frisieren könnte. Auch am Körper ist sie sehr stark, und sie schlägt sehr frisch mit den Händen und Füßen herum.«
Das Mädchen erhielt den Namen Marie Valerie und wurde in Budapest getauft. In Wien nannte man Marie Valerie das »ungarische Kind«. Und alles sprach dafür, dies so zu sehen. Nicht nur war diese Tochter von Anfang an der ungarischen Sache geweiht gewesen, auch ihre Er-

Erzherzogin Marie Valerie, das vierte Kind von Elisabeth und Franz Joseph, im Alter von 16 Jahren

ziehung sollte ungarisch sein. Ihre Amme war ebenso Ungarin wie ihre erste Erzieherin, und Elisabeth sprach von Anfang an fast nur ungarisch mit ihrer Tochter. Doch das Kind war nicht nur das »ungarische« für die Kaiserin, sondern vor allem das eigene. Zum ersten Mal in ihrem Leben übernahm die Kaiserin bei Marie Valerie von Anfang an und rückhaltlos die Mutterrolle und sorgte von Geburt an liebevoll für ihre Kleine. Elisabeth war dreißig Jahre alt, als sie die Freuden, aber auch die Leiden einer Mutter kennenlernte. Denn die Fürsorglichkeit der Kaiserin bewegte sich immer hart an der Grenze zur Ängstlichkeit, und schon die kleinsten Anzeichen einer Erkrankung konnten die besorgte Mutter in Angst und Schrecken versetzen. Das war nur allzu verständlich, denn das Trauma, das der Tod ihrer ersten Tochter ausgelöst hatte, saß tief. Weil die Liebe und Zuwendung für dieses eine Kind so stark war, wurde sie vom Hofstaat schon bald spöttisch »die Einzige« genannt, und dieser Name gab die Bedeutung Marie Valeries für Elisabeth treffend wieder.

Ende des Jahres 1868 vergrößerte sich die ungarische Familie um Elisabeth. Sie entließ ihre Obersthofmeisterin Paula Königsegg-Bellegarde, ein Überbleibsel aus der Zeit, als die Erzherzogin Sophie am Hof das Sagen hatte, und stellte dafür den Ungarn Baron Franz Nopsca als Obersthofmeister ein. Auch er war, wie Ida Ferenczy, mit dem Grafen Andrássy befreundet und diente der Kaiserin bis an ihr Lebensende loyal. Drei Jahre später, im Dezember 1871, stieß noch die Gräfin Marie Festetics als Hofdame zu diesem Kreis. Auch sie kam auf Empfehlung Andrássys. Bei ihrem ersten Zusammentreffen bemerkte die Kaiserin:

»Andrássy teilte mir mit, daß Sie aufrichtig und wahrhaft sind, bitte, seien Sie mit mir auch so. Wenn Sie mir etwas sagen wollen, sagen Sie es mir aufrichtig und offen; wenn Sie etwas wissen wollen, fragen Sie mich, nie jemand andern. Wenn sie [der Hof] über mich schimpfen, eine Gewohnheit dieses Hauses, dann glauben Sie es nicht. Befreunden Sie sich einstweilen mit niemandem. Ida können Sie vollkommen vertrauen. Sie ist keine Hofdame, und ich will nicht, daß sie mit diesen intim ist; die wollen ja das nur aus Neugierde. Bei Ihnen ist es anders. Durch Andrássy kenne ich Ihren Charakter.«

Die Erwartungen Elisabeths an die neue Hofdame zeigen deutlich, wie sehr sie sich von der Hofgesellschaft bedrängt und beobachtet fühlte. Gegen diese feindliche Welt, in der sie als Kaiserin notgedrungen leben mußte, baute sie mit ihren ungarischen Vertrauten, Ida Ferenczy, Franz Nopsca und Marie Festetics eine Mauer auf. Auf diese Weise kapselte sich diese verschworene Gemeinschaft ab und bildete eine eigene Welt innerhalb der Welt des Hofes. Auch die Gräfin Festetics enttäuschte die Kaiserin nicht. Sie blieb bis zuletzt neben Ida Ferenzczy ihre engste Vertraute. Elisabeth hatte nun ihre eigene, kleine Familie, die ihr Schutz und Geborgenheit bot. Ihre Sprache, ihre Umgebung, selbst ihr Kind waren ungarisch, und so lebte die Kaiserin stets in dem Land, das sie so sehr liebte, auch wenn sie fern von Ungarn weilte.

Eine Schönheit für sich

Nach dem österreichisch-ungarischen Ausgleich zog sich Elisabeth aus der Politik zurück. Als im Herbst 1870 der Krieg zwischen Frankreich und Preußen zu einer bedrohlichen Krise des europäischen Staatensystems führte, blieb sie nicht in Wien, sondern reiste, wie geplant, nach Meran, um dort ihren obligatorischen Winterurlaub zu verbringen. Auch die auf die französische Niederlage folgende Vereinigung der deutschen Staaten zum Deutschen Kaiserreich interessierte Elisabeth wenig, ebenso wie die Umgestaltung des französischen Kaiserreiches zur Republik. Anläßlich dieses Ereignisses galt ihre größte Neugier dem Schicksal der französischen Kaiserin Eugénie. »Die Nachricht von der Republik hat mich nicht sehr überrascht, ich wundere mich nur, daß sie es nicht längst taten. Bis Du kommst, hoffe ich, erzählst Du mir Details über die Flucht der Kaiserin, das interessiert mich sehr«, schrieb sie im September 1870 an Franz Joseph.

Selbst als ihr Protegé Andrássy, wie sie es immer gewünscht hatte, 1872 Außenminister der Donaumonarchie wurde, war dies für sie kein Anlaß, zum politischen Engagement zurückzukehren. Der Kaiser wußte allerdings seit der Erfahrung von 1866/67 den politischen Verstand seiner Frau zu schätzen und suchte auch in späteren Jahren immer wieder ihren Rat.

Elisabeth Aufmerksamkeit und Einsatz galt seit 1868 ihrer jüngsten Tochter. Anders als die kleine Sophie und ihre Kinder Gisela und Rudolf, ließ sie Marie Valerie erst gar nicht in den Bannkreis der Erzherzogin Sophie. Gleichwo sich die Kaiserin aufhielt, Marie Valerie war stets dabei. Und wie immer, wenn sich Elisabeth einer Sache verschrieb, war auch die Hinwendung zu ihrer jüngsten Tochter kompromißlos. »Valerie erfüllt jetzt ihre Seele ganz«, notierte Marie Festetics in ihr Tagebuch.

Die Geburt Marie Valeries veränderte Elisabeths Leben, aber nicht so, daß sie es für ihre Tochter aufgab. Elisabeth ging nie vollständig in ihrer Mutterrolle auf, sondern blieb die eigenwillige Frau, die sie immer gewesen war. Nach der Geburt von vier Kindern war sie keineswegs eine alternde Mutter, sondern eine junge Frau von dreißig Jahren, und der Ruhm ihrer Schönheit sollte noch mehr als fünfzehn Jahre andauern. Selbst in ihren späten 50ern galt sie noch als attraktive Dame, was zur damaligen Zeit, in der Frauen in der Regel schon mit dreißig in den Ruf alter Matronen kamen, eine Sensation war.

Allerdings hatte diese Schönheit ihren Preis. Einer davon waren die permanenten Diäten und Hungerkuren, denen sich Elisabeth rigoros unterzog. Kohlenhydrate waren aus ihrer Nahrung verbannt. Die Kaiserin lebte fast nur von Fleisch, Eiern, Gemüsesäften und Milch. Letztere galt zur damaligen Zeit nicht nur als nahrhaft, sondern auch als Schlankmacher. Milch war Elisabeths Leib- und Magengetränk. Sie trank täglich mehrere Liter davon, aber es durfte nicht irgendeine Milch sein, sondern nur solche von besonderen Kühen, die die Kaiserin höchstpersönlich und mit größter Sorgfalt aussuchte und auf all ihre Reisen mitnahm. Als die Kühe bei ihren späteren Schiffsreisen seekrank wurden und keine Milch mehr gaben, mußte die Kaiserin allerdings ihre Prioritäten ändern, und stieg von Kühen auf Ziegen um.

Ihre Diät mutete Elisabeth allerdings nur sich selbst und nicht ihren Gästen und Begleitern zu. Dennoch war es für jeden eine echte Qual, mit der Kaiserin zu dinieren. Denn ihre magere Kost war zumeist in Minutenschnelle verzehrt. Dieser Geschwindigkeit mußte sich die übrige Tischgesellschaft anpassen, denn die Hofetikette gebot, das keiner der Anwesenden nach der Kaiserin noch einen Bissen zu sich nahm. So verließen die Gäste meist hungrig den Tisch, weshalb sich Elisabeth angewöhnte, ihre kargen Mahlzeiten alleine zu sich zu nehmen.

Trotz der strikten Disziplin, die sich die Kaiserin beim Essen auferlegte, blieb sie jedoch nicht immer standhaft. Gerade Mehlspeisen und auch Kuchen übten einen großen Reiz auf sie aus. Wenn auch selten, so ließ sie sich doch ab und zu verführen, und konnte dann, wie ihre Tochter Marie Valerie später einmal erstaunt beobachtete, gleich fünf Cremetörtchen mit Sahne auf einmal verschlingen.

Diesem seltenen Genuß folgte jedoch die Reue auf dem Fuß. Denn Elisabeth ließ ihre Maße und ihr Gewicht täglich neu vermessen, und

sobald die geringste Zunahme festzustellen war, wurde zu drakonischen Maßnahmen gegriffen. Dann reduzierte sich ihre ohnehin schon spärliche Diät auf einen Fleischsaft aus sechs Kilogramm ausgepreßtem Ochsenfleisch. Franz Joseph ekelte sich regelmäßig vor diesem blutigen Getränk. Elisabeth aber blieb eisern. Und so schaffte sie es, sich bis zu ihrem Tode eine Elfentaille von rund 50 cm und ein Gewicht von 45 bis 50 Kilogramm zu bewahren, und das bei einer Körpergröße von 172 cm.
Aus medizinischer Sicht besaß die Kaiserin ein dramatisches Untergewicht. Dennoch kann bei ihr nicht von einer Krankheit im Sinne von Magersucht gesprochen werden. Denn trotz ihrer Hungerkuren war Elisabeth keineswegs entkräftet. Bei ihren Ritten oder ausgedehnten Wanderungen erwies sie sich als durchtrainierte, ausdauernde Athletin. Und sie erhielt sich ihre ausgezeichnete Kondition, Sportlichkeit und auch organische Gesundheit bis ins hohe Alter. Ganz ohne Tribut blieben aber auch die Hungerkuren nicht, und so stellte in den 90er Jahren der Arzt Dr. von Eisenmenger bei einer Untersuchung verblüfft fest: »Ich fand bei der sonst gesunden Frau ziemlich starke Hautschwellungen, besonders an den Knöcheln. Ein Zustand, den die Ärzte damals sehr selten zu sehen bekamen und der erst im Krieg zu einer traurigen Berühmtheit kam. Hungerödem!«
Von den permanenten Diäten wiederum ganz unbeeinträchtigt blieben Sissis Haare, die bis zu ihrem Lebensende kraftvoll und glänzend blieben und in einer unglaublichen Fülle bis weit über ihre Hüfte herunterreichten. Diese kastanienbraune Haarpracht, die auf den Gemälden Winterhalters so eindrucksvoll festgehalten ist, war Sissis ganzer Stolz, und besaß für sie eine fast mysthische Bedeutung. Nicht eine Locke hat sie je davon verschenkt, da sie – wie sie einmal einem Verehrer mitteilte – ein Gelübde abgelegt habe, niemals etwas von ihrem Haar fortzugeben. Noch mit 50 Jahren notierte die Kaiserin:

An meinen Haaren möcht' ich sterben,
Des Lebens ganze, volle Kraft,

Des Blutes reinsten, besten Saft
Den Flechten möcht ich dies vererben

O ginge doch mein Dasein über,
In lockig seidnes Wellengold,
Das immer reicher tieferrollt,
Bis ich entkräftet schlaf hinüber!

Es war daher kein Wunder, daß der Pflege und Gestaltung dieses »Wellengoldes« die höchste Aufmerksamkeit gezollt wurde. 1863 hatte Sissi in der Theaterfriseuse Fanny Angerer eine geniale Gestalterin ihrer Haarfülle gefunden. Sie wurde zu einem stattlichen Jahresgehalt von 2000 Gulden ihre Leibfriseuse, die sie bei all ihren wechselnden Aufenthalten begleitete. Fanny wurde der Kaiserin so unentbehrlich, daß sie zu ihren Gunsten die Hofordnung umging, nur um die Friseuse zu halten. Denn als diese den bürgerlichen Bankangestellten Hugo Feifalik heiratete, hätte sie nach dem Hofreglement den Dienst bei der Kaiserin aufgeben müssen. Elisabeth intervenierte bei Franz Joseph, der die Weiterbeschäftigung Fannys erlaubte, ihren Mann jedoch in den Hofdienst aufnehmen ließ, um wenigsten den Schein einer korrekten Lösung zu wahren.
Fanny Angerer, spätere Feifalik, war es, die die kunstvolle Haarkrone aus mehrfach übereinandergeschlungenen Zöpfen kreierte, die zu Elisabeths Markenzeichen, ihrer »Steckbrieffrisur«, wie sie es selbst nannte, werden sollte. Die Herstellung dieses Kunstwerks nahm in der Regel fast den ganzen Vormittag in Anspruch.
Elisabeth stand daher schon um 5 Uhr, im Winter um 6 Uhr auf, um sich, nach einem kargen Frühstück und der frühmorgendlichen Gymnastik, an den Frisiertisch zu setzen. »Ich bin die Sklavin meiner Haare«, kommentierte sie das nun folgende gut zwei- bis dreistündige Flecht- und Steck-Ritual, nutzte aber immerhin die Zeit, um zu lesen, Briefe zu schreiben oder Sprachunterricht zu nehmen. Diese Tätigkeiten wurden jedoch immer wieder durch mißtrauische Blicke auf die

Hände Fanny Angerers durchbrochen. Denn um jedes ausgegangene Haar kam es zwischen beiden Frauen zu einem erbitterten Kampf. War die Frisur fertig, so mußte Fanny Angerer der Kaiserin die tägliche Ausbeute an abgestorbenen Haaren präsentieren. »Dann brachte sie auf einem silbernen Schüssel die toten Haare der Herrin zum Anblick, und die Blicke der Herrin und jene der Dienerin kreuzten sich eine Sekunde – leisen Vorwurf bei der Herrin enthaltend, Schuld und Reue der Dienerin kündend«, hielt ein Beobachter diese Zeremonie fest. Um sich diesen stetigen Vorwurf zu ersparen, behalf sich Fanny Angerer schließlich damit, daß sie die Mehrzahl der ausgegangenen Haare mit Hilfe eines Klebebandes heimlich unter ihrer Schürze versteckte.
Gar nicht mehr ansprechbar war die Kaiserin, wenn ihre Haare gewaschen wurden. Diese Prozedur wurde alle zwei bis drei Wochen durchgeführt und nahm fast den ganzen Tag in Anspruch. Literweise wurde dann destilliertes Wasser herangekarrt, die Haare erst mit einer Mischung aus 30 rohen Eidottern und Franzbranntwein eingepinselt. Diese Tinktur zog gut eine Stunde ein, wurde dann mehrmals mit warmen Wasser ausgewaschen und mit dem Sud von ausgekochten Walnußschalen ausgespült. Anschließend ging Elisabeth stundenlang im Zimmer umher, um das feuchte Haar an der Luft zu trocknen.
Mit dem Haarewaschen war jedesmal ihr gesamtes Kammerpersonal beschäftigt und keiner, selbst Franz Joseph nicht, durfte sie während dieser Prozedur stören. Noch schlimmer aber waren die Tage, an denen Sissi durch die Last ihrer Haarpracht an so starken Kopfschmerzen litt, daß sie ihr Zimmer nicht mehr verlassen konnte. Dann wurden die Haare in einzelne Strähnen abgeteilt und an Bändern aufgehangen, um die Kaiserin von ihrem Gewicht zu befreien.
Neben den Haaren wurde aber der restlichen Körperpflege größte Aufmerksamkeit gewidmet. Cremes, Reinigungsessenzen aus Borax und Kampfer, Honig- oder auch Erdbeermasken fürs Gesicht, die Auflage von dünnen Kalbsschnitzeln auf die Wangen und das Dekolleté sowie Körperbäder in Olivenöl gehörten ebenso zum Pflegeprogramm wie

feuchte Tücher, die nachts oberhalb der Hüfte geschlungen wurden, um sich die schlanke Taille zu bewahren.
Ferner legte Sissi größten Wert auf Turnen und Gymnastik, um ihren Körper geschmeidig zu halten. In fast all ihren Schlössern und Residenzen – gleich ob der Hofburg, der Hermesvilla im Lainzer Tiergarten, der Kaiservilla in Bad Ischl oder den ungarischen Herrschaftssitzen – ließ die Kaiserin Turnzimmer bauen, in denen nicht nur Matten lagen, sondern auch Barren, Seile und Ringe aufgehangen wurden. Turnen war zur damaligen Zeit eine höchst ungewöhnliche Sportart und für eine Kaiserin unerhört. Sissi jedoch benutzte die Turngeräte jeden Tag. Und das bis ins hohe Alter.
Ihr Griechischlehrer Christomanos beschrieb in seinem Tagebuch eine bizarre Szene: Die damals 54jährige Kaiserin ließ eines Tages den jungen Griechen vor einer Ausfahrt »nochmals in den Salon rufen. An der offenen Tür zwischen dem Salon und ihrem Boudoir waren Seile, Turn- und Hängeapparate angebracht. Ich traf sie gerade, wie sie sich an den Handringen erhob. Sie trug ein schwarzes Seidenkleid mit langer Schleppe von herrlichen schwarzen Straußfedern umsäumt. Ich hatte sie noch nie so pompös gekleidet gesehen. An den Stricken hängend, machte sie einen phantastischen Eindruck, wie ein Wesen zwischen Schlange und Vogel. Um sich niederzulassen, mußte sie über ein niedrig gespanntes Seil hinwegspringen. – ›Dieses Seil‹, sagte sie, ›ist dazu da, damit ich das Springen nicht verlerne. Mein Vater war ein großer Jäger vor dem Herrn, und er wollte, daß wir wie die Gemsen springen lernen.‹ Dann bat sie mich die Lektüre aus der Odyssee fortzusetzen. Sie wollte heute später ausfahren, weil sie einige Erzherzoginnen zum Empfang erwartete, weswegen sie auch diese ausnehmend zeremonielle Robe anziehen mußte, wie sie mir sagte. – ›Wenn die Erzherzoginnen wüßten‹, sagte sie, ›daß ich in diesem Kleide geturnt habe, sie würden erstarren. Aber ich habe dies nur en passant getan, sonst erledige ich diese Sache immer in der Frühe oder abends‹.«
Größten Wert legte Elisabeth auf ihre Kleidung. Alle ihre Anziehsachen waren sorgfältig ausgesucht, maßgefertigt und saßen wie angegossen,

da die Kaiserin sich in ihre Kleider eigens ›einnähen‹ ließ. Das hieß, wie ihre Nichte Marie Wallersee berichtete, »daß der Schneider, nachdem sie die Taille angezogen hatte, den Rock darannähte.« Das Ankleiden nahm daher immer eine gewisse Zeit in Anspruch, ebenso aber auch das Anprobieren. Denn Elisabeth war sehr wählerisch, selbst bei ihrer Reitkleidung. So verbrachte sie etliche Stunden bei ihrem Schneider, »denn sie war sehr schwer zufriedenzustellen und studierte den Schnitt und Wurf im Sattel eines Holzpferdes, das vor einem großen Spiegel stand. »[...] Tante betrachtete die Hauptaufgabe, sich gut zu kleiden, als die Pflicht einer Kaiserin. ›Die Leute erwarten, daß ich immer schön und elegant aussehe, sagte sie oft zu mir‹«.
Eleganz bedeutete dabei für Elisabeth vor allem zeitlose, klassische Eleganz und Natürlichkeit. Sie besaß prachtvolle Abendroben, wunderschöne Nachmittagskleider und Reitkostüme, alle waren erlesen, aber ohne modischen Firlefanz und Prunk ausgestattet. Ihre Kleidung wirkte vor allem durch edlen Stoffe und einen perfekten Schnitt. Als in Frankreich in den 70er Jahren knöchellange ›kurze‹ Röcke in Mode kamen, wie sie die französische Kaiserin Eugénie trug, blieb Elisabeth bei ihren bodenlangen Kleidern. Und sie unterwarf sich auch sonst in keiner Weise dem Modediktat ihrer Zeit, ebenso wie sie auf jegliche Schminke verzichtete.
Sie war darin das genaue Gegenteil der Fürstin Pauline Metternich, die in Wien den Ton in Modefragen angab. Als Paulines Ehemann 1871 als Botschafter von Paris nach Wien zurückbeordert wurde, entfaltete die Fürstin Metternich in der österreichischen Hauptstadt ein glanzvolles gesellschaftliches Leben, das dem des Hofes in nichts nachstand. Sie gab Empfänge, Bälle, veranstaltete Wohltätigkeitsbasars und förderte die Künste. Äußerst standesbewußt, konversationsgewandt und scharfzüngig galt sie bald als die erste Repräsentantin der Wiener Hocharistokratie, und sie wußte sich überall entsprechend in Szene zu setzen: Stets nach der neuesten Mode gekleidet, betont geschminkt und mit Spitzen, Rüschen und Flitterkram aufgeputzt, folgten ihr die Wiener Damen auf dem Fuß. Nur Sissi nicht. Sie verabscheute das hocharisto-

Elisabeths große Konkurrentinnen – die österreichische Fürstin Pauline Metternich (oben) und Kaiserin Eugénie von Frankreich (unten)

kratische Gebaren und das aufgedonnerte Auftreten der Metternich zutiefst. Ihrer Verachtung für Pauline Metternich gab Elisabeth 1885 in einem Gedicht beredten Ausdruck:

Sie stand im weiten Kreis der Damen;
Auch sie war Lady Patroness,
Beleuchtet von des Gases Flammen
Die Lauteste in dem Kongreß.

Das Haupt besetzt mit Diamanten,
Vom stolzen Federschmuck umwallt;
In reichen Stoff aus fernen Landen
Den allzu üpp'gen Leib geschnallt.

Ihr Antlitz, wie soll ich's beschreiben?
Als würden hundert Affen drin
Ihr tolles Wesen höhnend treiben,
So war's, als es vor mir erschien.

Mit weisser Farb war's überzogen,
und hinter keck geschwärzten Brau'n
Da war, mir freundlich nicht gewogen,
Ein boshaft Augenpaar zu schau'n.

Doch ihren Mund nur auszumalen,
Wo nehme ich die Farben her?
Zu Rosen, Kirschen, solch banalen
Vergleichen greif' ich nimmermehr.

[...]

Zwei Zoll breit sind die Wunderlippen
Mit diesem Purpur angetan...

Und glaubt ihr, dass ich übertrieben,
So geht, und schaut sie selber an.

Trotz dieser Aufmachung konnte sich die Fürstin Metternich jedoch nicht mit Sissi messen. Klein und rundlich, mit einem froschartigen Gesicht ausgestattet, war sie nicht unbedingt eine attraktive Erscheinung. Auch wenn sie als ›grande dame‹ der Wiener Gesellschaft galt, so konnte sie es an Schönheit doch nicht mit der Kaiserin aufnehmen. Das galt allerdings für die meisten Frauen ihrer Zeit. Gleich auf welchen gesellschaftlichen Veranstaltungen Elisabeth auftrat, für die anwesenden Beobachter ließ sie stets die anderen Damen weit hinter sich. Selbst die schöne französische Kaiserin Eugénie, der Elisabeth erstmals 1867 in Salzburg begegnete, zog in dieser Hinsicht den kürzeren. Die Salzburger bewunderten zwar die ebenmäßigen Züge der Französin, doch in der Gesamtausstrahlung trug eindeutig Sissi den Sieg davon. Gleiches galt für die italienische Königin Margherita, die 1881 mit ihrem Ehemann Wien besuchte. Elisabeth war zu dieser Zeit schon 43 Jahre alt. Dennoch fiel das Urteil der Zeitgenossen eindeutig aus: »Die arme Königin Margherita erschien wie eine Soubrette [Sängerin der leichten Muse] neben einer Halbgöttin«, notierte ein Beobachter.
Elisabeth waren derartige Vergleiche eher lästig. Trotzdem ließ sie sich selbst einmal zu einer Schönheitskonkurrenz verleiten, und zwar mit der französischen Kaiserin Eugénie in Salzburg. So notierte der Dienstkämmerer Eugénies, Graf Wilczek, der aufgrund einer dringenden Anfrage unangemeldet in die Gemächer seiner französischen Herrin vordrang, verblüfft: »Sehr leise öffnete ich die Türe und mußte durch zwei leere Zimmer und sogar durch das Schlafzimmer in das Umkleidezimmer gehen, zu dem die Türe halb geöffnet war. Der Türe gegenüber war ein großer Spiegel, und mit dem Rücken zu meinem Aussichtspunkt standen die zwei Kaiserinnen und nahmen an ihren Waden Maß – wahrscheinlich an den wohlgeformtesten, die Europa zu dieser Zeit kannte! Die Szene war unbeschreiblich, und ich werde sie mein ganzes Leben lang nicht vergessen.«

Diese Episode blieb jedoch einzigartig. Denn obgleich Sissi den größten Wert auf ihr Äußeres legte, die ihr entgegengebrachte Bewunderung genoß und ein gehöriges Maß an Selbstbewußtsein daraus zog, pflegte sie ihre Schönheit doch hauptsächlich für sich selbst. Nach wie vor wich sie – wenn irgend möglich – öffentlichen Auftritten aus, erfüllte nur widerwillig ihre repräsentativen Verpflichtungen und haßte es geradezu, angestarrt zu werden, wie sie es in ihrem Gedicht »An die Gaffer« eindrücklich beschrieb:

Ich wollt' die Leute liessen mich
in Ruh' und ungeschoren,
Ich bin ja doch nur sicherlich
Ein Mensch, wie sie geboren.

Es tritt die Galle mir fast aus,
Wenn sie mich so fixieren;
Ich kröcht' gern in ein Schneckenhaus
Und könnt' vor Wut krepieren

Gewahr' ich gar ein Opernglas
Tückisch auf mich gerichtet,
Am liebsten sähe ich gleich das,
Samt der Person vernichtet.

Zu toll wird endlich mir der Spass;
Und nichts mehr soll mich hindern;
Ich drehe eine lange Nas'
Und zeig' ihnen den H… n.

Für Elisabeth war körperliche Schönheit ein Kunstwerk, dessen voller Reiz sich erst im Verborgenen, abseitig der gemeinen Menschen enthüllte. Sie bewunderte diese Schönheit nicht nur an sich selbst, sondern auch an anderen. Zeit ihres Lebens war sie von schönen Menschen fas-

ziniert und ähnlich wie schon ihr kunstsinniger Onkel, der bayerische König Ludwig I., schuf auch sie sich eine private Schönheitsgalerie, nur daß diese nicht aus Gemälden, sondern aus Fotos schöner Frauen bestand. In diesen ›Schönheitsalben‹, die sie seit 1862 anlegte, waren Frauenportraits aus aller Herren Länder versammelt. Um in ihren Besitz zu gelangen, wies Elisabeth eigens die österreichischen Botschafter an, ihr diese Schönheitsbilder zu besorgen, was zu einigen peinlichen Verwirrungen führte, da keiner der Herren so recht glauben mochte, daß wirklich die Kaiserin – und nicht ein hochadliger Lebemann – hinter diesem Auftrag steckte.
Dieselbe Sorgfalt, mit der Elisabeth diese Bilder sammelte und in ihren Alben arrangierte, verwandte sie auch auf ihre eigenen Abbildungen. Sie ließ sich nur von ausgewählten Malern oder Photographen portraitieren und jedes Bild kam einer perfekten Selbstinszenierung gleich. Fast immer war sie alleine darauf zu sehen. Die Kaiserin lehnte es ab, sich mit ihrer Familie oder mit anderen abbilden zu lassen. Wenn überhaupt ein Lebewesen mit auf diese Bilder durfte, so waren es ihre großen Hunde, die Elisabeth mit dem gleichen Eifer sammelte, wie ihre Schönheitsbilder. Von überall her ließ sie sich diese Hunde schicken, wobei das einzige Auswahlkriterium ihre Größe war: je größer, desto besser.
Neben diesen Hunden wirkte Elisabeth zugleich gebieterisch und zart. Aber auch ihre Einzel-Portraits umgaben die schöne Kaiserin stets mit einer Aura von majestätischer Würde und scheuer Unnahbarkeit – eine Mischung, in der sich Elisabeth am treffendsten wiedergegeben fand. Ihr Schönheitskult war daher immer auch ein Feilen am eigenen Kunstwerk. Besonders drastisch beschrieb ihre Nichte Marie Wallersee diesen Kult: »Sie betete ihre Schönheit an wie ein Heide seinen Götzen und lag vor ihr auf den Knien. Der Anblick der Vollkommenheit ihres Körpers bereitete ihr einen ästhetischen Genuß; alles, was diese Vollkommenheit trübte, war ihr unkünstlerisch und zuwider… Sie sah ihre Lebensaufgabe darin, jung zu bleiben, und all ihr Sinnen drehte sich um die besten Mittel zur Erhaltung ihrer Schönheit.«

Elisabeths Schönheit hatte nur einen Makel: ihre Zähne, die schon die Erzherzogin Sophie anläßlich der Ischler Verlobung kritisiert hatte. Selbst teure zahnärztliche Behandlungen konnten hier keine Abhilfe schaffen. Die Kaiserin ließ sich daher stets nur mit geschlossenem Mund abbilden und auch in Gesellschaft öffnete sie beim Reden kaum die Lippen und sprach sehr leise. Die Folge war, daß sie kaum jemand verstand, was teilweise zu grotesken Szenen führte, wie die englische Kronprinzessin Viktoria 1862 ihrer Mutter berichtete: »Die Kaiserin von Österreich spricht sehr leise, da sie ziemlich schüchtern ist. Neulich sagte sie zu einem sehr schwerhörigen Herrn: ›Sind Sie verheiratet?‹ Der Herr antwortete: ›Manchmal‹. Die Kaiserin sagte: ›Haben Sie Kinder?‹ und der Unglückliche brüllte: ›Von Zeit zu Zeit‹. Allerdings hing Elisabeths Sprachstil auch stark von ihrer jeweiligen Umgebung ab. In Wien, wo sie sich in der höfischen Gesellschaft stets unwohl fühlte, war ihr Schweigen und Flüstern weit bekannt. In Ungarn dagegen konnte man die Kaiserin problemlos verstehen.
Neben ihren Zähnen gab es aber auch noch einen natürlichen Feind ihrer Schönheit: das Alter. Denn obgleich die Kaiserin ihr Äußeres akribisch pflegte, konnten Falten auf Dauer nicht ausbleiben. Zeitgenossen berichten übereinstimmend, daß gerade in den letzten Lebensjahren Elisabeths Gesicht von Falten geradezu zerfurcht war, was allerdings ihrer majestätische Ausstrahlung keinen Abbruch tat. Die Kaiserin war jedoch selbst ihr schärfster Kritiker. Seit Anfang der 70er Jahre – da war sie Mitte dreißig – ließ Elisabeth sich nicht mehr malen, und Photographien von ihr aus den späteren Lebensjahren sind eine Seltenheit. Wenn überhaupt, so entstanden sie nicht mehr als kunstvolle Arrangements, sondern als zufällige Schnappschüsse, die in der Regel nachträglich noch retuschiert wurden.
Neben ihrer Weigerung, sich als reifere Frau noch portraitieren zu lassen, griff die Kaiserin aber noch zu einem anderen Mittel, um unerwünschte Blicke abzuwenden. Bereits in ihrem dritten Lebensjahrzehnt wurden ein Schleierhut, ein Sonnenschirm und ein Fächer zu ihren steten Begleitern, wenn sie sich in die Öffentlichkeit begab. Selbst auf

ihren Ritten hatte sie immer einen Fächer dabei, und sobald sich Schaulustige auch nur in der Ferne zeigten, wurde schon der Fächer vors Gesicht gehalten. Auf diese Weise wollte die Kaiserin jedoch nicht nur ihre Falten verbergen, sondern auch ihre Privatsphäre vor Neugierigen schützen. Ihre Menschenscheu, die sie schon als Kind besaß, nahm mit zunehmenden Alter immer ausgeprägtere Züge an. Und mit ihrer Scheu wuchs auch die Abneigung gegen den Wiener Hof und dessen Repräsentanten.

1872 notierte die Gräfin Marie Festetics verblüfft: »Nur frappiert mich jedes Mal die Scheu, Hofleuten zu begegnen – ein Flügeladjutant (Generaladjutant schon gar) in Sicht ist genügend, daß alle Waffen gezogen werden; da kömmt der blaue Schleier, der große Parasol, der Fächer, und der nächste Weg, der abbiegt, wird eingeschlagen.« Die Kaiserin erlebte den Wiener Hof nach wie vor als feindselig, und mied ihn, wo sie nur konnte. Statt dessen reiste sie viel mit ihrer kleinen Tochter Marie Valerie, und hielt sich jährlich einige Monate in Ungarn auf. Dort war das 30 km von Budapest entfernte Schloß Gödöllö ihr Lieblingssitz. Elisabeth hatte Gödöllö schon bei einem Reitausflug 1866 kennenlernt und sich sofort in die Anlage, mit ihren ausgedehnten Parks und den riesigen Wäldern, verliebt. Nach der ungarischen Königskrönung machte die ungarische Nation ihrem Herrscherpaar Schloß Gödöllö zum Geschenk – eine Geste, die vor allem ein Dankeschön an Elisabeth war.

Die Kaiserin wußte die Gabe zu schätzen. Ganz zurückgezogen lebte sie hier, kümmerte sich um Marie Valerie und durchstreifte zu Fuß oder Pferd die umliegenden Wiesen und Wälder. »Wundern Sie sich nicht, daß ich so lebe, wie ein Einsiedler?«, fragte sie einmal ihre Hofdame Marie Festetics. »Es blieb mir nichts anderes übrig, als dieses Leben zu wählen. In der großen Welt haben sie mich so verfolgt, mir Übles nachgeredet, mich verleumdet, so stark mich gekränkt und verletzt – und Gott sieht meine Seele, daß ich niemals Böses getan habe. Ich dachte also, ich werde eine Gesellschaft suchen, die meine Ruhe nicht stört und mir Vergnügen bietet. Ich bin in mich selbst zurückgekehrt und habe mich der Natur zugewendet. Der Wald tut mir nicht weh... Die Natur ist viel dankbarer als die Menschen.«

Franz Joseph besuchte seine Frau so oft es ging in Gödöllö, denn die Aufenthalte Elisabeths in Wien wurden immer seltener. In den ersten Jahren nach Marie Valeries Geburt lassen sie sich fast an einer Hand abzählen. Selbstverständlich war ihre Anwesenheit, als die Erzherzogin Sophie am 27. Mai 1872 verstarb. Sie hatte sich nach dem Tod ihres Sohnes Ferdinand Max fast gänzlich aus dem Hofleben zurückgezogen und war schließlich schwer erkrankt. Als sich ihr Gesundheitszustand Mitte Mai dramatisch verschlechterte, kehrte Elisabeth nach Wien zurück. Und obgleich das Verhältnis zwischen beiden Frauen stets gespannt, wenn nicht feindselig gewesen war, so waren angesichts des nahenden Todes der Erzherzogin alle Differenzen vergessen. Stunden-, ja tagelang wachte Elisabeth am Bett der Todkranken und war auch dabei, als Sophie starb. Franz Joseph war über den Tod der geliebten Mutter tief erschüttert, ebenso wie die Hofgesellschaft. »Wir haben jetzt unsere Kaiserin begraben«, so lautete der bezeichnende Kommentar einer Hofdame Sophies anläßlich ihrer Beerdigung.

Ein weiterer Anlaß für Elisabeth, ihrer selbstgewählten Abgeschiedenheit den Rücken zu kehren und für längere Zeit nach Wien zu kommen, war die Hochzeit ihrer Tochter Gisela mit dem bayerischen Prinzen Leopold am 20. April 1873. Diese Heirat kam ziemlich plötzlich und relativ früh, denn die älteste Tochter der Kaiserin war gerade erst 16 Jahre alt. Die schnelle Heirat hatte jedoch einen guten Grund. Denn als Gisela ins heiratsfähige Alter kam, waren katholische und ihr ebenbürtige Prinzen in den europäischen Herrscherhäusern rar gesät, so daß man sich schnellst möglich den besten unter ihnen – eben Leopold – sichern wollte. Unverblümt schrieb daher auch Franz Joseph: »Daß wir so früh daran dachten, Gisela zu verheiraten, kommt daher, daß es jetzt so wenig katholische Prinzen gibt und trachten mußten, uns des einzigen unter ihnen zu versichern, dem wir Gisela mit Beruhigung geben können«.

Aber auch die Kaisertochter wollte heiraten. »Gisela ist entzückt, früh unter die Haube zu kommen, da sie noch ein lieber Backfisch ist, aber sie hat die angeborene Vernunft und Pflichttreue ihres Vaters«, notierte die Erzherzogin Sophie, die die Verlobung des Paares im April 1872 noch miterleben konnte. Die Ehe mit dem bayerischen Prinzen sollte sich als fruchtbar erweisen. Schon ein knappes Jahr nach ihrer Heirat brachte Gisela ihre erste Tochter zur Welt, die auf den Namen Elisabeth getauft wurde.

Selbst wenn die Kaiserin in Wien weilte, nahm sie doch so wenig wie möglich an gesellschaftlichen Veranstaltungen teil. Ihre repräsentativen Auftritte in der Öffentlichkeit beschränkten sich auf die Teilnahme an der Frohnleichnahmsprozession sowie ihrer Anwesenheit bei der Weltausstellung in Wien, die das Kaiserpaar am 1. Mai 1873 feierlich eröffnete. Zahlreiche ausländische Staatsgäste kamen anläßlich dieses Ereignisses in den folgenden Monaten zu Besuch, darunter der russische Zar Alexander II. mit seiner Gattin, das deutsche und englische Kronprinzenpaar, König Leopold von Belgien, die deutsche Kaiserin Auguste und die spanische Königin Isabella. Elisabeth wurde der Trubel jedoch schnell zuviel, und sie flüchtete sich im Juli nach Payerbach bei Reichenau.

Die hochwohlgeborenen Gäste des Kaisers nahmen die Abwesenheit der Kaiserin wie ein unvermeidliches Naturereignis, nur einer wollte ihren Rückzug nicht hinnehmen: der persische Schah Nasr-ed-din. Er bestand darauf, die ihm zugewiesene Residenz Laxenburg nicht eher zu verlassen, bis er die schöne Kaiserin gesehen hätte. Um den Schah nicht als Wiener Dauergast zu behalten, mußte Elisabeth schließlich Anfang August nach Wien zurückkehren. Und Nasr-ed-din, der eigens mit einem Harem angereist war und die europäische Damenwelt bislang eher abfällig beurteilt hatte, war entzückt. Nun endlich, so schrieb er, »habe ich auch die Frau des Kaisers von Österreich zu Gesicht bekommen. Sie ist auf jeden Fall die schönste Herrscherin von all den Frauen an den europäischen Höfen, denen ich bisher begegnet bin. Sie hat eine wunderschöne, weiße Haut und die Gestalt einer Zypresse, eine Majestät vom Scheitel einer prächtigen Haarfülle bis zur Sohle«. Erst jetzt konnte er beruhigt abreisen, nicht ohne das mit Elisabeth ver-

Eröffnung der Weltausstellung in Wien durch das Kaiserpaar am 1. Mai 1873.

brachte offizielle Diner als den schönsten Abend seines Aufenthalts zu bewerten.
Nach dieser kurzen Episode verließ Sissi die Hauptstadt sofort wieder und zog sich nach Payerbach und anschließend nach Ischl zurück. Die Wiener Hofgesellschaft, aber auch die Bevölkerung nahmen ihr diese Fluchten sehr übel. Man warf Elisabeth vor, nur ihren privaten Interessen nachzugehen und ihre repräsentativen Pflichten als Kaiserin völlig zu vernachlässigen. Dieser Vorwurf war aber nur zum Teil berechtigt. Denn einige öffentliche Auftritte nahm Elisabeth durchaus auf sich. So besuchte sie gerade Anfang der 70er Jahre des öfteren Waisenhäuser, Spitäler und Irrenanstalten. Nur tat sie es stets im Geheimen, allein von Marie Festetics begleitet, und ohne durch die Anwesenheit weiterer

Mitglieder des Hofstaates diesen Auftritten einen offiziellen Charakter zu verleihen. Und sie spendete Geld für die notleidenden Bevölkerungsteile. Aber auch dieses karitative Engagement lief – ganz anders als die prunkvollen Wohltätigkeitsveranstaltungen der Fürstin Pauline Metternich – ganz im Verborgenen ab.

Aber all diese Aktivitäten füllten Elisabeth nicht aus. Sie verfiel oft stundenlang ins Grübeln, wie ihre Hofdame Marie Festetics in ihr Tagebuch notierte: »Sie möchte alles ergründen und sucht zu viel herum, ich möchte sagen, daß der gesündeste Sinn unter dieser Art Leben leiden muß. Sie bräuchte eine Beschäftigung, eine Position, und da die Einzige, die Sie hätte, Ihrer Natur zuwider ist, liegt in ihr alles brach.« Sicher, Elisabeth bewältigte weiterhin ihr Schönheitsprogramm, machte stundenlange Spaziergänge und kümmerte sich intensiv um Marie Valerie. »Aber für ein Wesen mit ihrer Begabung«, so die Gräfin Festetics, »ist der Umgang mit dem Kinde zu wenig geistige Nahrung, und andere Beschäftigung hat sie wenig. Man sieht wie unausgefüllt sie ist«. Selbst für Außenstehende war klar, daß die Kaiserin eine Aufgabe brauchte.

Die bewegte Frau

Mitte der 70er Jahre erfaßte Elisabeth eine große innere Unruhe. Hatte sie sich in den letzten Jahren in den Dienst ihres Kindes und der Monarchie gestellt und der Erhaltung ihrer Schönheit immer mehr Raum in ihrem Leben eingeräumt, so suchte sie nun nach einer neuen Herausforderung. Das Lebensgefühl, das sie in diesen Jahren prägte, hat Elisabeth 1875 in einem Vierzeiler mit dem Titel »Ruhelos« treffend beschrieben:

Der große Wunsch dem größern weicht,
Nie zieht ins Herz Genügen ein.
Und wenn du je dein Glück erreicht,
So hört es auf, dein Glück zu sein.

Auf der Suche nach einer neuen Aufgabe mußte Elisabeth geradezu zwangsläufig auf jene Tätigkeit stoßen, die sie seit ihrer Kindheit mit größter Hingabe und Begeisterung betrieb: das Reiten. Gegen den Widerstand der Erzherzogin Sophie hatte sie auch als Kaiserin an diesem Vergnügen festgehalten. Pferde waren ihre große Leidenschaft. Selbst nach der Geburt ihres vierten Kindes gab Elisabeth das Reiten nicht auf. Im Gegenteil: Schloß Gödöllö, das sie seit 1868 regelmäßig besuchte, beflügelte noch die Reitlust der Kaiserin. Denn die Anlage bot mit ihren ausgedehnten Waldgebieten und dem sandigen Boden der Puszta ideale Bedingungen für Reitjagden. Eine Form des Reitens, an die Elisabeth sich bis dahin noch nicht gewagt hatte, obwohl sie bei ihren Ausritten oft genug das Tempo derart forcierte, daß es einer wilden Jagd gleichkam.

Waren die Jagden in Gödöllö anfangs nur ein Zeitvertreib, eine kleine Unterbrechung im geschäftigen Leben der Kaiserin, so entwickelte sich das Schloß nach und nach zu einem Treffpunkt der besten Reiter Österreich-Ungarns. Es waren meist junge Adelige aus reichen Häusern, die die Zeit und das Geld hatten, sich ganz dem Reiten zu widmen, die sich in den 70er Jahren hier versammelten. Unter ihnen waren bekannte

Bohémiens wie Graf Nikolaus Esterházy, der als bester Reiter des Kaiserreiches galt und lange Zeit der anerkannte Meister der Parforcejagden war. Zum engeren Kreis um die Kaiserin gehörte auch Rudolf Liechtenstein, der »schöne Prinz«, der sich nicht nur im Reiten, sondern auch als Komponist hervortat. Ein gerngesehener Gast Elisabeths war auch der Graf Elemér Batthyány, ein Sohn des 1849 hingerichteten ungarischen Ministerpräsidenten Batthyány. Selbst Andrássy kam, wenn ihm die Regierungsgeschäfte Zeit ließen, nach Gödöllö. Ebenso wie die Familie Kinsky, eine der wohlhabensten in Ungarn, die bei den Reitjagden regelmäßig vertreten war. Das ganze wirkte wie eine Versammlung der attraktivsten Männer Ungarns – und alle machten der schönen Kaiserin den Hof. Doch war Elisabeth nicht die einzige Frau unter Männern, denn Frauen waren selbstverständlich auch geladen – wenn sie gut genug reiten konnten.

Diese bunt gemischte Gruppe jagdte auf ihren Pferden durch die Wälder um Gödöllö ohne Rücksicht auf die Gefahren, die überall lauerten. Bis zu dreimal in der Woche und manchmal öfter veranstaltete Elisabeth solche Parforceritte, für die in ihren Ställen sechsundzwanzig Jagdpferde aus englischer Zucht bereitstanden. Die gute Figur, die die Kaiserin selbstverständlich auch bei ihren Reitjagden machte, beeindruckte ihre Nichte Marie Wallersee: »Elisabeth sah zu Pferde berückend aus. Ihr Haar lag in schweren Flechten um ihren Kopf, darüber trug sie einen Zylinder. Ihr Kleid saß wie angegossen; sie wurde jedesmal, wenn sie ausritt, hinein genäht. [...] Sie trug hohe Schnürstiefel mit winzigen Sporen und zog drei Paar Handschuhe übereinander; der unvermeidliche Fächer wurde stets in den Sattel gesteckt.«

Bisweilen liebte es die Kaiserin, sich als Knabe zu verkleiden und in Hosen auszureiten. Denn dann konnte sie auf den zu ihrer Zeit üblichen Damensattel verzichten. Bei Ausritten in Gemeinschaft war diese Kleidung jedoch unmöglich. Hier mußte sie ein Reitkleid tragen und seitlich auf dem Pferd sitzen. Elisabeth nahm es jedoch als Herausforderung: Das Reiten im Damensattel war ein Balanceakt, der den

Schwierigkeitsgrad der Reitjagd mit ihrem scharfen Tempo und den Hindernissprüngen noch erheblich erhöhte.
Dem Kaiser erstattete Elisabeth von diesen Ereignissen immer wieder stolz und detailliert Bericht: »Es war eine sehr schöne Jagd, der Fuchs lief vor uns, die Hunde nach, Holmes, Pista und ich waren immer voraus, brauchten daher nicht so zu jagen und konnten mit Muße die sehr zahlreichen Gräben springen. Hinter uns stürzten: Elemér Batthyány, Pferd am Platz tot, Sárolta Auersperg, die über ihn fiel, geschah beiden nichts, einer unserer Reitknechte mit Klepperschimmel, nichts geschehen. Vor dem Run stürzten Béle Keglevich und Viktor Zichy, letzterer stehend.« Franz Joseph, der sich stets Sorgen um die Gesundheit seiner Frau machte, war jedesmal entsetzt über diese Schilderungen. Aber auch er kam gerne nach Gödöllö. Hin und wieder ritt er hier mit der Kaiserin aus, an den Reitjagden nahm er jedoch nur selten teil. Und auch der Kronprinz wagte es nach einigen Stürzen nicht mehr, seiner Mutter auf diesen Ritten zu folgen. Lieber schoß er mit seinem Vater in den Sümpfen und an den Seen Enten und andere Vögel. Überhaupt ritt er nicht gerne, und wenn, dann nur spazieren.
Waren die Reitjagden auf Gödöllö erst nur Zeitvertreib gewesen, so machte Elisabeth Mitte der 70er Jahre eine neue Lebensaufgabe daraus. Im Jahr 1874 entschloß sich die Kaiserin, erstmals in ihrem Leben nach England zu reisen, dem Eldorado der Parforcejagden. In Gödöllö konnte sie nur wenige Wochen im Jahr dieser Leidenschaft nachgehen, da die Jagdsaison dort nur von Anfang September bis Anfang November dauerte. Eine Zeitspanne, die der Kaiserin schon bald zu kurz war. Je länger und intensiver Elisabeth in Gödöllö ritt, desto anspruchsvoller wurde sie – gegen sich und ihre Umgebung. Die Schwierigkeiten, die das Terrain um Gödöllö bot, forderten sie nicht mehr heraus. Sie wollte hohe Gatter wie in England, statt der kleinen Gräben ihrer Heimat. Die Wälder boten den Füchsen zudem zuviele Möglichkeiten sich in einen sicheren Unterschlupf zu retten, so daß die Jagden in Gödöllö immer wieder ohne Erfolg abgebrochen werden mußten. Aber auch ihre ungarisch-österreichischen Begleiter langweilten sie und genügten

Spazierritt der Kaiserin Elisabeth mit dem Kronprinzen Rudolf in den Wäldern von Gödöllö

ihren Ansprüchen nicht mehr. Sie wollte sich mit den besten Jagdreitern Europas messen, und die ritten nicht auf dem Kontinent, sondern in England. Nur wer die äußerst schwierigen Parforcejagden englischer Art erfolgreich bestanden hatte, war ein wirklicher Meister.

Das war das neue Ziel der Kaiserin, die von den vielen öffentlichen Auftritten im Jahre 1873 genug hatte und die die Mutterrolle nicht ausfüllte. Und wie immer, wenn Elisabeth eine neue Aufgabe gefunden hatte, stürzte sie sich mit aller Energie in sie hinein. Wollte sie Ungarisch lernen, dann so schnell und so gut wie möglich. Sie gab sich erst zufrieden, als sie die Sprache praktisch perfekt beherrschte. Wollte sie eine Schönheit sein, dann richtete sie ihr ganzes Leben danach aus, hielt strikte Diätpläne ein und verbrachte viele Stunden des Tages mit der Pflege ihres Körpers. Doch war es nicht Selbstdisziplin, die sie zu diesen Leistungen trieb. In einem Gedicht aus dem Jahre 1875, das den Titel »Selbstbeherrschung« trägt, lehnte sie diesen Zuchtmeister rundweg ab:

Ich sollte mich selbst bezwingen?
Das brächte mir auch Gewinn?
Wer ist denn der Besiegte,
Wenn ich der Sieger bin?
Das ist ein närrischer Räuber,
Der sich zu bereichern glaubt,
Wenn er sich selbst im Walde
Auflauert und beraubt.

Was Elisabeth zu Höchstleistungen anspornte war Leidenschaft. Disziplin brauchte sie nur für die Erledigung der ungeliebten Pflichten. Und hier war sie oft genug disziplinlos, sagte Empfänge ab, verweigerte offizielle Reisen und machte sich so oft es ging bei öffentlichen Veranstaltungen rar. Ganz anders war dies, wenn ihr eine Sache am Herzen lag. Dann scheute sie keine Mühen, und keine Anstrengung war ihr zu viel. Als sie sich im Jahre 1874 entschied, nach England zu gehen, da war dies der Beginn einer neuen Leidenschaft, die eine alte war. Sie wollte das, was sie seit ihrer Kindheit liebte und lustvoll betrieb, perfektionieren: das Reiten.

Die Parforcejagd war für einen Reiter am Ende des 19. Jahrhundert die größte Herausforderung, besonders für eine Frau und Kaiserin. Denn zu Elisabeths Zeiten ritten zwar auch adelige Frauen bei den Jagden mit, eine ernsthafte Konkurrenz für die Herren der Schöpfung waren sie allerdings nicht, und wollten es zumeist auch nicht sein. Elisabeth war da anders. Ihr Ziel war es, zu den besten Jagdreitern Europas zu gehören – und damit forderte sie die Männer, und nicht die Frauen heraus. Für die Kaiserin von Österreich war das ein gewagter Schritt, der über die Grenzen ihres Standes hinausführte. Denn mit dem professionell betriebenen Reiten gab sie ihren hoheitlichen Status bewußt auf und suchte Selbstbestätigung über eigene Leistung. Das war schon kein adeliges Selbstverständnis mehr, sondern eher ein bürgerliches.

Die doppelte Herausforderung der Welt der Männer und der persönlichen Leistungsfähigkeit, das war es, was Elisabeth seit Mitte der 70er Jahre bewegte. Nicht mehr ihre Stellung als Kaiserin von Österreich und ihre berühmte Schönheit sollten ihr Leben bestimmen, sondern sie selbst, mit ihrem Können und ihrer Persönlichkeit. Aber wie immer ging es Elisabeth auch diesmal nicht um öffentliche Selbstdarstellung. Dazu scheute und verachtete sie die (gewöhnlichen) Menschen zu sehr, auch wenn sie zeitlebens nach Seelenverwandten und Ebenbürtigen suchte. Doch selbst diese Gegenüber existierten vor allem in ihrer Phantasie. Elisabeth war ein einsamer Mensch, der die Einsamkeit nicht zuletzt suchte. Alles was sie tat, tat sie für sich.

Sie entdeckte in dieser Zeit das Incognito als die ihr eigene Lebensform. Immer wieder reiste sie in der letzten Hälfte ihres Lebens unter fremdem Namen. Die Verbreitung von Bildern war damals noch nicht so groß wie heute, zumal es sich meist um mehr oder weniger idealisierte oder verunglückte Zeichnungen handelte. Aber nicht nur hinter der Maske eines anderen Namens suchte sie ihren Status zu verbergen, um sich selbst zeigen zu können, sondern auch durch das Eintauchen in eine mehr oder weniger anonyme Gruppe von Menschen, sei es bei einer großen Reitjagd oder einem Maskenball.

So im Februar 1874. Elisabeth war gerade zum erstenmal Großmutter geworden, da entschloß sie sich, gemeinsam mit ihrer Freundin Ida Ferenczy den Maskenball im großen Musikvereinssaal zu besuchen, die sogenannte Rudolfinaredoute, einem der Höhepunkte des Wiener Faschings, bei dem sich Adelige wie Bürgerliche zwanglos vergnügten. Die beiden Frauen traten als Dominos verkleidet auf, Ida in Rot und Elisabeth in Gelb. Niemand außer der Friseuse Fanny Feifalik und der Kammerfrau Schmidl war in diese ›Spritztour‹ der Kaiserin eingeweiht. Eine kunstvolle Maske mit langen schwarzen Spitzen wahrte das Incognito des gelben Dominos. Sie bedeckte das ganze Gesicht, so daß selbst der Nacken nicht sichtbar war. Eine rotblonde Perücke verbarg das kräftige dunkle Haar der Kaiserin. Nur der teure Brokatstoff ihres Kostüms und die unpraktische Schleppe verrieten den hohen Stand der maskierten Dame.

Die beiden Dominos saßen zunächst auf der Galerie und beobachteten aus sicherer Distanz das bunte Treiben unter ihnen. Zu vorgerückter Stunde schlug Ida Ferenczy vor, die Kaiserin, die sie Gabriele nannte, solle sich jemanden aussuchen, der ihr gefalle, sie wolle dann den Kontakt herstellen. So geschah es. Elisabeth zeigte auf einen schlanken, hochgewachsenen jungen Mann. Ida Ferenczy ging zu ihm und fragte ihn aus, um sicher zu stellen, daß er kein Adeliger sei oder sich in der Hofgesellschaft auskenne. Nach einigem hin und her bat sie ihn, auf die Galerie zu kommen, wo eine Freundin von ihr sich schrecklich langweile. Der junge Mann willigte ein und traf den gelben Domino, dem er sich als Fritz Pacher vorstellte. Pacher war sechsundzwanzig Jahre alt, Beamter von Beruf und unverheiratet.

Der rote Domino verschwand, sobald der Kontakt hergestellt war, und nur mühsam entspann sich ein Gespräch zwischen dem zurückhaltenden gelben Domino und Pacher. Pacher langweilte sich furchtbar, wie er später erzählte, wollte aber unbedingt wissen, wer die unbekannte Dame war. Als Elisabeth unvorsichtig genug fragte: »Kennst du die Kaiserin, wie gefällt sie dir und was spricht, was denkt man über sie?«, kam dem jungen Mann sofort der Verdacht, der geheimnisvolle Domino könne die Kaiserin selbst sein. Er ließ sich aber nichts anmerken, gab eine unverbindliche Antwort und spielte das Spiel mit. Als Elisabeth ihn fragte, für wie alt er sie halte, sagte er frech das ihm bekannte Alter der Kaiserin: sechsundreißig. Der gelbe Domino reagierte darauf verstimmt und befahl Pacher kurze Zeit später, er könne jetzt verschwinden.

Doch der junge Mann ließ sich nicht so schnell einschüchtern. Elisabeth war hier nicht die Kaiserin, sondern eine kostümierte Frau unter anderen. Pacher sagte dem gelben Domino auf den Kopf zu, daß sein

Verhalten unverschämt sei. Elisabeth, die täglich von unterwürfigen Heuchlern umgeben war, schien diese Ehrlichkeit zu imponieren. Sie sagte, immer noch im Befehlston: »Gut, du kannst bleiben, setz dich und dann führe mich hinunter in den Saal.« Pacher berichtete später: »Von diesem Augenblick an schienen die unsichtbaren Schranken zwischen uns niedergerissen. Mein gelber Domino, bisher steif und förmlich, war wie ausgewechselt, und unser Gespräch, das die mannigfachsten Gebiete berührte, kam nicht mehr ins Stocken. Sie nahm meinen Arm, in den sie sich nur ganz leicht einhängte, und wir schlenderten fortwährend plaudernd durch den gedrängt vollen Saal und seine Nebenräume, wohl mindestens zwei Stunden lang.«
Der gelbe Domino wollte alles ganz genau wissen: das Alter, den Beruf, die Herkunft und den Lebenslauf ihres Begleiters. Die beiden sprachen über die Kritik der gesellschaftlichen Zustände in Österreich und fanden viel Gemeinsames. Als Pacher bekannte, wie sehr er Heinrich Heine schätzte, hatte er die Sympathien der Kaiserin, die Heines »Buch der Lieder« fast auswendig kannte, endgültig gewonnen. Sie machte dem jungen Mann Komplimente und sagte ihm, er sei anders als die meisten Menschen und rief aus: »Ja, die Menschen! Wer sie kenengelernt hat wie ich, der kann sie nur verachten, diese Schmeichler.« Und dann wollte Elisabeth wissen, was Pacher denn von ihr halte, und der antwortete ehrlich, sie sei »eine gescheite, gebildete und interessante Frau mit einem originellen Einschlag, der alles Gewöhnliche jedenfalls weit ab lag«. Das war es, was Elisabeth hören wollte.
Wie gefährlich dieser Ausflug für die Kaiserin war, sollte sich bald zeigen. Denn die hohe Gestalt und das auffallend teure und geschmackvolle Kostüm des gelben Domino erregten die Aufmerksamkeit der Ballgäste. Unter ihnen war auch Graf Esterházy, der Reitpartner Elisabeths in Gödöllö. Voller Aufmerksamkeit beobachtete er Pacher und die maskierte Unbekannte, als wolle er die Maske durchdringen. Pacher selbst verhielt sich den ganzen Abend über als echter Kavalier und bedrängte seine Dame nicht. Diese stellte ihm ein Wiedersehen in Aussicht, bei dem sie vielleicht auch ihre Identität preis geben würde. Beim

Abschied zu später Stunde siegte die Neugier bei Pacher, und er versuchte, die Maske des Dominos beiseite zu schieben, was ihm allerdings nicht gelang.
Glücklich der Demaskierung entronnen zu sein, gelangten Elisabeth und Ida in die Hofburg, nachdem sie vielerlei Wege gefahren waren, um mögliche Verfolger abzuhängen. Wäre dieser Ausflug der Kaiserin ruchbar geworden, es hätte einen ungeheuren Skandal gegeben. Doch der Spaß war gelungen, und Elisabeth freute sich darüber wie das Kind, das mit seinem Vater incognito durch die Wirtshäuser des Münchner Umlandes zog und das Geld für dessen Zitherspiel einsammelte. In Pacher glaubte sie einen Geistesverwandten und Bewunderer ihrer schönen Seele gefunden zu haben. Wenige Tage später schrieb sie ihm einen Brief, der sie ganz als strenge Gebieterin und romantische Träumerin zeigt. Das Schreiben an den »lieben Freund« schloß selbstbewußt: »Mit tausend Frauen und Mädchen haben Sie schon gesprochen, sich auch zu unterhalten geglaubt, aber ihr Geist traf nie auf die verwandte Seele. Endlich haben Sie im bunten Traum das gefunden, was sie jahrelang suchten, um es für ewig vielleicht wieder zu verlieren.«
Das war kein Liebesbrief, sondern Dichtung, wie die stilisierte Wendung von dem schnellen Verlust des eben gefundenen Glücks zeigt. Dieser Brief wie auch die beiden anderen, die ihm innerhalb der nächsten Wochen folgen sollten, waren nicht an den leibhaftigen Fritz Pacher adressiert, sondern an die fiktive Figur, die Elisabeth aus ihm machte. Sie war nicht auf eine Affäre mit dem attraktiven jungen Mann aus, sondern erfand Geschichten zu einem Erlebnis, das sie gehabt hatte. Für einige wenige Stunden hatte sie das Gefühl gehabt, einem Menschen begegnet zu sein, der ihr seelenverwandt war und der sie ohne Kenntnis ihrer Stellung ernst nahm und verehrte. Wie selten solche Erlebnisse für die Kaiserin waren und wie intensiv sie in den dazu erfundenen Geschichten lebte, zeigt ein Gedicht, daß elf Jahre nach der Begegnung mit Fritz Pacher – mit dem Elisabeth nur einmal in ihrem Leben einige wenige Stunden zusammen war und drei Briefe gewechselt hatte – zustande kam. Die zweite Zeile »Lang, lang ist's her« wird

hier nur einmal wiedergegeben, schließt sich aber im Gedicht an jeden Satz an.

Das Bild des gelben Dominos
»Long, long ago.«

Denkst du der Nacht noch im leuchtenden Saal?
Lang, lang ist's her, lang ist's her,
Wo sich zwei Seelen getroffen einmal,
Wo unsre seltsame Freundschaft begann,
Denkst du, mein Freund, wohl noch manchmal daran?
Denkst du der Worte, so innig vertraut,
Die wir getauscht bei der Tanzweisen Laut?
Ach! nur zu rasch schwand die Zeit uns dahin,
Ein Druck der Hand noch, und ich musste flieh'n,
Mein Antlitz enthüllen durft ich dir nicht,
Doch dafür gab ich der Seele ihr Licht,
Freund, das war mehr, ja, das war mehr!
Jahre vergingen und zogen vorbei,
Doch sie vereinten nie wieder uns zwei,
Forschend bei Nacht frägt die Sterne mein Blick,
Auskunft noch Antwort gibt keiner zurück,
Bald wähnt' ich nahe dich, dann wieder fern,
Weilst du vielleicht schon auf anderem Stern?
Lebst du, so gieb mir ein Zeichen bei Tag,
Dass ich's kaum hoffen, erwarten vermag,
So lang ist's her, so lang ist's her!
Lass mich warten nicht mehr,
Warten nicht mehr!

Wenige Wochen nach ihrem Domino-Auftritt auf dem Maskenball machte sich Elisabeth zu ihrer ersten Englandeise auf. Sie folgte einer Einladung ihrer Schwester Marie, die ein Jagdhaus auf der Insel besaß.

Marie hatte Elisabeth von englischen Reitjagden, die auf dem Kontinent gerade erst in Mode gekommen waren, vorgeschwärmt und das bereits vorhandene Interesse Elisabeths weiter angefacht. Noch traute sich die Kaiserin aber nicht, offiziell zu einer dieser Jagden nach England zu reisen. Deswegen hieß es von Seiten des kaiserlichen Hofes, die kleine Marie Valerie benötige Seebäder. Am 2. August 1874 traf Elisabeth mit Tochter und Hofstaat auf der Isle of Wight, ihrer ersten Reisestation, ein.

Dort begegnete sie zum ersten Mal der englischen Königin Viktoria, die den Sommer ebenfalls auf der Isle of Wight verbrachte. Elisabeth hatte zwar kein großes Interesse sie zu sehen, war ihre Reise doch privater Natur, doch verlangte die Etikette einen Höflichkeitsbesuch. Ein größerer Gegensatz als den zwischen diesen Frauen ließ sich kaum denken. Viktoria war die regierende Königin des mächtigsten Staates der Welt, alt und von unglaublicher Leibesfülle, mit strengen Moralvorstellungen und einem biederen Äußeren. Elisabeth hatte als Kaiserin eines zur Mittelmacht herabgesunkenen Staates nur repräsentative Aufgaben zu erfüllen, war jung, schlank und von ausgewählter Eleganz und Schönheit und konnte mit der Prüderie der viktorianischen Moral wenig anfangen.

Die beiden Frauen waren sich auf Anhieb unsympathisch. Elisabeth hatte sofort nach ihrer Ankunft auf der Insel auf einen Besuch bei der Queen gedrängt, um sich dieser unangenehmen Pflicht möglichst schnell zu entledigen. Die englische Königin war über soviel stillose Aufdringlichkeit pikiert und schrieb am 2. August äußerst mißbilligend und kritisch an ihre Tochter Viktoria, die ihr von dem Aussehen der Kaiserin vorgeschwärmt hatte: »Die Kaiserin bestand darauf, mich heute zu sehen. Wir sind alle enttäuscht. Ich kann sie nicht eine große Schönheit nennen. Sie hat eine schöne Haut, eine herrliche Figur, und hübsche kleine Augen und eine nicht sehr hübsche Nase. Ich muß sagen, daß sie in grande tenue [großer Aufmachung], wenn sie mit ihrem schönen Haar zu sehen ist, was zu ihrem Vorteil ist, viel besser aussieht.« Elisabeth wiederum fand ihren Besuch den »fatiguantesten

Viktoria, Königin von England, um 1890

[langweiligsten] Tag der ganzen Reise«, wie sie Franz Joseph schrieb. »Die Königin war sehr freundlich, sagte gar nichts unangenehmes, ist mir aber unsympathisch … Ich war überhaupt sehr höflich, und alles schien erstaunt darüber. Aber jetzt habe ich auch alles gethan.« Bei ihren späteren Englandreisen hat Elisabeth stets weitere Besuche bei der Königin zu vermeiden gesucht, und wenn eine Visite unumgänglich war, so machte sie es bis an die Grenze zur Unhöflichkeit kurz.

Ihre Zeit war Elisabeth zu wertvoll, denn sie hatte wichtigeres zu tun, als auf englischen Tees Nichtigkeiten auszutauschen. Sie war wegen der Pferde und der Jagden gekommen. Auf ihrer Reise durch England besuchte die Kaiserin verschiedene Gestüte, ohne jedoch eines der sündhaft teuren Pferde zu kaufen – die kaiserlichen Kassen waren nach dem verlorenen Krieg von 1866 und der großen Wirtschaftskrise 1873 leer. Als ihr allerdings eine reiche Lady eines der berühmten englischen Jagdpferde schenken wollte, konnte Elisabeth nicht widerstehen und nahm dieses Geschenk gegen ihre Gewohnheit und gegen die Regeln des Hauses Habsburg an.

Aber Elisabeth schaute sich nicht nur Pferde an, sie ritt sie auch. Bei einem Besuch in London durchstreifte sie hoch zu Roß den Hyde Park, was erhebliches Aufsehen erregte. Bei Madame Tussauds begegnete sie ihrem Mann als Wachsfigur, fand das ganze »ungeheuer amüsant, aber doch teilweise sehr grauslich« und war von der pulsierenden Stadt an der Themse begeistert. In Melton nahm die Kaiserin zum ersten Mal an einer echten englischen Jagd teil und war begeistert. Doch sie merkte schnell, daß sie hier an die Grenzen ihrer Möglichkeiten angelangt war und nahm sich vor, erst wieder nach England zurückzukehren, wenn sie mehr gelernt hatte. Sie gehörte noch nicht zur englischen Reitgesellschaft wie ihre Schwester Marie. Aber durch sie wurde Elisabeth überall eingeführt.

England gefiel Elisabeth ausgezeichnet. Kein Wunder, denn seit ihrer Kindheit beherrschte sie die englische Sprache, und für passionierte Reiter war das Land ein Paradies. Und Baden konnte man hier im großen, freien Meer und nicht in irgendeiner engen Badeanstalt. Dem Kaiser, der das gar nicht gerne sah, schrieb sie zur Beruhigung: »Während ich bade, sind immer Marie Festetics und eine der Frauen im Wasser, damit die Zuseher am Ufer und auf der Anhöhe nicht wissen, welche ich bin. Auch bade ich hier gegen meine Gewohnheit in lichtem Flanell.« Eine nackte Kaiserin in aller Öffentlichkeit im Meer – so weit wollte Elisabeth in ihrer Sehnsucht nach Freizügigkeit und Natürlichkeit nun auch nicht gehen.

Franz Joseph war das alles fremd. Als Elisabeth ihn aufforderte, doch für zwei Wochen nach England zu kommen, blieb er lieber bei seinen alten Gewohnheiten und ging auf die Jagd. Die Kaiserin faßte die Absage nicht als Brüskierung auf. Die Ehe zwischen ihr und Franz Joseph beruhte mittlerweile auf gegenseitigem Verständnis. Jeder ließ den anderen gewähren, wobei sicherlich der Kaiser, dem seine Frau unentbehrlich war, für dieses Arrangement den höheren Preis zahlte. Aus England jedenfalls schrieb Elisabeth an Franz Joseph am 13. September, er solle sich in seinen Plänen durch ihre Rückkehr nicht stören lassen: »Ich weiß, wie Du mich liebhast, auch ohne Demonstrationen, und wir sind deshalb glücklich zusammen, weil wir uns gegenseitig nie genieren.«

Zurück in Österreich nahm Elisabeth sofort intensiven Unterricht im Springreiten, um sich auf die englischen Reitjagden vorzubereiten. Ihr Lehrer war ein Engländer namens Allen. Sie trainierte auf dem hohen englischen Jagdpferd, das ihr die englische Lady geschenkt hatte. Denn es galt Hindernisse zu überspringen, die wesentlich höher waren, als die auf dem Festland üblichen. In Wien konnte sie ihre neue Leidenschaft nur auf dem öffentlichen Rennplatz in der Freudenau verwirklichen, was stets zu Massenaufläufen von Schaulustigen führte, die ihre Kaiserin nun für völlig verrückt erklärten. Elisabeth war froh, als sie sich ins diskretere Gödöllö zurückziehen konnte, um dort ihr Training fortzusetzen.

In Gödöllö war inzwischen auch die Manege fertiggestellt, die Elisabeth sich immer gewünscht hatte, ein Zirkus in Miniaturform, wie ihn schon ihr Vater hatte. Ganze Tage verbrachte sie nun hier mit inten-

sivem, stundenlangen Reit- und Springtraining. Um sicherer im Sattel zu sein, nahm die Kaiserin neben dem Springreiten auch Unterricht bei zwei der berühmtesten Kunstreiterinnen ihrer Zeit: Emilie Loiset und Elise Petzold vom Zirkus Renz. Renz selber, mit dem die Kaiserin seit den Tagen ihrer Hochzeit bekannt war, beriet Elisabeth beim Kauf ihrer Pferde. Elisabeth brachte es im Kunstreiten immerhin so weit, daß sie durch mehrere Reifen springen konnte. Aber auch im Dressurreiten machte sie eine gute Figur, wenn sie in einem Kostüm aus schwarzem Samt ihren kleinen Araberhengst im Tanzschritt um den Ring der Manege führte. Ihr Lehrer in der hohen Schule des Reitens war ein ehemaliger Bereiter von Renz, Gustav Hüttemann.
Im Sommer 1875 trat ein Ereignis ein, daß Elisabeths Leben nachhaltig verändern sollte. Der Vorgänger Franz Josephs, Kaiser Ferdinand, starb kinderlos in Prag und vererbte seinem Neffen alles, was er besaß. Das Kaiserpaar, das sich zuvor ein englisches Reitpferd nicht leisten konnte, war mit einem Schlag steinreich. Franz Joseph erhöhte sofort die Jahresapanage seiner Frau von 100.000 auf 300.000 Gulden und schenkte ihr zudem einen Betrag von zwei Millionen Gulden, über den sie nach eigenen Gutdünken entscheiden konnte. Dies war der Grundstock für ein beträchtliches Privatvermögen, das die Kaiserin, die hier ganz bürgerlich dachte, ansammelte. Denn Elisabeth legte einen Großteil ihres Geldes in Pfandbriefen, Aktien und Sparbüchern an und verstand es geschickt, Franz Joseph für jede Mehrausgabe, die zu ihren Lasten ging, Geld aus der Tasche zu ziehen. Einen Teil ihres Vermögens legte sie später in der Schweiz an, um für alle Notfälle, wie etwa einer Emigration, gerüstet zu sein. Vor allem aber war dieses Geld für Marie Valerie bestimmt, der es später an nichts fehlen sollte. Der Kaiser wußte von den kapitalistischen Transaktionen seiner Frau nichts.
Für die Reitleidenschaft Elisabeths bedeutete das Erbe, daß sie sich alles, was sie sich wünschte, leisten konnte: die teuersten Pferde, die besten Lehrer, die schönsten Reitplätze usw. Der Weg nach England zu den großen Reitjagden und zu ihrem Ziel, zu den Besten zu gehören, war nun frei. Allerdings zweifelte Elisabeth immer noch an ihren Fähig-

keiten, trotz des intensiven Trainings in Wien und Gödöllö. Sie entschloß sich daher, für den Sommerurlaub in Frankreich ein kleines Schloß in Sassetôt-les-Mauconduits anzumieten, dessen Park ideal für ihre Übungen im Springreiten war. Die Anlage lag zudem in der Nähe des Meeres, so daß auch diese Reise als Badeurlaub für Marie Valerie deklariert werden konnte. Der Troß, der am 31. Juli in der Normandie eintraf, bestand aus siebzig Personen und den Pferden Elisabeths. Alles nur erdenkliche wurde aus Wien mitgebracht, so auch das Mehl für die Wiener Bonbons, die die kleine Erzherzogin so sehr liebte und gerne auch an andere Kinder weiterschenkte.

In Sassetôt machte sich die Kaiserin in diesem Sommer mehr als unbeliebt, als sie in Gutsherrenart über die Felder der Bauern galoppierte und dabei große Flurschäden anrichtete. Aber auch hier wurden wochenlang mit eiserner Besessenheit Sprünge, Hindernisparcours und Geländeritte trainiert. Ihr Reitlehrer Allen trieb an einem Tag sein Pferd in die Brandung, um Elisabeth vorzuführen, wie so was geht. Doch das Pferd scheute und ging mit dem Reiter in den Fluten unter. Ein Bademeister rettete Allen vor dem ertrinken. Auch Elisabeth ereilte das Schicksal eines jeden Reiters. Gegen Ende ihres Aufenthaltes stürzte sie beim Einspringen eines Pferdes so schwer, daß sie lange besinnungslos liegen blieb. Als sie zu sich kam, konnte sie sich nicht mehr bewegen und wußte kurzzeitig nicht mehr, wo sie war.

Als Franz Joseph von diesem Unfall erfuhr, sah er seine schlimmsten Befürchtungen bestätigt und wollte sofort an das Krankenbett seiner Frau eilen. Doch das war nicht möglich. Frankreich war seit dem verlorenen Krieg von 1870/71 eine Republik und erbitterter Feind von Preußen, das wiederum, seit Andrássy als Außenminister wirkte, mit der Doppelmonarchie eng liiert war. Schon die Privatreise der Kaiserin war ein politisches Problem, eine Reise des Kaisers nach Sassetôt hätte jedoch zu diplomatischen Verwicklungen geführt. So schrieb der Kaiser seiner Frau, die glücklicherweise mit einer leichten Gehirnerschütterung davonkam, rührende Liebesbriefe: »Dem allmächtigen Gott heißen Dank, daß es soweit ist. Ich kann den Gedanken nicht ausdenken, was geschehen hätte können. Was sollte ich auf der Welt ohne Dich, den guten Engel meines Lebens?« Und Elisabeth antwortet: »Es tut mir leid, daß ich Dir diesen Schreck machte, aber auf solche Zufälle sind wir ja doch eigentlich immer gefaßt.«

Die Kaiserin war also keineswegs verstört. Vom Reiten ließ sie sich von solch einem Zwischenfall schon gar nicht abhalten. Auf dem Rückweg nach Wien machte sie mit Marie Valerie in Paris halt. Wie schon in London durchstreifte sie stundenlang die Stadt, besuchte Museen, Paläste und Gärten und auch einen Abstecher nach Versailles ließ sie sich nicht nehmen. Und sie ritt wieder. Zum Erstaunen der Pariser erschien sie im Bois de Boulogne zu Pferde und sprang dort über einige Barrieren. Zwei Tage zuvor hatte sie den französischen Staatspräsidenten Mac Mahon brüskiert, der ihr seine Loge in der Pariser Oper zur Verfügung gestellt hatte. Elisabeth aber erschien nicht und schickte statt dessen ihr Gefolge.

Die Reaktionen in Österreich auf ihren Reitunfall und den Auftritt in Paris waren äußerst kritisch, auch wenn sich die meisten Zeitungen loyal verhielten. Der Kaiser hatte das Mitgefühl seiner Umgebung und der Bevölkerung, da er sich stets um seine Frau sorgen mußte und von ihr immer wieder so allein gelassen wurde. Doch Franz Joseph hatte sich an diesen Zustand gewöhnt und genoß die Zeit, die er mit Elisabeth verbringen konnte. Marie Festetics, die scharfe Beobachterin, hatte schon füh erkannt, warum dies so war: »Sie [die Kaiserin] weiß ihn bei Athem zu erhalten mit tausenderlei. Und ihre Eigentümlichkeit, Eigenart, ist ihm vielleicht nicht immer bequem. Aber gelangweilt hat sie ihn sicher nie. Elle sait se faire désirer [sie weiß auf sich warten zu lassen], ohne Pose aber. Es liegt in ihrer Art, und er ist unter ihrem Charme wie ein Liebhaber und glücklich, wenn er sie an etwas erinnernd antupfen kann!«

Im Frühjahr 1876 wagte Elisabeth dann den Sprung in die Reitwelt der britischen Insel. Die zweite Englandreise Elisabeths war ein riesiges Unternehmen. Die Kaiserin hatte durch ihre Schwester in den Midlands einen Landsitz mieten lassen, Easton Neston, auf den sie ihre

Gödöllöer Reiterfreunde einlud. Es war der erst richtige Reiturlaub Elisabeths. Der Vizekönig von Irland, Lord Spencer, stellt der Kaiserin zwei seiner besten Reiter, Oberst Hunt und Captain Middleton, zur Verfügung. Sie sollten bei den gefährlichen Reitjagden die Kaiserin leiten, d.h. sie sollten ihre »Piloten« sein. Der ruppige Middleton, ein dreißig Jahre alter Schotte, war von diesem Auftrag gar nicht entzückt. Viel zu unabhängig, um für andere – und noch dazu eine Frau und kaiserliche Majestät – den Aufpasser zu spielen, rief er verärgert aus: »Was ist mir eine Kaiserin, wie komme ich dazu auf sie achtzugeben! Ich werde es ja tun, aber ich würde es vorziehen, meinen eigenen Weg zu gehen.«
Als Elisabeth von diesem Zornesausbruch erfuhr, war ihre Neugierde auf den Mann geweckt, der sich sträubte, der Kaiserin von Österreich zu Diensten zu sein. Sie spürte, daß Middleton, der wie sie seinen eigenen Weg gehen wollte, nicht nur ein hervorragender Reitpartner, sondern auch ein Seelenverwandter sein könnte. Vor allem aber war er keiner von den Höflingen oder den wohlerzogenen Adeligen, die sie sonst umgaben und ihr jeden Wunsch von den Lippen ablasen. Und ihr Gefühl trog die Kaiserin nicht. Middleton sollte nicht nur ihr erfolgreicher Reit-Pilot werden, sondern auch ein enger Freund.
Die beiden begegneten sich zum ersten Mal bei einer Jagd, die zu Ehren Elisabeths in Althorp, dem Jagdgut der Ex-Königin Marie von Neapel, veranstaltet wurde. Der Pilot und sein Schützling gaben sich zunächst reserviert. Doch sobald die Jagd losging, war das Eis gebrochen. Zu seinem Erstaunen mußte Bay, wie ihn seine Freunde riefen, feststellen, daß die Kaiserin, nicht zuletzt aufgrund ihrer intensiven Vorbereitung, zu einer vorzüglichen Jagdreiterin geworden war, die den vielen Schikanen des Geländes souverän gewachsen war. Ihr Pferd war es allerdings nicht, und als es zu kurz einen Graben nahm, stürzte die Kaiserin schwer. Bay Middleton sürzte zu ihr und stellte zu seiner Erleichterung fest, daß ihr nichts geschehen war. In der folgenden Zeit wich Middleton nicht mehr von der Seite Elisabeths und innerhalb weniger Wochen hatte die Kaiserin ihren Ruf als beste Parforce-Reiterin Englands begründet.

Elisabeth gelang zusammen mit Bay Middleton, was fast keine Frau, aber auch nur wenige Männer erreichten: sie kam immer wieder ans Ziel bei diesen Jagdritten über Stock und Stein – eine herausragende Leistung angesichts der Tatsache, daß von den manchmal hundert Reitern regelmäßig weniger als ein Dutzend die Ziellinie überritten. Der raubeinige Schotte mit dem rötlichen Haar war es, der Elisabeth half, ihren Traum zu verwirklichen. Und er nahm sie ernst und versuchte nie, ihren Ehrgeiz zu zügeln. Im Gegenteil: Middleton spornte sie immer wieder an und verlangte ihr alles ab, ohne Rücksicht darauf zu nehmen, daß sie eine Frau und Kaiserin war.

Im Sommer 1876 kam Middleton auf persönliche Einladung der Kaiserin nach Gödöllö. Doch er fühlte sich in dieser fremden Welt nicht wohl. Die ungarischen und österreichischen Reitfreunde Elisabeths begegneten ihm mit unverhohlener Abneigung, hatte er sie doch in der Gunst der Kaiserin verdrängt. Vor allem Niki Esterházy, der Lokalmatador, sah in dem gefeierten englischen Sportsmann einen Konkurrenten. Eines Tages ›floh‹ Middleton. Die Aufregung war groß. Die eingeschaltete Polizei fand ihn schließlich ausgeraubt und betrunken in einem Bordell. Elisabeth war verstimmt und die Konkurrenten triumphierten. Doch Middleton konnte über sich selber lachen und versöhnte so die Kaiserin.

In diesem Sommer war auch erstmals Marie Wallersee, eine Nichte Elisabeths, anwesend. Sie war die Tochter ihres ältesten Bruders Ludwig aus der Ehe mit der bürgerlichen Schauspielerin Henriette Mendel, spätere Baronin Wallersee. Zum Entsetzen Ludovikas hatten der Herzog und die Bürgerliche 1860 geheiratet, als Marie schon auf der Welt war. Wegen dieser ›morganatischen‹, nicht standesgemäßen Frau mußte Ludwig auf die Nachfolge seines Vaters als Oberhaupt der Herzöge in Bayern verzichten. Für Elisabeth war das kein Problem. Sie hat den Bruder und seine Frau immer wieder besucht und sich schon früh ihrer hübschen Tochter angenommen. Marie Wallersee begleitete sie seit 1877 auf ihren Reisen und war zeitlang sogar ihre Sekretärin.

Gräfin Marie Larisch-Moennich, geb. Wallersee, um 1885

Ende Dezember 1878 brach Elisabeth zu ihrer dritten Englandreise auf. Dieses Jahr hatte sie sich in einem malerischen Jagdhaus in Cottesbrooke in Northhamptonshire eingemietet, das ganz in der Nähe von Althorp lag. Ihre Schwester Marie besaß dort ebenfalls einen Jagdsitz. Gleichzeitig mit ihr reiste auch der nunmehr zwanzigjährige Kronprinz Rudolf nach England, allerdings nicht zum Vergnügen, sondern um unter Anleitung seines liberalen Ökonomielehrers Carl Menger das englische Wirtschafts- und Gesellschaftssystem kennenzulernen. Reiten wollte er in diesem Land auf keinen Fall. Er glaubte, das würde seiner Popularität in Österreich schaden. In einer anonymen Flugschrift gegen den österreichischen Adel, die Rudolf in England verfaßte, kam er auch auf die Parforcejagden zu sprechen und notierte mit einem subtilen Seitenhieb auf seine Mutter: »Im Spätherbste gehen dann viele Herren, auch wohl einige Damen, zu den Reitjagden nach Pardubitz, dem Hauptcentrum des Sports. Die bei gutem Wetter dort statfindenden Thierhetzen werden von einem Theil des Adels als der ernstere Theil des Lebens aufgefaßt.«

Der liberal erzogene Kronprinz, der sich gegen das müßige und unproduktive Leben des Adels wandte, sah das Treiben der Kaiserin äußerst kritisch. In seinen Augen tat sie nichts anderes als ihre blasierten Standesgenossen. Mit dieser Einschätzung tat er seiner Mutter allerdings unrecht. Für sie war die Reitjagd vor allem Selbstverwirklichung und nicht luxuriöser Zeitvertreib. Ihre Haltung gegenüber dem Adel war nicht weniger kritisch als die Rudolfs. Doch ihre Kritik speiste sich nicht aus politischen Überlegungen, sondern aus einer tiefen Ablehnung aller Etikette. Sie konnte problemlos das müßige Leben einer Adeligen führen und sich dabei von dieser Klasse distanzieren, indem sie sie durch ihr unkonventionelles Verhalten provozierte und sich ganz dem Reiten hingab.

Bei den seltenen Besuchen Rudolfs in Cottesbrooke, während des sechswöchigen Aufenthaltes seiner Mutter, kam es immer wieder zu Reibereien. Als der Kronprinz eines Tages von seiner Klatschgeschichten nicht abgeneigten Tante Marie hörte, seine Mutter habe ein Verhältnis mit Bay Middleton, verlor Rudolf die Fassung. Als man ihm bei einem Diner des deutschen Botschafters den Piloten Elisabehts vorstellte, starrte er ihn wortlos an, drehte sich um und ging. Middleton war von dieser Brüskierung tief beleidigt, und Elisabeth schäumte vor Wut, als sie davon hörte. Es kam zu einer harten Auseinandersetzung zwischen ihr und dem Kronprinzen, die beinahe zum Bruch geführt hätte. Angeheizt hatte diesen Streit wiederum Marie, die ihrer Schwester kritische Äußerungen Rudolfs über sie und Middleton weitererzählte.

Als sich herausstellte, daß Marie die Auseinandersetzungen zwischen Elisabeth und Rudolf provoziert hatte, kam es zum Zerwürfnis der beiden Schwestern. Besonders empört war Elisabeth über die Verleumdung Maries, Middleton sei ihr Liebhaber. Wie schon bei den Gerüchten, daß Andrássy der Vater ihrer Tochter Marie Valerie sei, sah sich die Kaiserin einem bösartigen Unverständnis für ihre Gefühle und ihre Lebensform ausgesetzt. Bay Middleton war sie in tiefer Zuneigung verbunden, doch eine sinnliche Liebesbeziehung hatte sie zu ihm ebensowenig wie zu Andrássy. Das war nicht ihre Welt. Zwar konnte Elisabeth intensiv mit Männern flirten, und gerade der rauhbeinige Middleton dürfte einigen Reiz auf sie ausgeübt haben. Aber Elisabeth ließ ihre Verehrer nie ganz an sich herankommen. Auch bei Middleton blieb es beim Flirt auf Distanz.

Elisabeth sah in ihrem Piloten einen Ebenbürtigen, Freund und Seelenverwandten, der aber anders als Fritz Pacher nicht ihre schöne Seele zum klingen brachte, sondern deren andere Seite, den eigenwilligen Stolz und unbedingten Durchsetzungswillen sowie ihren Wunsch, bis an die Grenzen ihrer Leistungsfähigkeit zu gehen. Middleton hatte zudem in seiner unbändigen Art und Natürlichkeit etwas von ihrem Vater, dem sie in so vielem nacheiferte. Der Pilot selbst scheint die Kaiserin geliebt zu haben. Jedenfalls schob er die Heirat mit seiner langjährigen Verlobten Charlotte Baird immer wieder auf, solange er mit Elisabeth unterwegs war. Doch war er zu sehr Kavalier, und die Kaiserin zu unnahbar, als daß er die Grenzen jemals überschritten hätte.

Nach dem Streit mit ihrer Schwester Marie entschloß sich Elisabeth 1879 nicht mehr in England, sondern in Irland zu reiten, wo sie der ehemaligen Königin von Neapel sicher nicht begegnen würde. Bay Middleton, der sich auf der Insel sehr gut auskannte, sollte sie auch hierhin begleiten. Er kaufte die Pferde und trainierte sie für das schwierige irische Terrain. Denn Irland bedeutete in bezug auf Reitjagden eine noch größere Herausforderung. Denn hier wurden keine Füchse wie in England, sondern Hirsche gejagt. Und es galt, hohe und tiefe Wälle zu überspringen und nicht bloße Gatter. Im Februar 1879 schlug Elisabeth in Schloß Meath ihr Quartier auf und ritt fast täglich mit ihren Begleitern aus. Auch hier stürzte sie wieder, hatte aber weiterhin Glück und brach sich nichts.

Politisch gesehen war die Reise nicht unproblematisch. In gewisser Hinsicht war sie eine Provokation gegenüber England, denn die katholische Kaiserin von Österreich wurde von den irischen Katholiken, die seit Jahrhunderten gegen die Vorherrschaft der protestantischen Engländer auf ihrer Insel kämpften, als eine Art Hoffnung auf bessere Zeiten begrüßt. Das Incognito nützte der Kaiserin, die ja als Privatperson reiste, hier nichts. Aber Elisabeth verfolgte keine politischen Absichten mit ihrer Reise. Zwar hatte sie sich einst für das unterdrückte Ungarn eingesetzt, aber dieses Engagement hatte in der Zuneigung zu diesem Volk auch private Gründe gehabt. Die Bindung zu Ungarn war jetzt immer noch so stark, daß Elisabeth ein großes persönliches Opfer brachte und ihre erste Irlandreise sofort abbrach, als eine Überschwemmungskatastrophe im März das ungarische Szegedin heimsuchte.

Im April feierte Wien die Silberhochzeit des Kaiserpaares mit einem Huldigungsfestzug, den Hans Makart, der führende Künstler Wiens, gestaltet hatte. Auch zu diesem festlichen Anlaß fielen kritische Worte über die Kaiserin, die nie anwesend war, was die Kaiserin indes wenig bekümmerte. Elisabeth fand den ganzen Trubel nur anstrengend. Ihre Nichte Marie berichtete: »Die Kaiserin machte beim Fest meist eine Miene wie eine indische Witwe, die verbrannt werden soll; und als ich

Elisabeth bei einer Parforcejagd; Zeichnung von 1882

ihr dies in einem unbelauschten Augenblick sagte, lachte sie zwar, meinte aber, es sei schon genug, 25 Jahre verheiratet zu sein, aber deshalb Feste zu feiern, wäre unnötig.«
Das Einzige, was in diesem Jahr zählte, war weiterhin das Reiten. Während ihres Herbstaufenthaltes in Gödöllö versuchte Elisabeth, sich noch mehr darin zu perfektionieren, obleich ihr Können auf diesem Gebiet inzwischen unbestritten war. Selbst ausgewiesene Meister der Parforcejagd lobten ihren Wagemut und Reitstil und bekannten, daß sie solch eine Eleganz noch nie gesehen hätten. Elisabeths Anspruch an sich selbst war jedoch noch höher. So ging sie auch in Gödöllö vormittags auf die Jagd, und nachmittags übte sie kleine Reitkunststücke in

der Manege am Schloß. Sie besaß ein rotes Büchlein, in dem sie sich genau notierte, was sie noch zu verbessern habe.

Für das nächste Jahr 1880 hatte sich die Kaiserin wieder im irischen Summerhill eingemietet. Bay Middleton war wieder ihr treuer Begleiter. Im Februar traf sie mit großem Gefolge in ihrem Domizil an, und schon am nächsten Tag nahm sie an einer äußerst schweren Hirschjagd teil. Franz Joseph, der wie immer in Wien geblieben war und seine Amtsgeschäfte erledigte, schrieb sie von einer waren Sturz-Flut: »Der Run ging … in sehr scharfer Pace, über zahllose Hindernisse aller Art; eine Stunde zwanzig Minuten blieben Middleton und ich dabei … Bayzand … fiel über eine Bank in die Wiese hinein und tat sich weh am Fuß … Rudi Liechtenstein ist auch gefallen, ohne sich etwas zu tun, und Lord Langford, unser Hausherr, der aufs Gesicht fiel, konnte jetzt nicht gut schlucken«. Die anderen Parforcejagden liefen nicht anders ab, nur daß diesmal auch Middleton und die Kaiserin stürzten, aber wie durch ein Wunder erlebte Elisabeth nach dem Sturz in Sassetôt nie wieder einen schweren Unfall.

Im folgenden Jahr konnte die Kaiserin wegen politischer Unruhen dort nicht nach Irland reisen. Doch verzichten wollte sie deswegen auf ihre jährliche Jagdreise keinesfalls und mietete sich kurzentschlossen in Combermere Abbey ein, einem Herrenhaus im englischen Cheshire. Das Gebäude wurde für die Bedürfnisse der Kaiserin stark umgebaut, erhielt eine Kapelle und ein Turnzimmer und überall elektrische Klingeln. Sogar eine Wendeltreppe wurde für die Kaiserin eingebaut. Diese Modernisierungsarbeiten für den sechswöchigen Aufenthalt Elisabeths kosteten den Kaiser allein 10.000 Pfund. Bay Middleton war auch hier wieder mit von der Partie. Er war jetzt dreiundreißig und die Kaiserin dreiundvierzig Jahre alt, was man jedoch kaum bemerkte. Denn Elisabeth war nicht nur weiterhin schön, sondern auch durchtrainiert, zäh und äußerst konditionsstark. Die anstrengenden Jagden schienen ihr nichts anzuhaben. Von den sechsundzwanzig möglichen Jagdtagen nutzte die unentwegte Kaiserin zweiundzwanzig.

Auch im nächsten Jahr reiste die Kaiserin wieder nach England. Doch diesmal war nichts mehr wie sonst. Bay Middleton, der sich nach dem langen Drängen seiner Verlobten endlich zur Heirat entschlossen hatte, war nicht mehr dabei. Elisabeth schien die Reitjagd ohne ihren langjährigen Piloten nur noch halb so viel Spaß zu machen. Sie wirkte von anfang an lustlos und brach den Reitaufenthalt schon nach kurzer Zeit unvermittelt ab. Von heute auf morgen, so wie sie sich in dieses Abenteuer hinein gestürzt hatte, gab Elisabeth die Reitjagd auf, verkaufte ihre Pferde aus den englischen Ställen und kehrte England den Rücken. Fast zehn Jahre hatte sich ihr Leben um das Reiten und die Jagd gedreht, hatte ihm Ziel und Richtung gegeben. Damit war es nun plötzlich vorbei.

Für ihre Umgebung kam diese Entscheidung völlig überraschend. Zwar hatte die Kaiserin in den letzten Jahren ihrem Alter Tribut zollen müssen, doch war ihr Eifer für die Jagd immer noch enorm. Als die Hofdame Irma Sztáray die Kaiserin später einmal fragte, warum sie ihre Karriere als Reiterin so unvermittelt aufgegeben hätte, antwortete diese: »Plötzlich und ohne jeden Grund hatte ich den Mut verloren und ich, die ich noch gestern jeder Gefahr spottete, erblickte heute eine solche in jedem Busche und konnte mich von ihrem Schreckbilde nicht mehr befreien.« Ein Grund für die plötzliche Mutlosigkeit der Kaiserin wird sicherlich aber der Verlust ihres Schutzengels und Führers Bay Middleton gewesen sein. Mit ihm verlor sie nicht nur einen erfahrenen Piloten, sondern auch einen treuen Freund.

Nachdem sie dem extremen Reitsport den Rücken gekehrt hatte, begleitete Elisabeth den Kaiser nach langer Zeit wieder einmal auf einer seiner Auslandsreisen. Der Besuch Triests im September 1882 war nicht ungefährlich, da auch diese Provinz sich seit längerer Zeit in Unruhe befand. Bomben wurden entdeckt, und ein Attentat war zu befürchten. Hier zeigte sich jedoch, daß Elisabeths Wagemut, wenn sie ihn auch beim Reiten verloren hatte, ungebrochen war. Sie bedrängte den Kaiser geradezu, ihn auf dieser gefährlichen Reise zu begleiten, und setzte es unter dem Vorwand, der Sonnenstrahlung auszuweichen, durch, im offenen Wagen neben dem Kaiser auf der der Straße zugewandten Seite zu sitzen – ein Platz, der in bezug auf die Attentatsgefahr sehr viel exponierter war und Franz Joseph schützen sollte. Losgelöst von ihrer extremen Reitleidenschaft kam die Kaiserin in Wien auch wieder stärker ihren Repräsentationspflichten nach, was in der Öffentlichkeit sofort auf positive Resonanz stieß.

Ihr Bewegungsdrang war aber trotz der Abwendung von den Parforcejagden ungebrochen. In den folgenden Jahren betrieb Elisabeth vor allem das Wandern mit einer ähnlichen Leidenschaft wie das Reiten zuvor. Stundenlang konnte sie mit hoher Schritt-, ja fast Laufgeschwindigkeit kilometerweit die Berge, Wiesen und Wälder der Habsburger Monarchie durcheilen. Ihre Hofdamen konnten da nicht mithalten und mußten immer wieder in einen Wagen, der sie wenn möglich begleitete, umsteigen. Selbst Schnee und Regen konnten die Kaiserin von diesen exzessiven ›Gewaltmärschen‹ nicht abhalten.

Auf ihren Wanderungen trug die Kaiserin feste Wanderschuhe und einen widerstandsfähigen dunklen Rock, dazu die unvermeidlich taillierte Jacke. Ein großer Schirm schützte sie vor Sonne und Regen, aber auch vor den neugierigen Blicken Fremder. Wie immer wanderte die Kaiserin incognito. Oft kam es zu komischen Zwischenfällen. Als eines Tages ein Polizist zwei Damen im Laufschritt erblickte, glaubte er sie von einem Verbrecher verfolgt und eilte ihnen sogleich zur Hilfe. Es handelte sich jedoch nur um das übliche Tempo Elisabeths. Als der Polizist die Kaiserin erkannte, war er völlig verwirrt, denn Laufwanderungen waren damals alles andere als üblich und noch dazu für eine Kaiserin mehr als bizarr. Dennoch glaubte der gute Mann seine Pflicht tun zu müssen und begleitete die beiden Damen schnaufend und völlig außer Atem bis zu ihrem Schloß.

Das Wandern lastete die Kaiserin natürlich nicht aus. Deswegen begann sie schon bald mit dem Fechten, das ihre täglichen Turn- und Gymnastikübungen ergänzte. Und auch dabei kam Elisabeths Lebensmotto ›Ganz oder gar nicht‹ zum Tragen. Schon bald nahm sie täglich stundenlangen Fechtunterricht, und das Freizeitvergnügen wurde schnell zum Leistungssport. Auch hier war Elisabeth ihrer Zeit wieder einmal voraus. Der extreme Bewegungsdrang der Kaiserin hörte auch im Alter nicht auf, allerdings machten ihr körperliche Beschwerden zunehmend zu schaffen. Doch nichts konnte sie von ihren ausgedehnten Wanderungen abhalten. Das Reisen überhaupt wurde allmählich zu der ihr eigenen Lebensform. Die letzten Jahre ihres Lebens war sie ständig in Bewegung, reiste von Ort zu Ort, von Insel zu Insel. Das bewegte Meer wurde ihre zweite Heimat.

Bay Middleton heiratete im Oktober 1882. Doch blieb er in brieflichem Kontakt mit der Kaiserin. Einige wenige Male trafen sich die beiden wieder. In Amsterdam, wo sie zur gleichen Zeit eine Massagekur machten, und später in London, wo sie gemeinsam den Kristallpalast besuchten. Bei diesen Treffen behandelte die Kaiserin den Bürgerlichen Middleton als Vertrauten und Freund, so wie sie es immer getan hatte. Für ihre Begleitung war dieses Verhalten nach wie vor schockierend und verstieß gegen jede Etikette. Auch am Ende des 19. Jahrhunderts achtete der Adel strikt auf Abgrenzung zum Bürgertum. Elisabeth hingegen tat dies nicht, sie war so frei. Bay Middleton starb 1892. Er brach sich bei seinem letzten Rennen das Genick.

Fritz Pacher erhielt elf Jahre nach seiner Begegnung mit der maskierten Kaiserin überraschend einen Brief von dem gelben Domino, mit der Bitte, seiner Maskenball-Bekanntschaft eine Photographie von sich zu schicken. Der Auslöser dieser späten Reminiszenz bei Elisabeth war die Abfassung des Gedichts vom gelben Domino gewesen. Als Pacher in seinem Antwortschreiben sarkastisch vermerkte, er sei ein »kahlköpfiger, ehrsamer, aber glücklicher Ehemann« mit einer Frau, die dem Domino an »Größe und Gestalt ähnelt«, reagierte die Kaiserin zunächst nicht. In einem ihrer Gedichte aus dieser Zeit machte sie sich aber über den gealterten Kavalier lustig. Für Elisabeth war Pacher schon längst ein Teil ihrer Dichtung, verwoben mit anderen Freundschaften und Abenteuern. Ein letztes Mal schrieb sie ihm im Jahre 1887 und sandte ihm das eine Gedicht, das ihrem kleinen Abenteuer gewidmet war, »Das Lied des gelben Domino. »Long, long ago«.

Auf den Schwingen der Poesie

Dichtung und Literatur wurden in den 80er Jahren immer mehr zum Refugium Elisabeths, in das sie sich zurückzog und ihren Träumen nachhing. Viel gelesen hatte die Kaiserin schon immer – ganz anders als Franz Joseph, der außer seinem täglichen Aktenstudium nicht viel für das geschriebene Wort übrig hatte. Nun aber intensivierte Elisabeth ihr Lesepensum, nicht zuletzt aufgrund des Freiraumes, den ihr das Ende ihrer Reitleidenschaft verschafft hatte. Shakespeare, dessen Dramen sie sämtlich kannte, war nach wie vor einer ihrer Lieblingsdichter. Daneben schätzte sie aber auch Goethe, dessen »Faust« sie gemeinsam mit ihrer nun fast schon erwachsenen Tochter Marie Valerie las. Ferner gehörten die Franzosen Rousseau, Voltaire und Lamartine zu ihren bevorzugten Autoren, sodann der Engländer Lord Byron und natürlich die ungarischen Dichter. Mitte der 80er Jahre entdeckte die Kaiserin ihre Liebe zu den alten Griechen. Sapphos, vor allem aber Homers Dichtungen begeisterten sie, und mit der ihr eigenen Leidenschaft begann sie nun die antiken Heldenepen zu studieren.

Allerdings war Elisabeth nicht der Typ, der sich stundenlang mit einem Buch in eine Ecke verzog. Die Ruhelosigkeit war ihr inzwischen zur zweiten Natur geworden. So las sie nicht selbst, sondern ließ sich vorlesen – und zwar auf ihren Spaziergängen. Diese Literaturstunden stellten ihre Vorleser jedesmal auf eine harte Probe, denn bei dem hohen Schrittempo, das die Kaiserin vorlegte, wurde ihnen jedesmal das Äußerste an Kondition und Können abverlangt. Andererseits war aber auch die Konzentrationsfähigkeit Elisabeths bewundernswert. Mühelos konnte sie auf ihren Marathonmärschen ganzen Kapiteln von Homers Odyssee folgen, ja gerade beim Gehen war ihre Aufnahmefähigkeit am größten. »Sie war an diese Vorlesungen so sehr gewöhnt, daß sie müßig sitzend kaum imstande war, ihre Gedanken auf das Vorgelesene zu konzentrieren«, notierte verblüfft Elisabeths spätere Hofdame Gräfin Sztáray.

Diese Verbindung von körperlicher und geistiger Bewegung war typisch für Elisabeth. Doch die mobilen Vorlesungsstunden konnten die innere

Unruhe der Kaiserin nur vorübergehend beruhigen, beheben konnten sie sie nicht. Rastlos wie immer hielt Elisabeth nach einem neuen Betätigungsfeld Ausschau. In dieser Situation war es schließlich Marie Valerie, die ihr mit Rat und Tat zur Seite stand. Als Elisabeth ihr im Sommer 1884 von der »Poesie ihres Gedankenlebens« erzählte, die niemand verstünde, ermutigte Marie Valerie die Mutter ihre dichterischen Bemühungen zu verstärken. Marie Valeries Vorschlag kam nicht von ungefähr. Sie kannte ihre Mutter wie kaum eine andere. Elisabeth hatte, wie sie selbst sagte, ihre »ganze Liebesfähigkeit« diesem Kind gewidmet, und neben Ida Ferenczy und Marie Festetics war die jüngste Tochter bald zur engsten Vertrauten der Kaiserin geworden.
Dabei waren beide ziemlich gegensätzlicher Natur. Denn mit dem exzentrischen Wesen ihrer Mutter hatte Marie Valerie nur wenig gemein. Nüchtern und pragmatisch veranlagt, schlug sie eher nach ihrem Vater. Wo Franz Joseph aber oft still verzweifelte, hatte Marie Valerie ein tiefes Verständnis für die Eigenheiten Elisabeths gefunden. Und sie spürte, daß nur eine kreative Tätigkeit ihre Mutter aus der rastlosen Melancholie herausreißen konnte.
Elisabeth griff Marie Valeries Vorschlag dankbar auf. Zeit ihres Lebens hatte sie Gedichte geschrieben, nun aber sah sie das Dichten als ihre eigentliche Berufung an. An die 600 Gedichte sollte sie in den nächsten vier Jahren in rascher Folge schreiben, und sie fand dafür nicht nur bei ihrer Tochter, sondern auch bei Königin Elisabeth von Rumänien Bestätigung. Die rumänische Herrscherin – eine geborene Fürstin von Wied – war selbst eine begeisterte Dichterin, die ihre Werke unter dem Pseudonym Carmen Sylva veröffentlichte. Im Herbst 1884 lernten sich beide Frauen kennen, als Carmen Sylva die österreichische Kaiserin auf Schloß Gödöllö besuchte. Die Zuneigung war wechselseitig und auf beiden Seiten von tiefem Respekt und Bewunderung gekennzeichnet.
Trotz der sie verbindenden dichterischen Passion waren beide Herrscherinnen aber durchaus unterschiedlich. Denn obgleich Carmen Sylva in den Augen ihren Zeitgenossen als begabte Poetin galt, widmete sie sich – anders als Elisabeth – doch auch ihren Regentenpflichten mit Diszi-

plin und Eifer und war eine zupackende, tatkräftige Frau. Elisabeth sah das sehr wohl und charakterisierte die Dichterkollegin folgendermaßen: »Carmen Sylva ist sehr lieb, unterhaltend, interessant, aber sie steht mit den Füßen auf der Erde; sie könnte mich nie verstehen, ich aber sie ja, ich liebe sie. Sie erzählt und fabelt so gern, ihr ist es ein Genuß, und der König ist derart prosaisch, daß geistig ein Abgrund zwischen ihnen liegt. Natürlich sagt sie dies nicht so rundweg, doch zog ich das aus ihren Nasenlöchern.«
Mit ihrer Einschätzung, daß Carmen Sylva sie nicht verstehen könne, lag Elisabeth jedoch falsch. Kaum jemand hat je mit einer derartigen Wärme den Kontrast zwischen Sissis höfischer ›Zwangsjacke‹ und ihrem schwärmerischen Freiheitsstreben beschrieben wie Carmen Sylva: »Da wollten die Menschen ein Feenkind einspannen, in die Qual der Etikette und der steifen, toten Formen, aber Feenkind läßt sich nicht einsperren, bändigen und knechten. Feenkind hat heimliche Flügel, die es immer ausbreitet, und fliegt davon, wenn es die Welt unerträglich findet.« Diese Wärme, einhergehend mit dem lebhaften und sprühenden Naturell der rumänischen Königin nahmen auch Marie Valerie sofort gefangen. Fast schon euphorisch notierte die Kaisertochter in ihr Tagebuch: »*Die* nennt man einen Blaustrumpf, denke ich mir, als ich die lachenden grossen grünen Augen, die noch mit jugendlicher Frische gefärbten Wangen, die schneeweissen auffallend schönen Zähne betrachte. O Carmen Sylva, wenn Du in den Herzen lesen kannst, dann musst Du wissen, dass die unsrigen von jener Stunde an Dein waren – Dein ohne Rückhalt.«
Das Treffen in Gödöllö blieb nicht die einzige Begegnung von Königin und Kaiserin. Mehrmals noch sollten sie sich in den nächsten Jahren sehen. Die rumänische Königin war und blieb eine der wenigen gekrönten Häupter, die Elisabeth freiwillig empfing und gerne aufsuchte, eine »Schwester«, wie sie selbst sagte, der sie Vertrauen entgegenbrachte und deren dichterisches Schaffen sie bewunderte. Ihr literarisches Vorbild aber war Carmen Sylva nicht. Diesen Platz hielt schon Heinrich Heine besetzt. Auch dies war ein Erbteil des Vaters.

Hatte Herzog Max den 1856 verstorbenen Dichter hochgeschätzt, so kannte Elisabeths Heine-Verehrung keine Grenzen. Vom Jahr 1885 an begann sie die Werke des Dichters systematisch zu studieren. Sie besaß Heines gesammelte Werke und das gleich in zweifacher Ausführung. Die größere von beiden – eine zweiundzwanzigbändige und mit zahlreichen handschriftlichen Kommentaren Elisabeths versehene Edition – befindet sich heute im Heine-Archiv der Düsseldorfer Landes- und Stadtbibliothek. Auf ihren Spaziergängen und Wanderungen führte die Kaiserin stets eine Taschenausgabe mit sich.

Wie immer, wenn Elisabeth sich einer Sache mit ganzem Herzen widmete, erreichte sie auch in ihrem Heine-Studium höchstes Niveau und galt schon bald als ausgewiesene Heine-Kennerin. Selbst Experten und Wissenschaftler baten die Kaiserin in Heine-Fragen um Rat. So wollte beispielweise ein Berliner Literaturhistoriker ihr Urteil über drei noch ungedruckte Heine-Gedichte erfahren. Und Elisabeth erwies sich als souveräne und äußerst kompetente Ratgeberin. Von den drei Gedichten entlarvte sie eines als falsch, was sich später bestätigte, und empfahl die anderen beiden trotz heikler Thematik zu veröffentlichen: »Denn Heine's Publikum«, so schrieb sie in ihrem ausführlichen Antwortbrief, »sind die Völker der Erde und diese haben ein Recht, ihn ganz kennen zu lernen, zumal der Dichter selbst, unähnlich der Mehrzahl der anderen Poeten, jede Heuchelei verschmähte und sich stets so zu geben liebte, wie er war, mit all seinen Vorzügen und menschlichen Schwächen«.

In Heines kompromißlosen Streben nach Wahrhaftigkeit und dem Ausleben des eigenen Selbst erkannte sich Elisabeth wieder, ebenso wie in Heines Erfahrung gesellschaftlicher Ächtung, die ein derartiges Auftreten mit sich brachte. Sie sah in dem verfemten Dichter einen Wesens- und Leidensgenossen, der sich trotz aller Anfeindungen treu geblieben war. Und sie liebte seine tiefe »Traurigkeit, mit der ihn«, wie sie sagte, »die irdischen Dinge erfüllten«, ebenso wie seinen beissenden Spott, der auch ihr nicht fremd war. Carmen Sylva über die Seelenverwandtschaft Elisabeths mit Heine: »Es war sehr natürlich, daß sie unter

Die rumänische Königin Elisabeth (»Carmen Sylva«) – die Dichterfreundin Sissis

allen Dichtern Heine am liebsten haben mußte, weil er eben auch so verzweifelt ist über alle Unwahrheit der Welt und gar nicht genug Worte findet, um das Hohle darin zu geißeln! [...] Sie fand eben in Heine die Verachtung aller Äußerlichkeiten, die sie so tief empfand, sie fand die Bitterkeit, mit der ihr schweres, einsames Schicksal sich erfüllte, und den Schalk, der ihr selbst im Nacken saß und ihr so originelle und überraschende Äußerungen entlockte.«
Heine wurde für die Kaiserin nicht nur zum Idol, sondern auch zum absoluten Maßstab und Vorbild was ihr eigenes dichterisches Schaffen anbelangte. Zahllose Gedichte widmete sie dem »Meister«, wie sie ihn nannte, und die stetige Auseinandersetzung mit ihm sollte bis in Themenwahl, Rhythmus und Stil ihre eigenen Gedichte prägen. Es war Elisabeth, als führte ihr der Meister beim Schreiben die Hand, als sei sie das Medium seiner unsterblichen Seele: »Mir dünkt, daß Du [Heine] dictiertest,/ zu schreiben nur bleibt mir,/ Gedanken und Gefühle/ wehst du auf das Papier.« In den meisten von Elisabeths Gedichten lassen sich Spuren dieser geradezu mystischen Verbindung mit Heine finden. In dem Gedicht »Sonntagskind« ist es die ambivalente Grundstimmung ihres Lebens von Glücksversprechen und Trauer, die Elisabeth auch bei Heine zu spüren glaubte:

Ich bin ein Sonntagskind, ein Kind der Sonne;
Die goldnen Strahlen wand sie mir zum Throne,
Mit ihrem Glanze flocht sie meine Krone,
In ihrem Lichte ist es, dass ich wohne,
Doch wenn sie je mir schwindet, muss ich sterben.

Ein immer wiederkehrendes Motiv in den Gedichten Elisabeths war die Einsamkeit, die sie mit Heine zu teilen meinte, und die Trauer über das verlorene Glück. Das Gedicht »Verlassen« spricht, selbstkritisch wie ihr großes Vorbild, von dem Betrug, der ihr widerfahren, aber auch von dem, den sie begangen:

In meiner grossen Einsamkeit
Mach' ich die kleinen Lieder;
Das Herz voll Gram und Traurigkeit,
Drückt mir den Geist darnieder.

Wie war ich einst so jung und reich
An Lebenslust und Hoffen;
Ich wähnte nichts an Kraft mir gleich,
Die Welt stand mir noch offen.

Ich hab' geliebt, ich hab gelebt,
Ich hat' die Welt durchzogen;
Doch nie erreicht, was ich erstrebt. –
Ich hab' und ward betrogen!

Vor allem die zahlreichen Spottgedichte Elisabeths erinnern an Heine. In ihnen setzte sie der Umgebung (den »Canaillen«) die Narrenkappe auf, so z. B. in dem »Klingel-Lied«:

Wird mir die Welt zu bitter,
Die Menschen zu fatal,
So schwing' ich mich aufs Flügelross
Und mach mich von der Erde los;
Ich flieh' die bösen Zwitter
Und die Canaillen all'.

Ich lass sie wütend kläffen
Und giftig nach mir spei'n;
Ich wieg' mich oben hoch im Blau
Kaum, dass ich noch die Erde schau,
Kein Schmutzpfeil wird mich treffen;
Die Luft ist hier zu rein.

Ich aber web' euch Kappen
Und näh noch Schellen dran;
Als Narren geht ihr dann herum,
Man schaut sich lachend nach euch um;
Und seid ihr längst begraben;
Sie klingeln selbst noch dann.

Elisabeth konnte sich aber auch sarkastisch als Abstinenzlerin in Sachen Liebe zu erkennen geben. Das »Anti-Trinklied« ist eine bittere Abrechnung mit einem Gefühl, dessen Betrug sie in vielen anderen Gedichten, die vor allem um ihre Beziehung mit Franz Joseph kreisten, immer wiede beklagte:

Für mich keine Liebe,
Für mich keinen Wein;
Die eine macht übel,
Der andre macht spei'n!

Die Liebe wird sauer,
Die Liebe wird herb;
Der Wein wird gefälschet
zum schnöden Erwerb.

Doch falscher als Weine
Ist oft noch die Lieb'
Man küsst sie zum Scheine
Und fühlt sich als Dieb!

Für mich keine Liebe,
Für mich keinen Wein;
Die eine macht übel,
Der and're macht spei'n!

Und schließlich gab es, ganz in der Tradition Heines, auch politische Gedichte, in denen sich die Kaiserin von Österreich als überzeugte Republikanerin offenbarte, die im König- und Kaisertum nur »teures Ornament« sah, »Das jedes Land belastet/Welches sich Monarchie benennt«, und das Habsburger Reich als »vergang'ner Pracht Skelett« abqualifizierte. Heine hätte seine helle Freude an derartigen Versen gehabt, ebenso wie an dem folgenden Zuruf Elisabeths an die Völker der Donaumonarchie, den sie angesichts einiger Affären und Skandale, die sich die weitverzweigte Habsburger Verwandtschaft geleistet hatte, verfaßte:

Ihr lieben Völker im ganzen Reich,
So ganz im geheimen bewundre ich euch;
Da nährt ihr mit eurem Schweisse und Blut
Gutmütig diese verkommene Brut!

Es versteht sich von selbst, daß diese Zeilen, wie alle Gedichte Elisabeths unveröffentlicht blieben und auch Franz Joseph sie nicht zu sehen bekam. Neben dem für eine Kaiserin ziemlich paradoxen Ruf nach Völkerfreiheit, blieb aber auch die Sehnsucht nach persönlicher Freiheit und der damit verbundene Ausbruch aus den Zwängen der höfischen Welt eines der Hautpmotive in Elisabeths Dichtung:

Liberty

Ja ein Schiff will ich mir bauen!
Schönres sollt ihr nimmer schauen
Auf dem hohen, weiten Meer;
›Freiheit‹ wird vom Maste wehen
Freiheit' wird am Buge stehen,
Freiheitstrunken fährt's einher.

›Freiheit‹! Wort aus goldnen Lettern,
Flattert stolz in allen Wettern

Von des Mastes schlankem Baum,
Freiheit atmen meine Nüstern,
Freiheit jauchzt der Wellen Flüstern,
Freiheit! Dann bist du kein Traum.

Sucht es dann ihr Telegraphen,
Für ein Hoffest mich zu schaffen
In die Kerkerburg zurück;
Ficht im Klaren, fischt im Trüben,
Fangt die Möve nach Belieben;
»Hurrah« wir sind frei und flügg'!

Von den Spitzen meiner Finger
Send' ich euch, ihr lieben Dinger,
Die mich einst gequält so sehr,
Einen Kuss und meinen Segen,
Schert euch nimmer meinetwegen;
Ich bin frei auf hohem Meer!

Auch bei diesem Gedicht hatte Heine Pate gestanden, sowohl was den Stil als auch die Meeres- und Schiffsmetaphorik anbelangte. Und auch das Mövenmotiv hatte Elisabeth von dem großen Dichter übernommen. In diesem Bild des frei umherfliegenden Meeresvogels fand sich die Kaiserin am ehesten wieder und es wurde in vielen ihrer Gedichte immer wieder aufgenommen.
Elisabeths Heine-Verehrung steigerte sich seit Mitte der 80er Jahre kontinuierlich. Sie sammelte alles, was an Gegenständen und Manuskripten des Dichters aufzufinden war, besuchte im Juli 1887 Heines greise Schwester Charlotte Emden in Hamburg und setzte sich in der Folgezeit intensiv für die Errichtung eines Heine-Denkmals in dessen Geburtsstadt Düsseldorf ein. Rund 13.000 Gulden, die Hälfte der veranschlagten Kosten, spendete sie selbst und verfaßte zudem einen Spenden-Aufruf. Das Denkmal wurde allerdings nie realisiert. Denn

die gesamte deutschnationale und antisemitische Presse im Kaiserreich wie auch in der Donaumonarchie lief Sturm gegen dieses Projekt. Denn für diese Kreise war Heine kein Dichter, sondern ein ›Vaterlandsverräter‹. Alle, die sich für das Denkmal einsetzten, wurden als ›Judenknechte‹ diffamiert. Eingedenk ihrer exponierten Stellung zog sich die Kaiserin nach diesen Attacken von dem Projekt zurück, ließ sich jedoch später ein privates Heine-Denkmal errichten.
Neben diesen äußeren Aktivitäten begann Elisabeth aber auch innerlich eine immer tiefere Beziehung zu ihrem ›Meister‹ zu entwickeln. »Heine ist immer und überall mit mir«, schrieb sie an Marie Valerie im September 1886, »jedes Wort, jeder Buchstabe, was nur in ›Heine‹ vorkommt, ist ein Juwel«. Und am 5. März 1887 schrieb die Kaiserin die folgenden Verse:

An meinen Meister

Es schluchzt meine Seele, sie jauchzt und sie weint,
Sie war heute Nacht mir der Deinen vereint;
Sie hielt Dich umschlungen so innig und fest,
Du hast sie an Deine mit Inbrunst gepresst.
Du hast sie befruchtet, du hast sie beglückt,
Sie schauert und bebt noch, doch ist sie erquickt.
O könnten nach Monden aus ihr auch erblüh'n
so wonnige Lieder, wie Dir einst gedieh'n! –
Wie würde sie hegen, die Du ihr geschenkt,
Die Kinder, die Du, Deine Seele getränkt.

Diese nächtliche Seelenvermählung war durchaus keine bloße Fiktion. Ganz ernsthaft erzählte Elisabeth ihrer jüngsten Tochter, daß ihr Heinrich Heine beim Zubettgehen erschienen sei. Ihre Mutter habe dabei, so notierte Marie Valerie später in ihr Tagebuch, »die merkwürdige, ... aber angenehme Empfindung« gehabt, »als wollte diese Seele die ihrige lostrennen aus dem Körper. Dieser Kampf brauchte einige Sekunden, aber Jehova gestattete der Seele nicht, den Körper zu verlassen. Die Erscheinung verschwand und liess Mama trotz der Enttäuschung des Weiterlebens im Glauben, eine grössere Liebe zu Jehova und die Überzeugung, dass Heines Seele bei Ihm und ihr Umgang mit Mamas Seele von Ihm gestattet sei. Und Mama versichert noch heute und sagt, sie könne jeden Schwur leisten, dass dies wahr sei und sie die Erscheinung vollkommen wachend und mit ihren leiblichen Augen vor sich gesehen«.

In der kaiserlichen Familie stießen derartige Äußerungen naturgemäß auf Befremden. Franz Joseph, dessen »poetische Ader«, wie es die Gräfin Festetics vorsichtig formulierte, »nicht sehr … entwickelt war«, konnte mit dem Heine-Kult seiner Frau nicht viel anfangen. Für ihn waren ihre schwärmerischen Gefühle und Gedichte bloße »Wolkenkraxeleien«. Drastischer drückte sich der Lieblingsbruder der Kaiserin, Karl Theodor, aus. Er warnte Elisabeth, wie Marie Valerie berichtete, »sich zu intensiv in die überspannten Ideen zu bohren, in denen sie lebt, denn er meint, durch diesen eingebildeten Seelenverkehr mit Heine könne sie ihre Nerven so überreizen, dass sie am Ende noch ›umschnappe‹«.

Nur Marie Valerie hielt ihrer Mutter die Stange, indem sie meinte: »Abgesehen von den sie oft erschreckenden aufregenden Ideen Mamas, ist aber glaube ich dieses Dichten ein Glück für sie.« Und damit hatte sie nicht Unrecht. Denn im Dichten fand Elisabeth zu sich selbst. Sie griff zur Feder, wenn sie sich unverstanden oder unglücklich fühlte. Ihr Gedichtbuch wurde mehr und mehr zum Tagebuch, das sie in den Jahren von 1885 bis 1888 stets begleitete und dem sie ihre Freuden und Sorgen aber auch Alltagserlebnisse anvertraute. Deswegen finden sich neben den großen Themen wie Liebe, Sehnsucht und Hoffnung auch Gedichte über Hoffeste und Empfänge, dem 80. Geburtstag ihrer Mutter Ludovika, vor allem aber Reisegedichte. Denn von Herbst 1886 an setzte die Kaiserin ihre Griechenland-Begeisterung in die Tat um. Sie wollte nun das Land ihrer antiken Helden selber kennenlernen.

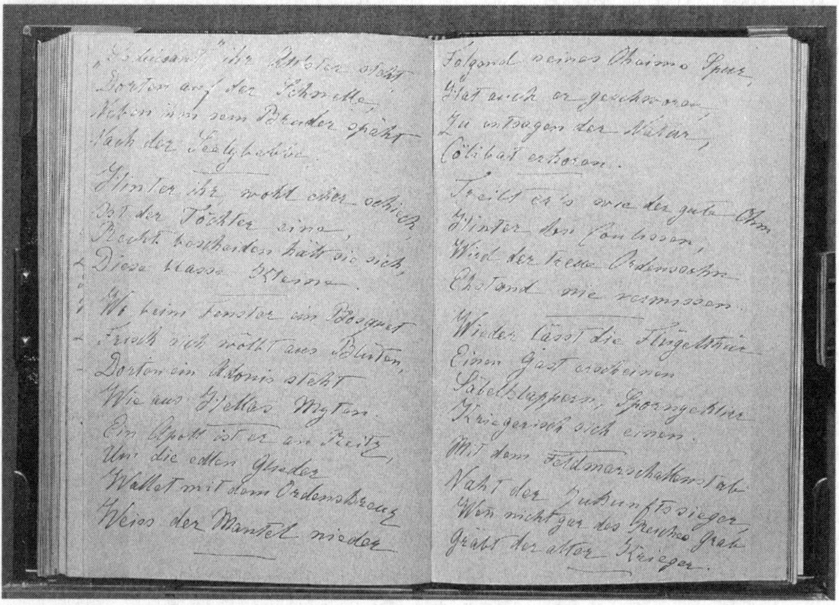

Elisabeths dichterisches Vorbild Heinrich Heine sowie eine Abbildung eines ihrer handschriftlichen Gedichte in ihrem ›Poetischen Tagebuch‹

In den nächsten drei Jahren startete die Kaiserin zu drei Mittelmeerkreuzfahrten, die sie auf den kaiserlichen Jachten »Miramare« und »Greif« nach Patras, Korinth, Athen, Ithaka, Rhodos, Zypern, dem Kap der Sappho, Missolungi, aber auch nach Albanien und bis Kleinasien führten, wo sie nahe der Dardanellen Troja besichtigte. Ausgangs- und Fixpunkt dieser Exkursionen war das von Elisabeth so geliebte Korfu. Und in dem österreichischen Konsul auf Korfu, Alexander von Warsberg, fand sie auch einen treuen Begleiter. Warsberg war ein ausgezeichneter Griechenlandkenner, der mehrere Bücher, darunter auch die von Elisabeth hochgeschätzten ›Odysseischen Landschaften‹ zu Griechenland verfaßt hatte. Die Bewunderung beruhte dabei auf Gegenseitigkeit, denn Warsberg wurde schon bald zu einem glühenden Verehrer der Kaiserin.
Dennoch bereitete ihm das gemeinsame Reisen nicht nur Vergnügen. Denn Elisabeth behielt auch bei ihren griechischen Exkursionen ihren Eilschritt bei und durchmaß selbst das unwegsamste Gelände im Lauftempo. Sie wurde daher, wie Warsberg später berichtete, von den erstaunten Griechen »die Eisenbahn« genannt. Der Kaiserin bereitete ihr rasendes Besichtungsprogramm keinerlei Probleme. »Eine richtige Bildungsreise«, schwärmte sie von ihrem Ithaka-Besuch im Oktober 1887. Warsberg jedoch war an die Grenze seiner Leistungsfähigkeit gelangt: »Die Ermüdung übertrifft alles, was ich je auf meinen gewiß nicht mühelosen Orientreisen erfahren«, schrieb er zeitgleich in sein Tagebuch.
Was Warsberg an Kondition fehlte, fehlte Franz Joseph an Inspiration. Ebensowenig wie er die dichterische Begeisterung seiner Frau teilen konnte, konnte er auch die Griechenland-Liebe Elisabeths nachvollziehen. »Ich kann mir gar nicht vorstellen, was Du durch so viele Tage in Ithaka machst. Doch die Hauptsache ist, daß Du wohl und zufrieden seiest, und das scheint der Fall zu sein«, schrieb er ihr Anfang November 1887. Als die Kaiserin ihrem Mann mit dem nächsten Brief mitteilte, daß sie den ursprünglich nur auf vierzehn Tage geplanten Griechenland-Aufenthalt um weitere drei Wochen verlängern wolle, war

Franz Joseph alles andere als begeistert, übte sich jedoch in stiller Resignation: »Doch wenn Du glaubst, daß es für Deine Gesundheit notwendig ist, will ich schweigen, obwohl wir heuer seit Frühjahr nicht länger als einige Tage beisammen waren.«
Weder das stetige Schnaufen Warsbergs noch Franz Josephs resignative Heimkehrappelle konnten jedoch die Griechenland-Euphorie der Kaiserin trüben. 1888 besuchte sie das Land erneut für einige Wochen, wollte jetzt aber nicht mehr nur Touristin sein, sondern begann mit einem intensiven Studium der alt- und neugriechischen Sprache. Und sie erteilte Warsberg den Auftrag, ihr auf Korfu ein Schloß errichten zu lassen. Sie betrachte Griechenland, so erklärte die Kaiserin dem verblüfften Franz Joseph, nunmehr als »ihre Zukunftsheimat«.
Neben Griechenland galt Elisabeths ganze Liebe aber auch weiterhin dem Dichten. Sie trug sich mit dem Gedanken, ihre Gedichte zu sammeln und zu veröffentlichen. Natürlich kam dafür keinesfalls ihre gegenwärtige Zeit in Frage. Abgesehen von dem politischen Skandal, den eine solche Veröffentlichung mit sich gebracht hätte, fühlte sich die Kaiserin auch als Fremde unter ihren Zeitgenossen. Sie setzte deshalb auf die »Zukunftsseelen«, wie sie sie nannte, Menschen einer neuen Zeit, von denen sie sich mehr Verständnis für ihre Gedanken und Träume erhoffte. Auch dieses Projekt wird mit größtem Elan betrieben und nach einem genauen Plan in die Tat umgesetzt. Stundenlang mußten ihre Nichte Marie Wallersee, verheiratete Larisch, und Marie Valerie ihre Gedichte abschreiben, die daraufhin anonym und unter größter Geheimhaltung an eine Druckerei gegeben wurden. In einem handgeschriebenen Brief wandte sich Elisabeth direkt an die »Zukunftsseelen«:

»Liebe Zukunftsseele!
Dir übergebe ich diese Schriften. Der Meister hat sie mir dictirt, und auch er hat ihren Zweck bestimmt, nämlich vom Jahr 1890 an in 60 Jahren sollen sie veröffentlicht werden zum besten politisch Verurteilter u. deren hilfebedürftigen Angehörigen. Denn in 60 Jahren so wenig wie heute werden Glück u. Friede, das heisst Freiheit auf unserem kleinen Sterne hei-

misch sein. Vielleicht auf einem Andern? Heute vermag ich Dir diess nicht zu sagen, vielleicht wenn Du diese Zeilen liest – Mit herzlichem Gruss, denn ich fühle Du bist mir gut,
Titania
geschrieben im Hochsommer des Jahres 1890 u. zwar im eilig dahinsausenden Extrazug«

In einer Art gesondertem Testament verfügte die Kaiserin, daß ihre gesammelten Gedichte samt dem Brief an die »Zukunftsseelen« nach ihrem Tode in einer verschlossenen Kassette an sechs ihr vertraute Personen übergeben werden sollten. Diese oder ihre Nachkommen sollten die Kassette dann 1950 an dem »Presidenten der Schweitzer Eidgenossenschaft« weiterreichen, der dann die Drucklegung verfügen sollte – denn die Schweiz galt der österreichischen Kaiserin als sicherer Hort der Freiheit. Tatsächlich gelangten 1951 zwei Exemplare der Gedichtbücher in die Schweiz und zwar über die Nachkommen ihres Bruders Karl Theodor sowie aus dem Nachlaß des Fürsten Rudolf Liechtenstein. Veröffentlicht wurden sie indes erst 1984 von der österreichischen Historikerin Brigitte Hamann im Auftrag der Österreichischen Akademie der Wissenschaften. Hamann gab der Gedichtsammlung den Titel »Kaiserin Elisabeth. Das poetische Tagebuch«. Die Erlöse aus dieser Veröffentlichung sollten an das UN-Flüchtlingshilfswerk gehen, was durchaus im Sinne Elisabeths gewesen sein dürfte.
Für die Kaiserin selbst erhielt die Beschäftigung mit den ›Zukunftsseelen‹ eine immer größere Bedeutung. Sie wurden nun neben Heine zu ihren ständigen Ansprechpartnern und Gedankenfreunden. Der Wiener Hof, ihr Amt und ihre Würde als Kaiserin, ja sogar ihre engste Umgebung und die Familie verloren für sie zunehmend an Bedeutung. »…eigentümliches Leben, das meiner Mutter«, schrieb daher auch Marie Valerie in ihr Tagebuch, »ihre Gedanken beschäftigen die Vergangenheit, ihr Streben die ferne Zukunft: die Gegenwart ist ihr ein wesenloses Schattenbild, ihr größter Stolz, daß niemand ahnt, daß sie eine Dichterin ist.«

Der Märchenkönig

Ludwig II., sagenumwobener König von Bayern, und Elisabeth, die schöne Kaiserin von Österreich, waren Cousin und Cousine zweiten Grades. Beide entstammten sie dem Hause Wittelsbach. Ludwig war der Sohn Maximilians II., einem Vetter Elisabeths. Sie kannten sich seit ihrer Kindheit, doch zeigte die acht Jahre ältere Sissi erst spät Interesse für ihren exzentrischen »Königsvetter«, wie sie ihn nannte. Sie war schon zehn Jahre lang Kaiserin von Österreich und in der Blüte ihrer Schönheit, als Ludwig 1864 den bayerischen Thron bestieg und seine eigenartige Regentschaft begann, die Bayern nicht nur romantische Schlösser, sondern auch enorme Schulden und eine handfeste Staatskrise brachte. Denn der König war krank. Er litt an einer paranoiden Schizophrenie.

Im Sommer 1886 hatte sich die Situation derart verschlechtert, daß die Wittelsbacher zum letzten Mittel griffen: Sie erklärten Ludwig für regierungsunfähig und setzten seinen Onkel Luitpold als Prinzregenten ein. Der jüngere Bruder Ludwigs, Otto, kam als Nachfolger nicht in Frage, da bei ihm schon 1875 die ererbte Geisteskrankheit voll ausgebrochen war. Ludwig, der phasenweise bei vollem Verstand war, wurde von dieser Entscheidung überrascht und von heute auf morgen vom mächtigen König zum ohnmächtigen Irren gemacht. Man brachte ihn am 11. Juni nach Schloß Berg am Starnberger See, das man heimlich zu einem Gefängnis ausgebaut hatte, und unterstellte ihn dort dem Irrenarzt Dr. Gudden.

Elisabeth, die zu dieser Zeit ihre Mutter in Garatshausen besuchte, war empört, als sie von diesem Coup hörte. Ihre Mutter hingegen, die Ludwig aus nächster Nähe kannte, war nicht überrascht. Sie hielt, wie der Rest der Familie, den König für geisteskrank. Elisabeth hielt dagegen, daß Marotten noch kein Irrsinn seien und Ludwig nicht wahnsinnig. Niedergeschlagen kehrte sie an diesem Tag nach Feldafing zurück, wo sie mit ihrer Tochter Marie Valerie im Hotel Strauch logierte. Wenige Tage später, am Pfingstsonntag, dem 14. Juni, erschien dort zu früher Stunde ihre älteste Tochter Gisela und teilte

ihr mit ernster Miene mit, Ludwig sei am gestrigen Abend im Starnberger See ertrunken.
Elisabeth war schockiert von dieser Nachricht. Den ganzen Tag war ihre Stimmung verzweifelt und grenzte zeitweise an Hysterie. In ihrem Tagebuch notierte Marie Valerie: »Mama ... ist von Mitleid und Erinnerungen an schöne Stunden erfüllt und ganz verstört vor Kummer ... Vielleicht hat Mama Unrecht zu sagen, der König war kein Narr, nur ein in Ideenwelten lebender Sonderling ... Als ich abends zum Beten bei Mama war, warf sie sich allerlängst auf den Boden – ich schrie laut auf, denn ich dachte, sie hätte etwas gesehen und krampelte mich in solcher Angst an sie, dass wir schließlich lachen mussten. Mama sagte, sie wolle nur in Reue und Demut für ihre rebellischen Gedanken Gott um Verzeihung bitten, sie hätte sich ihren Verstand wund gedacht über den unergründlichen Ratschluß Gottes, über Zeit und Ewigkeit, Vergeltung und Jenseits – und müde vom fruchtlosen, sündigen Grübeln, wolle sie nun, sooft ihr Zweifel kommen, in Demut sagen: ›Jehova, du bist gross. Du bist der Gott der Rache, der Gnade, der Weisheit‹.«
Nie konnte geklärt werden, wie Ludwig II. ums Leben kam – ertrank er auf der Flucht, war es Selbstmord oder gar Mord? Diese Fragen bewegten schon in den ersten Tagen nach dem Tod des Königs die Gemüter. Zeugen wollten am Abend des Todestages eine Kutsche vor Schloß Berg gesehen haben. Gerüchte kamen auf, die Kaiserin, die ja am gegenüberliegenden Ufer in Feldafing wohnte, habe versucht, ihren Vetter aus den Fängen seiner Wärter zu befreien. Tatsächlich hat Elisabeth mit dem Gedanken gespielt, zugunsten ihres Vetters zu intervenieren. Als man ihr jedoch zu verstehen gab, daß dies als Einmischung in bayerische Angelegenheiten angesehen würde, ließ sie von ihrem Plan ab. Eine Entführung Ludwigs hat sie nicht organisiert.
In ihrer Verzweiflung über den Tod des Verwandten und Freundes, suchte Elisabeth Trost in ihrer Dichtung. Dort rief sie sich ihre Begegnung mit Ludwig in Erinnerung und gab ihrem Schmerz über den Verlust poetischen Ausdruck. An den Spekulationen über die Umstände, unter denen der bayerische König zu Tode kam, beteiligte sie sich nicht.

Ihre Beziehung zu Ludwig war persönlicher und romantischer, als daß sie solche ›äußerlichen‹ Fragen interessiert hätten. So entstand die Gedichtfolge »Junilieder« am Starnberger See, der im Juli in Ischl ein großes, alle Motive ihrer Totenklage nochmals versammelndes großes Gedicht folgte. Darin ruft Elisabeth in Gestalt einer »Möwe« den »Adler« Ludwig und fragt den »Königsvetter«, ob er sie vergessen habe und was ihm widerfahren sei. Der »Märchenkönig« antwortet der Cousine:

»Teure Base, nicht vergessen
Hab' ich jene guten Zeiten,
Wo wir Aar und Möve spielten,
Uns vereint des Lebens freuten,

Wo ein lieblich' Reich als König
Ich beherrschte, stolz und mächtig,
Konnte mir Paläste bauen,
Hohe Schlösser, reich und prächtig.

[...]

Ja, ich war ein Märchenkönig,
Sass auf hohem Felsenthrone,
Schlanke Lilie war mein Scepter,
Funkelnd' Sterne meine Krone.

Aus den frommen tiefen Thälern,
Aus den reichen weiten Gauen
Pflegt' das Volk zu seinem König
Ehrfurchtsvoll stets aufzuschauen.

Doch das feile Hofgesinde
Und die Blutsverwandten spannen

Tückisch, heimlich ihre Netze,
Und auf meinen Sturz sie sannen.

Schergen sandten sie und Ärzte,
Den »Verrückten« einzufangen,
Wie den Edelhirsch der Wilddieb
Meuchlings fällt mit Strick und Stangen.

[…]

Freiheit wollten sie mir rauben,
Freiheit fand ich in den Fluten;
Besser hier dem Herz erstarren,
Als in Kerkerhaft verbluten!

Und als Adlernebelseele
Komm' ich nächtlich aus dem Grunde;
Um die teuren Berge dorten
Zieh' ich dann die stille Runde!«

So sah Elisabeth den Tod ihres bayerischen Vetters: als Sturz des stolzen Herrschers eines traumhaften Reiches durch gemeine Menschen, die seine schöne Seele nicht verstanden und ihn deswegen heimtückisch für verrückt erklärten. Sie taten ihm das Schlimmste an, was man dem ›Herrn der Lüfte‹ zufügen konnte: Sie nahmen ihm die Freiheit. Ludwigs Tod war für Elisabeth weder Flucht noch Selbstmord, sondern Befreiung vom Kerker der gemeinen Welt. Der Tod hatte nichts Endgültiges in den Augen der Kaiserin, da die Seelen der Verstorbenen immer wiederkehren. Das waren vertraute Gedanken für Elisabeth, und in der Trauer um den »Königsvetter« schwang die Sehnsucht der Kaiserin nach der großen Freiheit mit.
Die Tage der Trauer nach dem Tode Ludwigs brachten Elisabeth, die sich einmal Erlebtes so intensiv vergegenwärtigen konnte, viele Erinne-

rungen an den verstorbenen Vetter. Die erste bedeutsamere Begegnung der beiden lag schon über zwanzig Jahre zurück. Ludwig hatte gerade den Thron seines kurz zuvor verstorbenen Vaters bestiegen und war eigens nach Bad Kissingen gereist, um der bisher nur aus der Ferne verehrten Cousine seine Aufwartung zu machen. Das war im Sommer 1864 und Sissi schrieb ihrer Familie in Bayern, sie sei beglückt über die Gleichgestimmtheit ihrer Seelen und die vielen Stunden, die man im anregenden Gespräch miteinander verbracht habe.
In Bad Kissingen erregten Cousin und Cousine erhebliches Aufsehen, waren sie doch beide außergewöhnlich schöne Menschen. Beide waren sie hoch gewachsen und von schlanker Gestalt. Der König war eine romantische Erscheinung, mit dunkelbraunem leicht gewelltem Haar und intensiven blauen Augen. Der Ernst seiner Jugend bildete ein reizvolles Pendant zu der Melancholie seiner in voller Schönheit erblühten Cousine. Gerüchte kamen auf, die beiden seien ein Liebespaar. Doch der König liebte nur sich selbst und andere Männer, die Kaiserin verehrte er in einer romantisch-verklärten Form, der jedes erotische Moment fehlte. Er war der ideale Kavalier für Elisabeth, die in ihren Freundschaften zu Männern keine intimen Beziehungen suchte, sondern eine poetische Verwandschaft der Seelen.
Elisabeth wurde die stürmische Verehrung ihres Vetters aber schon bald lästig. Denn der junge König gab sich stets ganz und in exaltierter Weise seinen Gefühlen hin. Als er im März 1865 hörte, daß die Kaiserin ihre Familie in Bayern besuchen wollte, eilte er mit einer salopp sitzenden österreichischen Uniform bekleidet zum Bahnhof, um sie dort bei der Ankunft zu begrüßen. Elisabeth, die sich jeden Empfang verbeten hatte, war verärgert. Doch Ludwig konnte man nicht lange böse sein, und so erlaubte Elisabeth ihm, sie bei ihren Eltern zu besuchen. Die Kaiserin hatte inzwischen von seinen Spleens gehört und behandelte ihn nun eher wie ein Kind, mit leicht spöttischer Nachsicht. An den Kronprinzen schrieb sie Ende März: »Gestern hat mir der König eine lange Visite gemacht, und wäre nicht endlich die Großmama dazu gekommen, so wäre er noch da. Er ist ganz versöhnt, ich

Ludwig II. in Generalsuniform, 1865

war sehr artig, er hat mir die Hand geküßt, daß Tante Sofie, die durch die Tür schaute, mich nachher fragte, ob ich sie noch habe! Er war wieder in österreichischer Uniform und ganz mit Chypre parfumirt.«
Zu ernsthaften Verstimmungen zwischen König und Kaiserin kam es, als Bayern das Königreich Italien 1865 anerkannte. Ludwig erklärte seiner Cousine, daß er diese Entscheidung aus Staatsräson hatte fällen müssen und versicherte ihr seiner unverbrüchlichen Freundschaft. Elisabeth antwortete ihm, daß sie seine Haltung angesichts der verwandschaftlichen Verbindung des Hauses Wittelsbach zu einigen der aus Italien vertriebenen Fürsten nicht recht verstehen könne, und stellte mit leichtem Sarkasmus fest: »Doch denke ich müßten die Gründe, die Dich zu diesem unerklärlichen Schritte bewogen haben, so wichtig sein, daß meine bescheidene Ansicht über Deine Haltung bei den wichtigen Intereßen und heiligen Pflichten, die Du zu vertreten hast, gar nicht in Anbetracht kommen kann.« Zu dieser Zeit hatte sich Elisabeth schon mit großem Selbstbewußtsein in die Ungarn-Politik ihres Mannes eingemischt, ihre Ansichten zu politischen Fragen waren also alles andere als »bescheiden«. Doch beschloß sie den Brief an Ludwig, »gerührt über den freundschaftlichen Impuls«, aus dem heraus er sich ihr erklärt hatte, mit der Versicherung ihrer »herzlichen, aufrichtigen Freundschaft«, die sie weiterhin für ihn empfinde.
Politik war es auch, die die beiden Verwandten einander wieder näher brachte. Im Jahre 1867 verlobte sich Ludwig mit Elisabeths jüngster Schwester Sophie. Für Ludovika schien ein weiterer Traum in Erfüllung zu gehen, und das österreichische Kaiserhaus erhoffte sich aus dieser Verbindung eine noch engere Partnerschaft mit Bayern als Gegengewicht zum mächtigen Preußen. Sophie war zwanzig Jahre alt und wie der König eine große Verehrerin Richard Wagners. Der König, entzückt von diesem Gleichklang ihrer Seelen, konnte ihrer schönen Stimme stundenlang zuhören. Und Sophie sah der bewunderten älteren Schwester sehr ähnlich. Ludwig nutzte die Verlobung, um Elisabeth so nahe wie möglich zu sein. Als er sie auf der Rückreise von München ein Stück begleiten durfte, schrieb er ihr begeistert:

»Du machst Dir keinen Begriff, liebe Cousine, wie glücklich mich das gemacht hat. Die neulich im Waggon zugebrachten Stunden rechne ich zu den glücklichsten meines Lebens; niemals wird die Erinnerung daran verlöschen. Du hast mir die Erlaubnis gegeben, Dich in Ischl zu besuchen; wenn wirklich die für mich so glückliche Zeit naht, in welcher die Hoffnung in Erfüllung geht, Dich dort sehen zu dürfen, dann bin ich der seligste von allen Menschen auf Erden. Das Gefühl der aufrichtigsten Liebe und Verehrung und der treuesten Anhänglichkeit, das ich, schon als ich noch im Knabenalter war, für Dich im Herzen trug, es macht mich den Himmel auf Erden wähnen und wird nur mit dem Tode verlöscht.«
Sophie hatte für Ludwig keine Bedeutung, denn er war zu einer wirklichen Gefühlsbeziehung gar nicht fähig. Er lebte in seiner Traumwelt und stilisierte das Verhältnis zu Sophie ins Opernhafte. Sie war die »Elsa« und er der »Heinrich« aus Wagners »Lohengrin«. Als der Termin der Hochzeit näher rückte, und das Verhalten des Königs gegenüber seiner Braut immer zweideutiger wurde, verlangte Herzog Max von ihm eine eindeutige Erklärung. Ludwig nutzte die Gelegenheit und hob die Verlobung mit Sophie wieder auf. Er wisse nun, schrieb er der »geliebten Elsa«, daß eine »treue, innige Bruderliebe zu Dir tief in meiner Seele wurzelt, nicht aber die Liebe, die zur Vereinigung in der Ehe erforderlich ist«. Seinem Tagebuch vertraute er die große Erleichterung nach der Entscheidung gegen Sophie an: »Sophie abgeschrieben. Das düstere Bild verweht; nach Freiheit verlangte mich, nach Freiheit dürstet mich, nach Aufleben von qualvollem Alp.« Die lebensgroße Marmorbüste seiner Ex-Verlobten warf er aus dem Fenster, und am Tag, an dem die Hochzeit hätte stattfinden sollen, notierte er mit Schaudern: »Gott sei gedankt, nicht ging das Entsetzliche in Erfüllung.«
Das Ganze war ein ungeheurer Skandal und Elisabeth schrieb zornig an ihre Mutter: »Wie sehr ich über den König empört bin und der Kaiser auch, kannst Du Dir vorstellen. Es gibt keinen Ausdruck für ein solches Benehmen. Ich begreife nur nicht, wie er sich wieder sehen lassen kann

in München, nach allem, was vorgefallen ist. Ich bin nur froh, daß Sophie es so nimmt, glücklich hätte sie weiß Gott mit so einem Mann nicht werden können; nun wünsche ich ihr aber doppelt endlich einmal einen guten, wer wird das aber sein?« Sophie war tatsächlich nicht besonders unglücklich über die Auflösung ihrer ersten Verlobung. Nur wenige Monate später verlobte sie sich aufs Neue, mit dem Herzog von Alençon.

Die Verstimmungen zwischen dem Kaiserhaus und Ludwig hielten nicht lange an, zu wichtig war der Wittelsbacher für die Politik des neuen österreichisch-ungarischen Außenministers Andrássy, der einen Ausgleich mit dem Deutschen Reich suchte und in Bayern mit seinen engen Beziehungen zum Habsburger Reich die natürliche Brücke zur deutschen Vormacht Preußen sah. Seit Anfang der 70er Jahre besuchte Ludwig die Kaiserin wieder regelmäßig, wenn sie zu Besuch in Bayern war. Seine immer schon ausgeprägte Menschenscheu hatte sich nochmals gesteigert und er verlangte von Elisabeth, daß sie bei seinen Besuchen allein sein müsse. Die Kaiserin ließ sich so etwas natürlich nicht vorschreiben und machte sich geradezu einen Spaß daraus, Ludwig mit der Vorstellung von Hofdamen und Bediensteten zu quälen. Marie Festetics, die so den König kennenlernte, beschrieb Ludwigs operettenhaften Auftritt: »Schnell vertauschte er seine Mütze, die gefährlich auf dem schönen welligen Haar saß, mit dem Csako. Er war in österreichischer Uniform und trug verkehrt quer herüber das Stefansgroßkreuz und wieder quer herüber die Feldbinde. Er stieg aus – ein schöner Mann mit den Alluren eines Theaterkönigs oder wie Lohengrin im Hochzeitszug.«

So oder ähnlich verliefen die Begegnungen Elisabeths mit Ludwig in den 70er Jahren. Die Kaiserin gewährte dem König huldvoll, sie zu besuchen und ärgerte ihn ein wenig. Denn die Treffen waren nicht immer das reinste Vergnügen und für die Kaiserin, die sich in diesem Jahrzehnt ganz dem Reiten verschrieben hatte, immer etwas anstrengend. Engeren Kontakt zu Ludwig hatte hingegen der jugendliche Kronprinz. Der intelligente und belesene Rudolf bewunderte den älteren Verwandten und dieser war von Rudolfs melancholischer Schönheit hingerissen. Seine überschwengliche Zuneigung ließ er nun Mutter und Sohn zukommen. Immer wieder schrieb er dem Kronprinzen emphatische Briefe voller Freundschaftsbekundungen: »Du Glücklicher, Beneidenswerter, dem es vergönnt ist, so viel bei der angebeteten Kaiserin weilen zu dürfen; o bitte, lege mich ihr zu Füßen, und flehe sie in meinem Namen an, gnädig ihres getreuen, Sie von jeher und für immer verehrenden Sklaven zu gedenken. [...] Dein Bild will ich mir einrahmen lassen, damit ich es zugleich mit dem der Kaiserin beständig vor Augen habe. Denn niemand auf Erden ist mir so teuer als Du und Sie.«

In den 80er Jahren intensivierte sich die Beziehung zwischen Elisabeth und Ludwig. Es war, als würden sich die beiden, die sich immer mehr von der Welt zurückzogen, dem einzigen Menschen nähern, in dem sie einen Seelenverwandten erkannten. Zu diesem Zeitpunkt war die Geisteskrankheit bei Ludwig schon deutlich sichtbar und sein Äußeres hatte sich verändert. Er war nicht mehr jung und strahlend, sondern ein »dicker König«, wie die dreizehnjährige Marie Valerie ziemlich respektlos in ihrem Tagebuch vermerkte. Doch für Elisabeth wurde er erst jetzt der Märchenkönig.

Ihre Treffen am Starnberger See waren phantastische Inszenierungen einer poetischen Freundschaft. So besuchte im Sommer 1881 die Kaiserin den König auf der Roseninsel, wohin er sich jetzt immer öfter zurückzog. Zusammen mit dem zwergwüchsigen Mohren Rustimo, den Elisabeth mitgebracht hatte, fuhren sie über den See zurück ans Feldafinger Ufer. Während der Fahrt sang Rustimo zur Gitarre exotische Lieder, und Ludwig, den alles Bizarre faszinierte, steckte ihm als Dank einen Ring an den Finger.

An diese Szene erinnerte sich die Kaiserin, als sie im März 1885 in Holland an ihrem Zyklus »Nordseelieder« arbeitete, und gab dem Erlebten wie so oft eine poetische Gestalt:

Gruss von der Nordsee

Du Adler, dort hoch auf den Bergen,
Dir schickt die Möve der See
Einen Gruss von schäumenden Wogen
Hinauf zum ewigen Schnee.

Einst sind wir einander begegnet
Vor urgrauer Ewigkeit
Am Spiegel des lieblichsten Sees,
Zur blühenden Rosenzeit.

Stumm zogen wir nebeneinander
Versunken in tiefe Ruh' …
Ein Schwarzer nur sang seine Lieder
Im kleinen Kahne dazu.

Elisabeth hinterlegte dieses Gedicht in einem versiegelten Umschlag in Ludwigs Refugium auf der Roseninsel im Juni 1885. Als der König, der seit Jahren nicht mehr auf die Insel gekommen war, im September erfuhr »welche Freude dort meiner harrt«, eilte er sogleich dorthin und antwortete der »See-Möve« mit »tiefsten, innigsten Dank«:

Antwort von den Alpen

Der Möve Gruß vom fernen Strand
Zu Adlers Horst den Weg wohl fand,
Er trug auf leisem Fittigschwung
Der alten Zeit Erinnerung.

Da rosenduftumwehte Buchten
Möve und Adler zugleich besuchten,

Elisabeth zu Pferde, Gemälde von Wilhelm Richter aus dem Jahre 1889

Hochzeitsbild des österreichischen Kronprinzen Rudolf und der Prinzessin Stephanie von Belgien mit den beiden Elternpaaren 1881 (links stehend Franz Joseph I. und Leopold II. von Belgien, sitzend Elisabeth und rechts Marie Henriette von Belgien

Die kaiserliche Familie 1888 (v. li. Erzherzogin Marie Valerie, Kaiserin Elisabeth, die Tochter Rudolfs, Elisabeth, Kaiser Franz Joseph, Kronprinzessin Stephanie, Kronprinz Rudolf, Herzogin Gisela und Herzog Leopold von Bayern mit den Kindern Elisabeth, Augusta, Georg und Konrad)

Kronprinz Rudolf mit seiner Braut Stephanie von Belgien, 1881

Erzherzogin Marie Valerie mit ihrem Gatten Erzherzog Franz Salvator von Toskana im Jahre 1890

Erzherzogin Marie Valerie, die Lieblingstochter Elisabeths, im Jahre 1889

Kronprinz Rudolf in Galauniform, 1888

Kaiser Franz Joseph und Elisabeth mit Kronprinz Rudolf und seiner Frau Stephanie im Laxenburger Schloßpark, 1887

Die kaiserliche Familie im Jahre 1888 (v. li. Kaiserin Elisabeth, Erzherzogin Marie Valerie, Kronprinzessin Stephanie, Kronprinz Rudolf, dessen Tochter Erzherzogin Elisabeth und Kaiser Franz Joseph zu Pferde)

Weihnachten in der Wiener Hofburg, 1880 (v. li. Erzherogin Marie Valerie, Kaiser Franz Joseph, Kronprinz Rudolf, Prinz Leopold von Bayern, Erzherzogin Gisela und Kaiserin Elisabeth)

Weihnachtsfeier 1886 (v. li. Erzherzogin Marie Valerie, Erzherzogin Elisabeth, das Kaiserpaar Franz Joseph und Elisabeth sowie das Kronprinzenpaar Rudolf und Stephanie)

Franz Joseph mit seiner Freundin, der Schauspielerin Kaharina Schratt, 1905 in Bad Ischl

Das Kaiserpaar in Bad Kissingen Frühjahr 1898, eine der letzten Aufnahmen Elisabeths

Franz Joseph I., Kaiser von Österreich, im Jahre 1901

Die Schauspielerin und Freundin des Kaisers Franz Joseph, Katharina Schratt, Gemälde um 1895

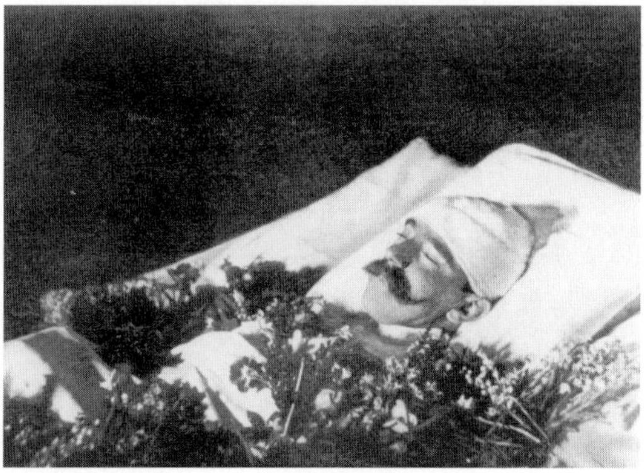

Die Tragödie von Mayerling: Rudolf in seinem Todesjahr (o. l.) und aufgebahrt mit bandagierter Schußverletzung am Kopf (o. r.); der Ort des Selbstmordes: das Jagdschloß Mayerling in Niederösterreich (u.)

Elisabeths Villa Achilleion auf Korfu: Blick auf die Südfassade (o. l.); Statuengalerie auf der oberen Terrasse (o. r.); Denkmal des Dichters Heine im Park der Villa (u.)

Ermordung der Kaiserin Elisabeth am 10. September 1898 in Genf: Der Mörder Luigi Lucheni wird abgeführt

Die Tatwaffe: eine scharf geschliffene Dreikantfeile

Le Petit Journal

Le Petit Journal

Le Supplément illustré

SUPPLÉMENT ILLUSTRÉ

Huit pages : CINQ centimes

ABONNEMENTS

Neuvième année

DIMANCHE 25 SEPTEMBRE 1898

Numéro 410

S. M. L'IMPÉRATRICE ELISABETH D'AUTRICHE

Das Pariser »Petit Journal«, mit Bildnis Elisabeths aus jüngeren Jahren, berichtet über ihre Ermordung in Genf

Die Überführung der aus Genf kommenden Leiche Elisabeths vom Wiener Westbahnhof zur Hofburg am Abend des 15. September 1898

Totenmaske der Kaiserin Elisabeth von Österreich

Und, sich begegnend in stolzem Bogen,
Grüßend aneinander vorüberzogen.

Zur Bergeshöh' zurückgewandt,
Denkt Aar der Möve am Dünenstrand,
Und rauschend entsenden seine Flügel
Fröhlichen Gruß zum Meeresspiegel.

»Gruss« und »Antwort« stellte Elisabeth an den Anfang ihrer »Junilieder«, in denen sie den Tod des »Königsvetters« betrauerte. Das Gedicht Ludwigs ist das einzige in der Gedichtesammlung der Kaiserin, das nicht von ihrer Hand stammt. Die Aufnahme ist eine Hommage an den verstorbenen Seelenverwandten. Was die beiden verband war das, was sie von den anderen Menschen trennte. Ihre Weltflucht war nicht religiös motiviert, sondern der Versuch, in einer als feindlich erlebten Umwelt, sich selbst zu finden. Elisabeth wie Ludwig lehnten die starre Etikette der höfischen Welt ab, erlebten sie als Zwangsjacke ihrer Persönlichkeit. Vor dieser Welt flohen sie in das Land ihrer Träume. Auf der unerreichbaren Höhe des ›Adlers‹ und in der einsamen Weite der ›Möwe‹ lebten sie ihre Sehnsucht nach der absoluten Freiheit aus. Die Kaiserin und der König, sie waren nicht wirklich, sondern Traumexistenzen. Ihr Leben war eigenwillig und mußte Außenstehenden exzentrisch erscheinen. Dem verwandten Gegenüber aber, der so anders ähnlich war, konnten sie sich anvertrauen. Die Kunst bildete das Medium, über das sich diese beiden Einsamen verständigten. Und obwohl sie ihre Begegnungen kunstvoll inszenierten, kamen sie sich nie näher als in ihrer Fiktion.

Der Tod des seelenverwandten Vetters stürzte Elisabeth in eine schwere Nervenkrise. Sie beschuldigte den Prinzregenten Luitpold, für den Tod des Königs verantwortlich zu sein. Diesen Vorwurf hat sie nie zurückgenommen und in späteren Gedichten bekräftigt. Begegnungen mit dem Vater ihres Schwiegersohnes ging sie in Zukunft aus dem Weg, was wiederholt zu peinlichen Szenen führte. Die Familie der Kaiserin ver-

Ludwig II. auf dem Söller des Thronsaales von Schloß Neuschwanstein, 1885

stand das alles nicht. Für sie war klar, daß Ludwig verrückt war, wie sein Bruder Otto. Karl Theodor, der Arzt war, versuchte Elisabeth die physiologischen Zusammenhänge zu erklären, vergebens. Elisabeth beharrte darauf, daß der Vetter kein Irrer gewesen sei, sondern nur in seiner eigenen Welt gelebt hätte, die andere Menschen nicht verstünden.
Karl Theodor gelang es immerhin, die Schwester davon abzubringen, an den Trauerfeierlichkeiten in München teilzunehmen. Angesichts ihres Zustandes befürchtete man einen Zusammenbruch. Elisabeth ließ daraufhin einen Zweig weißen Jasmins nach Schloß Burg senden, den man dem Toten auf die Brust legte. Auch dieses ein Zeichen der Verbundenheit, denn Jasmin war beider Lieblingsblume, mit der sie sich immer wieder beschenkten und die sie immer wieder als Erkennungszeichen hinterlegten. Später besuchte sie die Gruft der Wittelsbacher in der Michaelskirche und legte dort einen Kranz an den Sarg Ludwigs, den sie zum Abschied küßte.
Der Streit mit der Familie um den Geisteszustand Ludwigs steigerte sich bis zum Äußersten. Als Marie Valerie auch noch an Scharlach zu erkranken drohte, weil sie in die Nähe der kranken Sophie gelassen wurde, verlor Elisabeth die Nerven und überwarf sich mit ihrer Familie. Sie brach ihren Besuch in Bayern ab und reiste überstürzt nach Wien zurück. Elisabeth erlebte diese Abreise als Abschied für immer. Tatsächlich beruhigten sich schon bald die Gemüter, und Elisabeth konnte ihren geliebten Starnberger See wieder besuchen.
Der Gemütszustand der Kaiserin blieb allerdings noch längere Zeit bedenklich. Die Verteidigung Ludwigs schien es, war auch eine Verteidigung ihrer eigenen exzentrischen Existenz. Gegen Ende des Jahres 1886 beschäftigte sich Elisabeth wieder verstärkt mit der Institution der Irrenanstalt. Bereits 1874 hatte sie in München eine solche Einrichtung besucht. Die Betroffenheit der Kaiserin hatte damals ihrer Hofdame Festetics Anlaß zur Besorgnis gegeben. Mit Blick auf ihre Herrin schrieb sie: »Wer sagt, wo die Grenze liegt zwischen Wahnsinn und Verstand? Wo die Ordnung aufhört in des Menschen Geist? Wo das

Empfinden, das Richtige – zwischen eingebildetem und wahrem Weh – zwischen wirklicher Freude und fiktiver Vorstellung aufhört und anfängt?«
Das war ein Echo der Auffassung Elisabeths, die in ähnlichen Wendungen 1892 ihrem Griechischlehrer Christomanos erklärte, daß man im Leben nicht wisse, »wo die Vernunft und wo der Wahnsinn sich findet, sowie man auch nicht weiß, ob die Realität der Traum oder der Traum die Wirklichkeit ist«. Wo aber die Gräfin Festetics mit Schaudern zurückfuhr angesichts einer Ordnung, die sich aufzulösen droht, da eröffnen sich der Kaiserin Elisabeth Freiräume. Denn die Traumwelt ist für sie die wahre Welt. Christomanos gegenüber bekannte sie: »Ich neige dazu, jene Leute für vernünftig zu halten, die man wahnsinnig nennt. Die eigentliche Vernunft hält man für ›gefährliche Verrücktheit‹.«
Das klingt wie eine Reminiszenz an ihren Seelenverwandten Ludwig, dessen vermeintlichen Wahnsinn Elisabeth von Anfang an als eine andere, höhere Art des Denkens verteidigt hatte. In Ischl schrieb sie im Juli 1886 in das Gedicht auf ihren »Königsvetter« eine kurze Abhandlung über den Wahnsinn hinein, die eine Passage aus Heines Reisebild »Die Bäder von Lucca« umschrieb:

»Schliesslich, was ist wohl Verrücktheit?
Thoren gibt's genug und Narren,
Diese für verrückt zu halten,
Mag der Welt oft widerfahren.

Selten ist die wahre Weisheit,
Selt'ner noch Verrücktheit wahre,
Ja, vielleicht ist sie nichts And'res,
Als die Weisheit langer Jahre.

Weisheit, die sich so geärgert
Ob der Schändlichkeit auf Erden,

Dass sie weise sich entschlossen,
Lieber selbst verrückt zu werden.

Den Verrückten als Propheten
Ehren hoch die Orientalen;
Aber hier in diesem Lande
Müssen beide stürzen, fallen.«

Noch Jahre nach dem Tode Ludwigs beschäftigte Elisabeth sich intensiv mit dem Verstorbenen. Ein Bild des toten Königs, aufgebahrt und mit dem weißen Jasmin auf der Brust, hing in ihren Appartements in der Wiener Hofburg. In spiritistischen Sitzungen versuchte sie Kontakt mit ihm aufzunehmen. Hilfe erhielt sie dabei von einer ihrer Jugendfreundinnen, der Gräfin Paumgarten, die als ein ›Schreibmedium‹ galt. Elisabeth selbst war davon überzeugt, daß es ein Jenseits gab, mit dem man in Verbindung treten konnte. In ihrem Tagebuch, das ausschnittsweise von ihrer Nichte Marie Larisch-Wallersee überliefert wurde, schrieb sie: »Wenn die Menschen leugnen, daß es einen Kontakt mit Verstorbenen gibt, so tun sie dies aus Unverstand oder Unwissenheit. Allerdings ist es nicht jedem gegeben, hier auf Erden schon mit der Seele zu leben, zu denken und zu fühlen. Ich selbst bin imstande, mit allen Seelen zu verkehren, die meiner Seele verwandt sind, auf welche ich meine Seelenkraft übertragen und konzentrieren kann.«
Ludwig war eine solche verwandte Seele, mit der die Kaiserin in Kontakt trat. Ihrer Nichte Larisch-Wallersee erzählte Elisabeth von einer Begegnung mit dem Toten, und als diese einwandte, dies sei doch bestimmt ein Traum gewesen, verneinte die Kaiserin bestimmt. Ludwig sei wirklich zu ihr gekommen und habe ihr gesagt, daß er keinen Frieden gefunden habe. Traum und Wirklichkeit vermischten sich bei Elisabeth, aber nicht im Wahnsinn, sondern aus dem intensiven Erleben ihrer eigenen Fiktionen. In ihrem Tagebuch verwahrte sie sich gegen die Annahme, sie halluziniere, wenn sie die Verstorbenen leibhaftig sähe: »Aber was ich im wachen Zustand sehe, sind keine Traum-

gebilde, keine Halluzinationen, wie gewisse Menschen, denen die Begriffe fehlen, behaupten und damit ein nichtssagendes Wort statt einer logischen Erklärung geben.«
Ludwig war verrückt, Elisabeth war es nicht. Aber ihr Rückzug in die Einsamkeit und ihre ausgeprägte Einbildungs- und Empfindungskraft ließen sie Welten erschaffen, zu denen normale Menschen keinen Zugang hatten. Die Grenzen zum Wahnsinn sind hier fließend. Auch wenn Elisabeth diese Grenzen nie überschritten hat, so war sie doch eine »seltsame Frau«, wie es ein zeitgenössisches Gedicht einmal ausdrückte. Ludwig war einer der wenigen Menschen, von denen sie sich verstanden fühlte, aber auch das existierte vor allem in ihrer Fiktion. In ihren Gedichten war sie dem königlichen Cousin näher als im wirklichen Leben. In ihrem Zyklus »Winterlieder« findet sich ein letztes poetisches Gedenken an den Märchenkönig, dessen Seele der ihren verwandt war.

In der Nacht des 13. Juni 1888

Ludwig, Ludwig, Königsvetter!
Ludwig, es ist Mitternacht,
Dunkel droht im West ein Wetter,
Doch noch strahlt der Venus Pracht.

Ludwig, sind es nicht zwei Jahre,
Dass Du kalt und todesbleich
Ruhtest auf der schwarzen Bahre,
Und verwaiset steht Dein Reich?

Weinend zieh'n des Sees Fluten
An das Ufer heut heran,
Und des Sees Tiefen bluten,
Wie die Todesstunden nah'n.

Schwere schwüle Düfte treiben
Aus der dunklen Königsgruft,
Rosen und Jasmin betäuben
Wehmutsvoll die nächt'ge Luft.

Rosen und Jasmin bekränzen
Deinen dunklen Sarkophag,
Blumen, die in Thränen glänzen,
Heut an Deinem Todestag.

Dunkel ist die Kirche oben.
Doch es wacht St. Michael.
Rache scheint er zu geloben,
Und sein Schwerdt, schon lodert's hell.

Titania und Oberon

Ebenso wie ihr königlicher Vetter Ludwig II. hatte auch Franz Joseph in Elisabeths Dichtungen der 80er Jahre einen festen Platz. Hatte sie ihre Beziehung zu Ludwig in das Motivpaar von Möve und Adler gefaßt, stilisierte Elisabeth ihr Verhältnis zum kaiserlichen Ehemann in den Figuren Titania und Oberon. Beide entstammten Shakespeares »Sommernachtstraum«, Elisabeths Lieblingsstück, dessen Text sie fast auswendig kannte. Auch Titania und Oberon waren ein königliches Paar, herrschten jedoch nicht über Menschen, sondern über Feen und Elfen in einem Traumland.

Daß sich Elisabeth mit der märchenhaften Gestalt der energischen und unabhängigen Feenkönigin Titania identifizierte, war nicht weiter verwunderlich. Was die Figur des Oberon anbelangte, nahm sie sich indes einige dichterische Freiheiten heraus. Bei ihr war Oberon, anders als bei Shakespeare, nicht nur Elfenkönig, sondern auch der Mann mit dem Eselskopf, den in Shakespeares »Sommernachtstraum« der Weber Zettel spielte. Kein anderes Bild als das des eselsköpfigen Elfenkönigs, vermag die Einstellung der Kaiserin zu ihrem Ehemann besser zu treffen. Doch war die Eselcharakterisierung nicht nur spöttisch gemeint. Bei Shakepeare verliebt sich Titania durch einen Zauber in den Esel. Und auch Elisabeth hegte gegenüber Franz Joseph durchaus zärtliche Gefühle. Von all ihren zahlreichen Verehrern, die sie in einem Gedicht mit dem bezeichnenden Titel »Kabinett« Revue passieren ließ – darunter auch Guyla Andrássy, Bay Middleton und Fritz Pacher, widmete sie ihrem ›langohrigen‹ und ›starrköpfigen‹ Kaiser die liebevollsten Verse:

Er war ein Vollblut-Eselein,
Voll Eigensinn und Laun',
Benahm er sich auch artig fein
War ihm doch nicht zu trau'n.

Voll Mucken stack's im grossen Kopf
Und hinterm Ohr faustdick;

Zog ich ihn an dem grauen Schopf,
Ward steifer nur's Genick.

Wie oft hat er mich abgebockt,
Wenn ich mich fest gewähnt!
Nachgiebigkeit nur abgelockt,
Wenn ich ihn hübsch versöhnt.

Schliesslich war er ein lieber Schatz
Trotz alle dem Gefrett: –
Drum hat er auch den Ehrenplatz
In meinem Kabinett!

Allerdings war ein Esel eben ein Esel, und das erkennt auch Shakespeares Titania irgendwann. Als sie aus ihrem ›Sommernachtstraum‹ erwacht, ist sie zutiefst erschrocken, die ganze Zeit einem Langohr hinterhergelaufen zu sein. Elisabeth drückt diesen Sachverhalt ähnlich aus. In ihrem Gedicht »Titanias Klage« heißt es: »Doch immer beim Morgengrauen,/ An's Herz gedrückt noch warm,/ Musst' mit Entsetzen ich schauen/ Den Eselskopf im Arm!« Dabei hätte sie wohl viel dafür gegeben, sich diese Entdeckung zu ersparen. Denn daß zwischen und ihr und Franz Joseph einmal ein tiefes und leidenschaftliches Gefühl bestanden hatte, daß er nicht immer der Esel, sondern früher der Geliebte gewesen war, geht aus vielen ihrer Gedichte hervor. Und stets schwingt dabei nicht nur Wehmut, sondern tiefe Trauer über den Verlust dieser Liebe mit, wie in dem Gedicht »Titania«:

Tief ermüdet geht Titania in dem Garten auf und nieder
Löst sich sinnend die Flechten, dichtet wandelnd neue Lieder,
Und sie denkt der längstvergessenen Zeiten, wo sie hier geweilet;
Sieht noch, wie im Mondenscheine dem Geliebten zu sie eilet –
»Hier auf dieser Bank, da sassen Arm in Arm wir lang verschlungen,
Während draussen am Parterre musiziert wird und gesungen;

Dorten steigen auf Raketen, glühen Feuer aus Bengalien,
Hier dringt kaum des Vollmonds Silber durch das Laubdach der Kastanien.
Und wir tauschten heisse Küsse, wie die Vollmondnacht, noch schwüler,
Dachten nicht des nahen Morgens, wo es grau wird, ach! und kühler!«
So Titanias schwermutsvolle Abendgangerinnerungen.
Weh'! Es bleibt die graue Farbe, wenn das Lied auch längst verklungen!

Das Gefühl, die erste Liebe für immer verloren zu haben, war jedoch einseitig. Denn Franz Joseph liebte seine Frau nach wie vor mit Inbrunst. Elisabeth war sich dessen durchaus bewußt. Aber auch wenn sie Franz Josephs Hingabe mit Stolz erfüllte, so änderte das nichts an ihrem Verlustgefühl. Sie hielt ihre Liebe für unwiderruflich ›zerstört‹:

Zerstört

Ich brauch die Zeit dir nicht zu nennen,
Die uns so innig einst vereint,
Und die wir nie vergessen können,
So endlos fern sie jetzt auch scheint.

Gedenkst du jener süssen Stunde
Wo ich aus willenlosem Leib
Die Seele dir geküßt vom Munde,
Dass sie fortan stets mein nur bleib?

Wohl hatt' ich Kämpfe zu bestehen,
Und manches bittre Leid seither;
doch unsre Liebe sterben sehen,
Nichts andres traf mein Herz so schwer.

Drum war ich wunderbar ergriffen,
Als jüngst man mir ganz heimlich sagt',

Dass es in deiner Seele Tiefen
Noch um die tote Liebe klagt.

Kann ich auch nimmermehr erwecken
In mir der Längstverstorbnen Geist,
so ruht auf ihr doch wie ein Segen
Erinnrung, die du ihr noch weihst.

Ja wahrlich, ich kann ruhig bleiben,
Und stolz darf meine Seele sein;
Du magst dich noch so sehr auch sträuben,
Du warst und bleibst auf ewig mein!

Die Schuld für das Erlöschen dieser Liebe war dabei nicht allein bei Franz Joseph zu suchen. Zwar hatte er Elisabeth einstmals betrogen und damit die große Ehekrise Anfang der 60er Jahre heraufbeschworen. Doch wäre die Beziehung des Kaiserpaares wahrscheinlich auch ohne diesen Seitensprung auseinandergelaufen. Denn während sich Franz Joseph im Grunde seines Herzens treu blieb, hatte sich Elisabeth im Verlauf ihrer Ehe weiterentwickelt. Schrittweise hatte sie sich vom Wiener Hof, aber auch von ihrem Mann emanzipiert, und sich so immer weiter von Franz Joseph und seiner Welt entfernt. Die Kaiserin stellte irgendwann ihre eigenen Interessen in den Vordergrund, und ihr Mann konnte diese nicht teilen.

Zwar kam es über den österreichisch-ungarischen Ausgleich und die Geburt der Tochter Marie Valerie wieder zu einer Annäherung; zu diesem Zeitpunkt hatten sich die Machtgleichgewichte allerdings schon drastisch verschoben. Auf die sehnsüchtigen Briefe, die Franz Joseph seit dieser Zeit schrieb, sobald das Paar auch nur für kurze Zeit getrennt war, reagierte Elisabeth – ganz im Gegensatz zu ihren Briefen Ende der 50er Jahre – zumeist spöttisch und überlegen: »Du gehst mir recht ab, mein lieber Kleiner, die letzten Tage hatte ich Dich wieder so nett gezogen. Nun muß ich wieder von vorne mit der Erziehung anfangen, wenn

Du zurückkehrst«. Oder ein anderes Mal: »Du gehst mir recht ab, lieber Kleiner, aber wenn wir allein sind noch mehr. Du kennst mich ja und meine Gewohnheiten und extinction de roi [Auslöschung des Königs]. Aber bin ich Dir nicht recht, so wie ich bin, so geh ich halt in Pension.« Seit dem Konflikt um die Erziehung des Kronprinzen wußte Elisabeth, daß sie in der kaiserlichen Ehe die Oberhand besaß. Und sie ließ dies Franz Joseph immer wieder spüren, der sich seinerseits willig in die Rolle des »Männeken« oder »einsamen Kleinen«, wie er seine Briefe nun unterzeichnete, fügte.

In Elisabeths Spott schwang aber weiterhin ein großes Maß an Zärtlichkeit mit. Franz Joseph beispielsweise neckte seine Frau, indem er Eifersucht gegenüber ihrem Verehrer Andrássy bezeugte, während Elisabeth sich ihrerseits mit dem Verweis auf die französische Kaiserin Eugénie revanchierte, die der Kaiser enthusiastisch verehrte. »Nun bist Du wohl glücklich vereinigt mit Deiner geliebten Kaiserin Eugénie«, schrieb sie ihm, als Franz Joseph Ende 1869 anläßlich der Feierlichkeiten zur Eröffnung des Suez-Kanals mit dem französischen Herrscherpaar zusammentraf. »Ich bin auch sehr eifersüchtig bei dem Gedanken, daß Du ihr jetzt eben den Charmanten spielst, während ich allein hier sitze und mich nicht einmal rächen kann.«

In den 70er Jahren aber begann sich der Ton langsam zu wandeln. Die Kaiserin hielt nun ihren Gatten bewußt auf Distanz, nicht zuletzt um sich ungehindert ihren langen Reisen und ihrer Reitpassion zu widmen. Das wechselseitige ›Nicht-Genieren‹ wurde nun zu ihrem Oberthema, eine Liebe aus der Ferne, die sie auch Franz Joseph schmackhaft zu machen suchte: »...wir sind deshalb so glücklich, weil wir uns gegenseitig nie genieren«, schrieb sie dem Kaiser anläßlich ihrer ersten Englandreise 1874. Und auch in den 80er Jahren galt Elisabeth das ›Nicht-Genieren‹ weiterhin als Ideal ihrer Ehe, war ihr das Nebeneinander mit Franz Joseph wichtiger als ein mögliches Miteinander: »Was Ob'ron treibt«, so dichtete sie 1886, »das kümmert nicht Titanien,/ Ihr Grundsatz ist: Einander nicht genieren«.

Elisabeth und Franz Joseph im Jahre 1889

Allerdings stand zu diesem Zeitpunkt die Liebe aus der Ferne schon nicht mehr zur Diskussion. Denn mit ihrem leidenschaftlichen Eintauchen in die Welt der Dichtung, gab Elisabeth – sieht man einmal von Marie Valerie ab – auch ihre emotionalen Bindungen zu ihren Mitmenschen auf. Zwar hatte ihr Franz Joseph schon ihre Liebe zur Literatur und zu Griechenland nicht teilen können, ihre Dichterleidenschaft aber war derart exklusiv, daß Franz Joseph ihr auf diesem Weg gar nicht folgen konnte. Und Elisabeth wollte das auch nicht. Da sie sich von ihrer Umgebung unverstanden fühlte, schuf sie sich in der Poesie eine eigene Welt, die außer den verwandten Vergangenheits- und Zukunftsseelen keiner beschreiten sollte und in der sie sich stolz ihrer selbst erwählten Einsamkeit hingab:

An Titania

Nicht soll Titania unter Menschen gehen,
In diese Welt, wo niemand sie versteht,
Wo hunderttausend Gaffer sie umstehen,
Neugierig flüsternd: »Seht, die Närrin, seht!«
Wo Missgunst neidisch pflegt ihr nachzuspähen,
Die jede ihrer Handlungen verdreht;
Sie kehre heim in jene Regionen,
Wo ihr verwandte schön're Seelen wohnen.

Je weiter sich die Kaiserin von ihrem Mann entfernte, desto anhänglicher wurde Franz Joseph. Er fühlte sich einsam und unglücklich in der Hofburg und das nicht ohne Grund. Denn bis auf Elisabeth hatte er eigentlich keinen Menschen, der ihm nahe stand. Seine Vater besitze keine Freunde, berichtete einmal Rudolf. Und in seiner wortkargen, eigenbrötlerischen Art wußte Franz Joseph sich auch keine zu schaffen. Dazu kam, daß er immer noch an seiner Rolle als souveräner Alleinherrscher festhielt und sich mit majestätischer Autorität jede Einmischung in die Regierungsangelegenheiten verbat. Dieses mißtrauische Einzelgängertum hatte ihn jedoch nicht gerade weit gebracht.
Unter seiner Herrschaft hatte Österreich nicht nur die italienischen Gebiete verloren, sondern war auch aus Deutschland gedrängt worden. Der einstige Glanz des Habsburger Reiches war der tristen Realität der österreichisch-ungarischen Doppelmonarchie gewichen. Und auch innenpolitisch hatte der Kaiser große Konzessionen machen müssen. Er, der stets jeglicher Form des Konstitutionellen ablehnend, ja verachtend gegenüber gestanden hatte, mußte seit Anfang der 70er Jahre mit einer Verfassung und einem Parlament an seiner Seite regieren. Lediglich einen Gebietszuwachs gab es in dieser rund 40jährigen Regentschaft zu verzeichnen: die ehemals türkischen Provinzen Bosnien und Herzegowina, die Österreich-Ungarn auf dem Berliner Kongreß von 1878 zugesprochen worden waren. Aber auch hier handelte es sich eher

um ein Danaergeschenk. Denn beide Gebiete verschlangen nicht nur Unsummen an Geld, sondern verstärkten noch die Nationalitätenkonflikte im Vielvölkerreich, die schließlich in den Ersten Weltkrieg einmünden sollten.

Es war daher kein Wunder, daß Franz Joseph sich selbst als »Pechvogel« sah, was er allerdings nur Elisabeth gegenüber einräumte. Ansonsten hielt er an seiner schroffen Art fest und flüchtete sich in sein tägliches, pedantisches Aktenstudium, was seine Tochter Marie Valerie allerdings mit naiver Bewunderung erfüllte. »Der Arme!«, so notierte die sechzehnjährige in ihr Tagebuch, nachdem sie ihren Vater gut eine Stunde lang dabei beobachtet hatte, ohne daß sich dieser in seiner Arbeit unterbrechen ließ. »Wie ich ihn so geduldig vor diesem Stoss Schriften sitzten sah, ohne ein Wort der Klage… wie ein jeder Mann im Staat die Mühen und Sorgen immer von sich schiebt, immer höher und höher, bis endlich alles zum Kaiser kommt – und er, der es nicht mehr höher schieben kann, nimmt alles an und arbeitet alles geduldig durch, sich um das Wohl eines jeden selbst bekümmernd. Das ist doch schön, einen solchen Vater zu haben.«

Neben seinem Aktenstudium aber galten die Gedanken Franz Josephs stets der Kaiserin. Die Briefe, die er Elisabeth nach Griechenland oder zu ihren sonstigen Aufenthalten schickte, waren Legion. Und immer schwang in ihnen die Sehnsucht nach seiner Frau mit und ein schon demütig-ergebener Ton. Elisabeth indes schrieb kaum noch zurück und begnügte sich wenn möglich mit recht inhaltsleeren Telegrammen, die der Kaiser aber dennoch mit der größten Dankbarkeit aufnahm, wobei er die wenigen Zeilen fast schon minutiös zu beantworten suchte.

»Sehr glücklich war ich, durch Dein vorgestriges Telegramm noch Abends Deine Ankunft in Corfu bei schönem, warmen Wetter zu erfahren und ich danke dir innigst für die Benachrichtigung. Hoffentlich thut Dir die warme Luft gut und Du kommst bald zurück… Von ganzem Herzen und mit Sehnsucht umarmt Dich Dein Kl(einer)«, schrieb er ihr im Oktober 1887. Und ein Jahr später: »Innigsten Dank für Deine beiden Telegramme aus Miramar, die mich sehr beruhigten.

Kalt muß aber die Eisenbahnfahrt gewesen sein, und ich danke nur Gott, daß das Wetter bei Deiner Abfahrt von Miramar schön und ruhig war und hoffe, daß es so bis Corfu angehalten hat. [...] Innigsten Dank für die guten Weintrauben, die du mitgegeben hast und die mir sehr gut schmeckten«.

Elisabeth rührten diese Briefe an und verursachten ihr ein schlechtes Gewissen. »Wahrlich! mich beschämt die Treue,/ Die dich immer wieder bringt«, dichtete sie. Und ein anderes Mal:

Deine früh ergrauten Haare
Stillen Vorwurf sprachen sie;
Und die Treue langer Jahre
Ich verdiente sie wohl nie.

Mit dieser Einschätzung der tiefen Treue ihres Ehemannes hatte sie jedoch nur im übertragenen Sinne recht. Denn als Elisabeth sich seit Mitte der 70er Jahre fast ständig auf Reisen befand, hatte Franz Joseph ein Verhältnis mit der gerade verheirateten, erst 16jährigen Anna Nahowski angefangen, die er frühmorgens bei einem Spaziergang im Schönbrunner Schloßpark kennengelernt hatte. Dreizehn Jahre sollte diese Liaison dauern, bei der sich das Paar mit Wissen von Annas Ehemannes regelmäßig in aller Frühe zuerst in einem abgeschlossenen Teil des Parks und später in einem von Franz Joseph gemieteten Sommerhaus traf. Eine besondere Bedeutung besaß dieses Verhältnis für den Kaiser jedoch nicht. Zwar gab er Anna Geld, aber mehr als ein paar Sätze wurden zwischen ihnen nie gesprochen. Es war eine rein körperliche Beziehung. Der Kaiser blieb stets so kurz wie möglich, um dann aufs schnellste in die Hofburg zurückzueilen, wo er sich wieder ganz seinen Akten und der Sehnsucht nach Elisabeth hingab.

Immer wieder versuchte er, seine Frau zu einem längeren Aufenthalt in Wien zu bewegen. Ja er ließ ihr sogar Mitte der 80er Jahre im abgeschlossenen und von einer Mauer umgebenen Lainzer Tiergarten eine Villa errichten, in deren Park die Kaiserin unbelästigt von den Blicken der Öffentlichkeit umherwandeln konnte. Alles war hier auf den Geschmack Elisabeths abgestimmt. Es gab jeden erdenklichen Komfort und erstmals fließendes Wasser, die obligaten Turnräume und eine Einrichtung nach Elisabeths Vorstellungen. Und alle ihre Favoriten waren hier versammelt. Vor dem Haus stand eine Statue ihres Lieblingsgottes Hermes, der der Villa auch ihren Namen ›Hermesvilla‹ gab. Drinnen fand sich eine Plastik ihres Lieblingshelden Achill, und Elisabeths Schlafzimmer war mit Fresken geschmückt, die Motive aus Shakespeares »Sommernachtstraum« zeigten, darunter auch ein Bild mit Titania und dem Esel. Aber selbst dieses Geschenk half nichts. Der Kaiserin gefiel die Villa zwar, aber zum Bleiben konnte sie sie nicht bewegen.

Franz Joseph wurde immer einsamer und trauriger. Elisabeth konnte und wollte aber ihr Leben nicht ändern, und ihr Mann paßte in ihres nicht hinein. Beide waren sich einfach zu wesensfremd, und traurig notierte Marie Valerie in ihr Tagebuch, »grössere Gegensätze als Mama und Papa lassen sich schwer denken«. Dieser Gegensatz fiel auch anderen auf. Vorsichtig berichtete Marie Festetics, rückblickend auf die Beziehung zwischen Elisabeth und Franz Joseph: »Nein, … er hat sie nicht gelangweilt, das ist nicht das richtige Wort. Aber sie empfand es natürlich, daß er an ihrem geistigen Leben keinen Anteil nahm und ihrer Erhebung zu höheren Dingen als ›Wolkenkraxeleien‹, wie er sich ausdrückte, nicht zu folgen vermochte. Im ganzen muß ich sagen, daß sie ihn achtete und gerne hatte, aber geliebt hat sie ihn wohl nicht.« Deutlicher drückte es Marie Valerie in ihrem Tagebuch aus: »…der Papa geht ihr so auf die Nerven, was ich trotz aller Liebe für ihn, Mamas Charakter und seinen Mangel an Verständnis für denselben, begreife.«

In dieser schier ausweglosen Lage zeigte sich aber wieder einmal, daß Elisabeth, wenn es darauf ankam, zu handeln verstand. Sie wollte sich nicht ändern, gleichzeitig aber auch Franz Joseph glücklich sehen und so griff sie zu dem einzigen, wenn auch höchst unkonventionellen Mittel, das in dieser Situation Erfolg versprach: Sie verschaffte dem Kaiser eine echte Freundin. Dazu mußte sie nicht lange suchen. Denn seit 1883 hatte die dreißigjährige Schauspielerin Katharina Schratt am Hofburgtheater ihr Engagement angetreten und sich nach und nach nicht nur die Herzen des Wiener Publikums, sondern auch des Kaisers erspielt. Sie war der Urtypus einer Wiener Frohnatur, hübsch und drollig, und glänzte vor allem in leichten Lustspielrollen. Da sich die Hofburgschauspieler beim Kaiser persönlich vorstellen mußten, fand die erste Begegnung zwischen ihr und Franz Joseph schon kurz nach ihrem Debut im kaiserlichen Theater statt.

Um diese erste Audienz ranken sich zahlreiche Legenden. Der Vertraute der Schauspielerin, Paul Schulz, berichtete später dem Historiker Heinrich Benedikt, daß Katharina Schratt vor diesem Zusammentreffen mit dem Kaisers so nervös war, daß sie ihn bat, das Begrüßungszeremoniell vorher mit ihr durchzuspielen. Bendedikt beschrieb die Szene später folgendermaßen: »Sie setzte sich in einen Fauteuil und sprach die Worte nach: Euer Majestät geruhen... Schulz unterbrach sie: Die Beine darfst nicht wie jetzt kreuzen, du darfst dich überhaupt nicht setzen, sondern mußt stehen und nach dem Hofknicks dein Sprüchlein sagen.« Derart vorbereitet betrat die Schratt kurze Zeit später den Audienzsaal der kaiserlichen Hofburg und sah sich nun dem Kaiser gegenüber, den sie ehrerbietig mit einem Hofknicks begrüßte.

Katharina: Euer Majestät geruhen...

Der Kaiser: Gnädige Frau, wollen Sie sich nicht setzen?

Katharina: Danke Majestät, Euer Majestät geruhen...

Der Kaiser: Ja, warum wollen Sie sich nicht setzen?

Katharina: Der Paul Schulz hat mir's verboten.

Bis in den Vorraum soll das Lachen des Kaisers zu hören gewesen sein. Nach dieser Episode wurde der sonst wenig kunstbeflissene Franz Joseph zu einem eifrigen Besucher des Hofburgtheaters. Seine Schwärmerei für die Schratt blieb jedoch harmlos und so gingen fast drei Jahre ins Land. Elisabeth jedoch war die plötzliche Theaterleidenschaft ihres Mannes nicht verborgen geblieben. Auch sie hatte die Schratt gemeinsam mit Franz Joseph auf offiziellen Empfängen kennengelernt, und im Frühjahr 1886 ergriff sie die Initiative.

Sie bat den Maler Heinrich von Angeli Katharina Schratt für den Kaiser zu portraitieren, ohne den Auftraggeber dieses Bildes zu nennen. Franz Joseph indes wurde von ihr eingeweiht, und als im Mai das Portrait fertiggestellt war, begaben sich Elisabeth und Franz Joseph ins Maleratelier, wo sie mit der ahnungslosen Katharina Schratt zusammentrafen. Wieder hatte die sich nun abspielende Szene groteske Züge. Denn die Schauspielerin war durch die plötzliche Anwesenheit des Kaiserpaares so eingeschüchtert, daß sie kein Wort herausbrachte. Daraufhin der Maler Angeli: »Warum fürchten Sie sich denn, Seine Majestät wird ihnen nichts tun.« Katharina Schratt: »Ich fürcht mich gar nicht, ich hab nur ein bißl Angst.« Woraufhin der Kaiser erneut in heftiges Lachen ausbrach. Das Eis war gebrochen und die Fronten geklärt. Katharina Schratt wußte jetzt, daß der Kaiser sie verehrte, und ihr war auch klar, daß Elisabeth einer Beziehung zwischen ihnen wohlwollend gegenüberstand. Zwei Tage später schickte der Kaiser ihr seinen ersten Brief, zusammen mit einem wertvollen Smaragdring.

Es war der Beginn einer lebenslangen Freundschaft. Franz Joseph beendete nun seine Beziehung zu Anna Nahowski, besuchte die Schratt regelmäßig und schrieb ihr unzählige Briefe. Und Elisabeth hielt ihre schirmende Hand über diese Beziehung. Sie lud die Schratt eigenhändig zu offiziellen Anlässen ein, besuchte sie selber mit Marie Valerie, schickte ihr von ihren Reisen Geschenke und erkundigte sich bei ihrem Gatten über ihr Befinden. Katharina Schratt, die wiederum die Kaiserin tief verehrte, war über diese Aufmerksamkeiten entzückt. Allerdings blieb die Beziehung zwischen Elisabeth und der Schauspielerin oberflächlich. Denn mit dem einfachen, naiven Charakter der Schratt konnte die Kaiserin nichts anfangen. Heimlich machte sie sich in ihren Gedichten über die Schauspielerin lustig, und spottete über die Wahl ihres Ehemannes:

Katharina Schratt – Hofburgschauspielerin und Freundin des Kaisers – in dem Lustspiel »Versprechen hinterm Herd«, 1885

Trost

Dein dicker Engel kommt ja schon
Im Sommer mit den Rosen.
Gedulde dich mein Oberon!
Und mach nicht solche Chosen!

Sie bringt sich mit ihr Butterfaß,
Und läßt Butter sich bereiten,
Sie macht mit Cognac die Haare naß
Und lernt am End noch reiten.

Sie schnürt den Bauch sich ins Korsett,
Daß alle Fugen krachen.
Hält sich gerade wie ein Brett
Und ›äfft‹ noch andre Sachen.

Im Häuschen der Geranien,
Wo alles so fein und glatt,
Dünkt sie sich gleich Titanien,
Die arme dicke Schratt.

Die Anteilnahme Elisabeths an Katharina Schratt zielte letztlich darauf, die Beziehung zwischen dem Kaiser und der Schauspielerin am Laufen zu halten und ihr einen seriösen Charakter zu verleihen. Dennoch konnte es nicht ausbleiben, daß der Wiener Tratsch blühte. Diese Klatschgeschichten über ihren Vater und Katharina Schratt trafen vor allem Marie Valerie empfindlich. Zwar gönnte sie ihrem Vater das späte Glück, daß er »doch eine Zerstreuung, ein Interesse hat«, wie sie schrieb. Je mehr sich die Beziehung Franz Josephs zur Schratt intensivierte, desto ablehnender reagierte jedoch die Kaisertochter. »Daß ich Papa nicht mehr wie ehmals im innersten meines Herzens recht geben kann, das ist für mich das Bitterste – so unschuldig die Sache ja auch ist. O warum hat Mama diese Bekanntschaft herbeigeführt, und wie kann sie noch sagen, daß ihr dieselbe eine Beruhigung ist«, notierte sie am 4. November 1889 in ihr Tagebuch.

Mit ihrer Einschätzung, daß die Sache »unschuldig« sei, hatte Marie Valerie – trotz der umlaufenden Klatschgeschichten – allerdings recht. Denn Franz Joseph hatte, sobald sich die Beziehung zur Schauspielerin zu festigen begann, Katharina Schratt gegenüber unmißverständlich die Fronten geklärt: »Ihre Ehre und Ihr Ruf sind mir vor Allem heilig und ich wollte Ihnen sagen, wie ich bestrebt bin, unserer Freundschaft, in der ich nichts unrechtes sehe, auch vor der Welt in ihrem richtigen Lichte erscheinen zu lassen«, schrieb er ihr im April 1887.

Und ein knappes Jahr später, nachdem ihm die Schauspielerin dennoch Avancen gemacht hatte: »Daß ich Sie anbete, wissen Sie gewiß, oder fühlen es wenigstens, und dieses Gefühl ist auch bei mir in steter Zunahme, seit ich so glücklich bin, Sie zu kennen. So, jetzt haben wir uns gegenseitig ausgesprochen, und das ist vielleicht gut, denn es mußte einmal heraus. Dabei muß es aber bleiben, und unser Verhältniß muß auch künftig das Gleiche sein, wie bisher, wenn es dauern soll, und das soll es, denn es macht mich ja so glücklich. Sie sagen, daß Sie sich beherrschen werden, auch ich werde es thun, wenn es mir auch nicht immer leicht wird, denn ich will nichts Unrechtes thun, ich liebe meine Frau, und will ihr Vertrauen und ihre Freundschaft für sie nicht mißbrauchen. Da ich für einen brüderlichen Freund zu alt bin, so erlauben Sie, daß ich Ihr väterlicher Freund bleibe und behandeln Sie mich mit derselben Güte und Nachsicht wie bisher.«

Trotz seiner Sympathie für Katharina Schratt, die wohl auch mit Verliebtheit gepaart war, blieb der Kaiser Elisabeth treu. Er versuchte, sie stets in die Beziehung zur Schratt einzubeziehen, indem er ihr ausführlich über die ›gemeinsame‹ Freundin berichtete. Und er war ihr zutiefst dankbar, daß sie diese Beziehung tolerierte und förderte. »Deine Güte und Fürsorge und die Freundschaft der Freundin sind die einzigen Lichtblicke in meinem Leben«, schrieb er ihr 1893.

Allerdings war klar, daß Elisabeth weiterhin den ersten Platz in seinem Leben einnahm. Sie blieb seine ›Edes, szeretett lelkem‹ [seine süße, geliebte Seele], wie er sie in seinen zärtlichen und ergebenen Briefen anredete. Der Ton gegenüber Katharina Schratt war dagegen stets etwas distanzierter. Der Kaiser nannte sie zumeist ›Meine liebe gute Freundin‹ und er siezte sie sein Leben lang. Dennoch war ihm die Freundin überaus teuer. Er überschüttete sie mit Geschenken und Geld, das Katharina Schratt bei ihrem aufwendigen Lebensstil auch gut gebrauchen konnte. Sie wiederum heiterte den einsamen Kaiser mit Geschichten aus der Theaterwelt und aus ihrem Leben auf und gab ihm – trotz mancher Exzentritäten – die Zuwendung und Wärme, die ihm sonst fehlte. Und schon bald nach dem ersten Kennenlernen sollte er ihren Trost und ihre Hilfe bitter nötig haben.

Habsburgs letzte Hoffnung

Rudolph, Kronprinz von Österreich, hätte alles sein können für sein Land – ein Reformer und Volkskaiser oder gar der erste Präsident einer österreichischen Republik, der das Reich ins 20. Jahrhundert führt. Sein Freitod zerstörte die Hoffnungen vieler liberal gesinnter Kräfte in der Donaumonarchie und kündigte vom nahen Ende der Habsburger Herrschaft. Die Tragödie von Mayerling, wo Rudolf seiner Geliebten und sich am 30. Januar 1890 eine Kugel durch den Kopf schoß, traf aber nicht nur das Herz der Nation, sondern auch das seiner Familie. Nichts war nach Rudolfs Tod so, wie es vorher war.

Die Nachricht vom Tod des Kronprinzen traf Franz Joseph und Elisabeth völlig unvorbereitet. Denn keiner von beiden hatte Rudolf wirklich gekannt, geschweige denn geahnt, wie es um ihn stand. Schon seit frühester Kindheit war Rudolf gezwungenermaßen seine eigenen Wege gegangen. Als er sechs Jahre alt war, ließ sein Vater ihn von der geliebten Schwester Gisela trennen. Der Kronprinz sollte aus dem familiären Umfeld herausgehoben und ganz allein erzogen werden. Wie im Hause Habsburg üblich besaß Rudolf seinen eigenen Hofstaat und lebte in den kaiserlichen Residenzen in eigenen, von denen der Eltern und Geschwistern getrennten Räumen.

Die Familie hatte keinen regulären Kontakt untereinander. Nachdem Elisabeth die Erziehung des Kronprinzen dem Grafen Latour übertragen hatte, kümmerte sie sich nicht weiter um Rudolf, sondern widmete sich ganz ihren Reisen und Marie Valerie. Außer zu dieser jüngsten Tochter unterhielt sie zu keinem ihrer Kinder eine engere Beziehung. Franz Joseph wiederum ging völlig in seiner Arbeit auf. Und die Einzige, zu der Rudolf einen intensiveren Kontakt bewahrt hatte, seine Schwester Gisela, weilte seit ihrer Heirat mit Leopold 1873 im fernen Bayern. Die kaiserliche Familie kam daher nur sporadisch zusammen und sah sich vor allem an den großen Festtagen wie Weihnachten oder dem Geburtstag Franz Josephs. In den 80er Jahren hatte Rudolf aber auch von sich aus immer seltener den Kontakt zu seinen Angehörigen gesucht, so daß seine jüngste Schwester Marie Valerie ein-

Kronprinz Rudolf um 1877

mal erstaunt feststellte, sie habe ihren Bruder seit Monaten nicht mehr gesehen, obwohl er doch wie sie in der Hofburg wohne. Ähnlich wie auch sein Vater und seine Mutter war auch der Kronprinz Rudolf ein einsamer Mensch, isoliert inmitten der großen Habsburger Familie. Seine Hochzeit mit Prinzessin Stephanie von Belgien im Jahre 1881 brachte keine wesentliche Veränderung dieser Situation. Die erst sechzehnjährige Braut stieß von Anfang auf Ablehnung bei der Kaiserin, auch wenn sie später immer mehr deren Repräsentationsaufgaben übernahm und Elisabeth so von lästigen Pflichten befreite. Die Kaiserin zeigte sich jedoch wenig dankbar. Zu verschieden waren die Charaktere der beiden Frauen. Elisabeth konnte mit dem bigotten Moralismus und unzeitgemäßen Standesdünkel Stephanies herzlich wenig anfangen. Unmittelbar nach der Verlobung notierte Marie Valerie in ihr Tagebuch: »Der ›moralische Schwerstein‹, wie kann Rudolf diese kalte höhnische weltliche Frau so lieben. Mama fürchtet, dass sie, statt von ihm gehoben und veredelt zu werden, ihn mehr und mehr herunterzieht zu sich. Es ist traurig.« Und Elisabeth dichtete spöttisch über die Allüren der »fetten Kröte«, wie sie die Schwiegertochter schon mal nannte:

Und den Stolz in seinen Zügen
Trägt es selbst als Trampeltier;
Volksgejohl ist sein Vergnügen,
Vivat! Slava! Sein Plaisir.

Darum zieht's in allen Städten,
Märkten feierlich herum;
Voraus muss der Tambour treten;
Aufgepasst! Nun kommt's, bum, bum!

Die Ehe selbst stand von Anfang an unter keinem guten Stern. Der im Umgang mit Frauen erfahrene und leicht sadistisch veranlagte Kronprinz hatte seine jungfräuliche Braut in der ersten gemeinsamen Nacht mit verletzender Grobschlächtigkeit behandelt. Zwar sind die Nachrichten aus dem ersten Ehejahr beruhigend, zumindest schrieb Rudolf schon bald nach der Hochzeit an seinen Vertrauten Latour: »Ich bin sehr verliebt, und sie ist die einzige, die mich zu vielem verleiten könnte!« Und Stephanie vermeldete plichtgemäß, wenn auch etwas gestelzt, nach Ablauf des ersten Ehejahres ihrer Familie: »Wir verstehen uns wunderbar. Mit einem Wort, liebe Schwester, ich bin glücklich.«

Doch schon bald kam es zu ersten Spannungen zwischen den jungen Eheleuten. Die liberalen Ansichten und intellektuellen Ambitionen Rudolfs waren seiner Frau fremd. Seine Reformideen, den Antiklerikalismus und die Verachtung des Adels lehnte Stephanie ab. Sie war das genaue Gegenteil Rudolfs. Sittenstreng, stets auf die Etikette pochend und einem luxuriösen Leben durchaus zugeneigt, konnte sie dem unkonventionellen Lebensstil des Kronprinzen nichts abgewinnen. Auch die Geburt der Tochter Elisabeth 1883 führte nur vorübergehend zu einer Annäherung der Eltern. Eine eigene Familie hat Rudolf auch in seinem Zusammenleben mit Frau und Tochter nicht gefunden.

Immer häufiger kam es zwischen Stephanie und ihm zum Streit, der zum Teil in aller Öffentlichkeit ausgetragen wurde. Der Grund waren zumeist die vielen Affären, die Rudolf hatte. Der Kronprinzen liebte junge Frauen aus dem einfachen Volk, die ein hübsches Äußeres mit Charme und Schlagfertigkeit verbanden. Bei einer dieser Liebesgeschichten infizierte sich Rudolf im Frühjahr 1886 mit einer Geschlechtskrankheit, die die Ärzte als Gonorrhöe diagnostizierten. Einen Monat nach ihm erkrankte auch die Kronprinzessin, die Rudolf auf die von den Ärzten verordnete Erholungsreise nach Lacroma begleitete. Man hatte Stephanie nicht gewarnt, und der Kronprinz hatte es nicht für nötig gehalten, seine Frau vor einer Ansteckung zu schützen. Selbst über ihre Krankheit hat man die Kronprinzessin nicht aufgeklärt. »Wochenlang«, schrieb Stephanie in ihren Memoiren, »lag ich, noch immer ahnungslos, mit namenlosen Schmerzen zu Bett. Professoren aus Wien und Triest erklärten, ich litte an einer Bauchfellentzündung. Ich selbst ahnte den Grund meines Leidens nicht. Auf hohen Befehl wurde alles vertuscht, die Ärzte auf Schweigen beeidigt. Erst später entdeckte ich und erfuhr ich, daß der Kronprinz an meinem Leiden schuld war.«

Stephanie erholte sich zwar bald von der Krankheit, wurde aber unfruchtbar. Die bereits zerüttete Ehe zerbrach über der Rücksichts- und Verantwortungslosigkeit Rudolfs. Dieser, von der Krankheit schwer gezeichnet, verlor nun gänzlich den Halt und stürzte sich in immer neue Liebesabenteuer. Vor den Eltern, besonders aber vor dem gefürchteten Vater suchte der Kronprinz seine Erkrankung zu verbergen. Und das mit Erfolg, obwohl er körperlich verfiel und von neurotischen Depressionen heimgesucht wurde. Schuldgefühle wechselten mit tiefer Verzweiflung und extremer Apathie. Rudolf stand in diesen Jahren unter starken Medikamenten und flüchtete sich zudem in Drogen- und Alkoholexzesse.

Immer häufiger äußerte er nun Selbstmordgedanken. Seinen Eltern und Geschwistern konnte er sich nicht anvertrauen. Kein Wort von Rudolfs desperaten Seelenzustand drang zu seiner Familie. Im Sommer 1888 verdichtete sich dann Rudolfs Todessehnsucht zu einem konkreten Plan. Gemeinsam mit seiner damaligen Geliebten, der Halbweltdame Mizzi Caspar, wollte er aus dem Leben scheiden. Doch die lebenslustige Frau dachte nicht daran, dem Kronprinzen zu folgen. Auf der Suche nach einer anderen Begleiterin stieß Rudolf auf die erst siebzehnjährige Baronesse Mary Vetsera. Der Kontakt zu der jungen Frau, die den Kronprinzen anschwärmte, wurde von Elisabeths Nichte Marie Larisch-Wallersee hergestellt, die für ihre Kuppler- und Botendienste von Rudolf bezahlt wurde. Larisch-Wallersee wußte von den Plänen des Kronprinzen, wandte sich aber nicht an ihre Tante, zu deren engsten Kreis sie einst gehörte. Spät erst schrieb sie einen Brief an die Polizei, der aber den Lauf der Dinge auch nicht mehr verhindern konnte. Als Elisabeth später von Maries Rolle im Drama von Mayerling erfuhr, verbannte sie ihre Nichte für immer vom Hof.

Getarnt als Jagdausflug mit Freunden zog sich Rudolf in Begleitung von Marie, die sich heimlich aus dem elterlichen Haus davonstahl, in das Jagdschloß Mayerling zurück. Was dann genau geschah, konnte bis heute nicht vollständig rekonstruiert werden. Am Morgen des 30. Januar 1889 fanden Bedienstete des Kronprinzen die Leichen Rudolfs und seiner Geliebten, getötet durch zwei Kopfschüsse aus nächster Nähe. Die Untersuchung ergab, das Rudolf zuerst das Mädchen Mary erschoß und Stunden später dann sich selbst. Er hinterließ Abschiedsbriefe an seine Geschwister, seine Mutter und seine Frau, nicht aber an Franz Joseph, weil er »nicht würdig [sei], seinem Vater zu schreiben«. Eine Erklärung für seinen Freitod gab er nicht.

Die Nachricht vom Tode des Kronprinzen erreichte die Hofburg schon bald nach der Entdeckung der Leichen. Zu diesem Zeitpunkt glaubte man noch, Rudolf sei von der Baronesse vergiftet worden. Die Kaiserin wurde als erste verständigt, da man Franz Joseph schonen wollte. Weinend brach sie zusammen, fing sich aber sofort wieder, als der Kaiser an ihre Tür klopfte. Auch er war von der Todesnachricht zutiefst erschüttert und verließ als gebrochener Mann das Zimmer. Elisabeth holte nun Katharina Schratt, die bereits im Zimmer Ida Ferenczys wartete, und brachte sie zum Kaiser, weil sie selbst nicht in der Verfassung war, ihrem Mann Trost zu spenden. Danach verständigte Elisabeth Marie Valerie vom Tod ihres Bruders und forderte sie auf, um des Vaters willen Ruhe zu bewahren. Als dieser das Zimmer betrat, überfiel Marie Valerie tiefe Verzweiflung. Sie hielt die folgende Szene später in ihrem Tagebuch fest:

»Wie weh es tut, ihn anzusehen, können Worte nicht sagen; ich fiel ihm um den Hals, wir drei hielten uns umschlossen und weinten und sein heldenhaftes Beispiel hielt Mama und mich aufrecht. Ich wurde nun zu Stephanie geschickt, sie herüberzuholen … Mama war sublime [verständnisvoll] mit ihr, liebend und fast mütterlich, ohne Bitterkeit.« Die Kronprinzessin hat ihren Empfang allerdings etwas anders erlebt, nämlich voller Bitterkeit: »Der Kaiser saß in der Mitte des Raumes, die Kaiserin, dunkel gekleidet, schneeweiß und starr im Gesicht, war bei ihm.

In meinem fassungslosen, erschütterten Zustand glaubte ich, daß man mich wie eine Verbrecherin ansah. Ein Kreuzfeuer von Fragen, auf die ich einesteils nicht antworten konnte, andernteils nicht antworten durfte, ging auf mich nieder.« Tatsächlich gab Elisabeth später der Schwiegertochter eine Mitschuld am Tod ihres Sohnes.
Mittlerweile war die Mutter Marys, Baronin Helene Vetsera, die Elisabeth von ihren früheren Reitjagden her kannte, aufgeschreckt von Gerüchten, die in Wien die Runde machten, bis zu Ida Ferenczy vorgedrungen und wollte unbedingt die Kaiserin sprechen. Als sie sich nicht abweisen ließ, ging Elisabeth zu ihr. Ida Ferenczy berichtete später Marie Valerie von der Begegnung der beiden Mütter: »Ihre Majestät steht voll Hoheit vor der erregten Frau, die ihr Kind fordert, spricht mit sanfter Stimme zu ihr. Sie sagt ihr, daß das Mädchen tot sei. Da bricht Vetsera in lauten Jammer aus: Mein Kind, mein schönes Kind!
Aber wissen Sie, sagt Ihre Majestät mit lauterer Stimme, daß auch Rudolf tot ist? Vetsera taumelt, fällt vor ihrer Majestät nieder und umfängt ihre Knie. Mein unglückliches Kind, was hat sie getan? Das hat sie getan!! Also auch sie faßte es so auf und glaubte, wie Ihre Majestät, das Mädchen habe ihn vergiftet. Noch einige Worte, dann verläßt Ihre Majestät die Vetsera mit den Worten: ›Und jetzt merken Sie sich, daß Rudolf an Herzschlag gestorben ist!‹«
Das war die offizielle Version des Hofes, um die skandalösen Umstände, unter denen der Kronprinz zu Tode gekommen war, zunächst zu vertuschen und Zeit zu gewinnen. Rudolf sollte noch am selben Abend unter Vermeidung öffentlichen Aufsehens nach Wien überführt und in der Hofburg aufgebahrt werden. So geschah es auch, doch war eine Geheimhaltung längst nicht mehr möglich. Die Nachricht vom Tode des Kronprinzen, der »letzten Hoffnung Habsburgs«, wie Marie Valerie am 31. Januar in ihrem Tagebuch vermerkte, hatte in Wien schon die Runde gemacht, und die Menschen strömten aus Neugier oder Betroffenheit zur Hofburg.
Schon bald wurde auch für die kaiserliche Familie schreckliche Gewißheit, was die Gerüchte schon lange wissen wollten: Nicht Mary

Der Geleitzug mit der Leiche des Kronprinzen Rudolf verläßt Mayerling am Abend des 30. Januar 1889

Vetsera hatte den Kronprinzen umgebracht, sondern Rudolf die Baronesse. Der kaiserliche Leibarzt Dr. Widerhofer berichtete, das Mädchen hätte augestreckt auf dem Bett gelegen, eine Rose in den gefalteten Händen. Der Kronprinz habe sich in halbsitzender Position befunden, neben ihm auf dem Boden der seiner erstarrten Hand entfallene Revolver. Der Schädel Rudolfs sei geborsten gewesen. Elisabeths Kommentar war derselbe wie beim Tode Ludwigs: »Der grosse Jehova ist furchtbar, wenn er vernichtend einhergeht wie der Sturm.«
Am 31. Januar besuchte Elisabeth ihren toten Sohn, den man in seinen Junggesellenzimmern in der Hofburg aufgebahrt hatte. Zärtlich küßte sie ihn ein letztes Mal auf den Mund. Marie Valerie beschrieb den toten Bruder in ihrem Tagebuch: »Er war so schön und lag so friedlich, das

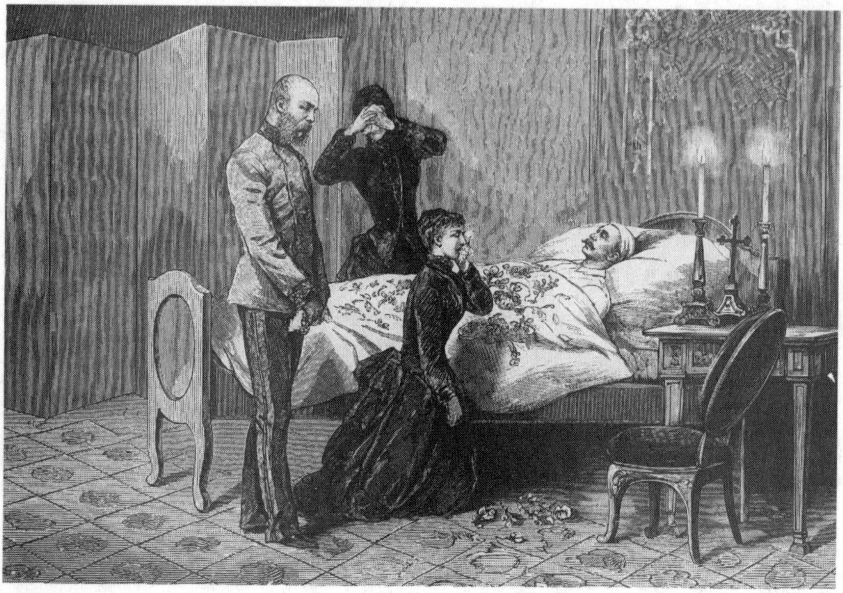

Kronprinzessin Stephanie, Elisabeth und Franz Joseph bei der Leiche, des in seinen Junggesellenzimmern in der Hofburg aufgebahrten Kronprinzen, am 31. Januar 1889

weisse Leintuch bis zur Brust heraufgezogen und rings mit Blumen bedeckt. Der leichte Verband an seinem Kopf entstellte ihn nicht – noch waren seine Wangen und Ohren gerötet mit dem gesunden Rot der Jugend – der unstete, oft bittere höhnische Ausdruck, der ihm im Leben oft eigen, war einem friedlichen Lächeln gewichen – so schön war er mir noch nie vorgekommen – er schien zu schlafen und ruhig, glücklich zu sein.«
Bei dem Familiendiner am selben Abend waren auch Stephanie und ihre Tochter Elisabeth anwesend. Beim Anblick seiner geliebten Enkelin brach der Kaiser in Tränen aus und auch Elisabeth verlor erstmals ihre bis dahin mühsam aufrechterhaltene Selbstbeherrschung und

weinte. Ansonsten aber reagierten Franz Joseph und seine Frau völlig unterschiedlich auf den Tod ihres Sohnes, wie Marie Valerie in ihrem Tagebuch vermerkte: »Papas fast überirdisch fromme, klaglose Ergebung, Mamas starrer Schmerz mit ihrem Glauben an Prädestination, ihr Weh, dass es ihr baierisch-pfälzisches Blut war, das Rudolf zu Kopf gestiegen, dies alles ist so unsagbar bitter mit anzusehen.« Wie schon so oft machte sich Elisabeth Selbstvorwürfe: Hätte der Kaiser sie doch nicht geheiratet, so wäre ihm so vieles erspart geblieben. Ihre Schuldgefühle verstärkten sich, als die Ärzte Rudolf eine Geisteskrankheit attestierten. Daß dies allein deswegen geschah, um die kirchliche Beerdigung des Selbstmörders zu ermöglichen, spielte weder für Franz Joseph noch für Elisabeth eine Rolle. Der Kaiser fand fortan in dieser Erklärung einen gewissen Trost, für die Kaiserin aber blieb sie ein tiefer Stachel, der sie die letzten Jahre ihres Lebens quälte.

Kritik an der Kaiserin kam natürlich wieder aus dem Umfeld des Hofes, aber auch aus der Bevölkerung. Der Vorwurf lautete, sie habe sich nicht genügend um ihre Pflichten als Kaiserin und Mutter gekümmert. Das allgemeine Mitgefühl galt allein dem Kaiser. Der stellte sich allerdings demonstrativ vor seine Frau und pries die große Hilfe, die ihm Elisabeth in diesen schweren Tagen gewesen sei. Und als wolle er gegen die Selbstzweifel seiner Frau und die Kritik der Öffentlichkeit ein Bollwerk errichten, verkündete er: »Ich kann dem Himmel nicht genug danken, daß Er Mir eine solche Lebensgefährtin gegeben hat.«

Vielleicht veranlaßten den Kaiser eigene Schuldgefühle zu dieser Ehrenerklärung, denn er hatte zwei Tage vor dem Selbstmord Rudolfs einen heftigen Streit mit seinem Sohn gehabt. Überhaupt war das Verhältnis zwischen Kaiser und Kronprinz äußerst gespannt gewesen. Sie verkörperten zwei konträre politische Welten. Rudolf war liberal, republikanisch gesinnt, antiklerikal und besaß eine äußerst kritische Einstellung gegenüber dem Adel und seinen Privilegien. Franz Joseph hingegen stand für eine konservative, auf der Zusammenarbeit mit der Kirche und dem Adel basierenden Monarchie. Zu einem klärenden Gespräch zwischen den beiden wichtigsten Männern Österreichs, dem regierenden Monarchen und seinem Nachfolger, ist es allerdings nie gekommen. Franz Joseph sprach mit Rudolf nicht über Politik, sondern nur über familiäre Dinge, die Jagd und seine militärische Laufbahn und verbot es seinem Sohn, andere Themen anzuschneiden. Ebensowenig ließ der Kaiser den mittlerweile 30jährigen Thronfolger an seiner Herrschaft teilhaben, noch stellte er dies für die Zukunft in Aussicht. Der politisch hochambitionierte Kronprinz sah sich völlig kaltgestellt und unterfordert. Rudolf, der seinen Vater respektierte, aber auch selbstbewußt an seine Kompetenz in politischen Fragen glaubte, äußerte sich daher gegenüber Latour verbittert über die Unzugänglichkeit des Kaisers und seine eigene Ohnmacht:

»Ich sehe die schiefe Ebene, auf der wir abwärtsgleiten, stehe den Dingen sehr nahe, kann aber in keiner Weise etwas thun, darf nicht einmal laut reden, das sagen, was ich fühle und glaube. Unser Kaiser hat keinen Freund. Sein Charakter, Sein Wesen lassen dies nicht zu. Er steht verlassen auf Seiner Höhe, mit Seinen Dienern spricht Er über die Berufsgeschäfte jedes Einzelnen, doch ein Gespräch vermeidet Er ängstlich, darum weiß Er wenig über das Denken und Fühlen der Leute, über die Ansichten und Meinungen des Volkes [...] Er glaubt, wir sind jetzt eine der glücklichsten Epochen Österreichs, offiziell sagt man es Ihm, in den Zeitungen liest Er nur die roth-bezeichneten Stellen, und so ist er getrennt von jedem rein menschlichen Verkehr, von jedem unpartheiischen, wirklich gesinnungstüchtigen Ratschlag.«

Die Einzige aus der Familie, die mit dem Kaiser über alle politischen Fragen sprechen konnte, war die Kaiserin. Und deren politische Ansichten stimmten mit denen Rudolfs weitestgehend überein. Doch half sie ihm nie beim Kaiser, Gehör zu finden, wußte wahrscheinlich auch nicht viel von den politischen Überzeugungen ihres Sohnes. Politik interessierte sie nach der Vollendung des ungarisch-österreichischen Ausgleichs auch nicht mehr. Nur einmal hatte sie zugunsten Rudolfs beim Kaiser interveniert und eine liberale Erziehung des Kronprinzen durchgesetzt. Dafür war ihr Rudolf zeitlebens dankbar. Doch es war gerade dieser Einsatz Elisabeths, der den Keim für den späteren Konflikt zwischen Vater und Sohn legte. Denn Elisabeth hatte es bei dieser einen Intervention bewenden lassen und den weiteren Lebensweg Rudolfs nicht mehr begleitet. Das wäre aber notwendig gewesen, hätte sie den Thronfolger wirklich fördern wollen.

Doch Elisabeth liebte nur ihre jüngste Tochter Marie Valerie von ganzem Herzen. Die beiden Ältesten, Gisela und Rudolf, nahm sie nur am Rande war. Sie gehörten für sie in die Welt der Erzherzogin Sophie, die sie in den ersten Jahren großgezogen hatte. Für Rudolf, der seine Mutter bewunderte und lange Zeit um ihre Zuneigung buhlte, war dieses Desinteresse eine Katastrophe. Denn er erkannte in ihr die verwandte Seele und erhoffte sich von ihr immer wieder Unterstützung und Rat. Und wurde in dieser Hoffnung immer wieder getäuscht. Denn Elisabeth sah nur Marie Valerie, die ihr paradoxerweise so gar nicht ähnelte, sondern in ihrer nüchternen und gläubigen Art eher dem Vater nachkam. Rudolf hingegen glich schon rein äußerlich seiner Mutter. Vor allem aber hatte er ihre Phantasie, Sensibilität und schnelle Auffassungsgabe geerbt.

Auf die offenkundige Bevorzugung Marie Valeries hatte Rudolf von Anfang an mit Eifersucht reagiert und die kleine Schwester wo er nur konnte malträtiert. Er war der böse Geist ihrer Kindheit, den sie nur »Nazi« nannte. Dieses Verhalten des Kronprinzen verschlechterte noch das Verhältnis zu seiner Mutter, und immer wieder kam es zwischen den beiden zu Auseinandersetzungen über Marie Valerie. Als geradezu existenzbedrohend erlebten die beiden Frauen Rudolfs Kritik an dem Auserwählten seiner Schwester, Erzherzog Franz Salvator. Der entstammte der toskanischen Linie des Hauses Habsburg, die seit dem Sieg der italienischen Nationalbewegung im Jahre 1859 ohne Land waren. Für Marie Valerie war es eine Liebe auf den ersten Blick, und Elisabeth unterstützte sie darin, ihren Gefühlen zu folgen. Sie hatte ihrer Tochter stets gesagt, sie könne sogar einen »Rauchfangkehrer« heiraten, wenn sie ihn nur liebe und war daher mit der Wahl ihrer Jüngsten ganz zufrieden. Rudolf aber sah diese Verbindung unter dynastischen Aspekten und lehnte Franz Salvator wegen seines geringen

Standes ab. Für Marie Valerie konnte die feindselige Haltung Rudolfs gefährlich werden, würde er doch eines Tages als Kaiser über das Hausrecht der Habsburger Familie verfügen und damit über die Möglichkeit, seinem Schwager alle erdenklichen Hindernisse in den Weg zu legen. Eine Zeitlang war die Angst des jungen Paars vor der ablehnenden Haltung Rudolfs so groß, daß sie mit dem Gedanken spielten, nach Deutschland überzusiedeln.

Die Befürchtungen Elisabeths und Marie Valeries erwiesen sich jedoch als unbegründet. Zwei Jahre nachdem sie sich kennen und lieben gelernt hatten, gaben die Tochter der Kaiserin und der Erzherzog Franz Salvator Anfang Dezember 1888 ihre Verlobung bekannt. Die Reaktion Rudolfs auf diese Nachricht kam für Elisabeth und Marie Valerie völlig überraschend. »Unfreundlich war er aber keineswegs«, berichtete Marie Valerie in ihrem Tagebuch, »und so fühlte ich mich ermutigt, zum erstenmal in meinem Leben die Arme um seinen Hals zu werfen … Armer Bruder, er hat doch auch ein warmes, liebebedürftiges Herz, denn er umschloss und küsste mich mit der ganzen Innigkeit wahrer Bruderliebe – und wieder und noch einmal zog er mich an sein Herz, und man fühlte, dass es ihm wohltat, dass ich ihm die Liebe zeigte, die solange fast erstickt war vor Angst und Scham. Mama bat ihn, immer gut für mich, für uns zu sein, wenn wir einmal von ihm abhängig sind, und er schwur und beteuerte es einfach und warm. Da machte sie ihm das Kreuz auf die Stirn und sagte, der liebe Gott werde ihn dafür segnen und er werde ihm Glück bringen – sie versicherte ihn ihrer Liebe und er küsste ihr heftig die Hand und tief ergriffen. Ich dankte ihm und umschloss Mama und ihn in einer Umarmung, indem ich fast unbewusst sagte: ›So sollten wir immer sein!‹«

Zwei Monate später war Rudolf tot. Nie wieder sollte es so sein wie an diesem 4. Dezember 1888. Für Elisabeth war der Selbstmord ihres Sohnes ein Bruch in ihrem Leben. Im Verlaufe des Jahres 1889 verdüsterte sich ihre Stimmung immer mehr. Stundenlang grübelte sie über die Gründe Rudolfs, sich selbst zu töten, und machte sich immer wieder heftige Vorwürfe. Eines Tages erschien sie am späten Abend im

Kronprinz Rudolf um 1888

Kapuzinerkloster auf dem Neuen Markt, wo der Kronprinz begraben lag, und bat die Pater, sie in die Gruft zu führen. Den letzten Weg ging sie allein. Sinnend stand sie vor dem Sarg ihres Sohnes und rief mehrmals seinen Namen in der Hoffnung, Rudolf würde ihr erscheinen und mit ihr reden. Doch nichts rührte sich, und Elisabeth brach diesen vergeblichen Versuch, Kontakt mit dem Jenseits aufzunehmen, ab.

Der Selbstmord ihres Sohnes beherrschte ihr Denken so sehr, daß in ihr selbst eine Todessehnsucht aufkam. »Mama wird wohl nie mehr, was sie ehemals war«, schrieb Marie Valerie Ende April in ihr Tagebuch, »sie neidet Rudolf den Tod und ersehnt ihn Tag und Nacht.« Nichts konnte die Kaiserin aufheitern. Jeder Lebenswille schien erloschen. Ihrer Tochter bekannte sie, »sie sei zu alt und müde zu kämpfen, ihre Flügel seien verbrannt und sie begehre nur Ruhe.« Elisabeth gab sogar das Dichten auf. Die Flügel ihrer Phantasie, die ihr einst die Freiheit brachten, schlugen nicht mehr. Als das Trauerjahr 1889 zuende ging, verteilte die Kaiserin all ihren Schmuck an ihre Töchter, Enkelinnen und Verwandten. Und auch ihre bunten Kleider, Schirme, Schuhe, Tücher und Taschen verschenkte sie. Elisabeth trug von nun an nur noch dunkle Kleidung. Die weiße Möwe war schwarz geworden.

Aufbahrung der Leiche des Kronprinzen Rudolf

Odyssee ohne Ziel

Den ersten Jahrestag von Rudolfs Tod verbrachte Elisabeth mit Franz Joseph und ihrer jüngsten Tochter Marie Valerie in Mayerling. Das Jagdschloß war nach dem Tod des Kronprinzen in ein Kloster umgewandelt worden. Aus dem Zimmer Rudolfs hatte man eine Kapelle gemacht, und an der Stelle des Bettes, in dem der Kronprinz starb, stand nun ein Altar. Im Gebet für ihren Sohn durchlebte Elisabeth noch einmal die tiefe Trauer der ersten Tage nach dem Selbstmord des Kronprinzen. Eine Erlösung brachte aber auch diese Pilgerfahrt nicht. Die Kaiserin litt weiter unter schweren Depressionen.

Da traf sie wenige Tage später ein weiterer Schicksalsschlag. In Budapest verstarb am 18. Februar 1890 ihr langjährigen Freund und Ratgeber Graf Andrássy an Blasenkrebs. Der treue Helfer in allen Notlagen war ein Jahr zuvor, selbst schon von seiner tödlichen Krankheit gezeichnet, nach Wien geeilt, um ihr in den schweren Tagen nach Rudolfs Tod beizustehen. Noch ein halbes Jahr vor seinem Tod hatte er einem Freund gegenüber seiner Bewunderung für die Kaiserin Ausdruck verliehen, und sie vehement gegen ihre Kritiker verteidigt: »Wenn ich bedenke, daß neben so viel Geist, der auch einem größten Manne zur Ehre gereichen würde, auch so viel Herz Platz hat, kann ich nur kurz sagen, daß es auf der Welt keine zweite solche Frau gibt. Nur das kränkt mich, daß so wenige Menschen wissen, wer sie ist. Ich möchte, daß die ganze Welt es wisse und sie bewundere, wie eine so seltene Individualität es verdient.« Mit Andrássy verlor Elisabeth einen der, wie selbst sagt, »wenigen wahren Freunde auf dieser Welt«.

Kaum drei Monate nach Andrássys Tod erfuhr Elisabeth, daß ihre älteste Schwester Helene im Sterben lag. Elisabeth eilte sofort zu ihr nach Regensburg. Helene, die gar nicht ans Sterben dachte, freute sich ihre »Old Sisi« zu sehen. Siebenundreißig Jahre waren seit jenem schicksalshaften Ischler Sommer vergangen, in dem sich ihre Lebenswege getrennt hatten. Die eine war als zurückgewiesene Braut nach Possenhofen zurückgekehrt, während die andere als Verlobte des Kaisers einem wechselvollen Schicksal entgegenging. Helen war es dann gewesen, die der verzweifelten Elisabeth in Wien oder auf Korfu zur Hilfe kam. Zeitlebens war sie für die jüngere Schwester eine Respektsperson geblieben, und ihre letzten Wort, beeindruckten die Kaiserin tief, weil sie wie ein Echo ihrer eigenen Stimmung waren: »Ach ja, das Leben ist doch ein Jammer und ein Elend.«

Ein Verlust ganz anderer Art stand der Kaiserin aber noch bevor. Für den 31. August 1890 war der Hochzeitstermin ihrer geliebten Tochter Marie Valerie, der »Einzigen«, mit Franz Salvator festgelegt. Die Trauung fand in der kleinen Ischler Pfarrkirche statt, ganze ohne Pomp und höfisches Zeremoniell. Statt der Brautmesse gab es nur eine stille Messe im engsten Familienkreis. Die Orgel spielte Anton Bruckner. Marie Valerie war glücklich. Sie heiratete den Mann den sie liebte, keine Selbstverständlichkeit in diesen Kreisen. Und das hatte sie ihrer Mutter zu verdanken, die die Ehe allerdings »widernatürlich« fand. »Die meisten Mädchen«, verriet sie ihrem Griechischlehrer Christomanos, »heiraten überhaupt nur aus Sehnsucht nach Freiheit.« Das sagte sie auch Valerie, doch respektierte sie die Gefühle ihrer Tochter und tat alles, damit sie glücklich werde.

Marie Valerie nahm den ersten Platz im Herzen Elisabeths ein, weit vor Franz Joseph. »Ich liebe doch eigentlich nur Dich«, hatte Elisabeth einmal ihrer Tochter gestanden, »wenn Du mich verläßt, so ist mein Leben aus. Da denkt man nur an das geliebte Wesen, da ist alles auf der einen Seite – von der anderen verlangt man und erwartet man nichts. Aber drum kann ich auch nicht begreifen, wie man so viele Menschen lieben kann. Bei meinen anderen Kindern hat Sophie Mutterstelle vertreten, bei Dir, habe ich mir vom ersten Augenblick an gesagt, muß es anders werden. Du mußtest mein eigenes Kind bleiben, mein Kleinod, auf das niemand ein Recht haben darf als ich allein, und alle Liebesfähigkeit meines bis dahin verschlossenen Herzens habe ich dann auf dich ausgeströmt.«

Marie Valerie war immer wieder erschüttert über diese »ungeheure, ja niederschmetternde Liebe« und litt oft unter dieser Last. Die Hochzeit war für sie deswegen auch nicht nur eine schmerzliche Trennung von dem Menschen, mit dem sie zweiundzwanzig Jahre fast täglich zusammen war, sondern auch die Befreiung aus einem Käfig: »Mamas zu grosse Liebe lastet oft auf mir wie eine unabtragbare Schuld; ich werfe mir Undank vor und erschrecke vor dem Gedanken, dass mir das glückliche Heim – so scheint mir wenigstens – nicht wirklich abgehn wird, wenn ich es verlasse.«

Nach der Heirat ihrer Tochter war das einzige Band, das Elisabeth noch in Österreich und bei ihrer Familie hielt, durchtrennt. Zwar lud Marie Valerie ihre Mutter immer wieder ein, sie in Schloß Lichtenegg zu besuchen, doch die Kaiserin kam diesen Einladungen nur selten nach. »Gerade weil es ihr hier so gut gefalle«, erklärte sie ihrer Tochter, »dürfe sie sich nicht daran gewöhnen. Die Seemöve passe nicht ins Schwalbennest, und ihr sei ein ruhig glückliches Familienleben nicht bestimmt!« Das war im Januar 1891. Zu diesem Zeitpunkt war die Kaiserin schon wieder auf einer langen Reise, doch diesmal führte ihr Weg zu keinem Ziel.

In den 90er Jahren zog Elisabeth kreuz und quer durch Europa, nirgendwo hielt es sie länger, und im Reich oder am Wiener Hof tauchte sie in der Regel nur zu Stippvisiten in den Sommermonaten auf. Konstanten in ihrem unsteten Leben waren allein die Ortswechsel. Das Schiff wurde zu ihrem Domizil, wie sie ihrem Christomanos Anfang der 90er Jahre anvertraute: »Das Leben auf dem Schiff ist viel schöner als jedes Ufer. Die Reiseziele sind nur deswegen begehrenswert, weil die Reise dazwischenliegt. Wenn ich irgendwo angekommen wäre und wüßte, daß ich nie mehr mich davon entfernen könnte, würde mir der Aufenthalt selbst in einem Paradies zur Hölle. Der Gedanke, einen Ort bald verlassen zu müssen, rührt mich und läßt mich ihn lieben. Und so begrabe ich jedesmal einen Traum, der zu rasch vergeht, um nach einem neuen zu seufzen.« Treue Begleiter dieser Reisen waren Elisabeth die Möwen, darunter immer auch eine schwarze. »Diese einzige«, erklärte sie dem Griechen Christomanos, »kommt dann bis knapp vor Korfu mit. Einigemale hat mich meine schwarze Möwe während einer ganzen Woche begleitet, von einem Kontinent zum anderen. Ich glaube, sie ist mein Schicksal.«

Elisabeth (rechts im Vordergrund) mit Ida Ferenczy in deren Wohnung 1891 – eines der ganz wenigen Altersbilder der Kaiserin

Auf diesen Reisen entzog sich Elisabeth den höfischen Pflichten, die sie praktisch nicht mehr wahrnahm, aber auch den neugierigen Blicken fremder Menschen. Sie reiste wie früher schon incognito. Ihr Pseudonym ist das alte: der Titel einer Gräfin von Hohenembs. Eines Tages erklärte sie Christomanos auch, warum sie »so gerne incognito reise«: »Weil ich es wie die Erde und das Meer tun möchte. Die Namen, die ihnen die Menschen gegeben, gelten doch nur für diese selbst. Sie behalten trotzdem ihre Anonymität, und wo sie am freiesten und einsamsten sind, dort reichen die Menschen mit ihre Nomenklaturen nicht hin.«
Die erste ihrer langen Fahrten als Gräfin Hohenembs, die sie quer durch Europa führten, begann Elisabeth kurz nach der Hochzeit ihrer Tochter, im August 1890. Über knapp vier Monate reiste sie von Paris über Bordeaux, Lissabon und Gibraltar nach Algerien, besuchte anschließend Korsika mit dem Geburtshaus von Napoleon Bonaparte in Ajaccio sowie zahlreiche historische Stätten in Italien. Während der gesamten Reise schonte die Kaiserin weder sich noch ihre Entourage. Überall wanderte sie stundenlang in hohem Tempo. Ihre Hofdame, die ungarische Gräfin Marie Festetics, konnte kaum mithalten. In einem Brief an die daheimgebliebene Gräfin Ferenczy beklagte sie sich am Ende eines langen Tages über den Bewegungsdrang der Kaiserin: »Ihr Zweck ist aber nur, fortzugehen. Als wir nach Hause kamen, brach ich vor Müdigkeit auf meinem Bett zusammen.«
Offizielle Einladungen der ortsansässigen Adeligen und Fürsten schlug Elisabeth aus. Auch um Rom und die päpstliche Residenz machte sie einen großen Bogen. Zum Abschluß ihrer ersten großen Reise nach dem Tode der vielen nahestehenden Menschen schaute Elisabeth noch nach dem Stand der Bauarbeiten an ihrem Schloß in Korfu. Dort stellte sie mehrere aus Italien mitgebrachte Büsten Homers und anderer griechischer Denker und Philosophen auf.
Die Rückkehr nach Wien und an den Hof ängstigten die Kaiserin, je näher der Termin rückte. Dort und vor allem in Ungarn wurde sie allerdings stark vermißt, es mehrten sich die Gerüchte über ihren Gesund-

heitszustand und ihre depressive Gemütsverfassung. Schließlich traf sie sich Anfang Dezember mit Kaiser Franz Joseph in Miramar; gemeinsam kehrte das Paar nach Wien zurück.

Das erste Weihnachtsfest ohne die Gegenwart ihrer Tochter Marie Valerie war für Elisabeth kein besonders glückliches. Sie will keine »böse« Schwiegermutter sein, doch einen Christbaum, das hatte sie nach dem Tod des Kronprinzen Rudolf geschworen, wollte sie nicht mehr sehen. Die Einladung des jungen Brautpaares zur Weihnachtsfeier lehnte sie deshalb folgerichtig ab, einen Besuch der Tochter wollte sie ebenfalls nicht dulden: »Den 24. Dezember«, so schrieb sie an Valerie, »muß man zu Hause im Nest mit Baum und allem feiern, wie schön und gemütlich es man nur kann. Meine Freude wird es sein, an diesem Abend aus der Ferne an Euch zu denken. Glück lebt ja nur in der Phantasie«.

Das Weihnachtsfest 1890 verbrachte die Kaiserin also in der selbstgewählten Abgeschiedenheit. Aber trotz ihrer Abneigung gegenüber öffentlichen Auftritten überwand sich Elisabeth kurz darauf, im Januar 1891, zum ersten Mal seit langer Zeit wieder zu einer Teilnahme an einem Ball, dem traditionellen Faschingsball der Wiener Hofburg. Es sollte für einige Jahre ihr letzter repräsentativer Auftritt bleiben. Die Kaiserin war nicht kostümiert, aber verdeckte wie immer ihr Gesicht, das in ihrem letzten Lebensjahrzehnt nur noch wenige Vertraute kannten, mit einem Schleier. Ihre Tochter Valerie berichtete über den Eindruck, den Elisabeth hinterlassen hatte: »Viele Damen sollen geschluchzt haben und das ganze ähnelte trotz Diamanten und bunten Federn mehr einem Begräbnis als einem Faschingsfest.«

Kurz nach diesem Ball besuchte Elisabeth erstmals ihre Tochter in deren neuen Domizil, Schloß Lichtenegg bei Wels. Der Aufenthalt gestaltete sich harmonischer als erwartet; gemeinsam mit Valerie und ihrem Gatten Erzherzog Franz Salvator brach die Kaiserin im März zu einer Frühlingsreise nach Korfu auf, wo der kleine Palast, den Warsberg für sie hatte bauen lassen, nahezu fertiggestellt war. Elisabeth nannte ihn Achilleion, nach dem griechischen Helden Achill. Diesem hatte sie

Außenansicht des Achilleions, der Residenz Elisabeths auf Korfu, 1895

ihren »Palast geweiht«, wie sie Christomanos erklärte, »weil er für mich die griechische Seele personifiziert und die Schönheit der Landschaft und der Menschen. Ich liebe ihn auch, weil er so schnellfüßig war. Er war stark und trotzig und hat alle Könige und Traditionen verachtet und die Menschenmassen für nichtig gehalten, gut genug, um wie Halme vom Tode abgemäht zu werden. Er hat nur seinen eigenen Willen heilig gehalten und nur seinen Träumen gelebt, und seine Trauer war ihm wertvoller als das ganze Leben.« Ausgedehnte Ausflüge nach Athen und Korinth mit enorm langen Spaziergängen gehörten auch bei dieser Reise zum Programm; ebenso wie die Griechisch-Lektionen, für die die Kaiserin wieder einmal einen neuen Lehrer engagiert hatte, den jungen Griechen Constantin Christomanos.

Terrasse des Achilleions 1890; im Hintergrund der liegende Achill

Alt- und Neugriechisch hatten sich für Elisabeth zu Lieblingssprachen entwickelt, die sie sich innerhalb weniger Jahre aneignete und so perfekt beherrschte, daß sie Übersetzungen von Shakespeare anfertigte. Sogar bei einem Besuch bei der griechischen Kronprinzessin Sophie bestand die österreichische Kaiserin darauf, neugriechisch zu sprechen, was die Unterhaltung nicht gerade vereinfachte. Denn die aus Deutschland stammende Sophie beherrschte ihre neue Landessprache zu diesem Zeitpunkt nur rudimentär. Abgesehen von der Wahl der Konversationssprache verlief der gesamte Besuch bei Sophie ungewöhnlich. Denn Elisabeth, die auf ihren Reisen offizielle Einladungen großer Königshäuser nach Möglichkeit ausschlug, entwickelte zunehmend einen Hang zu spontanen und unangemeldeten Besuchen.

Der Stippvisite bei Sophie sollten in den kommenden Jahren noch einige ähnliche Auftritte folgen, die sowohl die jeweiligen »Gastgeber« als auch die Begleiter der Kaiserin in manch peinliche Situation brachten.

Den Sommer des Jahres 1891 verbrachte Elisabeth in verschiedenen Schlössern des Kaiserhauses; teils allein, teils mit ihrem Gatten. Franz-Joseph hatte die Hoffnung aufgegeben, daß seine Frau ihn bei den Repräsentationspflichten am Hofe unterstützen würde. Mehr und mehr wuchs stattdessen Maria Theresia, die Ehefrau des Erzherzogs Franz Ludwig, in die Elisabeth zugedachte Rolle hinein. Diese Umverteilung der höfischen Aufgaben verband – trotz der damit einhergehenden Gerüchte über Gesundheits- und Geisteszustand der Kaiserin – die Interessen aller Beteiligten aufs Beste.

Elisabeth konnte sich somit schnell wieder ihrer Lieblingsbeschäftigung widmen – dem Reisen. Im Herbst begab sich die Kaiserin wieder auf Korfu, ihr Schloß Achilleion war inzwischen endgültig bezugsfertig. Weder Elisabeth selbst noch ihr Ehemann, der zwischenzeitlich immer wieder zusätzliche Finanzmittel zur Verfügung gestellt hatte, hatten bei der Einrichtung irgendwelche Kosten gescheut. Hervorragende Kunstwerke und lebensgroße Büsten zierten Elisabeths neues Domizil, das gleichzeitig aber nach dem Urteil von Zeitzeugen durch die Mischung von pompeijanischen, klassischen und modernen Elementen wenig stilsicher wirkte.

Franz-Joseph hatte gehofft, daß das Schloß seine Frau zu etwas mehr Seßhaftigkeit verleiten würde. Auch Elisabeth hatte möglicherweise ursprünglich so gedacht. Aber obwohl sie in ihren Briefen an Valerie immer wieder Korfu »als schönsten Ort der Welt« schilderte, hielt sie es in dem neuen Gebäude nicht lange aus. Schon im November brach sie nach Kairo auf. In der großen Hitze der ägyptischen Metropole nahm sie ihre rastlosen Fußmärsche wieder auf. Durchschnittlich acht Stunden pro Tag streifte sie durch die Großstadt – so eilig, daß die Geheimpolizei, die sie bei ihren Ausflügen schützen sollte, auf Pferdewagen angewiesen war.

Tod und Geburt prägten den Anfang des Jahres 1892. Die Mutter der Kaiserin, Herzogin Ludovika, erkrankte im Januar an hohem Fieber; gleichzeitig war Tochter Valerie hochschwanger. Elisabeth konnte sich nicht entscheiden, wohin sie fahren sollte. Am 26. Januar schließlich kam die Nachricht vom Tod der Mutter, die im 84. Lebensjahr an einer Lungenentzündung starb. Nur einen Tag später wurde Elisabeth erneut Großmutter. Die erste Tochter von Valerie erhielt den Namen Elisabeth, aber in ihrer Melancholie konnte die Kaiserin die Freude ihrer Lieblingstochter kaum teilen. Sie schrieb: »Mir scheint die Geburt eines neuen Menschen ein Unglück, es lastet solch ein Druck auf mir, daß ich es oft wie einen physischen Schmerz empfinde und am liebsten tot sein möchte«.

Die Ereignisse des Winters zehrten an Elisabeths Nerven. Im Achilleion auf Korfu wollte sie sich bei intensiven Griechisch-Studien mit ihrem Lehrer Christomanos davon erholen. Daneben dachte sie viel über die Vergänglichkeit des Lebens und vor allem ihrer eigenen Taten und Vorlieben nach. Christomanos notierte in seinen Tagebuch-Aufzeichnungen, wie sich Elisabeth bereits wieder innerlich von ihrem Traumschloß entfernte: »Als ich das erste Mal in Korfu war, habe ich die Villa Braila oft besucht; sie war herrlich, weil sie inmitten ihrer großen Bäume ganz verlassen war. Das hat mich so zu ihr hingezogen, daß ich aus ihr das Achilleion gemacht habe. Eigentlich bereue ich es jetzt. Unsere Träume sind immer schöner, wenn wir sie nicht verwirklichen.« Elisabeth sehnte sich zwar auf der einen Seite nach einem Heim, wie sie es am Wiener Hofe nicht finden konnte. Auf der anderen Seite aber hatte sie Angst vor der Ruhe und dem Stillstand, den ein solches Heim mit sich bringen würde.

Direkt danach begab sich Elisabeth zur Kur nach Karlsbad. Was die Kaiserin allerdings unter Kur und Erholung verstand, fand keinesfalls die Zustimmung ihrer Begleiter und Ärzte. Rund um Karlsbad unternahm sie Gewaltmärsche; in ihrer obsessivem Angst vor Gewichtzunahme aß sie dabei wenig bis gar nichts. Diese Kur-Torturen hinterließen Nachwirkungen. Die Kaiserin hatte Schwindelanfälle und fiel einmal sogar in Ohnmacht. Gräfin Festetics berichtete: »Ihre Majestät sieht derart schlecht aus, daß einem das Herz weh tut. Sie hat die fixe Idee, daß sie zunimmt. Wenn ich sie nicht so viel bitten würde, wäre sie längst Hungers gestorben.«

Die körperliche Schwäche war für Elisabeth ein willkommener Anlaß, nicht zur 25-Jahre-Feier ihrer Krönung zur ungarischen Königin nach Budapest zu reisen. Stattdessen fuhr sie durch die Schweiz. Und auf dieser Reise fand sie schnell wieder Kraft für bis zu zehnstündige Märsche. Im September kehrte sie auf den ungarischen Landsitz Gödöllö zurück, kurz danach auch wieder nach Wien. Im Spätherbst verstand sie sich dort sehr gut mit Franz Joseph, nahm sogar an offiziellen Diners teil – aber kurz vor Weihnachten packte sie wieder das Fernweh. Da sie diesem Fest, an dem ja auch ihr Geburtstag war, ohnehin nicht mehr viel abgewinnen konnte, brach sie einige Wochen davor Richtung Süden auf.

Diesen Süden Europas bereiste Elisabeth in den folgenden sechs Monaten nahezu komplett. Über Sizilien und Mallorca gelangte sie per Schiff nach Valencia, wo sie den Weihnachtsabend verbrachte, und schließlich nach Malaga und Granada. Sie, für die in Wien jeglicher Wetterumschwung eine Beeinträchtigung der labilen Gesundheit mit sich brachte, trotzte auf See jedem Wetter. Zuweilen ließ sie sich in stürmischen Wettern sogar auf Deck festbinden – so wie der griechische Sagenheld Odysseus, der den Sirenenklängen nicht erliegen wollte.

Auf dem Rückweg von der iberischen Halbinsel fuhr die Kaiserin über die Riviera nach Turin. Dort erhielt sie die Nachricht von der Geburt des zweiten Kindes von Valerie. Danach erreichte sie über Genf Territet, wo sie sich mit ihrem Gatten Franz-Joseph traf. Schon die Schweizer Aufenthalte von Elisabeth waren in der Öffentlichkeit mit Erstaunen zu Kenntnis genommen worden. Daß sich sogar der Kaiser selbst in die Schweiz begab, konnten sich die Zeitungen nur mit schwersten Gesundheitsproblemn seiner Gattin erklären. Denn das kleine Alpenland war in jenen Jahren als Treffpunkt und Aufenthaltsort von Anarchisten und Nihilisten bekannt. Für Europas gekrönte Häupter galt dieser Platz als sehr ungemütlich.

Die Spekulationen gingen allerdings ins Leere. In Wahrheit ging es Elisabeth und damit Franz Joseph den Umständen entsprechend gut. Die Kaiserin unternahm zwar immer noch exzessive Spaziergänge, aber das Zusammenleben mit Franz Joseph gestaltete sich nicht zuletzt durch dessen Rücksichtnahme recht harmonisch. Als der Kaiser jedoch kurzfristig abreisen mußte, hielt es auch seine Frau nicht mehr länger und sie besuchte in kurzen Abständen Mailand, Genua und Neapel. Auf dieser Reise gestand sie Franz Joseph dann brieflich, was sie ihm in Territet nicht zu sagen gewagt hatte: Das Achilleion gefiel ihr nicht mehr, sie wollte sich von ihrem gerade fertigstellten Schloß trennen. Der Erlös sollte ihrer Tochter Valerie und deren Kindern zugute kommen.
Franz Joseph hatte Elisabeths Absichten bereits erahnt und die Hoffnung, daß sie sich auf Korfu wirklich häuslich niederlassen würde, bereits aufgegeben. Dennoch schrieb er ihr: »Wenn ich auch schon seit einiger Zeit merkte, daß Dich Dein Haus auf Gasturi nicht mehr freut, seit es fertig ist, so war ich doch durch Deinen Entschluß, es jetzt schon zu verkaufen, etwas erstaunt und ich glaube, daß Du Dir die Sache doch noch überlegen solltest. Ihr Argument, sie wolle ihre Tochter versorgt wissen, wies er dagegen eher spöttisch zurück: »Valerie und ihre wahrscheinlich zahlreichen Kinder werden auch ohne den Erlös für Dein Haus nicht verhungern.«
Franz-Josephs Briefe und Worte blieben ohne Wirkung. Es geschah, wie Elisabeth wollte. Das Achilleion wurde ausgeräumt, die Büsten, Kunstwerke und Möbel nach Wien gebracht; zum Verkauf kam es allerdings nicht. Im Mai kehrt die Kaiserin nach Österreich zurück. Um den zahlreichen Gerüchten zu begegnen, die auch durch die Geistesverwirrungen der bayerischen Könige Ludwig II. und Otto von Bayern genährt wurden, nahm sie sogar an einem Empfang der Hofgesellschaft teil. Den Sommer verbrachte Elisabeth in Mitteleuropa, auch im Herbst kam sie wieder höfischen Pflichten nach. Als sich allerdings Weihnachten näherte, trieb es sie wieder in die Ferne. Über Algier kehrt sie nach 33jähriger Abwesenheit auf die Insel Madeira zurück. Dort

verbrachte sie das Weihnachtsfest und den Beginn des Jahres 1894. Auf dem Rückweg traf sie ihren Gatten wieder einmal außerhalb der Umgebung des Hofes in Saint Martin. Den größten Teil der gemeinsamen Tage verbrachte sie hier mit ihm, nur die Mahlzeiten nahmen die Eheleute getrennt ein, denn den sonderbaren Diäten seiner Gemahlin konnte und wollte Franz Joseph nicht folgen.

Nach seiner Abreise nahm Elisabeth eine ihrer Marotten wieder auf. An der gesamten Cote d'Azur streifte sie durch die Lande und drang dabei in fremde Gärten ein. Viele der ortsansässigen Villenbesitzer wußten von dieser seltsamen Angewohnheit. Einmal jedoch kam es zu einem heftigen Zusammenstoß mit einer älteren Dame, die die österreichische Kaiserin nicht erkannte. Franz Joseph sorgte sich angesichts der Eß-, Reise- und Besuchsgewohnheiten seiner Gattin sehr. Er freue sich zwar, daß »sie von der alten Hexe keine Prügel bekommen hätte«, teilte er brieflich mit; aber dazu könne es durchaus noch kommen, wenn Elisabeth weiterhin uneingeladen in fremde Gärten eindränge.

In Südfrankreich hatte die Kaiserin allerdings in diesem Frühjahr keine Gelegenheit mehr dazu. Ihre Tocher Valerie gebar im April ein drittes Kind, Elisabeth kehrte zum Besuch ins Reich zurück. Im September unternahm sie einen kurzen Abstecher nach Korfu, im Oktober hielt sie sich in Gödöllö auf. Am 2. Dezember konnte sie sich endlich wieder auf Reisen begeben. Über Triest gelangte sie nach Algier, wo sie das Weihnachtsfest verbrachte, und am 4. Januar 1895 im Alter von nur 56 Jahren durch Elisabeth, die älteste Tochter von Gisela, zum ersten Mal zur Urgroßmutter gemacht wurde.

In Algier erhielt sie viel Post von ihrem Gatten, der sich über ihr Weihnachtsgeschenk – Porträts der gemeinsamen Freundin Katharina Schratt – sehr freute. Franz Joseph hörte von der Besserung ihrer Launen, ihre Fastenkuren machten ihm allerdings weiterhin große Sorgen: »Der aufreibende Hunger, den Du mit Fasten bestrafst, statt ihn wie andere vernünftige Menschen zu stillen, stimmt mich traurig«, schrieb er ihr, »doch da ist Hopfen und Malz verloren, und so wollen wir über diese Kapitel schweigen.« Ihre Hofdamen versuchten ständig, sie zu

einer regelmäßigen Nahrungsaufnahme zu bewegen. Aber regelmäßig war bei Elisabeth nur ein enormer Konsum von frischer Milch, weshalb sie an allen Aufenthaltsorten sofort nach geeigneten Lieferanten Ausschau hielt. Die Kaiserin machte ihre Nahrungsaufnahme vollständig vom morgendlichen Wiegen abhängig. Zeigte die Waage nicht das gewünschte Gewicht, gönnte sie sich außer Milch nahezu nichts.
Die ständigen Hungerkuren führten bei Elisabeth zunehmend zu einem körperlichen Verfall. Die Kammerdienerin Marianne Meissl schrieb erschüttert: »Ihre Majestät wird ja nicht stärker, nur ist Ihre Majestät leider so aufgetrieben besonders des Morgens, auch sind die Augen wieder so angeschwollen und so ist der ganze Körper, ich bin manchmal schon ganz desparat, hoffe jedoch, wenn die Karlsbader Kur vorüber sein wird, alles besser wird. Den Schuldigen, so Marianne Meissl, habe der kaiserliche Leibarzt entdeckt: »Doktor Kerzl sagt immer, wenn nur diese verdammte Waage nicht wäre, wer die Ihrer Majestät angeraten hat, soll dieser und jener holen, einen solchen Zorn hat er über die Waage, no dagegen erreicht er nichts, die ist und bleibt.«
Dem Diktat der Waage lieferte sich Elisabeth gerade in diesem Jahr 1895 stärker denn je aus. Das hindert sie jedoch nicht am Reisen. Im April stellte sie am nahezu ausgeräumten Achilleion eine Büste des Kronprinzen Rudolf auf, in Venedig konnte sie einen Besuch beim italienischen Königspaar nicht vermeiden. Im ungarischen Bartfeld und im französischen Aix-Les-Bains unterzog sie sich im Sommer zwei einmonatigen Kuren, die ihren körperlichen Zustand allerdings kaum verbesserten. Nach herbstlichen Zwischenstationen in Wien und Gödöllö reiste sie im Dezember nach Cap Martin. Es war das fünfte Weihnachtsfest in Folge, das die Kaiserin nicht in Österreich bzw. an der Seite ihres Gatten verbrachte.
Daß sie an den Festtagen nicht bei ihrer Familie sein wollte, war für die nahen Freunde kein Wunder. Denn mehr und mehr sank Elisabeth in den 90er Jahren in eine tiefe Depression. Ihr Gemütszustand verschlechterte sich von Jahr zu Jahr. Die wenigen Menschen, die sie zu

Elisabeth mit ihrer Hofdame Irma Sztáray auf einem Spaziergang in Territet Mitte der 90er Jahre

ihren Vertrauten zählte, bekamen immer weniger Zugang zur Gedankenwelt der Kaiserin. Selbst ihre Tochter Marie Valerie fand kaum noch Themen, über die sie mit ihr reden konnte. Elisabeth spreche nur noch »über die traurigsten Dinge«, klagte Marie Valerie.

Nach den Wintermonaten in Cap Martin besuchte Elisabeth im Frühjahr die gewohnten Etappenziele: Jeweils einige Tage blieb sie in Cannes, Neapel, Sorrent und Korfu. Zu den Feierlichkeiten zum 1000jährigen Bestehen Ungarns aber kehrte sie ins Reich zurück. Dreimal nahm sie an Milleniumsveranstaltungen in Budapest teil; unter anderem an der Eröffnungsaustellung und am Tedeum in der Krönungskirche. Tiefschwarz gekleidet hinterließ sie einen starken Eindruck auf das ungarische Publikum, bei dem sie wohl deutlich beliebter war als die übrige österreichische Kaiserfamilie. Ein Diplomat beschrieb den Auftritt der Kaiserin in der Budapester Burg: »Dort sitzt sie im Thronsaal der königlichen Burg in ihrem schwarzen, mit Spitzen durchwirkten ungarischen Gewand. Alles, alles an ihr ist düster. Von dem dunklen Haar wallt ein schwarzer Schleier herab. Haarnadeln schwarz, Perlen schwarz, alles schwarz, nur das Antlitz marmorweiß und unsagbar traurig … Eine Mater dolorosa.«

Bis zum Dezember hielt sich Elisabeth wieder in der Nähe des Hofes oder bei Kuren im Reichsgebiet auf. Gegen Jahresende aber packte sie erneut das Reisefieber. In Biarritz, wo sie die Jahreswende verbrachte, erhielt sie auf Weisung des sorgengeplagten Franz Joseph Besuch vom kaiserlichen Leibarzt. Dr. Kerzl untersagte ihr die harten Diäten und empfahl regelmäßige Kost und gelegentlichen Weingenuß. Für einige Wochen hielt sich die Kaiserin sogar an die ärztlichen Weisungen. Auch der Wechsel vom kalten, stürmischen Biarritz ins wärmere Cap Martin wirkte sich für kurze Zeit günstig aus.

Die Besserung war allerdings nicht von langer Dauer. Als Erzherzog Franz Salvator und Valerie in Cap Martin eintrafen, hatte sich Elisabeth schon wieder auf Schwefel- und Eisenpillenkuren eingelassen. Die jungen Eheleute waren über ihren mageren, übernervösen Zustand ebenso entsetzt wie der herbeigeeilte Franz Joseph selbst. Der Kaiser vertraute

nach seiner Rückkehr dem deutschen Botschafter Fürst Eulenburg an, »daß seine Gattin mit ihm so viel über den Tod spreche, daß er schon ganz niedergedrückt sei.«
Elisabeth wurde in diesem Jahr 1897 deutlich von Todessehnsüchten erfüllt. Zunächst allerdings war es ihre jüngste Schwester Sophie, die einem tragischen Unglück zum Opfer fiel. Bei einem Wohltätigkeitsbasar in Paris brach im Mai ein großes Feuer aus, bei dem sie und 50 andere Damen der Hocharistokratie starben. Elisabeth reiste in Trauer nach Bad Kissingen, Lainz und schließlich nach Ischl. Dort verschlechterte sich ihre Verfassung so sehr, daß sie schließlich nach Meran zu einer Traubenkur flüchtete. Ein letztes Mal besuchte sie im Herbst Budapest, für den Winter machte sie sich nach Frankreich auf.
Wieder machte sie in Biarritz Station. Und das kalte stürmische Klima bekam ihr wie im Vorjahr nicht gut. Inzwischen machten ihr ernste gesundheitliche Beschwerden zu schaffen, die sich sogar auf ihre Wandertätigkeit niederschlugen. Nach einem längeren Aufenthalt in San Remo verbrachte sie das Frühjahr und den Sommer zur Erholung in Bad Kissingen, Bad Brückenau und Bad Nauheim, nur kurz unterbrochen von Stippvisiten in Wien und Ischl. In den Kurorten, die sie in den Jahren zuvor mit raumgreifenden Schritten umwandert hatte, bewegte sie sich jetzt nur noch schleppend voran.
Je schwieriger der Kaiserin das Laufen fiel, desto schlechter wurde ihr Gemütszustand. Fast alle ihrer Freunde und Familienangehörigen waren gestorben, das einstmals schönste Gesicht der Welt war vorzeitig gealtert und jetzt ließ auch noch die vielgerühmte körperliche Leistungsfähigkeit nach. Immer häufiger sprach sie davon, daß sie vor ihrem Gatten sterben wolle. Dieser sollte nach ihrem Tode die Freundin Katharina Schratt heiraten – für Tochter Valerie ein Katastrophenszenario.
Immer noch stark geschwächt, brach Elisabeth im August wieder einmal in die Schweiz auf – die kleine, für Könige so gefährliche Alpenrepublik. In den 80er Jahren hatte sie die Lage in der Schweiz noch kurz und treffend beschrieben:

Schweizer, Ihr Gebirg ist herrlich
Ihre Uhren gehen gut
Doch für uns ist höchst gefährlich
Ihre Königsmörderbrut

Ein Jahrzehnt später aber hatte Elisabeth keine Angst mehr. Die von Todessehnsucht gezeichnete Kaiserin trat ihre letzte Reise an. Über Territet und Caux gelangte sie nach Genf und stieg dort unter dem Pseudonym »Gräfin von Hohenembs« im ersten Haus am Platze ab – dem »Beau Rivage«.

Tod in Genf

Am 10. September 1898 verließ die Kaiserin in Begleitung ihrer Hofdame Irma Sztáray kurz nach halb zwei das »Beau Rivage« und machte sich auf den Weg zur Schiffsanlegestelle, die nur wenige Meter vom Hotel entfernt lag. Am Morgen hatten die beiden Frauen in gelöster Stimmung einen Einkaufsbummel unternommen und wie immer, wenn sie auf Reisen waren, Geschenke für die Familie zu Hause eingekauft. Jetzt war ihr Ziel das Linienschiff von Genf nach Caux, das um 13.40 Uhr auslaufen sollte und schon unter Dampf stand.

Irma Sztáray mahnte die Kaiserin zur Eile, denn schon ertönte das Schiffshorn, die baldige Abfahrt ankündigend. Doch Elisabeth ließ sich nicht drängen. Mit kindlicher Freude wies sie ihre Hofdame auf zwei Bäume am Rande des Weges hin: »Sehen Sie, Irma, die Kastanien blühen. Auch in Schönbrunn gibt es solche zweimal blühende und der Kaiser schreibt mir, daß auch sie in voller Blüte stehen.« In diesem Augenblick sprang ein kleiner, gedrungener Mann auf sie zu, in der rechten Hand, von den Frauen unbemerkt, eine messerscharf geschliffene Dreikantfeile. Kurz vor ihnen strauchelte er, fing sich aber schnell wieder und stieß der Kaiserin die Faust mit der Feile so wuchtig auf die Brust, daß diese lautlos zusammensinkend nach hinten fiel.

Während sich die Gräfin Sztáray mit einem Schrei des Entsetzens über die Kaiserin beugte, floh der Täter in Richtung Stadt, konnte aber schon nach einigen Metern von aufmerksam gewordenen Passanten gestellt und festgehalten werden. Elisabeth, noch am Boden liegend, schlug die Augen auf und schaute um sich. Gestützt von ihrer Hofdame und mit Hilfe eines herbeigeeilten Kutschers erhob sie sich langsam vom Boden. Schon versammelten sich Menschen um die kleine Gruppe und fragten nach dem Befinden der ganz in Schwarz gekleideten Fremden. Elisabeth dankte allen und antwortete auf Deutsch, Französisch und Englisch, daß ihr nichts fehle und daß es ihr gut gehe. Der Kutscher säuberte ihr noch das Kleid und schon war es Zeit, daß die beiden Damen sich auf das wartende Schiff begaben.

LYON
RÉPUBLICAIN
Supplément Illustré

ABONNEMENTS
France, Algérie, Tunisie . . 2f » 3f 50
Étranger (Union postale) . . . 2 50 5 »

HUIT Pages : CINQ centimes.

ANNONCES
Pour la Publicité, s'adresser :
A Lyon : Rue Childebert.
A Paris : Place de la Bourse.

1re Année. N° 33. Dimanche 25 Septembre 1898. Administration : 6, rue Childebert. Paraît chaque semaine.

ASSASSINAT DE S. M. L'IMPÉRATRICE D'AUTRICHE A GENÈVE

Das Attentat auf die Kaiserin Elisabeth in Genf am 10. September 1898; Titelblatt der illustrierten Beilage des »Lyon Republicaine«

Der Portier des »Beau Rivage«, der die Szene aus der Ferne beobachtet hatte und sogleich hinzugeeilt war, bat die Kaiserin und ihre Begleiterin eindringlich, doch ins Hotel zurückzukehren. »Warum?« antwortete die Kaiserin ihre leicht derangierten Haare ordnend, »es ist ja nicht geschehen, eilen wir lieber aufs Schiff.« Entschlossen setzte sich Elisabeth ihren Hut wieder auf, nahm Fächer und Schirm und ging, die Umstehenden ein letztes Mal freundlich grüßend, in Richtung Dampfer.
»Sagen Sie«, fragte sie ihre Hofdame, »was wollte denn eigentlich dieser Mensch?«
»Welcher Mensch, Majestät, der Portier des Hotels?«
»Nein, jener andere, jener furchtbare Mensch!«
»Ich weiß es nicht, Majestät, aber er ist gewiß ein verworfener Bösewicht.«
»Vielleicht wollte er mir meine Uhr wegnehmen«, bemerkte die Kaiserin nach kurzem Nachdenken.
Bis zu diesem Zeitpunkt schien es, als sei Elisabeth mit dem Schrecken davon gekommen. Sie sprach mit klarer Stimme und war bei vollem Bewußtsein. Kurz vor dem Hafen aber wich die Farbe aus ihrem Gesicht, und ihre Hofdame sah, daß sie Schmerzen hatte. Auf dringendes Nachfragen sagte die Kaiserin, daß ihr die Brust weh tue, ging aber weiter, die Schiffsbrücke hinauf. Kaum hatte sie das Boot betreten, wurde ihr schwindelig und sie bat mit schwacher Stimme um den Arm der Gräfin. Doch bevor diese die Kaiserin stützen konnte, sank sie schon ohnmächtig zu Boden. Irma Sztáray fing den leblosen Körper auf und rief um Hilfe. Man reichte ihr Wasser, mit dem sie das bleiche Gesicht und die Schläfen der Kaiserin besprengte. Als sie die Augenlieder Elisabeths hob, erkannte sie mit Entsetzen, daß sie in die Augen einer Sterbenden blickte.
Aber die treue Hofdame gab die Hoffnung noch nicht auf und kämpfte verzweifelt um das Leben der Kaiserin. Auf ihre Bitte trug man Elisabeth auf Deck, und die Gräfin rief nach einem Arzt. Eine anwesende Krankenpflegerin versuchte die Kaiserin wiederzubeleben. Irma Száray schnitt das eng geschnürte Mieder ihrer Herrin auf, um ihr Luft zu ver-

schaffen. Da öffnete die Kaiserin die Augen und schaute mit verwirrten Blicken um sich, als wolle sie sich orientieren. Mit Hilfe der beiden Frauen setzte sie sich langsam auf und dankte der fremden Helferin auf Französisch. Traurig blickte Elisabeth auf ihre Hofdame und fragte: »Was ist denn jetzt mit mir geschehen?« Das waren die letzten Worte der Kaiserin. Dann sank sie bewußtlos zusammen.

Um ihr weitere Erleichterung zu verschaffen, öffnete die Gräfin Elisabeths kleines schwarzes Seidenjäckchen und bemerkte jetzt erst auf dem darunter liegenden Batisthemd einen dunklen Fleck, nicht größer als ein Markstück. Sie schob das Hemd beiseite und sah in der Herzgegend eine kleine, dreieckige Wunde, an der ein Tropfen getrockneten Blutes klebte. Schlagartig wurde ihr klar, daß die Kaiserin Opfer eines Attentates geworden war. Sie ließ den Schiffskapitän holen. »Mein Herr«, rief sie in höchster Not, »auf ihrem Schiffe liegt tödlich verwundet die Kaiserin Elisabeth von Österreich, Königin von Ungarn. Man darf sie nicht ohne ärztlichen und kirchlichen Beistand sterben lassen, bitte kehren Sie sofort um.«

Der Kapitän ließ das Schiff daraufhin sofort wenden und kehrte nach Genf zurück. Auf einer eilig improvisierten Trage brachte man Elisabeth in das Hotelzimmer, das sie vor nicht einer Stunde in fröhlicher Stimmung verlassen hatte. Die eilig herbeigerufenen Ärzte konnten jedoch nichts mehr tun, ein Priester erteilte die Generalabsolution und um 14.40 Uhr schied Elisabeth, die Kaiserin von Österreich, friedlich und ohne gelitten zu haben aus dem Leben.

Irma Sztáray telegraphierte sofort nach Wien. In Schloß Schönbrunn überbrachte der Generaladjutant des Kaisers, Graf Paar, die Depesche persönlich. Franz Joseph las die Nachricht selbst: »Ihre Majestät die Kaiserin wurde schwer verwundet, bitte dies Seiner Majestät dem Kaiser schonungsvoll zu melden.« Da wußte er, daß das Schlimmste zu befürchten war. Als kurze Zeit darauf ein zweites Telegramm eintraf, zerriß der Kaiser vor Aufregung das Papier. Der Inhalt stürzte ihn in tiefe Verzweiflung: »Ihre Majestät die Kaiserin soeben verschieden.« Vom Schmerz überwältigt, sank der sonst so beherrschte Kaiser auf seinen Schreibtischstuhl und rief voller Qual: »Mir bleibt doch gar nichts

erspart auf dieser Welt!« Und an Paar gewandt: »Sie wissen nicht, wie ich diese Frau geliebt habe.«
In Genf hatte man den Attentäter der Polizei übergeben. Wie sich herausstellte, hieß der Mann Luigi Lucheni und war ein arbeitsloser italienischer Wanderarbeiter. Von seiner Mutter im Stich gelassen, war er in verschiedenen Heimen und Pflegefamilien aufgewachsen, ohne je eine engere Bindung zu einem Menschen aufzubauen. Später hatte er sich als Hilfsarbeiter durchgeschlagen, als Soldat 1896 am Abessinienfeldzug der italienischen Armee teilgenommen und war dort zum Gefreiten befördert worden. Nach der Militärzeit wechselte er häufig die Stellen und galt als aufsässig. Mehrfach wurde er als ›arbeitsscheues Individuum‹ festgenommen.
In den Lehren des russischen Anarchisten Bakunins hatte Lucheni eine Erklärung für seine Misere und auch eine Anleitung, wie diese zu beheben sei, gefunden. Stolz bekannte er, nach Genf gekommen zu sein, um einen Aristokraten zu töten. Sein ursprünglicher Plan war, den Prinzen Heinrich von Orléans zu ermorden. Doch als dieser nicht, wie angekündigt, nach Genf gekommen war, mußte er nach einem anderen Opfer Ausschau halten. Der Zufall wollte es, daß durch eine Indiskretion das Incognito Elisabeths gelüftet und der kurze Besuch der Kaiserin in Genf von den lokalen Zeitungen gemeldet worden war. Lucheni hatte ein neues Opfer gefunden.
Die Feile, die er kurz zuvor gekauft hatte, hatte Lucheni derart scharf geschliffen, das sie der Kaiserin eine äußerlich kaum sichtbare Verletzung zufügte. Allerdings hatte der Stoß des Attentäters das Herz genau getroffen, so daß durch die kleine Wunde das Blut nur langsam in den Herzbeutel floß und erst nach und nach die Herztätigkeit zum erliegen brachte. Dies war der Grund, warum die Kaiserin außer den Schmerzen in der Brust von ihrer tödlichen Verwundung nichts merkte und noch gut hundert Meter schnellen Schrittes gehen konnte, bevor sie zusammenbrach.
Der Leichnam der Kaiserin wurde mit einem Hofsonderzug von Genf nach Wien überführt, wo er am 15. September gegen 22 Uhr eintraf.

In der Hofburg warteten schon Franz Joseph mit seinen beiden Töchtern Gisela und Marie Valerie sowie deren Kinder und Männer. Der Sarg wurde in die Burgkapelle gebracht, wo eine erste Messe in Anwesenheit der kaiserlichen Familie gelesen wurde. Danach mußte Irma Sztáray den letzten Tag der Kaiserin in allen Einzelheiten schildern.
Für Marie Valerie war es ein Trost, zu erfahren, daß ihre Mutter so gestorben war, »wie sie es immer wünschte, rasch, schmerzlos, ohne ärztliche Beratungen, ohne lange, bange Sorgentage für die Ihren«. Ähnlich sah dies auch die Dichterfreundin Carmen Sylva: »Es ist nicht allen Menschen angenehm, im Kreise zahlreicher Leidtragender den Geist aufzugeben und von allen möglichen Zeremonien noch im Sterben umgeben zu sein. Manche sterben gern noch schön für die Welt, das hätte ihr gar nicht ähnlich gesehen. Sie wollte gar nichts sein für die Welt, auch im Sterben nicht. Sie wollte einsam sein und auch ebenso unbemerkt die Welt verlassen, durch die sie so oft dahingeschritten war, Ruhe suchend, in ihrem rastlosen Drängen nach Höherem und Volkommeneren.«
Elisabeths letzter Wille war es, auf ihrer geliebten Insel Korfu begraben zu werden. »Und wenn ich einmal sterben muß, so legt mich an das Meer«, hatte sie einst gedichtet. Doch dieser Wunsch wurde ihr verwehrt. Am Ende holte sie das höfische Zeremoniell, dem sie sich in ihren letzten Lebensjahren gänzlich entzogen hatte, wieder ein. Die Beerdigung vollzog sich nach einem strengen Protokoll und mit all dem Prunk, den Elisabeth zeit ihres Lebens so sehr gehaßt hatte. Sie hatte sich ein schlichtes Begräbnis gewünscht. Auf Korfu, das war der Traum dieser Einsamen und Mißverstanden, »werde ich über mir die Sterne haben, und die Zypressen werden genügend seufzen um mich, mehr als die Menschen je tun möchten: in ihren Klagen werde ich ewiger leben als im Gedächtnis meiner Untertanen«.

Sissi, Romy und Diana

Blickt man heute, hundert Jahre nach dem Tode Elisabeths, zurück auf die unzähligen Bücher und Artikel, die über die Kaiserin von Österreich geschrieben wurden, auf die vielen Denkmäler und Devotionalien, die das Andenken dieser Frau bewahren möchten, und nicht zuletzt auf die vielfältigen Dichtungen, Theaterstücke und Filme, die das Leben Sissis immer wieder neu in Szene gesetzt haben, so scheint es, als habe sich Elisabeth getäuscht. Nicht auf Korfu unter wilden Zypressen fand sie ihre letzte Ruhestätte, vergessen von den Menschen, sondern im Gedächtnis der Nachwelt, die nie aufgehört hat, sich für das zugleich märchenhafte und tragische Leben dieser letzten großen Kaiserin von Österreich zu interessieren. Die Republik Österreich, deren Entstehen Elisabeth erhofft und vorausgesagt hatte, gedenkt mit einer großen Ausstellung zum hundertsten Todestag der Stationen ihres Lebens, und auch Bayern erinnert sich seiner berühmten Tochter. Eine neue Welle von Darstellungen und Deutungen in Form von Büchern, Bildbänden und Zeitungsartikeln rollt auf den interessierten Leser zu. Und selbst die Kleinsten kennen Sissi heute – als Figur eines Zeichentrickfilms. Wo man hinschaut, wird der Kaiserin gedacht, auch wenn aus den Untertanen, von denen sie selbst noch sprach, heute mündige Bürger und Konsumenten geworden sind.

Doch ganz falsch lag Elisabeth mit ihrer Voraussage nicht. Denn der Ruhm, der ihr eine weltliche Form der Ewigkeit brachte, gilt weniger ihr selbst, als einer Kunstfigur, einem Mythos, in dem sich die Sehnsüchte und Träume der Menschen widerspiegeln. Eine Identifikationsfigur war Elisabeth allerdings nie, dazu war ihr Leben zu außergewöhnlich. Aber gerade das macht einen großen Teil ihrer Faszination aus. Ihre Geschichte erscheint uns noch heute wie ein Märchen. Die Kaiserin Elisabeth erlebte, was Normalsterblichen verwehrt bleibt – im Guten, wie im Schlechten. Das Bedürfnis der Menschen zu träumen, macht den Erfolg der Kunstfigur Sissi aus und birgt zugleich die Gefahr, daß die historische Persönlichkeit hinter einem Mythos verschwindet. Doch in gewisser Weise bringt gerade die Fähigkeit zu träumen, die Menschen der Person Elisabeths wieder sehr nahe. Denn für Elisabeth selbst waren die Grenzen von Dichtung und Wahrheit stets fließend und ihre Überschreitung eine erlaubte Befreiung von den Zwängen der wirklichen Welt.

Allerdings waren Dichtung und Traum für Elisabeth immer individuelle Schöpfungen, die sich keinen Vorgaben und Vorschriften unterwarfen. Eine Kulturindustrie, die den Menschen ihre Träume in vorgefertigten Bildern verkauft, hätte sie abgelehnt. Denn Träume müssen selbst geschaffen und gelebt werden, sonst sind sie nicht befreiend, sondern im Gegenteil goldene Käfige, die einen gefangen halten und im schlimmsten Fall zerstören. Elisabeth wußte dies aus eigener, leidvoller Erfahrung. Denn die Rolle der Märchenprinzessin, die man ihr bei der Selbstdarstellung der Habsburger zugedacht hatte, behinderte die Entfaltung ihrer eigenen Persönlichkeit. Romy Schneider mußte hundert Jahre später erfahren, wie belastend der Mythos Sissi sein kann. Sie hat Jahre gebraucht, sich als Schauspielerin und Mensch von dieser ersten großen Rolle ihres Lebens, mit der sie das Publikum identifizierte, zu befreien. Diana hat die Rolle der Märchenprinzessin nicht nur im Film gespielt. Sie durchlitt in der englischen Königsfamilie ein ähnliches Schicksal wie die junge Elisabeth am Wiener Hof.

Der Sissi-Mythos entstand bereits zu Lebzeiten Elisabeths. In dem Augenblick, als der Kaiser von Österreich die junge Bayernprinzessin zu seiner Braut machte, begann eine Maschine zu arbeiten, die immer neue Geschichten, Bilder und Klischees über die schöne Frau des Kaisers hervorbrachte. Bis heute ist Elisabeth vor allem als junge, strahlende Schönheit gegenwärtig. Und das liegt nicht nur an den Sissi-Filmen mit Romy Schneider. Elisabeth selbst hat dieses Bild verewigt, indem sie sich, als sie älter wurde, nicht mehr porträtieren ließ. Schon bald rankten sich Legenden um die menschenscheue Kaiserin. Je weniger sie sich in der Öffentlichkeit zeigte, desto phantasievoller malte man sich ihr Leben aus. All diese Geschichten gingen von dem glanzvollen Bild aus, in dem sich Elisabeth auf der Höhe ihrer Schönheit der Öffent-

lichkeit präsentiert hatte. Schon die ältere Elisabeth wurde an der jüngeren gemessen und zum Teil heftig kritisiert.
Erst mit dem tragischen Tod der Kaiserin schlug diese Kritik in Mitleid um. Die Beerdigung in Wien war eine eindrucksvolle Demonstration des Mitgefühls und der Verehrung. Von den Häusern wehten schwarze Fahnen und alle Bilder der Kaiserin trugen einen Trauerflor. Eine riesige Menschenmenge folgte dem Leichenzug. Noch größer als in Österreich war allerdings die Anteilnahme der Ungarn. Sie verloren mit Elisabeth ein Idol. Die zentrale Trauerfeier in einem Budapester Theater hatte einen geradezu religiösen Charakter. Auf einer völlig in Schwarz gehaltenen Bühne hatte man in die Mitte ein Gestell plaziert, auf dem ein lebensgroßes Bild Elisabeths stand. Nachdem eine Schauspielerin mit einer Trauerode des Dichters Makai den großen Verlust, den Ungarn erlitten habe, beklagt hatte, brach das Publikum in Tränen aus.
Die Ungarn waren auch die Ersten, die die Errichtung eines Elisabeth-Denkmals planten, mit dem die geliebte Königin verewigt werden sollte. Diese Aktivitäten stachelten den Ehrgeiz der Wiener an, die in der Verehrung ihrer Kaiserin nicht hinter Budapest zurückstehen wollten. Nachdem erste, monumentale Entwürfe nicht realisiert werden konnten, gründete sich 1901 in privater Initiative ein Wiener Denkmalkomitee. Lange suchte man nach einem geeigneten Platz für das geplante Monument, bis der Kaiser den Streit durch die Wahl des Volksgartens entschied. An der Ausschreibung beteiligten sich 1903 siebenundsechzig Künstler, von denen allerdings keiner den ersten Preis erhielt. Erst ein außer Konkurrenz gemachter Vorschlag Friedrich Ohmanns brachte die Entscheidung. So entstand das Elisabeth-Denkmal im Wiener Volksgarten. Es zeigt die sitzende Kaiserin als holde junge Schönheit. Alle äußeren Anzeichen ihrer kaiserlichen Würde fehlen, dafür verweisen die Hunde, das Rosenarrangement und die Bücher am Sockel auf den Menschen Elisabeth. Allerdings ging es dem Künstler nicht um eine realistische Darstellung der Kaiserin, sondern um die Inszenierung eines Idols mit religiösen Zügen. Das Denkmal

Elisabeth-Denkmal im Wiener Volksgarten

war Teil eines ›Heiligen Haines‹, zu dem die Verehrer der Kaiserin pilgern sollten. Es wurde am 4. Juni 1907 in Anwesenheit des Kaisers feierlich enthüllt.
Bereits die ersten Überlegungen zum Bau eines Elisabeth-Denkmals lösten in Österreich eine neue Welle der Verehrung aus. Die Kaiserin, die zeitlebens auf Distanz zu den Menschen gegangen war, wurde nun als volkstümliche Landesmutter entdeckt, die jedem etwas zu sagen hatte. Für Karl Kraus, dem scharfen Kritiker des österreichischen Kulturlebens, waren die zum Teil exaltierten Auswüchse dieses Gedenkens ein gefundenes Fressen. In seiner »Fackel« schrieb er 1901: »Übersieht man die Legion schmarotzender Aufdringlinge, von denen seit dem Tode der Kaiserin jeder einzelne jeden Tag uns glauben machen möchte, daß sie *ihm* gestorben sei, so würde man wohl im Sinne der Hohen handeln, wenn man auf die Frage, wie der Künstler sie darstellen soll, die Antwort ertheilte: *Mit dem Fächer vor dem Gesicht*, wie sie bei Lebzeiten dem sie umkreischenden Pöbel sich zeigte.« Kraus' Vorschlag fand kein Gehör. Das Volksgarten-Denkmal war von der Anlage her ein volkstümliches und erzeugte Nähe statt Distanz zur verehrten Kaiserin.
Das war es, was den Dichter Peter Altenberg an der Plastik faszinierte. Auch Altenberg sah ähnlich wie Kraus Elisabeth nicht als junge Schönheit, sondern als geistiges Wesen, als Dichterin, die sich von den einfachen Menschen weit entfernt hatte. Das Denkmal aber, so Altenberg, überwinde die Distanz und bringe der Masse die aristokratische Einzelgängerin nahe: »Ferngerückt warst du denen, die geknebelt von Tag und Stunde den leisen Seufzer feige unterdrücken müssen in ihren Polstern nach Welten, die da kommen werden … Nah warst du den Dichtern, den träumerischen wagemutigen Vorläufern der Menschheit … Nun bist du allen nahgerückt, Entfernteste. Rastend milde vom Leben und seiner Bürde, sitzest du auf einer Gartenbank, und Grün und Wasser umgeben dich schützend. Ernst naht die Menge, bespricht leise dies und das an Anlage und Monument, man stellt sich nah und weiter, und manchem stillen Kinde sagt die Mutter von ungefähr, wie diese hehre Frau gewesen ist …!«

Den Dichtern des Fin de siècle war Elisabeth immer wie eine der ihren erschienen, wie eine Verkörperung der von ihnen geschaffenen Kunstfiguren. Felix Salten schrieb bereits 1898 in einem Nachruf: »Jetzt ist uns ihre Existenz fast schon wie etwas Unwirkliches, ihre Gestalt schwebend wie die Gestalten eines Traumes, und auf ihr Schicksal blicken wir kaum noch wie auf ein gelebtes Dasein, sondern wie auf eine Dichtung.« Das Faszinierende an ihr war für diese elitären Künstler, zu denen auch Stefan George, Gabriele d'Annunzio und Hugo von Hofmannsthal gehörten, die Menschenverachtung, die Verweigerung der zugewiesenen Rolle als Kaiserin und Mutter und der unbeugsame Wille, nichts anderes als sie selbst zu sein und danach auch zu leben.
Diese Sicht kam dem Selbstverständnis Elisabeths in den 80er und 90er Jahren sicherlich nahe. Doch große Wirkung hat sie nicht entfaltet, dazu waren die Zirkel, in denen dieses Gedankengut verbreitet wurde zu klein und exklusiv. Wirksamer war da schon Georg Rendels Drama »Elisabeth. Kaiserin von Österreich, das 1937 erstmals in Wien aufgeführt wurde und so erfolgreich war, daß es im nächsten Jahr in Linz und Salzburg erneut auf die Bühne gebracht wurde. Das Stück behandelt die Entwicklung der Kaiserin von 1865 bis zu ihrem Tod und zeichnet ein durchaus realistisches Bild von ihrem Charakter.
Ebenso volkstümlich war auch das von Ernst Decsey und Gustav Holm Anfang der 30er Jahre verfaßte Lustspiel »Sissys Brautfahrt« angelegt. Das Stück spielt zwischen dem 16. und 18. August 1853 und erzählt, wie sich Franz Joseph in die schöne, junge Sissi verliebt. Das Ganze ist praktisch frei erfunden bis auf die Rahmendaten. Das tat dem Erfolg des Stückes aber in keiner Weise Abbruch, im Gegenteil. »Sissys Brautfahrt« erfüllte offenkundig die Bedürfnisse eines größeren Publikums.
Das war wohl auch der Grund, warum die Brüder Ernst und Hubert Marischka diese Komödie zur Grundlage des Singspiels »Sissy« machten, das 1932 erstmals aufgeführt wurde. Die Musik schrieb der berühmte Geiger Fritz Kreisler und in den Hauptrollen waren Paula Wessely als Sissi und Hans Jaray als Kaiser Franz Joseph zu sehen. Allerdings war die große Zeit der Operette vorbei, und ein durchschlagen-

der Erfolg war »Sissy« nicht beschieden. Doch Ernst Marischka war von der Bedeutung des Stoffes überzeugt, und als er Mitte der 50er Jahre die junge Romy Schneider kennen- und schätzenlernte, wagte er einen neuen Anlauf. Diesmal sollte es keine Operette, sondern ein Film mit viel Musik und großer Ausstattung sein. Und die erst sechzehnjährige Romy sollte die Hauptrolle darin übernehmen.

Das war eine mutige Entscheidung, denn Romy stand erst am Anfang ihrer Karriere und der Film sollte eines der größten Budgets der damaligen Zeit haben. Ein Großunternehmen, dessen Mißerfolg Marischka in ernste Bedrängnis gebracht hätte. Doch Marischka war nicht naiv. Er hatte das schauspielerische Talent und die Publikumswirkung Romys bereits in zwei anderen Historienfilmen, die im 19. Jahrhundert spielten, getestet: Den »Mädchenjahren einer Königin«, in dem Romy die junge Viktoria, Königin von England, spielte und »Die Deutschmeister«, einer Liebesgeschichte zwischen einer jungen Bäckerin und einem Musiker. Mit »Sissi« sollte Romy Schneider den Durchbruch schaffen und zum jugendlichen Filmstar werden.

Für Romy schien ein Traum in Erfüllung zu gehen, der sich jedoch schnell als Alptraum entpuppte. Der Film, der 1955 gedreht wurde und Anfang 1956 in die Kinos kam, war ein sensationeller Erfolg. In Deutschland spielte er sogar mehr Geld ein als »Vom Winde verweht«. Und Romy war der Star des Films. Ihr natürlicher Charme und Liebreiz bezauberte ganz Europa. Die Rolle schien ihr wie auf den Leib geschnitten. Allerdings war es nicht die historische Sissi, die Romy zu spielen hatte. Marischka hatte zwar nicht mehr auf die fiktive Geschichte seiner Sissi-Operette zurückgegriffen, doch strich er alles Problematische der wahren Geschichte Elisabeths aus dem Drehbuch. Was blieb, war eine süße Liebesgeschichte, die Sissi als schönes, naives Naturmädel zeigt, das in Franz Joseph, gespielt von Karl-Heinz Böhm, den Mann fürs Leben findet.

Noch im selben Jahr, drehte Marischka die Fortsetzung: »Sissi, die junge Kaiserin«. Auch dieser zweite Teil wurde ein großer Erfolg. Doch Romy wollte schon hier nicht mehr mitspielen, konnte aber von

Filmplakat zu »Sissi – Schicksalsjahre einer Kaiserin« mit Romy Schneider in der Hauptrolle

Marischka und ihrer Mutter überredet werden. Die aufwendigen Dreharbeiten waren ihr lästig. Besonders die Perücke, die sie tragen mußte, damit das berühmte Haar Elisabeth auch im Film möglichst echt wirkte. Die falsche Haarpracht wog sechs Kilo und verursachte Romy heftige Kopfschmerzen. Die junge Schauspielerin hat aber wohl auch gespürt, daß ein zweiter Film als Sissi sie auf eine Rolle festlegen würde, die ihr nicht gefiel. Und tatsächlich: Mit dem zweiten Sissi-Film wurde Romy Schneider endgültig das Idol junger Mädchen, die sich ihren Lockenkopf, die Wespentaille und den wippenden Rock zulegten.

Vor Rollenangeboten konnte sich Romy jetzt nicht mehr retten, doch die meisten davon waren Variationen auf das Sissi-Thema: junge, schöne und liebenswerte Prinzessin mit natürlichem Charme und einem Herz für Menschen und Tiere verliebt sich, ist glücklich, wird unglücklich und findet am Ende doch den Mann fürs Leben. Und da war dann noch Marischka, der unbedingt einen dritten Sissi-Film drehen wollte. Romy beugte sich noch einmal dem Druck von allen Seiten und drehte 1957 die »Schicksalsjahre einer Kaiserin«. Auch dieser Film war eine romantisierte Fassung der Lebensgeschichte Elisabeths: Krankheit und Flucht im Jahre 1860 enden hier in einer glücklichen Versöhnung mit Franz Joseph. Nach diesem Film hatte Romy Schneider endgültig genug. Einen vierten Teil wollte sie nicht mehr drehen, trotz der für damalige Verhältnisse ungeheuren Gage von einer Million Mark.

Denn in der Zwischenzeit war eingetreten, was Romy nach dem ersten Film schon geahnt hatte, aber nicht wahr haben wollte: Die Schauspielerin Romy Schneider wurde mit der Film-Sissi identifiziert. Als sie 1957 in dem Film »Monpti« auch einige erotische Szenen spielte, da war die Empörung der Anhänger Sissis groß. Sie sahen das Andenken ihres Idols geschändet. Romy Schneider war zur Sklavin ihres größten Erfolges geworden und es sollte gut zehn Jahre dauern, bis sie sich von dem Sissi-Image freigespielt hatte und als ernsthafte Schauspielern beim Publikum und bei den Filmleuten akzeptiert war. Und selbst dann noch stieß sie immer wieder auf das Sissi-Klischee, das ihr für immer anhaftete, weil sie es einmal perfekt verkörpert hatte.

So war es auch als sie 1972 mit Luchino Visconti »Ludwig II.« drehte, einen schonungslosen Film über den bayerischen König. Hier spielte sie nach fünfzehn Jahren noch einmal die Sissi-Rolle, doch diesmal als Elisabeth mit einem poetisch-realistischen Anstrich. Und prompt vermerkte die deutsche Kritik: »Man mag sich wundern, daß Romy Schneider nicht eine Elisabeth zeigt, die Ludwig etwas nähersteht, enger mit ihm verbunden ist, und auch märchenhafter und lebensvoller als die kalte und leere Person, die sie hier vorführt«. Da war es wieder, das Klischee von der Märchenkönigin und dem Märchenkönig, so wie es der deutsche Heimat- und Historienfilm liebte.

Romy Schneider hat rückblickend versucht, daß Phänomen ›Sissi‹ zu erklären: »Ob die Leute sich mit Sissi identifiziert haben, weiß ich nicht. Es waren Menschen, die eben gern an Wiener Gefühlsseligkeit zurückdachten, denn man kann wahrhaftig nicht behaupten, daß es sich hier um einen historischen Film über die österreichische Kaiserin handelt. Den konnte nur ein Luchino Visconti machen, und der hieß dann auch Ludwig II. und nicht ›Elisabeth‹. Sissi ließ die Leute träumen, aber ich glaube nicht, daß sie sich mit ihr identifizierten.« Mit »Ludwig« war für Romy das Thema Sissi erledigt, auch wenn große Teile des Publikums in ihr weiterhin die süße kleine Bayernprinzessin und Kaiserin von Österreich sahen, die sie so lieb gewonnen hatten.

Diana hat den Sissi-Mythos, so wie ihn Romy Schneider in ihren Filmen verkörpert hat, wahrscheinlich nicht gekannt. Doch die englische Prinzessin verbindet mit der österreichischen Kaiserin ein ähnliches Schicksal. Ihre Leben weisen erstaunliche Parallelen auf, sowohl im Glück wie im Unglück. Beide verkörpern sie den Mythos der schönen aber unglücklichen Prinzessin, die eine am Ende des 19. und die andere am Ende des 20. Jahrhunderts.

Sowohl Sissi als auch Diana wuchsen fern von der Welt des Hofes auf. Sissis Possenhofener Idylle und Dianas Kindheit auf Gut Sandringham sind in ihrer ländlichen Abgeschiedenheit durchaus vergleichbar. Das ungestüme Herumtollen im Park mit den Tieren und Geschwistern prägten sowohl Sissis als auch Dianas frühe Kindheitsjahre. Es war ein

unbeschwertes Glück, überschattet nur durch die Zerwürfnisse in der Ehe der Eltern. Während sich aber Herzog Max und Ludovika trotz aller Gegensätzlichkeiten und Probleme angesichts der Kinder zu arrangieren wußten, zerbrach die Ehe von Dianas Eltern schon früh. Dianas Mutter Lady Frances verliebte sich in einen anderen Mann und verließ ihre Familie. Dem Vater Lord Edward Spencer wurde das Sorgerecht für die Kinder zugesprochen. Schon mit sieben Jahren war Diana mehr oder weniger auf sich allein gestellt. Ihre ganze Hingabe galt von nun an dem jüngeren Bruder Charles. Wenn auch aus anderen Gründen, so war auch Elisabeths Kindheit von der engen Beziehung zu ihrem jüngeren Bruder Karl Theodor geprägt.
Mit neun Jahren schickte Lord Spencer seine Tochter in ein Internat, das sie bis zum 16. Lebensjahr besuchte. Richtig heimisch wurde Diana dort allerdings nie und auch keine gute Schülerin, worin sie wiederum Sissi gleicht. Später tröstete Diana einmal ein kleines Mädchen mit seinen Schulproblemen, indem sie ihm erzählte, auch sie wäre in ihrer Jugend »dumm wie ein Brett gewesen«. Der Spruch sorgte für die größte Häme in der Regenbogenpresse, konnte man sich doch gütlich am Bild des schönen Dummchen weiden, das auch Sissi in den ersten Jahren ihrer Ehe oft verfolgt hat. Aber der mangelnde Lerneifer beruhte in beiden Fällen weniger auf fehlender Intelligenz als auf mangelndem Interesse. Diana entdeckte schon früh ihr Herz für Menschen und Kinder, während es Sissi magisch in die Natur und zu den Pferden zog. So wurde aus Diana schließlich eine Kindergärtnerin, und wäre Sissi nach ihrem Berufswunsch gefragt worden, so hätte die Antwort wahrscheinlich ›Zirkusreiterin‹ gelautet.
Wie alle Mädchen in ihrem Alter haben beide vermutlich den Traum von der großen Liebe und dem Märchenprinzen geträumt, denn sowohl Sissi als auch Diana waren romantische Naturen. Doch waren sie zu scheu und schüchtern und noch dazu in ihrer Jugend eher unscheinbar, als daß sie auf die Erfüllung ihrer Träume gehofft hätten. Als der Märchenprinz dann tatsächlich in ihr Leben trat und noch dazu ein echter Prinz war, mußte er beiden als unerreichbar erscheinen

– und zwar fast aus demselben Grund: Für Sissi war Franz Joseph von Österreich der mutmaßliche Bräutigam ihrer Schwester Helene, und Diana lernte Prinz Charles als Freund ihrer älteren Schwester Sarah kennen.

Doch in beiden Fällen geschah das Wunder, und der Prinz entschied sich für das Aschenputtel. Was dann folgte, war der Stoff, aus dem die Träume sind. Über 700 Millionen Fernsehzuschauer verfolgten im Juli 1981 die prachtvolle Hochzeit der Lady Diana Frances Spencer mit dem britischen Thronfolger Prinz Charles. Und wenn es zu Sissis Zeiten auch kein Fernsehen gab, so übte ihre Heirat mit dem österreichischen Kaiser Franz Joseph doch eine ähnliche Wirkung auf die Zeitgenossen aus. Die Anteilnahme war überwältigend, alle wollten Portraits der jungen Braut sehen, Hymnen und Lieder wurden gedichtet und so, wie Diana später als die ›Rose Englands‹ bezeichnet werden sollte, feierte man die bayerische Herzogstochter als ›Rose von Baierland‹.

Weder Sissi noch Diana dürften sich jedoch der Tragweite ihres Ja-Wortes bewußt gewesen sein. Mit gerade 16 beziehungsweise 19 Jahren standen beide plötzlich an der repräsentativen Spitze einer der bedeutendsten Monarchien ihrer Zeit. Und sowohl die Habsburger wie auch die Windsors achteten streng auf die Einhaltung der höfischen Etikette. Sissi und Diana wurden regelrecht auf ihre zukünftigen Aufgaben und Pflichten getrimmt. Beide erhielten Unterricht in Konversation, höfischen Umgangsformen und herrschaftlichem Benehmen. Kontakt zu Bediensteten war verboten, sie durften nicht allein den Hof verlassen und immer und überall mußten Titel und Würde einer königlichen beziehungsweise kaiserlichen Majestät gewahrt bleiben.

Für beide war es die totale Überforderung, noch dazu jeder ihrer Schritte vom Hof und vor allem von der Schwiegermutter kritisch beäugt und kommentiert wurde. Diana sagte später einmal: »Was immer Gutes ich auch tat, nie hat jemand gesagt, ›gut gemacht‹ oder ›war es okay?‹ Aber wenn ich einmal gestolpert bin – was unweigerlich vorkam, denn schließlich war ich neu im Spiel – stürzten Tonnen von Ziegeln auf mich herab« – Sätze, die genausogut auch von Sissi hätten stammen können. Hinzu kamen bei beiden Frauen die schnellen Geburten, die Auseinandersetzungen mit der Schwiegermutter, auch und gerade in bezug auf die Kinder. Denn auch die englische Königin Elisabeth hatte ähnlich wie die Erzherzogin Sophie sehr spezielle Vorstellungen von Erziehung und Kinderbetreuung. Sie ging sogar so weit, Diana zu verbieten, ihren Sohn auf eine Reise nach Australien mitzunehmen, ähnlich wie die Erzherzogin Sophie Sissi jedesmal Steine in den Weg legte, wenn diese ihre Kinder auf auswärtige Reisen mitnehmen wollte.

Ein großes Problem war für beide Frauen das große Interesse der Öffentlichkeit an ihrer Person. Diana hat später einmal offen bekannt, daß die allgegenwärtige Präsenz der Presse den Druck auf sie und nicht zuletzt auch auf ihre junge Ehe erheblich gesteigert habe. Dennoch hat die Prinzessin von Wales immer versucht, ihren öffentlichen Auftritten etwas positives abzugewinnen, während Sissi sich mehr und mehr in einen Haß gegen alle Neugierigen hineingesteigert hat: »O ja, neugierig sind sie – etwas zu sehen laufen alle, für den Affen der am Werkl tanzt, gerade wie für mich«, so kommentierte die österreichische Kaiserin die Schaulust ihrer Zeitgenossen.

Sowohl Sissi als auch Diana erwachten daher schon bald aus ihrem Traum. Für die Öffentlichkeit blieben sie die Märchenprinzessinnen, die alles hatten und darstellten, was das Herz begehrt. Sie selber aber fühlten sich todunglücklich, einsam und unverstanden. Sissi weinte sich nach Possenhofen die Augen aus, und Dianas Telefonrechnung ging in die Tausende, denn das Telefon war für sie die letzte Brücke zu ihren alten Freunden.

Vom Hof und ihrer unmittelbaren Umgebung aber wurde ihr Kummer weitgehend ignoriert oder mit totalem Unverständnis aufgenommen. Beide mußten unnachgiebig ihre Rolle als Repräsentantinnen der Krone weiterspielen. Es war daher kein Wunder, daß sowohl für Sissi als auch für Diana, mehr und mehr der Ehemann zur einzigen Stütze und zum Anker ihrer Existenz wurde. Als die Märchenprinzen jedoch immer weniger Zeit für sie aufbrachten, ihnen den Rücken kehrten und sie schließlich auch betrogen, ging auch dieser letzte Halt verloren.

Diana, Prinzessin von Wales

Zwar blieb Franz Josephs Fehltritt in Sissis Ehe eine Episode, während das englische Kronprinzenpaar zusammen mit Camilla Parker-Bowles mehr oder weniger eine »Ehe zu dritt« führte, wie Diana später einräumen sollte, für beide Ehefrauen aber brach eine Welt zusammen.
Beide Frauen reagierten ähnlich. Sowohl die österreichische Kaiserin als auch die Prinzessin von Wales verfielen in Depressionen. Sissi flüchtete darüber hinaus in eine ›richtige‹ Krankheit, erst ihre Lungenaffektationen und später ihre Wassersucht, die beide gleichwohl stark psychosomatische Züge zeigten. Und sie begann erstmals in dieser Zeit radikal zu hungern und die Nahrung zu verweigern. Auch Dianas Eßstörungen und ihre spätere Bulimie fingen in der Zeit ihrer Ehekrise an. Darüber hinaus brachte sie sich Verletzungen an den Armen und Beinen bei und sogar von einem Selbstmordversuch war die Rede. »Wenn keiner dir zuhört, oder wenn man das Gefühl hat, daß niemand einem zuhört, kann alles mögliche geschehen«, sagte Diana später in ihrem berühmten Fernsehinterview. Auch hier hätte Sissi fast das gleiche sagen können. Von ihrer jeweiligen Umgebung aber wurden wiederum auch diese Symptome und Hilferufe nicht ernst genommen. Diana bekam vom englischen Königshof, aber auch der Presse, den Stempel »labil« verpaßt, während Sissi – nachdem bald offenkundig wurde, daß ihre Lungenkrankheit sich im Maßstab ihrer Entfernung vom Wiener Hof besserte oder verschlechterte – als hysterisch und eigensüchtig abqualifiziert wurde.
Daß sich beide wieder fingen, kann man im nachhinein schon als ein kleines Wunder ansehen. Allerdings sollte es ein langer und dornenreicher Weg hin zur Emanzipation und Selbstfindung werden. Sowohl Sissi als auch Diana war dabei ihre Schönheit eine große Hilfe. Und dies umso mehr, als sie für beide eher unerwartet und fast über Nacht kam. Jetzt wurde das zweite Märchen, nämlich das vom häßlichen Entlein, das sich in einen schönen Schwan verwandelt, wahr. Sissis Schönheit, festgehalten auf den berühmten Bildern von Franz Xaver Winterhalter, wurde an den europäischen Höfen wie auch der breiten Öffentlichkeit schnell zur Legende. Und Dianas Portraits zierten

nicht nur mehr die Herz-und-Schmerz-Blätter, sondern waren plötzlich auf den Titelseiten der renommiertesten Life-Style- und Modezeitschriften wie »Vanity Fair«, »Harper's Bazaar« und der »Vogue« zu sehen.
Sowohl Sissi als auch Diana gehörten zu den schönsten Frauen ihrer Zeit und das zu Recht. Mit der Schönheit kam aber auch ein neues Körperbewußtsein. Schönheit und Körperkult gingen bei beiden Hand in Hand. Sowohl Sissi als auch Diana verbrachten Stunden mit ihrer Haar- und Körperpflege, von den Unsummen, die beide für ihre Kleidung ausgaben ganz abgesehen. Und beide entdeckten auch die Sportlichkeit und zwar nicht nur als Schönheitsmittel, sondern auch als adäquaten Ausdruck eines neuen Selbstbewußtseins und einer Selbstfindung. Sissi entschied sich für ihre Jugendleidenschaft, das Reiten. Ihre herausragenden Leistungen auf diesem Gebiet wurden sogar auf der britischen Insel, dem Eldorado der Jagdreiter im 19. Jahrhundert, anerkannt. Auf ihren englischen Reitreisen lernte sie auch den 5. Earl of Spencer kennen und schätzen, einer von Dianas direkten Vorfahren. Ja sie kannte sogar den Stammsitz der Familie, Schloß Althorp, das Dianas Vater nach dem Tode seines Vaters 1975 als 8. Earl of Spencer in Besitz nehmen sollte. Daneben entwickelte Sissi eine Leidenschaft fürs Turnen und natürlich für ihre ausgedehnten Wanderungen im Eilschritt, die dem heutigen Walking recht nahe kamen. Diana war eine passionierte Joggerin. Aber Joggen allein genügte ihr nicht. Stundenlang trainierte die Prinzessin von Wales ihren Körper im Fitneßstudio, betrieb Schwimmen und Radfahren mit Ausdauer, übte sich darüber hinaus in Aerobic und Yoga und nahm schließlich sogar Tennis- und Reitunterricht.
Schönheit und Sportlichkeit aber waren bei beiden Frauen nur äußerliche Erscheinungsformen eines innerlichen Ablösungsprozesses von ihrem früheren Leben. Denn beide begannen sich zunehmend nicht nur von ihren Ehemännern, sondern auch vom Hof zu emanzipieren. Sissi behauptete sich gegenüber Franz Joseph in der Frage der Erziehung des Kronprinzen, sie begann energisch die Sache der Ungarn zu

verfechten, gewann in ihrer Ehe die Oberhand und entzog sich immer mehr ihren repräsentativen Verpflichtungen. Diana wiederum akzeptierte das Verhältnis von Charles zu Camilla, ohne sich auf weitere Kämpfe einzulassen. Sie entfernte sich immer weiter von ihrem Ehemann, suchte sich eigene Freunde und begann ihre offiziellen Auftritte alleine und auf ihre Art wahrzunehmen. Und beide fanden so nach und nach ihren eigenen Weg.

Was die Art und das Ziel dieser Selbstverwirklichung anbelangte, gingen beide jedoch getrennte Wege. Denn während sich Sissi in der Dichtung und Literatur radikal eine eigene Gegenwelt zur Welt des Hofes schuf, zu der außer ihr niemand Zutritt besaß, versuchte Diana, die Welt des Hofes und der damit verbundenen repräsentativen Pflichten ins Menschliche zu transformieren. Sissi wollte Dichterin werden, Diana eine »Königin der Herzen«, wie sie später in ihrem großen Interview bekannte. Die Prinzessin von Wales widmete sich immer mehr karitativen Aufgaben und sie nahm diese mit Hingabe wahr. Sie besuchte Alte, Todkranke und Sterbende, verwaiste Kinder und Obdachlose, Drogen- und Alkoholabhängige, mißhandelte Frauen und Aidskranke. Sie setzte sich für alle Randgruppen der Gesellschaft ein, engagierte sich für die Opfer von Tretminen, sammelte und organisierte Spendenaktionen und war Mitglied und Schirmherrin dutzender Wohltätigkeitsvereine.

Trotz der großen Probleme, die auf Diana durch die Feindseligkeit des englischen Königshofes, den Skandal um das Buch ihres ehemaligen Liebhabers James Hewitt und ihre Scheidung lasteten, hielt sie an ihrem Ziel fest, und sie bewahrte sich dabei all ihre Offenheit und Verletzlichkeit. Ähnlich auch Sissi. Zwar gab sie nach dem Tod ihres Sohnes Rudolf das Dichten auf, an ihrer selbstgewählten Abgeschiedenheit hielt sie jedoch fest. In ihrer ruhelosen und einsamen Irrfahrt der letzten Jahre wurde ihr Leben selbst zu einer Art Dichtung, die immer tragischere Züge annahm. Sie wurde zur Frau mit dem Fächer, hinter dem sie nicht nur ihr Gesicht, sondern auch ihr Leben und Leiden vor der Neugier der Menschen verbarg.

Diana hingegen entzog ihr Gesicht nicht den Medien. Sie wollte ihre Popularität zum Nutzen ihrer humanitären und karitativen Ziele einsetzen. Doch litt sie zunehmend darunter, die meistfotographierte Frau der Welt zu sein – gerade gegen Ende ihres Lebens, als sie ein privates Glück mit dem Ägypter Dodi Al-Fayed suchte. Nicht zuletzt die Umstände ihres Todes lassen es fraglich erscheinen, ob diese Gradwanderung überhaupt möglich war. Für Sissi war der Tod eine Erlösung und die Erfüllung ihres Schicksals. Für Diana hingegen kam er viel zu früh und beendete ein Leben, das gerade erst einen neuen Sinn jenseits des Klischees der Märchenprinzessin gefunden hatte.

BAYERN

Haus Wittelsbach

Linie Birkenfeld

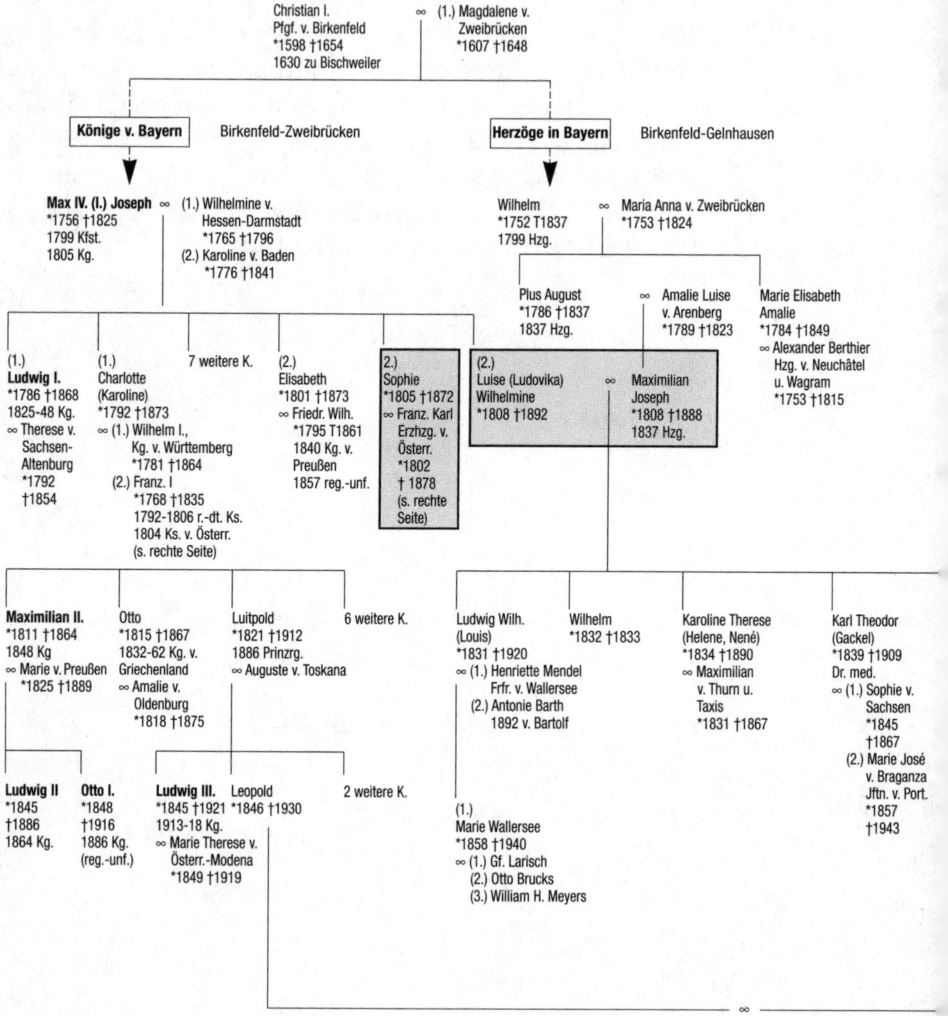

Haus Habsburg

Linie Lothringen

ÖSTERREICH

Maria Theresia
*1717 † 1780
1740 röm.-dt. Ksn.,
Kgn. v. Böhmen u.
Ungarn

∞ **Franz Stephan**
*1708 †1765
1729-35 Hzg. v. Lothr.
1737 Großhzg. v. Toskana
1745 als Franz I. r.-dt. Ks.

Franz I. (II.)
*1768 †1835
1792-1806 r.-dt. Ks.
1804 Ks. v. Österr.

∞ (2.) Marie Therese v. Bourbon-Neapel
*1772 †1807
(4.) Karoline v. Bayern
*1792 †1873
(s. linke Seite)

(2.)
Marie Louise
*1791 †1847
∞ (1.) Napoleon I.
*1769 †1821
1804-1814/15 Ks. d. Franzosen
(2.) A. Albrecht Gf. v. Neipperg
*1775 †1829
(3.) Karl Gf. v. Bombelles
*1785 †1856

(2.)
Ferdinand I.
*1793 †1875
1835-48 Ks. v. Österr.
∞ Maria Anna v, Savoyen
*1803 †1884

(2.)
Franz Karl
*1802 †1878
1848 verz.
∞ Sophie v. Bayern
*1805 †1872
(s. linke Seite)

(2.)
9 weitere K

Marie Sophie Amalie
*1841 †1925
∞ Franz II.
Kg. beider Sizilien
*1836

Mathilde Ludovika (Spatz)
*1843
†1925
∞ Ludwig v. Bourbon-Sizilien Gf. Trani
*1838
†1886

Sophie Charlotte Auguste
*1847
†1897
∞ Ferdin. v. Orléans Hzg. v. Alençon
*1844
†1910

Max Emanuel (Mapperl)
*1849
†1893
∞ Amalie v. Sachsen Coburg-Gotha
*1848
†1894

Elisabeth Amalie Eugenie (Sissi)
*1837
†1898

∞

Franz Josef I.
*1830 †1916
1848 Ks. v. Österr.

Ferdinand Max
*1832 erm. 1867
1864 Ks. v. Mexiko
∞ Charlotte v. Belgien
*1840 †1927

Karl Ludwig
*1838 †1896
∞ (1.) Margarete v. Sachsen
*1840 †1858
(2.) Maria Annunziata v. Bourbon-Neapel
*1843 †1871
(3.) Maria Theresia v. Portugal
*1855

Ludwig Victor
*1842
†1919

Sophie
*1855 †1857

Gisela
*1856 †1932

Rudolf
*1858 †1889
∞ Stephanie v. Belgien
*1864 †1945

Marie Valerie
*1868 †1924
∞ Franz Salvator Erzhzg. v. Österr.-Toskana
*1865 †1939

Lebensweg Elisabeths

1837	*24. Dezember:* Elisabeth Amalie Eugenie (Sissi) wird als Tochter des Herzogs Max in Bayern und seiner Frau Ludovika in München geboren. Sie ist nach dem Ältesten Ludwig Wilhelm (geb. 1831) dem früh verstorbenen Bruder Wilhelm (geb. 1832, gest. 1833) und der älteren Schwester Karoline Therese (Helene, Nené, geb. 1834) das vierte Kind des Herzogspaares.
1839	Geburt des Bruders Karl Theodor (Gackl).
1841	Geburt der Schwester Marie Sophie Amalie.
1843	Geburt der Schwester Mathilde Ludovika (Spatz).
1846	Baronin Luise Wulffen wird Elisabeths Erzieherin.
1847	Geburt der Schwester Sophie Charlotte Auguste.
1848	*Juni:* Elisabeth lernt die Erzherzöge Franz Joseph und Karl Ludwig in Innsbruck kennen. Die beiden Mütter Ludovika und Sophie reden über eine mögliche Heirat Helenes mit Franz Joseph. Beginn des Briefwechsels zwischen Elisabeth und Karl Ludwig.
1849	Geburt des Bruders Max Emmanuel (Mapperl).
1852	Elisabeth schreibt ihre ersten Gedichte.
1853	*15. August:* Gemeinsam mit ihrer Mutter reisen Elisabeth und ihre Schwester Helene nach Ischl, um dort die kaiserliche Familie zu treffen. Die Zusammenkunft soll die Verlobung Helenes mit dem Kaiser in die Wege leiten. Statt dessen entscheidet sich Franz Joseph für Elisabeth. *19. August:* Franz Joseph I. verlobt sich mit Elisabeth. *Oktober-Dezember:* Der Kaiser besucht Elisabeth in Possenhofen und München.
1854	*24. April:* Franz Joseph und Elisabeth heiraten in der Wiener Augustinerkirche. Die Flitterwochen verbringt das Paar in Laxenburg. *Juni:* Das Kaiserpaar besucht Mähren und Böhmen.

	Juli: Die kaiserliche Familie verbringt den Sommer in Ischl, wo Elisabeth ihre Mutter sowie die Geschwister Mathilde und Karl Theodor wiedersieht.
1855	*5. März:* Geburt von Elisabeths erster Tochter Sophie. *Juni:* Besuch Elisabeths in Possenhofen, anschließend Aufenthalt der kaiserlichen Familie in Ischl.
1856	*15. Juli:* Geburt von Elisabeths zweiter Tochter Gisela. *November:* Das Kaiserpaar besucht zusammen mit der kleinen Tochter Sophie die norditalienischen Gebiete des Habsburgerreiches und reist über Triest nach Venedig.
1857	*Januar-März:* Fortsetzung der Italienreise. Elisabeth und Franz Joseph besuchen Vicenza, Verona und Brescia und weilen anschließend bis zum 2. März in Mailand. Die Bevölkerung verhält sich feindselig. *Mai:* Ungarnaufenthalt des Kaiserpaares mit seinen Kindern Sophie und Gisela. Während die Kinder in Budapest bleiben, besuchen Franz Joseph und Elisabeth Jászberény und Debreczin. *29. Mai:* Tod der kleinen, an der Ruhr erkrankten Tochter Sophie, deren Krankheit von den Ärzten zu spät erkannt wurde. *30. Mai:* Abbruch der Ungarn-Reise. Rückkehr der kaiserlichen Familie nach Laxenburg.
1858	*21. August:* Geburt des Kronprinzen Rudolfs, des dritten Kindes und einzigen Sohnes Elisabeths. *24. August:* Elisabeths vier Jahre ältere Schwester Helene heiratet Maximilian Erbprinz von Thurn und Taxis. *Oktober:* Aufenthalt in Ischl.
1859	*8. Januar:* Elisabeths jüngere Schwester Mathilde heiratet in einer Procurationsehe (in Abwesenheit ihres Ehemanns) den Kronprinzen Franz von Neapel-Sizilien. *Mai:* Trotz heftigen Widerstands Elisabeths begibt sich Franz Joseph zum oberitalienischen Kriegsschauplatz.

	28. Mai: Der ältere Bruder Elisabeths, Ludwig, heiratet die bürgerliche Schauspielerin Henriette Mendel und verzichtet auf sein Erstgeburtsrecht. *Winter 1859/60:* Gerüchte über Liebschaften Franz Josephs machen in Wien die Runde.
1860	*Juli-August:* Die Ehekrise zwischen Elisabeth und Franz Joseph erreicht einen Höhepunkt. Die Kaiserin verläßt mit ihrer Tochter Gisela überstürzt Wien und fährt nach Possenhofen. *31. Oktober:* Der Lungenspezialist Dr. Skoda diagnostiziert bei Elisabeth eine lebensgefährliche Lungenkrankheit. *17. November:* Aufbruch Elisabeths zu einem fünfmonatigen Erholungsaufenthalt auf der Insel Madeira.
1861	*Mitte Mai:* Elisabeth kehrt nach Wien zurück. Innerhalb weniger Tage erleidet sie einen Krankheitsrückfall. *5. Juni:* Elisabeths jüngere Schwester Mathilde heiratet ihren Schwager, Ludwig von Boubon-Sizilien, Graf Trani. *23. Juni:* Abreise Elisabeths zu einem erneuten Erholungsaufenthalt, diesmal auf der Insel Korfu. *Anfang November:* Elisabeth übersiedelt nach Venedig, wo sie gemeinsam mit den Kindern Gisela und Rudolf den Winter verbringt.
1862	*Februar:* Gisela und Rudolf kehren an den Wiener Hof zurück. Elisabeths Gesundheit verschlechtert sich wieder. *April:* Besuch ihrer Mutter und ihres Bruders Karl Theodor in Venedig. Der mitgefahrene Dr. Fischer diagnostiziert bei Elisabeth Wassersucht, Blutarmut und Bleichsucht und verordnet eine Bäderkur in Bad Kissingen. *Juni/Juli:* Elisabeth tritt eine Kur in Bad Kissingen an; Genesung der Kaiserin. Anschließend Reise nach Possenhofen, wo Elisabeth ihre Schwestern Marie und Mathilde trifft. *15. August:* Rückkehr Elisabeths nach Wien.

1863	*Februar:* Elisabeth nimmt zum ersten Mal seit drei Jahren wieder an einem Hofball teil. Sie beginnt systematisch, die ungarische Sprache zu erlernen. *April:* Die Theaterfriseuse Fanny Angerer tritt in den Dienst der Kaiserin. Mit ihr beginnt die Ära der kunstvollen Flechtfrisuren Elisabeths. *Juni/Juli:* Kur der Kaiserin in Bad Kissingen.
1864	*Juni/Juli:* dritte Kur in Bad Kissingen. Anschließend besucht Elisabeth Possenhofen, wo sie den bayerischen König Ludwig II. trifft. *November:* Die ungarische Landadlige Marie Ferenczy tritt als Gesellschafterin in den Dienst der Kaiserin. Sie wird zur engsten Freundin und Vertrauen Elisabeths. *Winter:* Die berühmten, von Franz Xaver Winterhalter gemalten Portraits der Kaiserin entstehen. Sie zeigen Elisabeth auf dem Höhepunkt ihrer Schönheit.
1865	*11. Februar:* Der jüngere Bruder Elisabeths, Karl Theodor, heiratet in Dresden die sächsische Prinzessin Sophie. *März:* Elisabeth reist nach München und trifft dort Ludwig II. *Juni/Juli:* Kur der Kaiserin in Bad Kissingen. *August:* Die kaiserliche Familie weilt in Ischl. Hier kommt es zum Höhepunkt der Affäre um die Erziehung des Kronprinzen. Elisabeth verfaßt ein Ultimatum und erreicht, daß ihr die Erziehung der Kinder übertragen wird. *Dezember:* Elisabeth weilt in München.
1866	*8. Januar:* Anläßlich eines Besuches einer ungarischen Delegation in Wien lernt Elisabeth den ungarischen Politiker Graf Gyuala Andrássy kennen. *Ende Januar:* Das Kaiserpaar tritt eine mehrwöchige Ungarnreise an; Elisabeth wird begeistert empfangen. *Juni/Juli:* Aufenthalte in Ischl und Wien. Die Kaiserin besucht in den Spitälern die Verwundeten des preußisch-österreichischen Krieges.

	Juli/August: Von kurzen Abstechern nach Wien unterbrochen, hält sich Elisabeth in Budapest auf. *Juli/August:* Elisabeth setzt sich gegenüber Franz Joseph immer energischer für die ungarische Sache ein. *2. September:* Rückkehr Elisabeths nach Wien.
1867	*22. Januar:* Elisabeths jüngste Schwester Sophie verlobt sich mit dem bayerischen König Ludwig II. Die Kaiserin nimmt an der Verlobungsfeier teil und trifft anschließend ihre Schwester Mathilde in Zürich. *Mai/Juni:* Ungarnreise des Kaiserpaares nach dem österreichisch-ungarischen Ausgleich. *8. Juni:* Nach der feierlichen Krönung zum König und zur Königin Ungarns erhalten Franz Joseph und Elisabeth vom ungarischen Volk Schloß Gödöllö bei Budapest als Geschenk. *Juni/Juli:* Sommeraufenthalt der kaiserlichen Familie in Ischl. Elisabeths Schwager, Maximilian von Thurn und Taxis, stirbt. *August:* Zusammentreffen des Kaiserspaares mit dem französischen Kaiser Napoleon III. und seiner Frau Eugénie in Salzburg. Elisabeth reist anschließend nach Zürich weiter, wo sie ihre Schwestern Marie und Mathilde trifft. *10. Oktober:* Auflösung der Verlobung zwischen dem bayerischen König Ludwig II. und Elisabeths Schwester Sophie.
1868	*5. Februar:* Elisabeth bricht zu einem mehrmonatigen Ungarnaufenthalt auf. *22. April:* In Budapest kommt Elisabeths viertes Kind, die Tochter Marie Valerie, zur Welt. Das »ungarische Kind« wird zum Liebling Elisabeths und begleitet sie auf allen künftigen Reisen. *Juni/August:* Die Kaiserin fährt nach Ischl und anschließend an den Starnberger See, wo sie Ludwig II. besucht. *28. September:* Elisabeths jüngste Schwester Sophie heiratet Ferdinand von Bourbon-Orléans, Herzog von Alençon. *Winter:* Elisabeth verbringt die Wintermonate in Ungarn, zuerst

	auf Schloß Gödöllö, dann in Budapest, wo sie bis zum April des folgenden Jahres weilt.
1869	*Mai:* Rückkehr der Kaiserin nach Wien. *Juli:* Elisabeth mietet für sechs Wochen das Schloß ihres Bruders Ludwig in Garatshausen. Ihr Bruder besucht sie dort, ebenso wie Graf Andrássy. *August:* Die Kaiserin weilt in Ischl. *Herbst:* Elisabeth hält sich wieder in Ungarn auf. *Dezember:* Die Kaiserin reist zu ihrer Schwester Marie nach Rom, wohnt der Eröffnung des Konzils bei, und wird am 9. Dezember vom Papst empfangen.
1870	*Januar-Mai:* Von Rom aus reist Elisabeth direkt nach Ungarn, wo sie die nächsten fünf Monate auf Schlöß Gödöllö und in Budapest verbringt. *Juni-Oktober:* Die Kaiserin verbringt den Sommer in Ischl und in Neuberg an der Mürz. *Oktober-März:* Elisabeth hält sich mit ihren Töchtern in Meran auf, wo sie ihre Schwestern Marie und Sophie trifft.
1871	*März:* kurzfristiger Aufenthalt in Wien, anschließend Rückkehr nach Meran. *Juni-Oktober:* Elisabeth verbringt den Sommer in Ischl und am Starnberger See. *Oktober/November:* Meran-Aufenthalt mit Marie Valerie. *Dezember:* Rückkehr nach Wien. Die ungarische Gräfin Marie Festitics wird zur Hofdame und Vetrauten Elisabeths.
1872	*Januar:* Elisabeth kehrt mit Franz Joseph nach Meran zurück. *März/April:* Aufenthalt in Gödöllö und Budapest, wo die Verlobung zwischen Elisabeths Tochter Gisela und dem bayerischen Leopold zustande kommt, anschließend Weiterreise nach Meran und Rückkehr nach Wien. *27. Mai:* Tod der Erzherzogin Sophie. *Juni-September:* Sommeraufenthalt in Ischl und Possenhofen.

	Oktober-Dezember: Elisabeth hält sich mit Marie Valerie in Budapest und Gödöllö auf.
1873	*Januar-Juli:* Elisabeth ist erstmals wieder für längere Zeit in Wien und nimmt an mehreren repräsentativen Anlässen, darunter auch die Eröffnung der Weltausstellung, teil. *20. April:* Die Tochter Elisabeths, Erzherzogin Gisela, heiratet Prinz Leopold von Bayern. *August/September:* Ischl-Aufenthalt Elisabeths. *September:* Anläßlich des 25-jährigen Thronjubiläums von Franz Joseph kehrt die Kaiserin nach Wien zurück.
1874	*Januar:* Elisabeth besucht ihre Tochter Gisela in München anläßlich der Geburt von deren erstem Kind. Wiedersehen mit Ludwig II. von Bayern. *Januar-Juni:* Wien-Aufenthalt der Kaiserin, dann Besuch in Ischl. *August-/September:* erste Englandreise Elisabeths zusammen mit Marie Valerie nach der Insel Isle of Wight. *September/Oktober:* Rückkehr aus England nach Baden-Baden und Possenhofen. Dort besuchen Elisabeth ihr Bruder Karl Theodor mit seiner zweiten Frau, der spanischen Infantin Marie José, sowie der bayerische König Ludwig II. *Oktober-Dezember:* Ungarn-Aufenthalt in Gödöllö.
1875	*Januar-Juni:* Die Kaiserin pendelt zwischen Gödöllö, Budapest und Wien und nimmt Unterricht im Dressurreiten. *29. Juni:* Tod des entmündigten Ex-Kaisers Ferdinand I. Franz Joseph erbt sein stattliches Vermögen. *Juli-September:* Nach kurzem Aufenthalt in Ischl reist Elisabeth nach Sassetot in die Normandie, wo sie einen Reitunfall erleidet. *Oktober-Dezember:* Nach kurzen Stationen in München und Wien, Aufenthalt in Gödöllö, wo sich auch Franz Joseph einfindet.
1876	*Januar:* Franz von Déak stirbt und wird von Elisabeth tief betrauert. *März/April:* zweite Englandreise der Kaiserin. Sie nimmt unter der Führung von Bay Middleton an Reitjagden teil.

	Sommer: Elisabeth weilt in Wien, Ischl, Feldafing und Korfu. *September-Dezember:* Aufenthalt in Gödöllö.
1877	*Januar-Juli:* Elisabeth ist in Wien und nimmt in der Spanischen Hofreitschule Dressurunterricht. *August-Dezember:* Nach ihrem Sommeraufenthalt in Ischl und Feldafing, reist die Kaiserin im Oktober zum Jagdreiten nach Gödöllö.
1878	*Januar/Februar:* dritte Englandreise Elisabeths mit Marie Valerie und Rudolf nach Cottesbrooke. Pilot bei den Reitjagden ist wieder Bay Middleton. *Februar-August:* Aufenthalt in Wien, wo Anfang Mai Erzherzog Franz Carl, der Vater Franz Josephs, stirbt. Den Spätsommer verbringt Elisabeth in Ischl und am Tegernsee. *September-Dezember:* Aufenthalt in Ungarn auf Schloß Gödöllö und in Budapest.
1879	*Februar/März:* Nach einem kurzen Abstecher in Wien reist Elisabeth zur Reitjagd nach Summerhill in Irland. *April-September:* Aufenthalt in Wien, wo am 24. die Silberhochzeit des Kaiserpaares glanzvoll gefeiert wird. Anschließend Reisen nach Ungarn, Ischl, an den Tegernsee und nach Wien. *Oktober-Dezember:* Reittraining und Jagden in Ungarn. Auch Franz Joseph und Kronprinz Rudolf nehmen an den Reitjagden teil.
1880	*Januar-März:* Elisabeth reist zu ihrer zweiten Jagdreise nach Summerhill in Irland. Die Rückreise erfolgt über London nach Brüssel, wo sich am 10. März Kronprinz Rudolf mit der belgischen Prinzessin Stephanie verlobt hat. *März-September:* Die Kaiserin weilt in Wien, Ungarn, Ischl, München und am Tegernsee. *Oktober-Dezember:* Winteraufenthalt in Gödöllö.
1881	*Februar/März:* erneute Reise Elisabeths zur Reitjagd nach England, diesmal auf Schloß Combermere in Cheshire.

	10. Mai: Heirat des Kronprinzen Rudolf mit Prinzessin Stephanie von Belgien in Wien. *Juni-September:* Im Anschluß an die Hochzeitsfeierlichkeiten fährt Elisabeth nach Feldafing, wo sie den bayerischen König Ludwig II. trifft. *September-Dezember:* Die Kaiserin pendelt zwischen Reitjagdaufenthalten in Ungarn und Wien.
1882	*Februar-März:* letzter englischer Reitjagdaufenthalt Elisabeths auf Schloß Combermere. *März-August:* Aufenthalte in London, Wien, Gödöllö, Feldafing und Ischl. *September:* Trotz Attentatsgefahr reisen Elisabeth und Franz Joseph nach Triest und Dalmatien. *Oktober-Dezember:* Winteraufenthalte in Gödöllö und Wien. Elisabeth reduziert das Reiten aufgrund gesundheitlicher Probleme und beginnt statt dessen Fechtunterricht zu nehmen.
1883	*Januar-September:* Elisabeth hält sich in Wien, Baden-Baden, München, Wien, Feldafing, Ischl und Mürzsteg auf. Die Ära ihrer stundenlangen ›Gewaltmärsche‹ bricht an. *2. September:* Geburt der Kronprinzentochter Elisabeth, die die Kaiserin in Laxenburg besucht. *Oktober-Dezember:* Aufenthalte in Gödöllö und Wien. *November:* Die Schauspielerin Katharina Schratt spielt erstmals am Wiener Hoftheater. Sie wird zur Lieblingsschauspielerin des Kaisers.
1884	*Januar-Juni:* Elisabeth hält sich in Wien, Wiesbaden, Heidelberg und Amsterdam auf, wo sie eine mehrwöchige Massagekur absolviert. *Juni-September:* Sommeraufenthalt in Feldafing, München und Ischl. Elisabeth beginnt sich ernsthaft dem Dichten zu widmen. *September-Dezember:* Aufenthalte in Wien, Gödöllö und Budapest. Im November besucht die ebenfalls dichtende rumänische Königin

	Elisabeth (Pseudonym 'Carmen Sylva') die Kaiserin in Ungarn. Sie wird zur Freundin Elisabeths.
1885	*Januar-September:* Elisabeth weilt in Wien, wieder zur Kur in Amsterdam, in Baden-Baden, Heidelberg, Ischl und Bayern. Sie beschäftigt sich mit Homer und dem alten Griechenland. *September/Oktober:* Elisabeth fährt mit der Yacht 'Miramar' nach Korfu, Griechenland, Troja und Ägypten. *November/Dezember:* Aufenthalte in Wien und Gödöllö. Elisabeth hat starke Schmerzen in den Beinen und leidet an Depressionen.
1886	*Januar-Februar:* Elisabeth weilt in Wien und Miramare. Auf dem Wiener Hofball bemüht sich Erzherzog Franz Salvator um Marie Valerie. *März-September:* Aufenthalte in Baden-Baden, Gödöllö und Wien. Den Sommer verbringt die Kaiserin in Ischl und Bayern. Sie ist tief erschüttert über den Tod Ludwig II. *Oktober-Dezember:* Aufenthalte im ungarischen Schloß Gödöllö und in Wien. Die von Elisabeth geförderte Freundschaft zwischen Katharina Schratt und Franz Joseph beginnt.
1887	*Januar-Juli:* Elisabeth reist von Wien aus nach Budapest, Salzburg, zur Rheumakur nach Mehadia und anschließend nach Ischl. Dort besucht sie Carmen Sylva. Im Mai erwidert die Kaiserin diesen Besuch und fährt nach Rumänien, und von dort aus wieder nach Ischl. *Juli-September:* In Hamburg besucht Elisabeth die Schwester Heinrich Heines und setzt sich intensiv für die Errichtung eines Heine-Denkmals ein. Von dort aus Badereise nach England. Anläßlich des Geburtstages von Franz Joseph versammelt sich die kaiserliche Familie im August in Ischl. *Oktober-Dezember:* Nach einer zweiten Kreuzfahrt nach Ithaka und Korfu verbringt Elisabeth den Winter mit ihrer Familie in Gödöllö und Wien.
1888	*Januar-September:* zahlreiche Aufenthalte der Kaiserin in Wien, Gödöllö, London und Bournemouth, Gastein, Ischl und Bayern.

	September-November: Von Wien aus tritt Elisabeth ihre dritte Mittelmeerkreuzfahrt nach Korfu, Leukas, Missolungi und Kleinasien an. Sie erteilt den Auftrag, ihr eine Villa ›Schloß Achilleion‹ auf Korfu zu bauen, und beginnt mit dem Studium der alt- und neugriechischen Sprache. *15. November:* Elisabeths Vater, Herzog Max in Bayern, stirbt. *24. Dezember:* Verlobungsfeier Marie Valeries mit Erzherzog Franz Salvator in Wien.
1889	*30. Januar:* Tragödie von Mayerling. Kronprinz Rudolf erschießt sich selbst und seine Geliebte Marie Vetsera. Elisabeth verfällt in tiefe Depressionen. *Februar-November:* Aufenthalte Elisabeths in Gödöllö, Wiesbaden, Wien, Gastein, Ischl, Campiglio und Meran. Im Spätherbst neuerliche Mittelmeerfahrt nach Korfu, Tunesien und Malta. *Dezember:* Rückkehr nach Wien. Die Kaiserin sondert ihre helle Garderobe aus und trägt zukünftig nur noch Schwarz.
1890	*18. Februar:* Tod Gyula Andrássys, der Elisabeth schwer trifft. *März-April:* Die Kaiserin reist mit Marie Valerie nach Wiesbaden und Heidelberg. *Mai:* Tod von Elisabeths Schwester Helene. *31. August:* Hochzeit von Marie Valerie mit Erzherzog Franz Salvator in Ischl. Nach der Trennung von ihrer Tochter wird Elisabeths Wanderleben noch unsteter. *September-Dezember:* In drei Monaten reist Elisabeth nach Bayern, der Isle of Wight, Paris, Bordeaux, Lissabon, Gibraltar, Algerien, Korsika, Südfrankreich, Italien und Korfu und kehrt im Dezember nach Wien zurück.
1891	*Januar-Februar:* Elisabeth hält sich in Wien, Bayern und Gödöllö auf. *März-Mai:* Zusammen mit Marie Valerie und Franz Joseph besucht sie Korfu, reist alleine nach Sizilien weiter und dann wieder nach Korfu zurück.

	Mai-September: Sommeraufenthalt in Wien, München, Gastein, Feldafing und Ischl. *September-Dezember:* Korfu-Aufenthalt, Schloß Achilleion ist fertiggestellt. Anschließend reist Elisabeth nach Kairo und kehrt im Dezember nach Wien zurück.
1892	*26. Januar:* Tod von Elisabeths Mutter Ludovika. *27. Januar:* Marie Valerie bekommt ihre erste Tochter. *März-April:* Korfuaufenthalt Elisabeths. *Mai-Dezember:* Über Wien fährt die Kaiserin zur Kur nach Karlsbad und von da aus nach Ischl, in die Schweiz, nach Gödöllö und Wien. Im Dezember folgt eine Reise nach Sizilien und Südspanien.
1893	*Januar-April:* Reisen Elisabeths nach Gibraltar, den Balearen, Barcelona, der französischen Riviera, Territet, Genua, Neapel und Korfu. *Mai-August:* Sommeraufenthalt in Wien und Ischl. *September-Dezember:* Reisen nach Venedig, Gödöllö, Wien, Lichtenegg und Algerien und Madeira.
1894	*Januar-April:* Die Kaiserin fährt von Madeira aus nach Gibraltar, Marseille und Cap Martin, wo sie Franz Joseph besucht. *Mai-September:* Anläßlich der Geburt von Marie Valeries zweitem Kind kehrt Elisabeth nach Wien zurück und verbringt den Sommer in Bayern, Südtirol und Ischl. *September-Dezember:* neuerliche Reisen nach Korfu, Gödöllö, Triest und Algier.
1895	*Januar-April:* neuerliche Reise nach Cap Martin, wo sie der Kaiser besucht. Anschließend reist Elisabeth alleine nach Korsika und Korfu weiter. Ihre nächste Station ist Venedig. *Mai-August:* Sommeraufenthalt in Wien, München, dem ungarischen Kurort Bartfeld und Ischl. *September-Dezember:* wechselnde Aufenthalte in Aix-les-Bains, Gödöllö, Wien und Cap Martin.

1896	*Januar-April:* Elisabeth ist weiterhin in Cap Martin und hält sich anschließend 6 Wochen in Korfu auf. *April-September:* Anläßlich der 1000-Jahr-Feier des ungarischen Königreiches reist Elisabeth mit Franz Joseph nach Budapest. Anschließend Aufenthalte in Wien, Bayern und Ischl, wo am 24. September das dritte Kind Marie Valeries zur Welt kommt. *Oktober-Dezember:* Reisen nach Gödöllö, Wien und Biarritz. Elisabeths Gesundheitszustand verschlechtert sich.
1897	*Januar-April:* Besuch von Franz Joseph und Marie Valerie in Biarritz. Im Februar reist Elisabeth alleine nach Cap Martin und Territet. *5. Mai:* Tod von Elisabeths Schwester Sophie bei einem Brand auf einem Wohltätigkeitsbasar. *Mai-September:* Aufenthalte in Wien, Bad Kissingen, Ischl, dem Karersee und in Meran. *September-Dezember:* Reisen nach Gödöllö, Wien, Biarritz und Paris.
1898	*Januar-Mai:* Die Kaiserin hält sich in San Remo und Territet auf. Im April Badekur in Bad Kissingen, wo sie Franz Joseph besucht. *Mai-September:* Reisen nach Bad Brückenau, Wien, Ischl, Bad Nauheim, Territet und Caux. *9. September:* Elisabeth fährt von Caux nach Genf. *10. September:* Gegen Mittag wird sie auf dem Weg zum Boot nach Caux von dem italienischen Anarchisten Luigi Lucheni tödlich verwundet. Sie stirbt um 14.20 Uhr im Genfer Hotel ›Beau Rivage‹. *17. September:* Beisetzung Elisabeths in der Wiener Kapuzinergruft.